STORY
故事

SUBSTANCE, STRUCTURE, STYLE
AND THE PRINCIPLES OF SCREENWRITING

材质·结构·风格和银幕剧作的原理

ROBERT McKEE

[美] 罗伯特·麦基——著　　周铁东——译

天津出版传媒集团

天津人民出版社

果麦文化 出品

Andrej Bartkowiak 摄

write the truth

——罗伯特·麦基

致中国读者

　　在过去三十年里，中国的电影艺术家一直以其美丽而富有见识和力量的作品打动着我，激发着我的灵感。五千年中华文化赋予了他们独一无二的感受能力，悠久而深远的传统则丰富着中国人关于人生况味的视觉印象，使其审美意识和平衡触感无与伦比。中国人对人生价值和意义的理解，为人类文化大家庭中所能找到的各种纷繁复杂的观点，增添了令人神往的解读。

　　在给全世界艺术家讲课的过程中，我穿行于不同的语言和传统，得以见识到诸多各具特色的文化质感。它们创造了一个世纪异彩纷呈的电影故事讲述风格，令我叹为观止。然而，中国的作家（实际上是所有写作者）必须明白的是，文化质感仅仅是一个宇宙真理的表面表达，这便是：我们都是人类，都经历着同样根本的人类难题，提出同样根本的人类疑问，生活在不断缩减的时间阴影之下。《故事》所论述的即是那些超越了所有社会和历史的叙事艺术基本原理。我希望中国的写作者能够掌握这些原理，利用其独具特色的文化，通过故事的通用语言，向广大的国际观众进行表达。

　　我谨将这一新版《故事》献给中国的创作者。

罗伯特·麦基

2014年2月14日

序言

《故事》论述的是原理，而不是规则。

规则说："你必须以这种方式做。"原理说："这种方式有效……而且经过了时间的验证。"两者有着本质的区别。**你的作品没有必要临摹一部"写得好"的剧本**，而是必须依循我们这门艺术赖以成形的原理去写好。急于求成、缺少经验的作家往往遵从规则；离经叛道、非科班的作家破除规则；艺术家则精通形式。

《故事》论述的是永恒、普遍的形式，而不是公式。

任何兜售商业成功范本和故事速成模式的说法，都属无稽之谈。除去流行剧、翻拍片和续集，当我们将好莱坞电影作为一个整体来审视时，便会发现，故事设计的丰富多样是让人叹为观止的，而这其中却并没有一个固定样板。《虎胆龙威》所代表的好莱坞典型性绝不多于《温馨家族》、《来自边缘的明信片》、《狮子王》、《摇滚万万岁》、《命运的逆转》、《危险关系》、《土拨鼠日》、《离开拉斯维加斯》，以及成千上万部从闹剧到悲剧，属于数十种类型和次类型的优秀影片。

《故事》敦促作者创作出能够令六大洲观众兴奋不已并且经久不衰的作品。没有人需要另一本重炒好莱坞残羹冷炙的菜谱。我们要重新发现这门艺术的潜在原则，那些赖以解放才智的指导原理。无论电影在哪里拍摄——好莱坞、巴黎抑或香港——只要它具有原始模型的特质，其愉悦性便能在全球引发一场永久性的连锁反应，从一家影院到另一家影院，从一代观众传向下一代观众。

《故事》论述的是原始模型[1]，而不是陈规俗套[2]。

原始模型故事挖掘出一种普遍性的人生体验，然后以独一无二、具有文化特异性的表现手法对它进行装饰。陈规俗套故事则将这一形式颠倒过来：其内容和形式的匮乏势所难免。它将自己局限于一种狭隘的、具有具体文化特性的体验之中，然后饰之以陈腐而无特色的庸常形式。

例如，根据过去的西班牙习俗，女儿出嫁必须以年龄长幼为序。在西班牙文化中，一部关于严父、弱母、嫁不出去的大姑娘和苦待闺中的小女儿的十九世纪家庭影片，也许能够打动那些依稀记得这一习俗的观众；但在西班牙文化之外，观众却未必能够移情于此。作者唯恐故事感召力有限，便诉诸过去曾娱乐过观众的那些熟悉的动作、人物和场景。而结果呢？世人对这些陈词滥调更兴味索然。

反其道而行，如果艺术家挽起袖子去寻找一个原始模型，这种压抑的习俗则可能成为轰动世界的素材。应用同样的情节外壳，原始模型故事可以创造出世所罕见的场景和人物，让我们的目光在每一个细节上流连忘返。同时，又引导出对人类而言如此真实存在的普遍冲突，使影片本身得以具备了飞跃不同文化的力量。

在劳拉·埃斯基维尔的《情迷巧克力》中，母女之间就依赖和独立、变化和永恒、自我和他人之间的要求短兵相接——这些冲突都是每一个家庭感同身受的。然而，埃斯基维尔对家庭和社会、亲情和行为的观察和表现是那样地富于人所未见的细节，以至于我们不可抵御地被其人物吸引，沉湎于一个我们从来不曾知闻，亦不可想象的领域。

陈规俗套故事固步自封，而原始模型故事却会不胫而走。从查理·卓别林到英格玛·伯格曼，从萨蒂亚吉特·雷伊到伍迪·艾伦，诸多电影故事高手为我们提供了渴求已久的双重满足。首先，我们会发现一个不曾了解的世界。无论是言情还是史诗，当代还是历史，具体现实抑或方外幻想，一个出色艺术家的世界总是能使我们感受到一种异域之情、离奇之叹。就像一名辟路而行的林中探险者，我们瞠目结舌地通过银幕步入一个未曾触及的社会，一个破除了陈规俗套的领域，在那里，腐朽化为神奇，平常变成非凡。

其次，一旦进入这个奇异的世界，我们又重新发现了自己。在这些人物及其冲突的深处，我们找到了自己的人性。我们去看电影，进入一个令人痴迷的新世界，去设身处地地体验一份初看起来似乎并不同于我们，而其内心却又和我们息息相通的，另一个人的生活。体验一个虚构的世界，却照亮我们的日常现实。我们并不希望逃避生活，而是希望发现生活，以焕然一新的试验性方式，去运用我们的思想，宣泄我们的情感，去欣赏，去学习，去增加生活的深度。《故事》的写作宗旨即在于培育出具有原始模型魅力的电影，为世界带来这种双重愉悦。

《故事》论述的是一丝不苟，而不是旁门捷径。

从灵感闪现到最后定稿，写一个剧本和写一部小说也许需要花费同样的时间。电影剧本和小说的作者都要创造出同样缜密的世界、人物和故事，但由于电影剧本的字里行间具有如此之多的空白，我们常常误以为写电影剧本要比写小说更加快捷容易。尽管粗制滥造者能够以其打字速度迅速填满稿纸，但是**优秀的电影剧作家却总是惜字如金**，不断删改，力图以最少的文字表达最多的信息。帕斯卡尔曾经给朋友写过一封长而无当的书信，然后在信尾的"又及"中深表歉意，说他没有时间写一封短信。就像帕斯卡尔一样，剧作家们明白简约是关键，简明扼要需要花费时间，而卓越超群来自孜孜以求。

《故事》论述的是写作的现实，而不是写作的秘诀。

艺术的真谛并不是需要策划什么阴谋来保守秘密。自从亚里士多德撰写

《诗学》后的两千三百年以来，故事的"秘密"就像街上的图书馆一样，一直是公开的。讲故事这个行当里根本就没有什么难解的奥秘。事实上，乍看起来，在银幕上讲故事似乎轻而易举。但是，当你一步步走近其中心，一个场景接着一个场景地试图把故事讲好时，这个任务就变得越来越艰难，因为我们意识到，**银幕之上绝对没有藏拙之地**。

如果银幕剧作家未能以其纯粹的戏剧化场景打动我们，他就不能像小说家利用作者的声音或像戏剧作家利用独白一样，隐身在自己的言语背后。他不能利用解释性或情感性的语言来粉饰逻辑的裂缝、动机的模糊或情绪的无端，并简单地告诉我们该想什么或该如何感觉。

摄影镜头是可怕的X光机器，任何虚假的东西都逃不过它的透视。它将生活放大数倍，将每一个脆弱无力或虚张声势的故事转折剥脱得一丝不挂，直到我们郁闷而惶惑地试图逃离。不过，假以决心和研究，难题将会迎刃而解。银幕剧作充满了神奇，但并不存在不可解读的奥秘。

《故事》论述的是如何精通这门艺术，而不是如何揣摩市场行情。

没有人能够教别人什么畅销，什么不畅销，什么能打响，什么将失败，因为没有人知道。好莱坞的哑炮在其制造过程中与其轰动作品一样，注入了同样多的商业心机，而那些被钱场的智者打入另册的暗淡剧情片——《普通人》、《意外的旅客》、《猜火车》——却默默地征服了国内外的票房。我们这个行当一切都没有保证。所以，多少人绞尽脑汁、搜肠刮肚却始终不能得其门而入。

当你满怀上述担忧，战战兢兢地涉足其中时，就必须按照大都市的规矩，老老实实地去找一个经纪人，兜售你的作品。如果作品质量确实出类拔萃，你便能看到它在银幕上得到忠实的呈现，否则的话……如果你山寨一部去年暑期档的热卖影片，那么你便加入了每年以成千上万陈词滥调故事充斥好莱坞的那些三流作家的行列。与其痛思时运不济，不如起而磨砺秃笔，以臻卓越。如果你在经纪人面前拿得出饱蘸才思、富有独创的剧本，他们将会争先恐后地争当你的代理人。而你所雇佣的经纪人也会在渴慕故事的制片人中挑起一场夺标战，中标者将会付给你一大笔费用，其数目之巨足以令他囊中羞涩。

更惊喜的是，一旦投拍，你的完成剧本所面临的干预将会少得令人惊奇。没有人能保证不幸的人员组合不会毁掉一部好作品，但你可以肯定，好莱坞最优秀的演艺和导演天才深切地明白，他们的事业全仰赖于作家们的优秀剧本。然而，由于好莱坞对故事的贪婪需求，剧本常常在尚未成熟之前就已被选定，然后在拍摄现场再被迫修改。沉稳的作家并不出卖初稿，他们会耐心地数易其稿，直到本子尽可能地符合导演和演员的工作要求。未完成的作品容易遭到窜改，而若多加润饰，成熟的作品便可保持其完整性。

《故事》论述的是对观众的尊重，不是对观众的鄙薄。

天才作家写不出好作品大抵有两个原因：要么是被一个他们觉得非证明不可的观念蒙住了双眼，要么是被一种他们必须表达的情感所驱策。而天才作家写出好作品一般是因为这个原因：他们被一种要打动观众的欲望所感动。

夜复一夜，在多年的演员和导演生涯中，我总是怀着景仰的心情面对观众，对其反应能力敬畏不已。就像魔术一般，他们的面具全然褪下，赤诚的面孔全不设防，对一切感受照单全收。电影观众不会防卫自己的情感，他们以一种连自己的爱人也不曾知晓的方式，向讲故事的人敞开心扉，迎接欢笑、眼泪、恐惧、暴怒、同情、激情、爱恋和仇恨——这一仪式常常令他们筋疲力尽。

观众不仅令人惊叹地敏感，而且一旦他们在黑暗的影院坐定，其集体智商则能瞬间飞跃二十五个点。当你去看电影时，难道不是常常觉得自己比你所看到的内容更加聪明？人物还没开始行动，你就知道他们要做什么；影片离结尾还老远的时候，你就已经看到了结局。观众不仅聪明，而且还要比大多数电影更聪明；当你置身于银幕的另一面时，这一事实也不会改变。作家所能做的一切就是，使出他的浑身解数，力图超越聚精会神的观众所表现出的敏锐感知力。

一部电影如若不了解观众的反应和预期，则绝对行之不远。你必须以一种既能表达自己的视觉印象[3]，又能满足观众欲望的方式来构建自己的故事形态。观众和其他诸多要素一样，是故事设计的决定力量，没有观众，这种创作行为便失去了意义。

《故事》论述的是独创，而不是复制。

独创性是内容和形式的融合——独具慧眼的主题选择加上匠心独运的故事形态。内容（场景、人物、创意）和形式（事件的选择和安排）相辅相成，相得益彰而且相互影响。一手把握内容，一手精于形式，作家便可以雕琢故事。当你反复推敲故事材质时，故事的形态便会自行重塑。当你再三玩味故事形态时，理智与情感的精灵也将逐一浮现。

一个故事的核心不仅是你该讲什么，而且还包括怎么去讲。如果内容是陈词滥调，那么讲述手法也必属陈规老套。如果你的视觉印象深远而新颖，你的故事设计也必将独出心裁。反之，如果故事手法纯属老调重弹、司空见惯，也就会需要陈规俗套的角色来演绎陈陈相因的行为。如若故事设计别致新颖，那么场景、人物和创意也必定需要同样耳目一新，才能使其臻于完备……我们构建故事形态是为了适应故事材质，而推敲故事材质是为了支持故事设计。

然而，**切忌将猎奇误以为独创。为不同而不同，就像趋从商业法则，难免流于空洞。**通过经年累月的搜集整理、广征博采和冥思苦想，终于建立起一个故事素材的宝库，没有一个严肃的作家会将自己的视觉印象囿于某一公式的藩篱，或使之沦为标新立异的下品。"范本"公式可能会窒息故事的声音，而"艺术片"的奇诡又会导致表达的口吃。就像小孩摔碎东西取乐或无理取闹以博取大人关注一样，太多的电影制作者不惜采用婴幼儿的伎俩在银幕上大叫："瞧瞧我的本事！"而成熟的艺术家绝不会故意引人注意，明智的艺术家也绝不会纯粹为了打破常规而行事。

霍顿·福特、罗伯特·奥尔特曼、约翰·卡萨维茨、普雷斯顿·斯特奇斯、弗朗索瓦·特吕弗和英格玛·伯格曼等大师的影片具有如此鲜明的个人特征，只需三页故事梗概便如有他们的DNA一般，可准确无误地判定作者是谁。伟大的银幕剧作家总是以其个人化的故事风格独树一帜；这种风格不仅与其视觉印象不可分割，而且从深层意义而言，这种风格即是其视觉印象。他们的形式选择（主人公人数、故事进展的节奏、冲突的层面、时段的安排等）与实质内容选择（背景、人物、创意）既相辅相成又相反相成，直至一切因素融合成一个独一无二的剧本。

更进一步，如果我们暂且将他们影片的内容搁置一旁，只去研究其事件的纯粹形式，就会发现，即如一段不带歌词的旋律，就像一幅去掉基质的剪影，其故事设计本身便已意味深长。**故事大师对事件的选择和安排即是其对社会现实中各个层面（个人、政治、环境、精神）之间的互相关联所做的精譬妙喻。剥开其人物塑造和场景设置的表层，故事结构展露出作者个人的宇宙观，他对世间万物之所以成形、发展的最深层模式和动因的深刻见解——**这是他为生活的隐藏秩序所描绘的地图。

无论你的英雄是谁——伍迪·艾伦、大卫·马梅特、昆汀·塔伦蒂诺、露丝·鲍尔·贾华拉、奥利弗·斯通、威廉·戈德曼、张艺谋、诺拉·艾芙隆、斯派克·李、斯坦利·库布里克，你崇敬他们皆因其独一无二。他们每一个人都出类拔萃，因为他们选择了别人没有选择的内容，设计了别人没有设计的形式，并将二者融合为一种他所独有的风格。我要求你们同样如此。

不过，我对你们的希望已经超越了能力和技巧。我渴望看到伟大的影片。过去二十年来，我确实看到过好电影和几部非常好的影片，可是却极少，极少看到一部力与美都能让人震撼的电影。也许原因在我，也许是我电影看腻了。可是，我并不这么认为。现在还不。我依然相信，艺术能改变生活。不过我知道，如果你不能弹奏"故事"管弦乐团里的所有乐器，无论你在想象中拥有多么美妙的乐曲，注定也只能哼着那一成不变的古老篇章。《故事》的写作宗旨即是为了加强你对这门手艺的掌握，解开你的束缚，让你能够表达对生活的原创看法，提高你的才能以超越陈规俗套，创造出具有独特材质、结构和风格的电影。

CONTENTS
目录

PART ONE

作家和故事艺术
THE WRITER AND THE ART OF STORY

故事是人生必需的设备。
——肯尼斯·伯克

CHAPTER 01
故事问题

◎ 故事的衰竭

人类对故事的胃口是不可餍足的。设想在地球上的普通一日，有多少故事在以各种形式传送着：翻阅的散文书页、表演的戏剧、放映的电影、源源不断的电视喜剧和正剧、二十四小时的报刊和广播新闻、孩子们的睡前故事、酒吧吹牛、网上闲聊。故事不仅是人类最多产的艺术形式，而且和人类的一切活动——工作、玩乐、吃饭、锻炼——争夺着人们每一刻醒着的时间。我们讲述和倾听故事的时间可以和睡觉的时间相提并论——即使在睡着以后我们还会做梦。为什么？我们人生如此之多的时间为什么会在故事中度过？因为，正如评论家肯尼斯·伯克所言，**故事是人生必需的设备**。

日复一日，我们寻求亚里士多德在《伦理学》中提出的那一古老问题的答案：一个人应该如何度过他的一生？但，问题的答案总是在规避着我们。当我们力图使我们的手段合乎我们的梦想时，当我们力图将我们的思想融入我们的激情时，当我们力图让我们的欲望变成现实时，那一问题的答案始终躲藏在飞速流逝、难以捉摸的时间后面。我们犹如乘坐一艘飞船，险象环生地穿行在时间隧道之中。如果我们想让飞船减速，以便捕捉人生的模式和意义，人生就会像一个格式塔[1]一样扑朔迷离：时而严肃，时而滑稽；时而静止，时而狂乱；时而意味深长，时而索然寡趣。重大的世界事务完全在我们的掌控之外，而个人事务又往往钳制着我们，尽管我们无不努力用双手牢牢掌握着自己的方向盘。

传统上，人类一直基于四大学问——哲学、科学、宗教、艺术——来寻求亚里士多德问题的答案，试图从每一门学问中得到启迪，从而编织出一种人生意义。但如今，如果不是为了应付考试，谁还会去读黑格尔或康德？科学曾经是最伟大的阐述者，如今却将人生解释得支离破碎、艰深复杂、令人困惑。谁还会不带讥诮地去倾听经济学家、社会学家和政治家的高谈阔论？宗教对许多人来说已经变成了一种掩饰虚伪的空洞仪式。随着我们对传统意识形态的信仰日益消减，人们转而寻求我们依然相信的源泉：故事的艺术。

世人对电影、小说、戏剧和电视的消费是如此的如饥似渴、不可餍足，故事艺术已经成为人类灵感的首要来源，因为它不断寻求整治人生混乱的方法，洞察人生的真谛。我们对故事的欲望反映了人类对捕捉生活模式的深层需求，这不仅仅是一种纯粹的知识实践，而是一种非常个人化和情感化的体验。用剧作家让·阿努伊的话说："小说赋予人生以形式。"

有人认为这种对故事的渴求只不过是纯粹的娱乐——与其说是对人生的探索，不如说是对人生的逃避。但是，究竟什么是娱乐？娱乐即是沉浸于故事的仪式之中，达到一种知识上和情感上令人满足的目的。**对电影观众来说，娱乐即是这样一种仪式：坐在黑暗的影院之中，将注意力集中在银幕之上，来体验故事的意义以及与那一感悟相伴而生的强烈的、有时甚至是痛苦的情感刺激，并随着意义的加深而被带入一种情感的极度满足之中。**

无论是《捉鬼敢死队》中疯狂企业家们对赫梯魔鬼的胜利，还是《闪亮的风采》里对内心魔鬼的复杂解决办法，无论是《红色沙漠》中的特色浑一，还是《对话》里的个性分裂，凡是优秀的电影、小说和戏剧，都能通过其各不相同的喜剧和悲剧色彩来达到娱乐的目的，给观众一种具有感染力的新鲜的生活模式。如果一个艺术家认为观众只不过是想将他们的烦恼抛在门外，逃避现实，并把自己锁闭在这样的一种观念之中，那便是对艺术家责任的一种懦夫式的抛弃。**故事并不是对现实的逃避，而是一种载体，承载着我们去追寻现实、尽最大的努力挖掘出混乱人生的真谛。**

然而，尽管不断扩展的媒体现已经能够使我们跨越国界和语言的壁垒，将故事传送到千家万户，故事讲述的总体质量却在每况愈下。我们偶尔能读到或看到优秀的作品，但大部分时候我们已经厌倦了在报刊广告、录像带出租店和电视指南上苦寻高质量的东西，厌倦了将只读了一半的小说慨然放下，厌倦了在中场休息时溜出剧院，厌倦了在走出电影院时这样慰藉自己的失望："不过摄影还是挺漂亮的……"故事的艺术正在衰竭，即如亚里士多德在两千三百年前所指出的，如果连故事都讲不好了，其结果将是堕落与颓废。

漏洞百出和虚假的故事手法被迫用奇观来取代实质，用诡异来取代真实。脆弱的故事为了博取观众的欢心已经堕落为用亿万美元堆砌而成的炫目噱头。在好莱坞，影像已经变得越来越奢侈，在欧洲则是越来越浮华；演员的表演变得越来越做作，越来越淫猥，越来越暴力；音乐和音响效果变得越来越喧嚣，总体效果流于怪诞。**文化的进化离不开诚实而强有力的故事，如果不断地耳濡目染于浮华、空洞和虚假的故事，社会必定会走向堕落。我们需要真诚的讽刺和悲剧、正剧、喜剧，用明丽素洁的光来照亮人性和社会的阴暗角落。**不然的话，就会像叶芝所警告的一样："……中心难再维系。"[2]

好莱坞每年生产和发行影片四百到五百部，事实上是每天一部。其中有少数优秀影片，但大部分都属平庸或粗劣之作。市场上之所以充斥如此之多的陈词滥调，人们不禁要去怪罪那些批准投拍的巴比特[3]式的人物。不过，我们可以回忆一下影片《幕后玩家》中的情节：蒂姆·罗宾斯笔下年轻的好莱坞经理人解释说，他有许多敌人，因为他的制片厂每年要收到两万多个电影剧本，但只能投拍十二部影片。这是符合事实的对白。大制片厂的故事部门要阅读成千上万个剧本、故事大纲、小说和戏剧，才能精选出一个上好的银幕故事。或者说得更准确些，挑选出一些半好的东西来开发成上好的剧本。

到二十世纪九十年代，好莱坞的剧本开发成本已经攀升至每年五亿多美元，其中有四分之三都付给了作家去选定[4]或改写一些永远不可能投拍的影片。尽管耗资超过五亿，且剧本开发人员已经竭其所能，好莱坞还是找不到比他们实际投拍的影片更好的东西。一个令人难以相信的事实是，我们每年从银幕上所看到的便已是近年来最佳创作的合理写照。

然而，许多银幕剧作家却不能正视这一闹市区的事实，而始终生活在幻想中的远郊富人区，坚信好莱坞只是对他们的天才视而不见。除了个别罕见的特例之外，天才被埋没的情形只是一种神话。一流的剧本即使不被投拍，也至少会被选定。对于能够讲述优秀故事的作家而言，这是一个卖方市场——曾经是**而且永远是**。每年，好莱坞都稳守着数百部影片的国际业务，这些电影总是会被拍出。大多数会在影院发行，经过几周之后便偃旗息鼓，然后便谢天谢地地被人们遗忘。

然而，好莱坞不但生存了下来，而且还日益昌盛，因为它几乎没有竞争。过去的情形却并不总是如此。从新现实主义的崛起到新浪潮的汹涌，北美电影院曾一度辉映着杰出欧陆电影人的作品，严峻挑战着好莱坞的霸主地位。但随着这些大师的相继故去或先后退隐，过去二十五年来，优秀的欧洲影片则日见其少。

今天，欧洲电影人将其吸引观众的失败归结为发行商的阴谋。然而，其前辈雷诺阿、伯格曼、费里尼、布努埃尔、瓦依达、克鲁佐、安东尼奥尼、雷乃的影片却风靡全世界。制度并没有改变，非好莱坞影片的观众还是同样广大而忠实，发行商的动机也依旧和当年一样：钱。唯一变化的是，当今的"作者"[5]已经不能以其先辈的实力来讲述故事。就像浮华的室内装修商一样，他们拍出的影片仅仅能够悦人眼目，除此之外别无他物。其结果是，欧洲的天才风暴荡涤之后，留下的只是一片枯涩的电影荒漠，形成了一个有待好莱坞来填补的真空。

然而眼下，亚洲影片却在北美和世界各地畅行不衰，打动和愉悦着千百万观众，成为国际影坛瞩目的焦点。其原因只有一个：亚洲电影人能够讲述精彩的故事。非好莱坞电影人不应将其失误推诿于发行商，而应开阔眼界，向东方学习，因为那儿的艺术家们既有讲述故事的激情，又有将其美妙讲出的手艺。

◎ 手艺的失传

故事艺术是世界上主导的文化力量，而电影艺术则是这一辉煌事业的主导媒体。世界观众都忠爱故事却只能渴慕。为什么？这并不是因为我们讲故事的人没有努力。美国作家协会剧本登记服务处每年记录在案的剧本多达三十五万多个，这还仅仅只是记录在案的剧本。在全美国，每年跃跃欲试的剧本数以百万计，而真正能称为上品者却寥寥无几。其原因固然是多方面的，但根本原因可以归结为一条：如今想要成为作家的人，根本没有学好本行的手艺便已蜂拥到打字机前。

如果你的梦想是当一名作曲家，那你是否会对自己说："我已经听过许多许多交响曲……我也会弹钢琴……我想我这个周末便可以作出一首曲子。"不会。可是，现在许多的剧作家就是这样开始的："我已经看过不少电影了，有好有坏……我的英语成绩都是 A……度假的时刻到来了……"

如果你想作曲，你会去上音乐学院，学习理论和实践，专修交响曲这一类型。经过多年的勤学苦练，你会将自己的知识融入你的创造力，鼓起勇气大胆作曲。无数未露头角的作家从不怀疑，一个优秀剧本的创作，其难度无异于一部交响曲的诞生，而且在某种程度上而言还会更难。因为作曲家所摆弄的是具有数学般精密度的音符，而我们所染指的却是一种被称为**人性**的模糊的东西。

初生牛犊不怕虎，他会勇往直前，仅凭自己有限的经验，认为他所经历的人生以及他所看过的电影已经令他有所欲言并教会了他如何言之。然而，经验的作用却被过分高估。我们当然需要不去逃避生活的作家，需要能够深入生活并密切观察生活的作者。这是至关重要的，但远远不够。对于大多数作家来说，他们通过读书学习所获得的知识等于或超过了经验，尤其是当那种经验没有经过检验之时。**自知**是关键——生活加上我们对生活的深沉反思。

至于技巧，初学者误以为是手艺的东西，只不过是他对所遇到的每一部小说、电影或戏剧中故事要素的无意识吸收。当他写作时，会试图将自己的作品与他在阅读和观看过程中积累的一个模式用试错法[6]进行匹配。非科班的作家把这称为"直觉"，然而这纯粹是一种习惯，而且具有严重的局限性。他不是模仿心目中的样板，就是把自己想象为先锋派的作家，对其进行反叛。然而，对那些无意识内化的重复模式所做的这种随意摸索或反叛绝不是什么技巧，于是便导致了那些充斥着陈词滥调的剧本的出笼，无论是商业片还是艺术片，都未能幸免于难。

情况并不总是这样，瞎猫碰到死耗子。在过去的几十年里，剧作家都是通过接受大学教育或在图书馆自学，通过在戏院工作或写作小说，通过在好莱坞制片厂体制中充当学徒，或通过以上多种手段的综合，来学习他们的手艺。

二十世纪初，一些大学开始相信，就像音乐家和画家一样，作家也需要接受类似于音乐学院或艺术学院的正规教育，来学习其手艺的原理。为了达到这个目的，威廉·阿彻、肯尼斯·罗[7]和约翰·霍华德·劳森等学者都写出了有关剧作理论和散文艺术的杰出著作。他们的方法是内在的，从欲望的大肌肉运动、对抗力量、转折点、脊椎、进展、危机、高潮中汲取力量——**从里面看到外面的故事**。从业的作家，无论有无接受正规教育，都利用这些教诲来完善他们的艺术，把从喧嚣的二十年代一直到暴烈的六十年代的这半个世纪变成了银幕、小说和舞台上美国故事的黄金时代。

然而，在过去的二十五年，美国大学里创造性写作的教学方法已经从内在转向了外在。文艺理论的思潮将教授们的注意力从故事的深层源泉转向语言、符号和文本——从外面看到的故事。其结果是，除少数特例外，当今一代作家在故事的主要原理方面，修养严重欠缺。

美国以外的剧作家甚至更缺乏学习手艺的机会。欧洲学术界普遍否认写作是可以教授的，结果，创造性写作的课程始终未能进入欧陆大学的课表。然而，欧洲滋养着世界上许多最杰出的艺术和音乐学院。为什么他们可以认为，一种艺术是可教的，而另一种却不可教授呢？更有甚者，由于对银幕剧作的鄙薄，直到本书写作的九十年代末期，除莫斯科和华沙之外，欧洲所有的电影学院都不曾开设银幕剧作课程。

人们对好莱坞的旧制片厂体制也许会有诸多微辞，但制片厂内，由经验丰富的故事编辑大师们负责监督学徒的制度却是功不可没的。那样的日子已经一去不返了。一些制片厂也时常想重新恢复往昔的学徒制度，但在试图找回当年黄金岁月的热情之中，他们却忘记了，学徒是需要师父的。当今的制片厂经理人也许具有识别天才的能力，但他们却极少拥有能将一个天才训练成艺术家的技能或耐心。

故事衰竭的最终原因是深层的。**价值观、人生的是非曲直，是艺术的灵魂。**作家总要围绕着一种对人生根本价值的认识来构建自己的故事——什么东西值得人们去为它而生、为它而死？什么样的追求是愚蠢的？正义和真理的意义是什么？在过去的几十年间，作家和社会已经或多或少地就这些问题达成了共识，可是我们的时代却变成了一个在道德和伦理上越来越玩世不恭、相对主义和主观主义的时代——一个价值观混乱的时代。例如，随着家庭的解体和两性对抗的加剧，谁还会认为他能真正明白爱情的本质？即使你相信爱情，那么你又如何才能向一群越来越怀疑的观众去表达？

这种价值观的腐蚀便带来了与之相应的故事的腐蚀。和过去的作家不同的是，我们无从假定观众的期待。我们必须深入地挖掘生活，找出新的见解、新版本的价值和意义，然后创造出一个故事载体，向一个越来越不可知的世界表达我们的解读。这绝非易事。

◎ 故事要领

当我搬到洛杉矶后，就像许多人不得不靠写作糊口一样，我靠审读剧本为生。我为联美公司和全国广播公司工作，帮他们分析别人送上来的电影和电视剧本。在做完了前两百个分析之后，我觉得我可以事先写出一个通用的好莱坞故事分析报告，只需填上片名和作者姓名即可。我反复写出的报告大致如下：

描写精彩，对白可以演出。有一些轻松诙谐的场景，有一些感觉敏锐的场景。总而言之，这是一个文笔通顺、用词恰当的剧本。不过，故事却伤不起。前三十页一直拖着一个解释性大肚子吃力地爬行，余下的部分也一直未能站起来。主情节难以自圆其说，充斥着方便的巧合和脆弱的动机。没有明确的主人公。互不关联的紧张场面本可以编织成缜密的次情节，但作者却没有做到。人物塑造流于表面化，没有揭示出人物性格。对人物的内心世界及其所处社会环境毫无洞察力。是对一系列可以预见的、讲述手法低劣的、陈词滥调的片断所进行的毫无生命力的拼凑，最终沦为一团了无头绪的雾水。不予通过。

但我从没写过这样的报告：

故事精彩动人！从第一页开始便将我抓住，一直到最后都不忍释卷。第一幕便营造出一个突发的高潮，并由此辐射出一张由情节和次情节编织而成的缜密而优美的网。人物性格深邃，揭示力透纸背。对社会具有惊人的洞察力。亦庄亦谐，悲喜交织。故事进展到第二幕，高潮迭起，动人心魄，似近尾声。然而，从第二幕的灰烬中，作者却放飞出一只涅槃凤凰般的第三幕，是那样的俊美，那样的矫健，那样的壮观，让人肃然起敬，不禁匍匐仰视。然而，这部长达二百七十页的剧本却充斥着语法错误，每五个字里必有一个拼写错误。对白是那样的拗口，即使奥利维尔也无法口齿伶俐地演出。描写夹杂着镜头方位、潜文本解说以及哲理性的评说。就连打印的格式也不规范，显然不是一个专业的作家。不予通过。

如果我写了这样的报告，那我肯定已经失业了。

办公室门口的招牌并不是"对白部"或"描写部"，而是"故事部"。一个好故事使一部好影片成为可能，如果故事不能成立，那么影片必将成为灾难。审看剧本的人如果不能把握这一基本要领，理应被解雇。事实上，一个手法精巧而对白粗劣或描写枯燥的故事，是非常罕见的。更多的情形是，故事手法越是精巧，其形象则越生动，对白也越尖锐。**故事进展过程的缺乏、动机的虚假、人物的累赘、潜文本的空洞、情节的漏洞以及其他类似的故事问题，才是文笔平淡乏味的根本原因。**

仅有文学才华也是不够的。如果不能讲述故事，你经年累月精雕细琢出来的美妙形象和微妙对白也只是浪费纸张。我们为世界创造的，世界要求于我们的，是故事。现在如此，永远如此。无数作家沉溺于用精美的丝线来编织华而不实的对白和精雕细琢的描写，却始终不能明白他们的作品为何不能投拍；而其他文学才华平实但故事讲述能力超凡的作者，却能欣慰地看到他们的梦境在银幕的光影中再现。

在一部完成作品所体现的全部创作努力中，作家百分之七十五以上的劳动都用在了故事设计上。这些人物是谁？他们想要什么？为什么想要？他们将会采用怎样的方法去得到他们想要的东西？什么将阻止他们？其后果是什么？找到这些重大问题的答案并将其构建成故事，便是我们压倒一切的创作任务。

设计故事能够测试作家的成熟度和洞察力，测试他对社会、自然和人心的洞识。故事要求有生动的想象力和强有力的分析思维。自我表达绝不是问题的关键，因为，**无论自觉还是不自觉，所有的故事，无论真诚还是虚假，明智还是愚蠢，都会忠实地映现出作者本人，暴露出其人性……或人性的缺乏。**与这一恐怖的事实相比，写作对白便成了一种甜美的消遣。

所以，作家要把握故事的原理，把故事讲完……然后戛然而止。那么故事究竟是什么？故事的道理就像音乐的道理一样。我们终身听着各种不同的曲调，我们可以随之起舞、伴之吟唱。我们以为自己懂得音乐，直到我们试图自己去作一首曲子，结果从钢琴里蹦出来的东西却把小猫吓跑了。

如果《温柔的怜悯》和《夺宝奇兵》都是讲得精彩神奇的银幕故事——而它们也的确如此——那么它们究竟有什么共同之处？如果《汉娜姐妹》和《巨蟒与圣杯》都是讲得妙趣横生的喜剧故事——而且确实如此——那它们都妙在何处？试比较《哭泣游戏》和《温馨家族》、《终结者》和《命运的逆转》、《不可饶恕》和《饮食男女》，或者《一条叫旺达的鱼》和《人咬狗》、《谁陷害了兔子罗杰》和《落水狗》，或者回溯到几十年以前，比较一下《迷魂记》和《八部半》、《假面》和《罗生门》、《卡萨布兰卡》和《贪婪》、《摩登时代》和《战舰波将金号》——这一切都是精美绝伦的银幕故事，它们是那样的迥异其趣，却能产生同样的效果：观众离开影院时会异口同声地惊叹"多好的故事！"

被淹没在类型和风格的海洋之中，作家们也许会认为，如果这些影片都是在讲故事，那么任何东西都能成为故事。不过，如果我们深入观察，如果我们剥开其外表，就会发现，在本质上，它们都是一样的。每部影片都以其独一无二的方式，在银幕上再现了完全相同的故事普遍形式。正是这一深层的形式，让观众情不自禁地发出了"多好的故事"的感叹。

每一门艺术都是由其根本形式决定的。无论是交响曲还是嘻哈说唱，其内在的音乐形式使其成为音乐，而不是噪音。无论是具象派还是抽象派，视觉艺术的基本原理使一幅油画成为一幅油画而不是涂鸦。同样的道理，无论是荷马还是英格玛·伯格曼，故事的普遍形式使其作品成为一个故事，而不是肖像画或艺术拼贴。无论经历多少文化的洗礼、朝代的更迭，这种内在的形式虽变幻无穷，但始终万变不离其宗。

然而，形式并不等于"公式"。世上绝无银幕剧作的食谱可以保证你的蛋糕一定松软可口。故事是那样的丰富多彩、纷繁复杂、神妙莫测、变幻万端，远非一个公式所能涵盖。只有傻瓜才会耽此臆想。不过，一个作家必须把握故事形式，这是谁也逃脱不了的。

◎ 把好故事讲好

"好故事"就是值得讲且世人也愿意听的东西，发现这些东西是你自己孤独的任务。这事儿得从天才开始，你必须拥有天赋的创造力，能以别人做梦都想象不到的方式把材料组织起来。然后，你必须将一种由对社会和人性的鲜活洞察所驱动的视觉印象注入你的作品之中，辅之以对自己作品人物和世界的深入了解。此外，正如哈莉·伯内特和惠特·伯内特在其精美的小册子[8]中所揭示的那样，你还必须拥有很多的爱。

对故事的爱——相信你的视觉印象只能通过故事来表达，相信你的人物会比真人更"真实"，相信你虚构的世界要比具体的世界更深沉。对戏剧性的爱——

痴迷于那种给生活带来排山倒海般变化的突然惊喜和揭露。对真理的爱——相信谎言会令艺术家裹足不前，相信人生的每一个真理都必须打上问号，即使是个人最隐秘的动机也不例外。对人性的爱——愿意移情于受苦的人们，愿意深入其内心，通过他们的眼睛来察看世界。对知觉的爱——不仅要沉迷于肉体的感官知觉，还要纵情于灵魂深处的内在体验。对梦想的爱——能够任凭想象驰骋，乐在其中。对幽默的爱——笑对磨难，以恢复生活的平衡。对语言的爱——对音韵节奏、语法句义探究不止，乐此不疲。对两重性的爱——对生活隐藏矛盾的敏锐触觉，对事物表面现象的健康怀疑。对完美的爱——具有一种字斟句酌、反复推敲的激情，追求完美的瞬间。对独一无二的爱——大胆求新，对冷嘲热讽处之泰然。对美的爱——对作品的优劣美丑具有一种先天的知觉，并懂得如何去粗取精。对自我的爱——无须时常提醒，从不怀疑自己的写作能力。**你必须热爱写作，并且还能忍受寂寞。**

不过，仅有对好故事的爱，对被你的激情、勇气和创造天才所驱策的精彩人物和世界的爱，还是不够。你的目标是要把一个好故事讲好。

即如一个作曲家必须精于音乐创作的根本原则，你也必须掌握故事构思的相应原理。这门手艺既不机械，也不花哨。它是一系列技巧的和谐统一，让我们创造出与观众之间的一种共谋利益。故事手艺作为所有方法的总和，吸引观众深深地投入你所创造的世界，流连忘返，并最终以一种感人至深、意味深长的体验来回报观众的炽热纯情。

一个作家如果没有掌握这门手艺，他最多只能做到抓住头脑中蹦出的第一个想法，然后不知所措地面对自己的作品发呆，无从回答这些恐怖的问题：这到底好不好？难道全是垃圾？如果真是垃圾，我该怎么办？人的意识一旦固着于这些可怕的问题，潜意识的流动就会被堵塞。但是当我们带着清醒的意识施展故事手艺、执行客观任务时，潜意识的暗流便会自然浮出水面。对手艺的精通可以释放潜意识，令其自由驰骋。

一个作家一天的工作节律是什么？首先，进入你想象中的世界。当你写作时，你的人物会自然地说话、动作。下一步你该干什么？走出你的幻想，把自己所写的东西读一遍。那么，在读的过程中你应该做什么？分析。"这样好不好？观众会不会喜欢？为什么不喜欢？是否应该把它删掉？补充？重新整理？"你一边写，一边读；创作，批评；冲动，逻辑；右脑，左脑；重新想象，重新改写。你改写的质量，你臻于完美的可能性，取决于你对写作手艺的掌握，因为这种手艺可以指导你去改正不足。艺术家从不被一时冲动的奇思异想支配，而总是孜孜不倦地苦练手艺以达到直觉和思想的和谐。

◎ 故事与生活

审读多年，我注意到两种典型而层出不穷的失败剧本。

第一种是"个人故事"坏剧本：

在办公室的背景中，我们遇到了面临问题的主人公：她应该被提升，可是却被跳过。她很窝火，于是来到父母家，却发现父亲已经老年痴呆，母亲对此一筹莫展。回到自己的公寓，和邋遢而麻木不仁的室友又大吵了一架。然后出去和男友约会，没想到话不投机：她那感觉迟钝的情人把她带到了一家昂贵的法式餐厅，完全忘了她正在节食减肥。再回到办公室，惊喜地发现她被提升了……但是新的压力又起。回到父母家，好不容易把父亲的问题解决，母亲的精神又几近崩溃。回到自己家，发现室友偷走了她的电视机，房租未付便溜之大吉。她和情人分手，拿冰箱里的食品撒气，结果体重增加了五磅。但是她振作精神，把自己的升职看作一种胜利。在饭桌上与父母进行了一次温情脉脉的促膝长谈，治好了母亲的精神创伤。她的新房客不仅是一个提前几周就把房租付清的好人，还给她介绍了一位新朋友。现在我们已把剧本读到第九十五页。她坚持节食减肥，在最后的二十五页一直保持着良好的体形，因为这一段故事即是对她与新朋友之间爱情之花绽放之后，在雏菊丛中慢镜头追逐的文学描写。最后，她终于面临人生的重大抉择：屈从爱情还是抽身自拔？剧本在催人泪下的高潮中结束，因为她决定保留自己的生活空间。

第二种是"保证商业成功"坏剧本：

一名软件推销员从机场的一堆行李中得到了一种"能够毁灭我们当今所知人类文明的东西"。这个"能够毁灭我们当今所知人类文明的东西"非常小。事实上，它被隐藏在一支圆珠笔内，而这支圆珠笔不知不觉地进入了我们这位倒霉的主人公的口袋里。于是，他成为了影片中三十多位登场人物的追杀对象。这些人都具有双重或三重身份，为铁幕的两边工作，他们自"冷战"结束之后彼此认识，都有一个共同的目标，即杀死我们的主人公。剧本充斥着汽车追逐、枪战、令人毛骨悚然的逃跑，还有爆炸场面。在爆炸或杀人间隙，则是密集的对白场景，因为主人公要搞清这些双重身份的人物，找出到底能够相信谁。剧本在一片喧嚣嘈杂的暴力和亿万美元的特技场面中画下句点，其间我们的主人公设法销毁了那一"能够毁灭我们当今所知人类文明的东西"，从而拯救了全人类。

"个人故事"结构性欠缺，只是对生活片断的呆板刻画[9]，错误地将表象**逼真当成生活真实**。作者相信，他对日常事实的观察越精细，对实际生活的描写就越精确，他所讲述的故事便也会越真实。但是，无论被观察得如何细致入微，这种"事实"也只能是小写的真实。大写的真实位于事件的表面现象之后、之外、之内、之下，或维系现实，或拆解现实，不可能被直接观察到。由于作者只看到了可见的事实，反而对生活的真实茫然无视。

另一方面，"保证商业成功"的剧本却是一种**结构性过强、复杂化过度、人物设置过多的感官刺激，全然割断了与生活的任何联系**。作者把动作误以为娱乐。他希望，撇开故事不谈，只要堆砌了足够的高速动作和令人目眩的视觉效果，观众便会兴奋不已。就目前如此之多的暑期档影片全靠电脑生成影像（CGI）驱动的现象而言，他似乎并没有全错。

这种类型的奇观场面用模拟现实取代了想象。它们只是把故事当作一个幌子，来展现迄今为止尚未见过的特技效果，将我们带入龙卷风、恐龙的血盆大口或未来世界的大浩劫。毫无疑问，这种炫目的奇观确实能引发围观马戏团般的兴奋。但是，就像游乐园的过山车一样，其愉悦只能是短暂的。电影创作的历史已经反复证明，一旦新鲜惊险的感官刺激达到风靡的顶点，很快便会面临一种明日黄花的冷遇。

每隔十年左右，技术创新便能孵化出一批故事手法低劣的影片，其唯一的目的只是为了开发奇观场景。电影发明本身作为对现实令人惊叹的模拟，给公众带来了极大的兴奋，随之而来的便是多年的乏味可陈。随着时间的推移，无声影片发展成为一种辉煌的艺术形式，结果却被有声影片——一种对现实更加真实的模拟——所毁。三十年代早期的电影，正是由于观众为聆听演员说话而对平淡无奇故事的甘愿忍受，而倒退了一大步。后来有声影片终于在力与美的层面上大有进阶，结果彩色片、立体片、宽银幕以及现在电脑生成影像的发明又将其大步击退。

电脑生成影像既不是瘟疫也不是万应灵药，它只不过是在故事的调色板上增添了几抹新鲜的色彩。多亏有电脑生成影像，我们所能想象的一切都能够达成，而且惟妙惟肖。当CGI为强有力的故事引发，如《阿甘正传》或《黑衣人》，其效果便会消失在故事后面，强化出它所要烘托的画面，而免去了哗众取宠之嫌。然而，"商业片"的作者往往被奇观的光焰迷住了双眼，看不到持久的娱乐只有在蕴藏于影像之下的人生真谛中才能找到。

无论是刻板故事还是奇观故事的作者，**事实上所有作家，都必须明白故事与生活的关系：故事是生活的比喻。**

一个讲故事的人即是一个生活诗人，一个艺术家，将日常生活事件、内在生活和外在生活、梦想和现实转化为一首诗，一首以事件而不是以语言作为韵律的诗——一个长达两小时的比喻，告诉观众：生活就像是这样！因此，故事必须抽象于生活，提取其精华，但又不能成为生活的抽象化，以致失却实际生活的原味。故事必须像生活，但又不能一成不变地照搬生活，以致除了市井乡民都能一目了然的生活之外便别无深度和意味。

刻板故事的作者必须意识到，生活事实是中性的。试图把所有事件都包罗在故事内的最脆弱借口是："可是这确实发生过。"任何事都会发生，任何可以想象的事都会发生。实际上，不可想象的事也会发生。但故事并不是实际中的生活。纯粹罗列生活中发生的事件绝不可能将我们导向生活的真谛。实际发生的事件只是事实，而不是真理。真理是我们对实际发生的事件进行思考后的想法。

我们可以来看一看关于众所周知的"圣女贞德的生活"的一系列事实。几百年来，知名的作家已经将这位不凡的女性送上了舞台，写入了书页，搬上了银幕，他们所刻画的每一个贞德都是独一无二的——阿努伊的精神的贞德、萧伯纳的机智的贞德、布莱希特的政治的贞德、德莱叶的受难的贞德、好莱坞的浪漫勇士，以及莎士比亚笔下疯狂的贞德——这是一种典型的英国看法。每一个贞德都领受神谕，招募兵马，大败英军，最后被处以火刑。贞德的生活事实永远是相同的，但每当其生活"真谛"的意义被作家发现时，整个类型便随之改变了。

同理，奇观故事的作者必须意识到，抽象的东西是中性的。我所谓的抽象，是指图像设计、视觉效果、色饱和度、音响配置、剪辑节奏等一系列技术性的策略。这些东西本身是没有意义的。用于六个不同场景的完全相同的剪辑模式可以得出六种完全不同的解释。**电影美学是表达故事生动内容的手段，其本身绝不能成为目的。**

◎ 能力与天才

尽管刻板故事和奇观故事的作者讲述故事的能力低下，但他们也可能天生具备两种根本能力之一。倾向于刻板描述的作家通常具有知觉能力，一种向读者传达肉体感官知觉的能力。他们的视觉和听觉是那样的敏锐和精微，读者一且被其栩栩如生的精美形象触及，都会为之心动。另一方面，长于动作场面的作者通常具有一种超凡的想象力，可以将观众从现实空间提升到虚拟空间。他们能够将不可能的假设变为令人惊叹的现实，也能令观众怦然心动。无论是敏锐的知觉能力还是生动的想象能力，都是令人钦羡的天赋，不过，就像一段美满的婚姻一样，二者必须相辅相成。如果仅具其一，便只会在孤独中萎顿。

现实的一端是纯粹的事实，而另一端则是纯粹的想象。在这两极之间存在一个变幻无穷的"光谱"，所有风格各异的小说故事便游移于这光谱之间。强有力的故事讲述便是在这光谱之中找到了一个平衡点。如果你的作品飘向了其中一个极端，那你就必须学着将作品中人性的所有方面融为一个和谐的整体。你必须置身于这一创作的光谱之中：拥有敏锐的视觉、听觉和感觉，并与强大的想象力达成平衡。双管齐下，利用你的洞察和直觉来感动我们，表达你对人生事物的理解：人们如何以及为何做他们要做的事。

最后，除了知觉力和想象力是创作的先决条件外，还有两种超凡的基本天才是写作者必须具备的。然而，这两种天才却没有必然的联系。具备其一并不等于拥有其二。

第一是**文学天才**——创造性地将日常语言转化为一种更具表现力的更高形式，生动地描述世界并捕捉人性的声音。然而，文学天才是很普通的东西。在世界各地的每一个识字人群内，都有数以百计甚至数以千计的人能在某种程度上将属于其文化的普通语言转化为超凡脱俗的精品。从文学意义上而言，他们的写作堪称美妙，有些甚至壮美。

第二是**故事天才**——创造性地将生活本身转化为更有力度、更加明确、更富意味的体验。它搜寻出我们日常时光的内在特质，将其重新构建成一个比生活更加丰富的故事。纯粹的故事天才是罕见的。试问，有哪一位作家能够全凭本能和直觉年复一年地创作出优美的故事，而且从来不用思考如何才能写出这样好的故事、怎样才能写得更好？本能的天才也许偶尔能够炮制出一部优秀的作品，但完美和多产却不可能仅来自那无师自通的本能。

文学天才和故事天才不但各不相同，而且毫无关联，因为故事并不一定非要写下来才能讲给人们听。**故事能够以人类交流的任何方式来表达。戏剧、散文、电影、歌剧、哑剧、诗歌、舞蹈都是故事仪式的辉煌形式，每一种都有其娱人之长。只不过在不同的历史时期，其中的某一样式会走到前台而已。**十六世纪扮演了这一角色的是戏剧，十九世纪是小说，二十世纪则是电影——所有艺术形式的宏伟融合。银幕上最有震撼力和说服力的瞬间并不需要言语的描述来创造，并不需要人物的对白来演绎。它们是影像，纯粹而无声。**如果说文学天才的材料是话语，那么故事天才的材料则是生活本身。**

◎ 手艺能将天才推向极致

故事天才虽然罕见，我们却常常碰到与生俱来拥有它的人。比如，那些街头的说书艺人，对他们来说，讲故事就像微笑一样轻而易举。当同事们聚集在咖啡机旁，故事的讲述也会自然展开。它是人际交往的流通货币。在这一上午工间的休息仪式上，只要有五六个人聚在一起，至少会有一个具有这种天赋。

假设我们的故事天才今天上午向她的朋友们讲述"我是怎样把孩子们弄上校车的"。就像柯勒律治的《古舟子咏》一样，她抓住了所有人的注意力。听众就像中了她的魔法一般，全神贯注地手捧咖啡杯，半张着嘴。她时而明快、时而徐缓地编织着她的故事，令他们或笑或哭，将所有人的心高高地悬在半空，直到以一个炸药般的尾声戛然而止："今天早上我就是这样才把那帮小捣蛋鬼弄上校车的。"她的同事们满足地伸了伸欠着的身子，喃喃道："上帝，没错，海伦，我那帮孩子也是这样。"

再假设下面轮到她身边的一个男同事，接着讲他母亲周末去世的伤心故事……结果听得所有人烦得要命。他的故事全部停留在表面，从烦琐的细节到陈词滥调，唠唠叨叨，没完没了："她躺在棺材里的样子还是很好看的。"当他讲到一半的时候，其他人都已经回到咖啡壶边去续咖啡，对他的伤心故事充耳不闻。

如果要在讲得精彩的琐碎素材和讲得拙劣的深奥素材之间进行选择的话，**听众总是会选择讲得精彩的琐碎故事**。故事大师懂得如何从最少的事件中挤出生命力，而蹩脚的讲故事的人却会使深奥沦为平庸。你也许具有佛一般的慧眼，但是如果你不会讲故事，你的思想将像粉笔一样枯燥无味。

故事天才是首要的，文学天才是次要的，但也是必需的。这一原则对电影和电视来说是绝对的，对戏剧和小说来讲也比大多数戏剧家和小说家所愿意承认的要重要得多。故事天才尽管罕见，但你必须掌握一些，否则你便不会有写作的热切冲动。你的任务是从中拧出所有可能的创造力。只有充分利用你所掌握的一切故事技巧和手艺，你才能将你的天才锻造成故事。因为，只有天才而没有手艺，就像只有燃料而没有引擎一样。它能像野火一样暴烈燃烧，但结果却是徒劳无功。

PART TWO

故事诸要素
THE ELEMENTS OF STORY

一个讲得美妙的故事犹如一部交响乐，
其结构、背景、人物、类型和思想融合为一个天衣无缝的统一体。
要想找到它们的和谐，作家必须研究故事诸要素，
把它们当成一个管弦乐队的各种乐器——先逐一精通，再整体合奏。

CHAPTER 02
结构图谱

故事设计术语 / 故事三角 / 故事三角内的形式差异 /
故事设计的政治学

◎ 故事设计术语

当一个人物走入你的想象时，他便带来了丰富的故事可能性。如果你愿意，可以在人物诞生之前便开始讲述，然后日复一日、年复一年地追随着他，直到他完成宿愿，寿终正寝。一个人物的生命周期包含数十万个充满活力、复杂而多层面的时刻。

从瞬间到永恒，从方寸到寰宇，每一个人物的生命故事都提供了百科全书般的可能性。大师的标志就是仅仅从中挑选出几个瞬间，却能向我们展示其整个人生。

你也许会从最深层入手，将故事设置在主人公的内心生活中，讲述其思想情感内的整个故事，无论是醒着的还是梦中的；你或许会将故事提高到主人公和家人、朋友、恋人之间个人冲突的层面；或将其扩展到社会机构，将人物设置在与学校、事业、教会、司法制度的矛盾之中；或者更加宏阔地，将人物对立于环境——危险的城市街道、致命的疾病、无法启动的汽车、所剩无几的时间；或所有这些层面的任意组合。

但是，这一浩繁的**生活故事必须成为被讲述的故事**。要设计一部故事片，你必须将沸扬熙攘的生活故事浓缩在两小时左右，而又同时表达出你所割舍的一切。当一个故事讲得好时，难道不正是这种效果？当朋友们看完一场电影回来，被问及看了些什么时，你是否已经注意到，他们常常会把被讲述的故事装进生活故事里。

"真棒！讲的是一个佃农家长大的孩子。他小时候就跟家人一起在烈日底下劳作，上了学，但成绩不太好，因为他天一亮就得起床，到地里除草锄地。有人送了他一把吉他，他学会了，还自己写歌……最后，厌倦了那种脸朝黄土背朝天的生活，他离家出走，到低级酒吧演唱，勉强维持生计。后来，他认识了一位歌喉美妙的姑娘，他们相爱了，两人联手，一炮打响，获得了事业的巨大成功。然而问题是，聚光灯总是打在姑娘身上。小伙子亲自写歌，安排演唱会，对姑娘鼎力支持，但观众只为她一个人捧场。生活在爱人的阴影里，小伙子开始酗酒。最后，姑娘抛弃了他，他又回到了街头流浪，直到跌入谷底。他在烟尘弥漫的中西部小镇上一家廉价的汽车旅馆里醒来，茫然无着，身无分文，没有朋友，变成了一个无可救药的酒鬼，连一枚打电话的硬币都没有，就算有，也无人可以接通。"

换言之，这便是从出生开始讲起的《温柔的怜悯》。但是，上面讲到的一切都没有在影片中出现。《温柔的怜悯》开始于罗伯特·杜瓦尔扮演的麦克·斯莱奇在穷愁潦倒时醒来的那个早晨。接下来的两小时讲述了他随后一年的生活经历。然而，在各种场景内和场景间的切换里，我们却渐渐了解了他过去的一切，以及那一年中在斯莱奇身上发生的所有重要事情，直至最后的画面向我们暗示了他的未来。一个人的一生，几乎是从生到死的整整一生，便被悉数捕捉进霍顿·福特的奥斯卡获奖剧本的淡入和淡出里。

○ 结构

在生活故事的漫流中，作家必须做出**选择**。虚构的世界并不是白日梦，而是一个血汗工厂，我们在里面辛勤地劳作，挑拣浩如烟海的素材，将其裁剪成一部影片。不过，当有人问"你选了什么"时，没有两个作家会做出同样的回答。有人在寻找人物，其他人则在寻找动作或纷争，也或许是对白、意象、心情。但是，没有一个要素能独自构建故事。一部电影并不仅仅是若干个瞬间的冲突或行动、人物个性或情感状态、机智对话或符号象征。作家搜寻的是事件，因为一个事件包含了以上的一切，甚至更多。

> **结构是对人物生活故事中一系列事件的选择，这种选择将事件组合成一个具有战略意义的序列，以激发特定而具体的情感，并表达一种特定而具体的人生观。**

事件是人为的，或能够影响到人，于是便勾画出人物；事件发生在场景之中，于是便生发出影像、动作和对白；事件从冲突中吸取能量，因而激发出角色和观众类似的情感。但是，选定的事件不能随机或漫不经心地罗列；必须对它们进行构思，如同音乐的"谱曲"一样。什么该取？什么该舍？什么在前？什么置后？

要回答这些问题，你必须明确你的目的。构思这些事件是为了什么？一个目的也许是为了表达你的情感，但如果这种表达不足以激发观众的情感，就变成了自我陶醉。第二个目的也许是为了表达你的思想，但如果观众跟不上你的想法，则会有孤芳自赏之嫌。所以，事件的设计需要一种双重策略。

○ 事件

"事件"意味着变化。如果窗外的街道是干的，但你睡了个午觉之后却发现它湿了，你便可以假设一个事件发生了，这个事件叫下雨。世界从干的变成了湿的。然而，你不可能仅仅从天气的变化中就构建出一部影片，尽管有人曾经尝试过。故事事件是有意味的，却不是琐碎的。要使变化具有意味，它必须从发生在一个人物身上开始。如果你看见某人在倾盆大雨中淋成了落汤鸡，这多少比一条湿漉漉的街道更富意味。

> **故事事件创造出人物生活情境中富有意味的变化，这种变化是通过一种价值来表达和经历的。**

要让变化具有意味，你必须表达它，而观众必须对此做出反应，这一切可以用一种价值来衡量。我所说的价值并不是指美德或那种狭义、道德化的，如"家庭价值观"之类的用法。相反，故事价值涵盖着这一概念的一切内涵和外延。价值是故事讲述手法的灵魂。归根结底，**我们这门艺术是向世界表达价值观念的艺术。**

故事价值是人类经验的普遍特征，这些特征可以从此一时到彼一时，由正面转化为负面，或由负面转化为正面。

例如，生／死（正面／负面）便是一个故事价值，同样的有爱／恨、自由／奴役、真理／谎言、勇猛／懦弱、忠诚／背叛、智慧／愚昧、力量／软弱、兴奋／无聊，等等。**所有这种人类经验中，价值负荷可以随时走向反面的二元特质，便是故事价值。**它们可以是道德的，善／恶；可以是伦理的，是／非；或仅仅负荷着纯粹的价值。希望／绝望既不涉及道德，也不属于伦理，但当我们身处这经验两极的任意一端时，必然会确切地感知到。

假如你的窗外是二十世纪八十年代的东非，一片被干旱肆虐的原野，我们现在面临一个利害攸关的价值：生存，生／死。我们从负面开始：这场旱灾正在夺去成千上万条性命。如果有朝一日天降甘霖，一场季风带来的雨水让大地重返绿色，动物回到草场，人类得以幸存，于是这场雨便会被赋予深刻的含义，因为它将故事的价值从负面转化为正面，从死亡转化为新生。

但是，尽管这一事件力度不凡，它还是没有资格成为一个故事事件，因为它的发生纯属巧合。东非大地上终于降雨。虽然故事手法确实具有设置巧合的余地，但一个故事不可能构建于纯粹的偶然事件，无论这一事件负荷着何等深刻的价值。

故事事件创造出人物生活情境中富有意味的变化，这种变化是用一种价值来表达和经历的，并通过冲突来完成。

同样是一片干旱的世界，这个世界中出现了一个人，他将自己想象为一个"造雨者"。这个人物具有深沉的内心冲突：他一方面热忱地相信自己确实能够呼风唤雨，尽管他从来没有做成过，而另一方面又深深地恐惧自己会不会是一个傻瓜或疯子。他认识了一个女人，爱上了她，女人试图相信他，但最终还是选择离开，认为他只不过是一个江湖骗子或者更坏的角色。他与社会也有着强烈的冲突——有些人追随他，把他奉为救世主；其他人则用石头砸他，想把他赶出镇外。最后，他还面临着与自然界不可调和的矛盾——灼面的热风、通透的晴空、皲裂的大地。如果这个人能够与他的一切内心冲突和个人冲突抗争到底，排除社会和环境的阻力，最终从万里无云的天空中变化出甘霖，那么这场暴风雨将会变得无限辉煌并具有崇高的意义——因为它是从冲突中撞击出来的变化。我刚刚所描述的便是由理查德·纳什从他的戏剧改编的电影《雨缘》。

○ 场景

就一部典型的电影而言，作者将要选择四十到六十个故事事件，或者换个常用的说法，叫做场景。小说家也许需要六十个以上，戏剧作家则很少达到四十。

场景是在某一相对连续的时空中，通过冲突表现出来的一段动作，这段动作至少在一个重要程度可以感知的价值层面上，使人物生活中负荷着价值的情境发生转折。理想的场景即是一个故事事件。

你必须认真审视你所描写的每一个场景，并自问：在人物的生活中，此时此刻被押上台面的价值是什么？爱情？真理？还是别的什么？这一价值在这一场景中的性质如何？正面？负面？或二者兼而有之？记一下笔记。然后，转向场景的结尾处，问自己，这一价值现在在哪儿：正面，负面，还是兼而有之？

做一下笔记然后进行比较。如果你在场景结尾处写下的答案与开始处相同，那么你还要自问另一个重要的问题：我的剧本中为什么要采用这个场景？

如果人物生活中，这一负荷着价值的情境从场景的开始到场景的结束毫无变化，则没有发生任何有意味的事情。尽管这个场景中有着一些活动——说说这个、做做那个——但并没有发生任何足以改变其价值的事。于是，这一事件只能称为非事件。

那么，故事中为什么要设置这样一个场景？其答案几乎肯定是为了"解说"。设置这个场景是为了向观众传达有关人物、世界或历史的信息。**如果解说只是设置这个场景唯一合理的解释，那么老练的作家则会毫不犹豫地将其舍弃，并将它所传达的信息编织在影片的其他地方。**

没有不含转折的场景。这是我们的理想。我们精心设计每一个场景，从头到尾将人物生活中押上台面的价值从正面转化为负面，或从负面转化为正面。要想不折不扣地坚守这一原则也许是困难的，但也并不是不可能。

《虎胆龙威》、《亡命天涯》和《稻草狗》显然达到了这一要求，但这一理想同样在《告别有情天》和《意外的旅客》中得到了更加微妙而不失严谨的表现。所不同的是，动作片类型是在诸如自由/奴役或正义/非正义之类的公共价值层面上进行转折，而教育片类型则是在自我意识/自我欺骗或有意义的人生/没有意义的人生这样的内在价值层面上进行转折。无论其类型如何，这一原则是通用的：如果一个场景不是一个真正的事件，就删掉它。

例如：

克里斯和安迪恩爱地生活在一起。一天早晨他们醒来之后，却开始吵架了。他们的口角愈演愈烈，一直持续到他们在厨房匆匆忙忙做早餐时。后来，他们来到车库，爬进车内，准备同乘一辆汽车去上班，这时他们的争吵变得更加恶毒。最后，汽车行驶到公路上，他们的言语交锋更是演变成拳脚相加。安迪歪歪扭扭地把车停在了路肩上，跳下车，结束了他们的关系。这一系列动作和地点创造了一个场景：它将这两口子从正面（恩爱地在一起）转化为负面（愤恨地分手）。

地点的四个转换——卧室到厨房、到车库、到公路——都是镜头设置，并不是真正的场景。尽管它们加剧了行为的强度，使危机瞬间真实可信，但它们并没有改变押上台面的价值。当他们的争吵在整个早晨延续时，这对夫妻仍然在一起，并且似乎还在相爱。但是，当动作达到其转折点时——车门砰的一声关上，安迪宣告："我们完了！"——这对爱人的生活被掀了个底朝天，活动变为行动，而这整个图景也变成了一个完整的场景，一个故事事件。

一般而言，要检验一系列活动是否构成一个真正的场景，应该问这个问题：它是否能够被写成"一个整体"，一个时间和空间的统一体？在我们的上述例子中，答案是肯定的。他们的争吵完全可以始于卧室，在卧室升级，并最终在卧室结束他们的关系。在卧室、厨房、车库、公路或是办公室的电梯内结束的关系已经不计其数。戏剧作家可能会将这一场景写成"一个整体"，因为戏剧舞台的局限性通常会迫使我们保持时间和地点的统一性；而另一方面，小说家或银幕剧作家则可能会令场景游移，将其在时空内拆解，以建立未来的场所，或表现克里斯对家具的品位及安迪的驾车习惯——理由不一而足。这一场景甚至还可以和另一场景进行交叉剪辑，也许还能卷入另一对夫妻。这些变化是没有止境的，但无论其变化如何，这只是一个单一的故事事件，一个"爱人分手"的场景。

○ 节拍

在场景里面的便是最小的结构成分：节拍。

节拍是动作／反应中一种行为的交替，这些变化的行为通过一个又一个节拍构筑了场景的转折。

现在，我们来仔细看一下上面的"爱人分手"场景：当闹钟响过之后，克里斯调侃安迪，安迪做出以牙还牙的反应。当他们穿衣时，调侃变成了讽刺，他们开始互相侮辱。现在来到了厨房，克里斯对安迪威胁道："宝贝，如果我离开你的话，那你就惨了……"但是，安迪对她的吓唬回应冷淡："我倒愿意试试那种悲惨的生活。"在车库里，克里斯害怕从此失去安迪，求他不要走，但他报以嘲笑并对她的请求大肆挖苦。最后，在飞速行驶的汽车内，克里斯对安迪大打出手。安迪还手，慌乱中猛踩刹车。他流着鼻血，跳下车来，将车门撞上，大叫"我们完了"，愤然离开了惊惶失措的克里斯。

这个场景围绕着六个节拍展开，六个具有明显区别的行为，六个动作／反应的明显变化：先互相调侃，接着互相谩骂，然后是互相威胁和反诘，接下来则是恳求和嘲讽，到最后变成暴力相加，导向最后的节拍和转折点：安迪决定结束关系、采取行动，克里斯目瞪口呆、万分惊恐。

○ 序列

节拍构建场景。场景构建故事设计中下一个更大的动态单位：序列。每一个真正的场景都会对人物生活中负荷价值的情境进行转折，但事件与事件之间，转变的程度会有很大的区别。场景导致较小而又意义重大的变化，而一个序列中的终结场景则必须实施更为强劲、并具有决定性的改变。

序列是一系列场景——一般两到五个，每一个场景的冲击力呈递增趋势，直到最后到达顶峰。

例如，下面这个三场序列：

背景设置：一个在中西部事业有成的年轻女商人被猎头公司发现，要到纽约一家公司面谈一个重要职位。如果她赢得这一职位，将获得事业的一个重大飞跃。她非常希望得到这份工作，但尚未成功（负面）。她是六个最后的竞争者之一。公司领导意识到，这一职位具有至关重要的公关意味，所以他们希望在做出最后决定之前，看到所有申请者在一个非正式场合的真实表现。他们邀请所有六个候选人参加曼哈顿东区的一个聚会。

场景一：西区一家饭店。我们的主人公芭芭拉正在饭店准备参加晚上的聚会。此处押上台面的价值是自信/自疑。她需要所有的自信来在这一晚会中胜出，但她心中充满疑虑（负面）。她忧心忡忡地在房里踱步，告诫自己来到东部确实是一个愚蠢的行为，这些纽约人会把她活活吃掉。她从箱子里拽出衣服，试试这件，试试那件，但每身衣裳都比前一身更加难看。她的头发乱成一团，根本无法梳理。面对一大堆衣物和乱蓬蓬的头发，她一筹莫展，决定收拾东西一走了之，省得到时候丢人现眼。

突然，电话铃响起。是她的母亲，打电话来祝她好运，并唠唠叨叨地讲起了她是如何孤独、害怕从此被女儿抛弃。芭芭拉挂上电话，意识到曼哈顿的那些食人鱼跟家里的大白鲨相比，根本无足挂齿。她需要这份工作。忽然，她神奇地配搭好了以前从未试过的衣服和饰品，效果之美艳就连她自己都感到惊喜。她的头发也魔术般地被梳理整齐。她走到镜子面前，容光焕发，打扮得体，浑身充满自信（正面）。

场景二：饭店大门口。电闪雷鸣，风雨交加。芭芭拉来自特尔霍特，她不知道在登记房间时应该给守门人五块钱小费，所以守门人不愿冒着风雨到外面去给一个吝啬鬼叫出租车。何况，在纽约下大雨的时候，根本就叫不到出租车。所以，她只好仔细研究她的游览地图，琢磨该怎么办。她意识到，如果她从西八十街走到中央公园西街，沿着中央公园西街一直往南走到五十九街，再步行穿过中央公园南街到公园大道，再往北走到东八十街……就绝不可能按时到达晚会地点。所以，她决定做一件人们警告她永远不要做的事情——穿越夜晚的中央公园。如此，这个场景就被赋予了一个新的价值：生/死。

她用一张报纸盖住头发，冲进了雨夜之中，将生死置之度外（负面）。一道闪电过后，一群无论晴雨都守候在夜晚的中央公园等待傻瓜出现的黑帮流氓赫然现身在她面前，将她包围起来。芭芭拉的空手道课并没有白上。她拳打脚踢，杀出黑帮的重重包围，打得他们嘴唇开裂，满地找牙。最后，她跌跌撞撞地冲出公园，全身而退（正面）。

场景三：带镜子的前厅——公园大道公寓楼。此刻押上台面的价值转换为社交成功／社交失败。她活着走出了公园。但当她从镜子中看到自己时，发现自己已经变成了一只落汤鸡：报纸散成了碎片，落在头发里；衣服上血迹斑斑——尽管是黑帮的血——但毕竟是血。她的自信骤然下降，加上怀疑和恐惧的攻击，使她只好自认失败（负面），被社交灾难所击溃（负面）。

其他候选人相继乘出租车抵达。她们都找到了出租车，从车上下来时派头俨然一副纽约交际花的模样。她们很同情这个来自中西部的可怜虫，把她让到了一个电梯里。

来到顶层后，她们用毛巾替她擦干头发，找了一身不配套的衣服给她换上。她的这身打扮导致整晚的焦点都集中在她那里。认为自己反正已经失败，她反而表现得异常自然轻松，恢复了自我，从内心深处表现出了一种连她都不知道自己拥有的满不在乎；她不仅跟他们讲起了她在公园里的遭遇战，还拿这事大开玩笑。大家先是目瞪口呆地表示敬畏，然后再报以开怀大笑。在晚会结束时，所有的经理人都已经能够明确地知道，他们需要的职位人选是谁：一个能够经历公园的恐怖事件，而后又能如此处之泰然的人。她得到了这份工作，晚会以她个人和社交的胜利告终（双重正面）。

每一个场景都在自己的价值层面上进行了转折。场景一：从自疑到自信。场景二：从死到生；从自信到失败。场景三：从社交灾难到社交胜利。同时，这三个场景构成了一个负荷着另一更大价值的序列，这一价值居高临下却又与其他价值相辅相成，这便是那份工作。在序列的开始，她没有工作，第三个场景成为一个序列高潮，因为她的社交成功为她赢得了工作。从她的观点来看，这份工作是一个如此重大的价值，她不惜冒着生命危险来得到它。

给每个序列定个题目，以使你自己明确为什么要把它设置在影片内，这是很有益处的。这个"得到工作"的序列，其故事目的是描写她如何从没有得到工作到得到工作的过程。这一点完全可以通过一个单一的场景，用一个人事部经理来完成。但是，除了纯粹表达"她有资格"，我们可以创造一个完整的序列，这样不但可以让她得到工作，还可以戏剧化地表现她的内在性格、她与母亲的关系，以及有关纽约市和那家公司的一些洞察和见识。

○ 幕

场景以细微但意义重大的方式转折；一系列场景构成一个以适中的、更具冲击力的方式转折的序列；一系列序列便构成下一个更大的结构，幕，一个表现人物生活中负荷价值情境里一个重大逆转的动态单位。一个基本场景、一个构成序列高潮的场景，以及一个构成幕高潮的场景之间的区别，在于其变化的程度，或者更确切地说，在于其变化对人物——对人物的内心生活、人际关系、世事时运或以上诸因素的组合——所具有的冲击力的程度，无论是变好还是变坏。

> 幕是一系列序列的组合，以一个高潮为其顶点，导致价值的重大转折，其冲击力要比所有前置的序列或场景更加强劲。

○ 故事

一系列幕便构成所有要素中最大的结构：故事。一个故事就是一个巨大的主事件。当你在故事的开头来看人物生活中负荷价值的情境，然后把它和故事结尾的价值负荷进行比较时，你应该能够看到电影弧光[1]，一大片弧形放射的变化之光把生活从故事开始时的一个情境带到故事结束时另一个变化了的情境。这个最后的情境，这一终极变化，必须是绝对而不可逆转的。

场景导致的变化是可以逆转的：前文描述的爱人还可能重新聚首；每天都

有人从坠入情网到反目成仇到言归于好。一个序列也可以逆转：那个中西部的女商人好不容易得到那份工作之后，完全可能发现她必须向一个她痛恨的上司汇报，并希望能够重新回到特尔霍特。一个幕高潮也可以逆转：一个人物可以死去，如《外星人》的第二幕高潮，然后复活。为什么不能？在一个现代化的医院，起死回生已变成家常便饭。所以，通过场景、序列和幕，作者创造细微、适中和重大的变化，但所有这些变化都可以逆转。然而，最后一幕的高潮却是不可逆转的。

故事高潮：故事是一系列幕的组合，渐次构成一个最后的幕高潮，又称故事高潮，从而引发出绝对而不可逆转的变化。

如果你能让每一个最小的成分各司其职，那么故事讲述的深层目的便可以达到。让每一句对白或每一行描写都服务于行为和动作的转折或情境设置的变化。让你的节拍构建成场景，场景构建成序列，序列构建成幕，幕构建成故事，以至达到最后的高潮。

那一系列将特尔霍特主人公的生活从自疑转化为自信，从危险转化为幸存，从社交灾难转化为成功的场景，便组合成了一个把她从没有得到工作转向得到工作的序列。为了让通向故事高潮的讲述过程闪烁着电影弧光，也许这一开首的序列会引发出一系列序列，将她从没有得到工作转化为公司总裁，作为第一幕的高潮。这个第一幕高潮可以接着引发出第二幕，其间公司的内斗导致她被朋友和同事背叛。在第二幕高潮中，她被董事会解雇，并被驱逐到街上。这一重大逆转把她送到了一个敌对公司，她利用以前当总裁时所获得的商业秘密，迅速爬上了新公司的顶层，于是她便得以乐在其中地摧毁先前的雇主。这些幕用电影弧光映射出了她的转变：从影片开始时一个勤劳、乐观、诚实的专业人员变成影片结束时一个无情、愤世嫉俗和腐败的公司大战老手——绝对而不可逆转的变化。

◎ 故事三角

在一些文学圈内，"情节"已经变成了一个肮脏的词，因为它被一种浓重的商业主义意味所污染。损失是我们自己的，因为**情节**是一个准确的术语，描述了内在连贯一致且互相关联的事件形式，它们在时间的行进中构建和设计了故事。尽管每一部优秀影片的创作都离不开偶发灵感，但一个剧本的写作却绝不是偶然。杂乱无章地冒出的素材不可能总是杂乱无章。作者会对灵感进行反复修改，使影片浑然一体，似乎完全来自一种本能的直觉，但他自己心里明白，为了使影片看起来轻松自然、一气呵成，他付出了多少不轻松和不自然。

设计情节是指在故事的危险地形上航行，当面临无数岔道时选择正确的航道。情节就是作者对事件的选择以及对其在时间中的设计。

同样的问题，该包括什么？删减什么？什么在前？什么置后？必须对事件进行选择；作者的选择有好有坏，其结果便是情节。

《温柔的怜悯》首映时，有些评论者把它描述为"没有情节"，然后对此大加赞赏。可事实上，《温柔的怜悯》不仅具有情节，而且其精妙设计的情节线所穿越的是一片最难以行走的电影地貌：一个电影弧光闪烁在主人公内心的故事。影片中，主人公对生活的态度和／或对自己的态度经历了一场深层和不可逆转的革命。

对小说家而言，这种故事是自然而然、轻而易举的。无论用第三人称还是第一人称，小说家可以直接侵入思想和情感，在主人公的内心生活中将故事完全戏剧化。对银幕剧作家来说，这种故事则远为脆弱和艰难。我们不可能将镜头伸进演员的额头内去拍摄他的思想，尽管有人也许会不惜一试。我们必须想方设法引导观众从外在行为来解析角色的内在生活，而不能利用画外解说或人物的自我告白。即如约翰·卡彭特所说："电影就是将精神的东西物化。"

为了在主人公的内心开启那"一大片弧形放射的变化之光"，霍顿·福特在《温柔的怜悯》开篇便将斯莱奇沉溺于他那毫无意义的生活状态中。他在用酒精进行慢性自杀，因为他已经不再相信一切——不再相信家庭、事业、今生和来世。随着影片的进展，福特避免了用一段刻骨铭心的浪漫体验、辉煌成功或宗教启迪去寻找人生意义这样的陈词滥调，而是向我们展示了这样一个人，他将爱情、音乐和精神方面精细微妙的千头万绪编织成一个简单而又富有意义的人生。到最后，斯莱奇经历了一个悄无声息的转变，找到了一个值得继续生活下去的人生。

我们只能想象霍顿·福特在编织这一险象环生的影片情节时所付出的心血。一个微小的失误——一个缺失的场景、多余的场景、事件顺序的微小错乱——都会让麦克·斯莱奇那引人入胜的内心旅程像纸牌搭成的城堡一样崩塌为刻板故事[2]。因此，情节并不是指笨拙的纠葛、转折或高压的震惊和悬念。事件必须经过挑选，而且其设计型式必须通过时间上的排列来呈现。从"构思"或"设计"这个意义上而言，所有的故事都必须有情节编排。

○ 大情节、小情节、反情节

尽管事件设计变化无穷，但它们并非没有限度。这门艺术的几个极端形式为故事宇宙勾画出一幅三角形的地图，将各种形式的可能性囊括其中。作家的全部宇宙论，他们对现实和人生真谛所有包罗万象的观点和看法，都包含在这个三角形里。要想理解你在这一宇宙中的位置，就必须研究这幅地图的坐标，用它对你正在进行中的作品进行比照，并让它指导你到达你和其他具有相似看法的作家所共同享有的那个点。

在故事三角的顶端是经典设计的构成原理。这些原理是真正意义上的"经典"：超越时间，超越文化，对地球上的每一个世俗社会都是最根本的，无论是文明社会还是原始社会，它穿越了几千年的口头故事时期并一直延展到蒙昧的远古时代。远在四千年前，当史诗《吉尔伽美什》被用楔形文字刻在十二块泥板上，第一次将口头故事转化为文字时，这一经典设计的原理就已经完整而美丽地成形了。

经典设计是指围绕一个主动主人公构建的故事，主人公为了追求自己的欲望，与主要来自外界的对抗力量进行抗争，通过连续的时间、在一个连贯而具有因果关联的虚构现实里，到达一个表现绝对、而变化不可逆转的闭合式结局。

这些超越时间的原理我称为大情节，所谓"大"就像"大天使"的"大"，采用其词典释义："大于其他同类"。

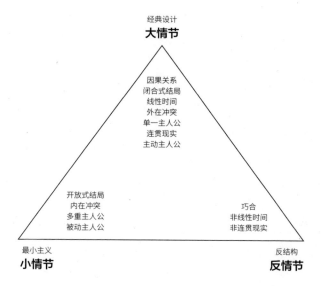

然而，大情节并不是故事讲述形态的极限。在左角，我放上了最小主义[3]的所有实例。顾名思义，最小主义是指作者从经典设计的成分开始，对它们进行削减——对大情节的突出特性进行精炼、浓缩、删节或修剪。我把这一整套最小主义的变体称为小情节。小情节并不意味着无情节，其故事必须像大情节一样给予精美的处理。确切地说，最小主义的情节处理是要在简约、精炼的前提下保持经典的精华，使影片仍然能够满足观众，令他们走出影院时依旧暗自思忖:"多好的故事!"

在右角便是反情节,它是反小说(新小说)和荒诞派戏剧的电影翻版。反结构变体并没有削减经典,而是反其道而行,否认传统形式,以利用甚至嘲弄形式原理的要义。反情节的制造者对欲语还休的描写方法或暗度陈仓式的收敛几乎没有兴趣;相反,为了昭示他的"革命"雄心,他的影片倾向于过度铺陈和自我意识的大肆渲染。

大情节是世界电影的大菜和主食(肉、土豆、面条、米饭和小米)。过去一百年来,它滋养着绝大多数备受世界观众欢迎的影片。如果我们浏览一下过去几十年的电影——《火车大劫案》、《庞贝城的末日》、《卡里加里博士的小屋》、《贪婪》、《战舰波将金号》、《M就是凶手》、《礼帽》、《大幻影》、《育婴奇谭》、《公民凯恩》、《相见恨晚》、《七武士》、《君子好逑》、《第七封印》、《江湖浪子》、《2001:太空漫游》、《教父2》、《销魂三人组》、《一条叫旺达的鱼》、《飞越未来》、《菊豆》、《末路狂花》、《四个婚礼和一个葬礼》、《闪亮的风采》——我们可以瞥见大情节这一范畴所涵盖的令人瞠目的故事题材和多样类型。

小情节电影,尽管不如大情节多种多样,却具有同样的国际性:《北方的纳努克》、《圣女贞德蒙难记》、《操行零分》、《战火》、《野草莓》、《音乐室》、《红色沙漠》、《五支歌》、《克拉之膝》、《感官世界》、《温柔的怜悯》、《得克萨斯的巴黎》、《牺牲》、《征服者佩尔》、《盗窃童心》、《大河恋》、《活着》和《谈谈情跳跳舞》。小情节还包括叙事性纪录片,如《福利》。

反情节的例子不太普遍,主要为欧洲片和二战之后的影片:《一条安达鲁狗》、《诗人之血》、《午后的迷惘》、《跑跑跳跳停停的电影》、《去年在马里昂巴德》、《八部半》、《假面》、《周末》、《绞刑》、《小丑》、《巨蟒与圣杯》、《朦胧的欲望》、《性昏迷》、《天堂陌客》、《下班后》、《一加二的故事》、《反斗智多星》、《重庆森林》、《妖夜慌踪》。反情节还包括"纪录兼抽象拼贴"片,如阿仑·雷乃的《夜与雾》和《失衡生活》。

◎ 故事三角内的形式差异

○ 闭合式结局 VS 开放式结局

大情节传达一种闭合式结局——故事提出的所有问题都得到了解答；激发的所有情感都得到了满足。观众带着一种完美收官的体验离开——没有疑虑，没有任何尚未阐明的东西。

相反，小情节常常在结局时留下一个开放的尾巴。故事讲述过程中提出的大多数问题都得到了解答，但还有一两个没有回答的问题会延伸到影片之外，让观众在看完电影之后再进行补充。影片激发出的大多数情感将得到满足，但还有一些情感的残余要留待观众去填补。尽管小情节会以一个思想和感情的问号作为结尾，但"开放"并不等于电影半途而废，将所有东西悬而不决。问题必须是可以解答的，情感必须是可以满足的。前面所讲述的一切必须导向明确而选择有限，使得某种程度的闭合成为可能。

> 如果一个表达绝对而不可逆转变化的故事高潮，回答了故事讲述过程中所提出的所有问题并满足了所有观众情感，则被称为闭合式结局。

> 一个故事高潮如果留下一两个未解答的问题和一些没被满足的情感，则被称为开放式结局。

在《得克萨斯的巴黎》的高潮中，父子言归于好，其未来已被确定，我们对其幸福的期望得到了满足。但是夫妻和母子的关系却没得到解决。"这个家庭是否拥有一个共同的未来？如果有，那将是一个什么样的未来？"这些问题便是开放的。答案只能在个人化的后电影思考中找到：如果你想要这个家庭团聚，但你的心却告诉你他们不可能做到，那将是一个悲伤的夜晚。如果你能够说服自己，他们从此以后将会幸福地生活在一起，那你便可以愉悦地走出影院了。最小主义故事的讲述者故意将这最后的点睛之笔交给了观众。

○ 外在冲突 VS 内在冲突

大情节强调外在冲突。尽管人物常常具有强烈的内心冲突，但重点却落在他们与人际关系、社会机构或自然界力量的斗争上。相反，在小情节中，主人公也许与家庭、社会和环境具有强烈的外在冲突，但其重点却集结在他与自己思想情感有意或无意的角斗里。

我们可以比较一下《疯狂麦克斯2》和《意外的旅客》里主人公的旅途。在前者中，梅尔·吉布森扮演的疯子麦克斯经历了一种从自给自足的独行侠到自我牺牲式英雄的内心转化，但故事的重点却在于其部族的生死存亡。在后者中，威廉·赫特所饰演的旅行作家，经历了再婚从而成为一个孤独男孩的父亲的生活变化，影片的侧重点就在于此人的精神复活。他从一个情感瘫痪者转化为一个可以自由地爱和感觉的人，这便是影片的主要变化弧光。

○ 单一主人公 VS 多重主人公

按经典思路讲述的故事通常将一个单一主人公——男人、女人或孩子——置于故事讲述过程的中心。一个主要故事支配着银幕时间，主人公则是影片的明星角色。但是，如果作者将影片分解为若干较小的次情节，其中每个故事都有一个单一主人公，其结果便会大大削弱大情节那种过山车般的动感力度，创造出一种自八十年代以来渐趋流行的小情节之多情节变体。

在《亡命天涯》具有高能负荷的大情节中，摄影镜头从来都没有离开过哈里森·福特所扮演的主人公：镜头绝对目不斜视，一点次情节的暗示都没有。相反，《温馨家族》则是由六个主人公的至少六个故事编织成的一个拼盘。就像在大情节中，这六个人物的冲突主要是外在的；他们都没有经受《意外的旅客》里的那种深沉痛苦和内心变化。但是，由于这些家庭争斗将我们的情感引入如此之多的方向，且每个故事都只有十五到二十分钟的银幕时间，其多重设计柔化了故事的讲述过程。

多情节可以追溯到《党同伐异》、《大饭店》、《犹在镜中》和《愚人船》，并一直延续至今，成为一种普遍的手法，如《为所应为》、《人生交叉点》、《低俗小说》以及《饮食男女》。

○ 主动主人公 vs 被动主人公

大情节的单一主人公多为主动的和动态的，通过不断升级的冲突和变化，意志坚定地追求欲望。小情节设计的主人公尽管不是静止的，但相对比较被动。一般而言，这种被动可以通过以下方式得到补偿：要么赋予主人公一种强烈的内心斗争，如《意外的旅客》，要么用动态事件将他包围，如《征服者佩尔》的多重情节设计。

> 主动主人公在欲望追求中采取行动时，与他周围的人和世界发生直接冲突。

> 被动主人公表面消极被动，而在内心追求欲望时，与其自身性格的方方面面发生冲突。

《征服者佩尔》中片名人物是一个被成人世界控制的少年，他几乎没有选择，只能消极被动地做出反应。但是，作者比利·奥古斯特则利用佩尔与世界的疏远，把他塑造为一个身边悲剧故事的被动观察者：非法偷情者弑杀新生婴儿，妻子因其丈夫不忠而将其阉割，工潮领袖被乱棍打成白痴。因为奥古斯特从一个孩子的视点来控制着故事的讲述，这些暴力事件都发生在画外或者远处。所以，我们很少见到其因由，而只见其后果。这种设计柔化或最大限度地削减了其本来有可能产生的夸张或令人反胃的效果。

○ 线性时间 VS 非线性时间

大情节开始于时间中的某一点，在大略连贯的时间中不无省略地运行，并终结于某一晚些的时日。如果影片采用了闪回，对闪回的处理也会让观众可以将故事的事件置于其时序里。另一方面，反情节却是不连贯的，将时序打乱或拆解，很难或不可能将发生的事件置于任何线性的时序之中。戈达尔在他的电影美学论著中曾经指出，一部影片必须具有一个开头、中间和结尾……但不一定非要按照这一顺序。

无论有无闪回，一个故事的事件如果被安排成一个观众能够跟踪的时间顺序，那么它便是按照线性时间来讲述的。

如果一个故事在时间中随意跳跃，从而模糊了时间的连续性，以致观众无从判断什么发生在前什么发生在后，那么这个故事便是按照非线性时间来讲述的。

在名如其实的反情节影片《性昏迷》（又译作《坏时机》）中，一个心理分析学家（阿特·加芬克尔）在奥地利度假时认识了一个女人（特蕾莎·罗素）。影片前三分之一表现的是一些似乎来自这一艳遇初期时的场景，但其间的一些闪进镜头却跳跃到这一关系的中期和后期。影片的中间三分之一点缀着一些我们想当然地认为应该来自中期的场景，但事实上却穿插着对初期的闪回和向后期的闪进。最后三分之一主要是一些似乎来自这一对男女最后时日的场景，同时穿插着对其前期和开头的闪回，并以一个恋尸癖的行为作为结局。

《性昏迷》是对"性格即命运"这一古老观念的现代演绎，这一观念认为，你的命运等于你自己是谁，你生活的最后结果将取决于你独一无二的性格，而不是其他任何东西——家庭、社会、环境或机会。《性昏迷》将时间当作沙拉一样翻搅，其反结构设计割断了人物和周围世界的联系。他们是否一个周末去了萨尔兹堡而另一个周末到了维也纳；是在这儿吃午餐还是在那儿吃晚饭；为这个争吵或为那个争吵或没有争吵，都不会有什么区别。重要的是他们人格中的那种毒化魔力。从这一对男女相遇的那一刻起，他们就已经登上了一列通向其怪诞命运的高速火车。

○ 因果 VS 巧合

大情节强调世界上的事情是如何发生的，原因如何导致结果，而这个结果又如何成为另一个结果的原因。经典故事设计描画出生活广泛联系的导航图，从显而易见的到不可捉摸的，从儿女情长到宏大叙事，从个人身份到国际舞台。它揭示出一个互相链接的因果关系网，这个关系网一旦被理解，便能赋予生活以意义。另一方面，反情节则常常以巧合取代因果，强调宇宙万物的随意碰撞，从而打破因果关系的链条，导向支离破碎、毫无意义和荒诞不经。

因果关系驱动一个故事，使有动机的动作导致结果，这些结果又变成其他结果的原因，从而在导向故事高潮的各个片段的连锁反应中将冲突的各个层面相互连接，表现出现实的相互联系性。

巧合驱动一个虚构的世界，使动机不明的动作触发出不会产生进一步结果的事件，因此将故事拆解为互不关联的片段和一个开放式的结尾，表现出现实存在的互不关联性。

在《下班后》中，小伙子（格里芬·邓恩）与他在曼哈顿一家咖啡馆偶遇的姑娘约会。在去姑娘索霍区公寓的途中，他的最后二十块钱被风吹出了出租车窗外。后来，他似乎在姑娘的阁楼内发现，他的钱被钉了一个尚未完成的怪异雕像上。他的女朋友突然进行了一次策划周密的自杀。他被困在索霍，连乘坐地铁的钱都没有，被误认为入室盗窃犯，并被黑帮追杀。怪诞的人物和一个溢水的抽水马桶挡住了他的去路，直到后来躲藏进真正的盗窃犯偷来的雕像内，并从他们逃跑的卡车内掉出，撞在他上班办公楼的台阶上，他才开始了在电脑文字处理器前新一天的工作。他是上帝台球桌上的一枚台球，随意撞击滚动，最后落入袋中。

○ 连贯现实 VS 非连贯现实

故事是生活的比喻。它引导我们透过现象看到本质。因此，采用一对一的标准来衡量从现实到故事的对应是错误的。我们创造的世界遵循其自身内在的因果规律。大情节在一个连贯的现实中展开，但这一现实并不等于现实生活。即使是最自然主义、"照搬生活"的小情节也是被抽象化、提纯了的存在。每一个虚构现实都独一无二地确立了其间事情的发生规律。在大情节中，这些规律是不能被打破的——哪怕它们怪诞异常。

连贯现实是确立人物及其世界之间互动模式的虚拟背景，在整个讲述过程中，这些互动模式一直保持着连贯性，从而创造出意义。

例如，几乎所有幻想类型的作品都是严格遵循虚幻"现实"规律的大情节。假如在《谁陷害了兔子罗杰》中，一个人类人物要追逐卡通人物罗杰，把他逼到了一扇紧锁的门前。突然，罗杰变成一个二维平面，从门下缝隙中滑走逃脱，而那个人却一头撞到了门上。很好。可是现在，这便成为一条故事规律：没有人能够抓住罗杰，因为他能变成二维平面逃走。如果作者希望罗杰在未来的场景中被抓到，他就必须设置一个非人类的特工或回过头去重新改写前面的追逐场景。既然已经创立故事的因果关系规律，大情节的作者就必须在这一自创的框架中工作。因此，连贯现实是指一个内部连贯一致的世界，其本身必须能够自圆其说。

非连贯现实是混合了多种互动模式的背景，其中故事章节不连贯

地从一个"现实"跳向另一个"现实"，以营造出一种荒诞感。

与上述例子相反，在反情节中，唯一的规律就是打破规律：在让－吕克·戈达尔的《周末》中，一对巴黎夫妇决定谋害其年迈的姑妈以骗取她的保险金。在去姑妈郊区房子的途中，一场与其说是真实不如说是幻觉的车祸毁了他们的红色跑车。后来，当这对夫妇徒步跋涉到一条可爱的林荫小道上时，艾米莉·勃朗特赫然出现，从十九世纪的英格兰飘然降临到这条二十世纪的法国小路上，读着她的小说《呼啸山庄》。这两个巴黎佬一见艾米莉就心生厌恨，掏出一个Zippo打火机，点着了她的衬架长裙，把她烧成了一堆焦炭……然后扬长而去。

这是不是对经典文学的一记耳光？也许吧，但此事没再发生。这并不是一部时间旅行的影片。除了艾米莉之外，没有任何别人从过去或未来赫然出现，而且她的出现也只是仅此一次。这是一条为了打破而确立的规则。

将大情节颠倒过来的欲望始于二十世纪初。像奥古斯特·斯特林堡、恩斯特·托勒尔、弗吉尼亚·伍尔芙、詹姆斯·乔伊斯、塞缪尔·贝克特和威廉·S.巴勒斯这样的作家都觉得有必要割断艺术家和外界现实之间的联系，从而进一步割断艺术家和大多数观众之间的关联。表现主义、达达主义、超现实主义、意识流、荒诞派戏剧、反小说、电影反结构也许在技巧上有所差异，但其结果却殊途同归：对艺术家私人世界的一种归隐，而观众能否进入这一世界则必须听从艺术家的调遣。在这种世界中，不但事件没有时序、充斥着偶然巧合、支离破碎、混沌无序，人物角色也都并非以一种可以辨识的心态在作为。既不是神志清醒，也不是神经错乱，人物性格不是故意不连贯就是具有明显的象征意味。

这种方式的电影不是"实际生活"的比喻，而是"想象生活"的比喻。它们反映的不是现实，而是电影创作者的唯我论，并因此将故事设计的极限向着说教与概念结构的方向拉伸。不过，像《周末》这种反情节中的非连贯现实却也有其能够自圆其说的统一性。如果处理得当，可以让人觉得是电影创作者主观心态的一种表达。只要采取这种单一视点，无论影片内容如何支离破碎，对愿意冒险、探究扭曲生活的观众来说，也能将整个作品视为一个形散而神不散的统一体。

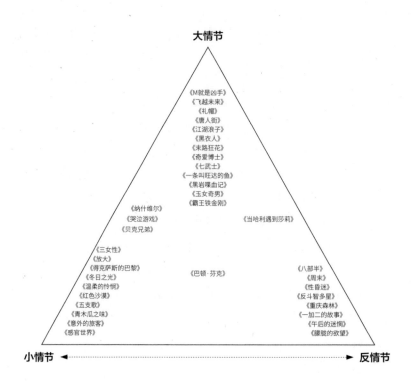

大情节

《M就是凶手》
《飞越未来》
《礼帽》
《唐人街》
《江湖浪子》
《黑衣人》
《末路狂花》
《奇爱博士》
《七武士》
《一条叫旺达的鱼》
《黑岩喋血记》
《玉女奇男》
《霸王铁金刚》

《纳什维尔》
《哭泣游戏》
《贝克兄弟》

《当哈利遇到莎莉》

《三女性》
《放大》
《得克萨斯的巴黎》
《冬日之光》
《温柔的怜悯》
《红色沙漠》
《五支歌》
《青木瓜之味》
《意外的旅客》
《感官世界》

《巴顿·芬克》

《八部半》
《周末》
《性昏迷》
《反斗智多星》
《重庆森林》
《一加二的故事》
《午后的迷惘》
《朦胧的欲望》

小情节 ◀------------------------▶ 反情节

　　上述列举的七类形式上的矛盾与对照并不是一成不变的。在开放／闭合、被动／主动、连贯现实／非连贯现实等属性之间还存在着无限不同程度的细微差异。所有故事讲述的可能性都分布于这一故事设计的三角形内，但绝少有影片的形式会纯粹到可以固定于某一角端。这三角的每一条边都是一个结构选择的图谱，作家将故事在这些边线上滑行，对各个角端的特征或糅合或拆借。

　　《贝克兄弟》和《哭泣游戏》介于大情节和小情节两者之间。这两部影片都讲述了一个颇为被动的孤僻者的故事；都留下了一个开放式的结局，因为次情节的爱情故事问题没有得到解答。这两部影片都没有《唐人街》或《七武士》那样的经典设计，也没有《五支歌》或《青木瓜之味》那种最小主义的处理。

　　多情节影片也是经典性不足，而最小主义有余。这一形式的大师罗伯特·奥尔特曼的作品涵盖了一个具有无限可能性的图谱。一部多情节作品也许"坚硬"，趋向于大情节，因其各个单一的故事常常转折出强烈的外在后果（《纳什维尔》）；抑或"柔软"，向小情节倾斜，当情节线使其节奏舒缓而动作又被内化（《三女性》）。

一部影片可以是准反情节。例如，当诺拉·艾芙隆和罗布·赖纳在《当哈利遇到莎莉》中插入拟纪录片场景时，他影片的总体"现实"便成了问题。那些采访老年夫妻回顾相遇情形的纪录片式采访，实际上是由演员们模拟纪录片风格摆拍出来的被设计得轻松愉悦的剧本场景。这些虚拟的现实被穿插在一个原本正统的爱情故事之中，将影片推向了反结构和自嘲的不连贯现实里。

像《巴顿·芬克》这样的影片便居于故事三角的中央，对所有三个极端的特质兼收并蓄。影片以一个年轻纽约剧作家的故事开始（单一主人公），他试图在好莱坞闯出一片天地（与外部力量的主动冲突）——大情节。但是，芬克（约翰·特托罗）变得越来越孤僻，创作灵感百唤不出（内在冲突）——小情节。当这一状况发展为幻觉时，我们变得越来越不敢确定什么是真实，什么是幻想（非连贯现实），直到最后觉得一切都不可信任（断裂的时间和因果次序）——反情节。其结局颇为开放，芬克凝视着大海，但比较肯定的是，他再也不会在这个城市写作了。

○ 变化 VS 静止

位于小情节和反情节连线上端的故事中，其生活都发生了明显的变化。然而，在小情节的极限处，变化也许实际上并不可见，因为它发生在内在冲突的最深层：《夫夫们》。反情节极限处的变化也许会爆发一个宇宙笑话：《巨蟒与圣杯》。但是，在这两种情形中，故事闪烁弧光，生活发生变化，或者变好或者变坏。

在这条线之下，故事保持静止状态，并没有变化弧光。影片结尾处，人物生活中负荷价值的情境几乎和开始处完全等同。故事消解为呆板刻画，要么是对生活的逼真刻画，要么是荒诞刻画。我把这种影片定名为**非情节**。尽管它们

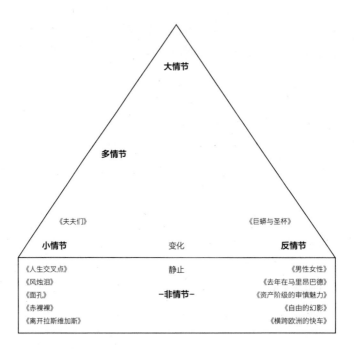

能向我们传达信息，令我们感动，并有其自身的修辞结构或形式结构，但它们并没有讲述故事。因此，它们被置于故事三角之外，而应归属于一个可以笼统称为"叙事影片"的领域。

在《风烛泪》、《面孔》和《赤裸裸》这样的生活片段作品中，我们发现，主人公都过着孤独而烦恼的生活。他们甚至还要经受更多磨难的考验，但到达影片结尾时，他们似乎已经对生活的苦痛习以为常，甚至已经做好了迎接更多磨难的准备。在《人生交叉点》里，个人生活在其诸多故事线的布局中有所改变，但一种死气沉沉的不适感却贯穿着影片始终并渗透进片里的一切，直到谋杀和自杀似乎成为整个景观中的自然现象。尽管在非情节的宇宙里，什么东西都没有改变，但我们却能从中得到一种清醒的认识，并寄希望于我们内心深处的什么东西会有所改变。

反结构的非情节也围绕着一个循环的型式，但却以一种荒诞和反讽的手法和风格来进行转折。《男性女性》、《资产阶级的审慎魅力》和《自由的幻影》

串连起一些嘲讽资产阶级在性和政治方面滑稽可笑的场景，但影片开场时那些盲目的傻瓜到片尾字幕开始滚动时也仍旧是那样的盲目和愚蠢。

◎ 故事设计的政治学

在一个理想的世界里，艺术和政治绝无任何瓜葛。但现实中，它们彼此不可能相安无事。即如在一切事物中一样，政治也潜入了故事三角：审美的政治考虑、电影节和电影奖项的政治考虑，以及最重要的，艺术成功和商业成功相博弈的政治考虑。如同在一切政治性事物里，对真理的扭曲在极端情况下最为剧烈。我们每一个人都天然地在故事三角的某个地方拥有一席之地。危险的是，更多地出于意识形态而非个人的原因，你可能会感到被迫离开自己的固有家园而跑到一个故事三角的遥远角落去工作，作茧自缚地去设计你在内心深处并不相信的故事。但如果你能对那些关于电影的、往往似是而非的辩论术进行一次真诚审视的话，就不会迷失方向了。

多年来，电影的首要政治问题便是"好莱坞电影"对"艺术电影"。这些术语看似过时，但它们所表现出来的门户之见却依旧是那样的现实和明确。从传统上而言，他们的争论一直停留在以下框架之中：大预算对低成本、特效技术对美术构图、明星体制对集体表演、私人融资对政府支持、作者导演对雇佣枪手。然而，在这些论战的背后却隐藏着两种针锋相对的人生观。其决定性的分野已经超出了故事三角的底线：静止对变化，一个对作家来说具有深刻含义的哲学矛盾。让我们就从界定术语开始理解：

"好莱坞电影"这一概念并不包括《命运的逆转》、《问答》、《迷幻牛郎》、《来自边缘的明信片》、《萨尔瓦多》、《不设限通缉》、《蓝丝绒》、《天生赢家》、《刺杀肯尼迪》、《危险关系》、《渔王》、《为所应为》和《人人都说我爱你》，这些影片及类似的许多其他影片都是国际公认由好莱坞制片厂生产的成功力作。《意外的旅客》全球票房两亿五千多万美元，超过了大多数动作影片，但它并不归属于好莱坞电影的范畴。"好莱坞电影"的政治含义将其涵盖面缩小到好莱坞每年生产的三十到四十部以特效技术为主要特征的影片及同样数目的滑稽剧和言情片——远远不足好莱坞年产量的一半。

"艺术电影"在最宽泛的意义上指非好莱坞电影，具体而言，指外国电影，若还要再具体一点，则是指欧洲电影。每年，西欧生产影片四百多部，其产量一般在好莱坞之上。然而，"艺术电影"并不是指欧洲每年大批量生产的那些充满血腥的动作片、直白露骨的色情片或低级趣味的滑稽剧。在咖啡馆影评的语汇里，"艺术电影"（多么愚蠢的概念——试想为何没有"艺术小说"或"艺术戏剧"）仅限于那些跨越了大西洋的寥若晨星的优秀影片，如《芭贝特的盛宴》、《邮差》和《人咬狗》。

这些术语是文化政治战的产物，反映了即使并非完全矛盾也至少绝然不同的现实观。好莱坞的电影创作者往往对生活的变化能力——尤其是向好的方面变化的能力——表现出过分的乐观（有人称之为愚蠢的乐观）。因此，为了表达这一观点，他们便仰仗于大情节以及比例高得失调的正面结局。非好莱坞电影创作者却对变化表现出过分的悲观（有人称之为美丽的悲观），公开宣称生活的变化越多，生活静止不变的可能性则越大，甚至还会变得更坏。变化会带来苦难。因此，为了表达变化的无益、无谓甚或毁灭性，他们往往炮制出一些静态的、非情节的刻板故事或具有负面结局的极端小情节和反情节。

当然，这些倾向在大西洋的两岸都有其特例，但这种两分法确实比那隔开新旧两个世界的海洋更加深邃和真实。美国人是从死水一潭的文化藩篱和一成不变的等级制度中逃脱出来的，对变化具有一种天然渴求。我们不断求变，试图找到救世之方，如果有的话。在编织好一张投入亿万美元的"大社会"[4]安全网之后，我们现在又要将它撕得粉碎。相反，旧世界已经从数百年的惨痛经验中学会了畏惧这种变化，认为社会转型将不可避免地带来战争、饥荒和混乱。

其结果便是我们对故事的两极化态度：好莱坞质朴天真的乐观主义（不是天真地相信变化，而是天真地坚信正面变化）和艺术电影同样质朴天真的悲观主义（不是天真地不相信人类环境，而是天真地坚信人类环境除了负面或静止便别无可能）。好莱坞电影常常出于商业的考虑而并非对真理召唤的回应，而强加上一条光明的尾巴；非好莱坞电影则常常为了时髦的缘故而并非对真理召唤的回应，一味沉湎于生活的阴暗面。而真理，却总是停留在中间的某个地方。

艺术电影对内在冲突的关注能够吸引高学历人群的兴趣，因为那些受过高等教育的人喜欢将自己的大块时间耗费在内心世界里。然而，最小主义艺术家们常常会高估这些人的胃口，以为他们除了内心冲突之外便别无所欲——而即便是最自闭的心灵也不至如此。更糟的是，他们还会高估自己在银幕上表达不可见事物的才华。同理，好莱坞的动作片创作者低估了观众对人物、思想和情感的兴趣，并高估了自己避免动作片类型里陈词滥调的能力。

因为好莱坞电影中的故事常常过于牵强，且陈词滥调居多，所以导演必须用别的东西来补偿，以保持观众的注意力，因而不惜诉诸变形特效和惊险动作：《第五元素》。同理，由于艺术电影中的故事往往生而单薄或有所欠缺，导演也必须对其进行弥补。其法有二：信息法和感官刺激法。要么采用语言密集的对白场景，如政治辩论、哲学思辨以及人物对其情感的自觉描述；要么利用花哨的制作设计、摄影或音乐，以愉悦观众的感官：《英国病人》。

在当代电影的政治论战中有一个悲哀的事实，这便是"艺术电影"和"好莱坞电影"的过度泛滥已使其互成镜像：故事讲述已经沦为徒有其表、令人炫目的声光奇观，以免观众注意到故事本身的虚空与伪劣……于是乎，犹如黑夜紧随白昼，随之而来的便是乏味，两者概莫能外。

在关于融资、发行和评奖的政治聒噪背后，潜藏着一个深层的文化分野，反映在大情节、小情节和反情节的三种绝然相反的世界观中。从故事到故事，作家可以在故事三角内任意迁徙，但我们大多数人都更喜欢偏安一隅。你必须做出你自己的"政治"选择，并决定安身何处。在你的选择过程中，我可以提供下述要点供你权衡。

○ 作家必须以写作为生

写作的同时再兼一份每周四十小时的工作是有可能的。成千上万的人都这么干过。但是，时间一久，疲倦袭来，注意力分散，创造力消减，于是你便面临罢手的诱惑。在从业之前，你必须找到一个能够以写作为生的方法。**一个有才华的作家若要在电影、电视、戏剧和出版业界的真实世界中生存下去，一开始就必须明白以下事实：随着故事设计从大情节开始向下滑行到三角底边的小情节、反情节和非情节时，观众的数目将会不断缩减。**

这种退化与作品质量的好坏毫无关系。故事三角中的三个角上都闪烁着世所瞩目的名品佳作，为我们这个不完美的世界提供了完美的作品。观众之所以减少是因为：大多数人都相信，生活会带来具有绝对而不可逆转变化的闭合式经历；相信他们最大的冲突源泉都在其自身之外；相信他们是其自身生存状态中的单一主动主人公；相信他们生活在一个连贯而具有因果关联的现实里，其一切生存活动都在一个连续的时间中运行；相信在这个现实里，事件的发生都有其可以解释的、有意义的原因。自从我们人类的始祖凝视着自己生起的一堆火，暗自思忖"我在"以来，人类便是这样看待世界及生活在其间的自己的。**经典设计是人类思维的镜像存在。**

经典设计是一个记忆和预期的模式。当我们回想往昔时，我们会不会将事件进行反结构的串连？会不会进行最小主义处理？不会。我们会围绕一个大情节来回顾和构建我们的记忆，将过去生动地唤回。当我们憧憬未来时，我们所惧怕或祈祷的事情会在眼前闪现，我们所想象的是不是最小主义的？反结构的？不是。我们会将我们的幻想和希望铸造为一个大情节。经典设计呈现了人类知觉的时间、空间和因果模式，如果逸出这一模式，人类的心智将会出现逆反。

经典设计并不是一种西方的人生观。几千年来，从地中海东岸到爪哇到日本，亚洲的故事家一直将其电影构建在大情节的框架内，编织出不乏惊险和激情的作品。即如亚洲电影的崛起所显示的那样，东方的银幕剧作家依循着与西方一样的经典设计原理，并以其独特的智慧和讽喻丰富了他们的故事讲述手法。

大情节既不古老也不现代，既非东方亦非西方，它是属于整个人类的。

当观众意识到故事正在飘向令其感到沉闷乏味或没有意义的虚构现实时，便会产生一种疏离感并进而真正离去。这一点对所有智慧敏感的人都同样适用，无论其收入、背景如何。人类的绝大多数都不能将反情节中的不连贯现实、小情节中的内化激情以及非情节中的静态循环，认同为他们实际生活的比喻。当故事到达三角的底线时，观众便缩减为那些忠诚的知识分子影迷了，因为他们喜欢时不时地看到自己的现实生活被扭曲的情景。这是一批充满激情、具有挑战性的观众……但毕竟是一批数目非常微小的观众。

如果观众缩减，预算也势必要随之削减。这是定理。1961年，阿兰·罗布特－格里耶写成了《去年在马里昂巴德》，并在整个七十和八十年代写出了不少像谜一样的反情节杰作——他的影片更多的是关于写作的艺术，而非关于生活的行为。我曾经问他，这些反商业意味极其浓厚的影片是如何成功的。他说他的拍片成本从未超过七十五万美元，且以后也不会。他的观众是忠实的，但却少得可怜。因其预算超低，投资者的收入便可以翻倍，于是便把他一直保留在导演的宝座上。但如果预算变成二百万美元，投资者就会连裤子都要赔掉，他的导演生涯也就自然不保。罗布特－格里耶既有艺术想象力也有着实用主义的头脑。

如果你也想像罗布特－格里耶一样写作小情节或反情节，并能找到非好莱坞的制片人以低预算投拍，即使赚钱不多也能自得其乐，那好，你可以去干。但是，如果你想给好莱坞写作，一个低预算的本子则不是什么资产。老谋深算的专业人员读到你的最小主义作品或反结构作品，也许会为你的影像处理喝彩，但将会婉言拒绝染指，因为经验已经告诉他们，如果故事阳春白雪，那么观众也必定会曲高和寡。

即使是微薄的好莱坞预算也高达数千万美元，且每一部影片都必须找到足够大的观众群以收回成本，并赚取比同样数字的保险投资所得还要更大的利润。投资商的数千万美元如果能投入房地产，且投完之后至少还能看到一栋楼房，而不仅仅是一部只在几个电影节放映，然后塞进冷藏片库被人遗忘的影片，他为何还要冒如此之大的风险呢？如果有一个好莱坞制片厂愿意跟你在过山车上狂野一把，那么你就必须写出一部至少有可能收回其巨大风险投资的影片。换言之，一部倾向于大情节的影片。

○ 作家必须精通经典形式

优秀作家仅凭本能或稍事研究便能明白，最小主义和反结构并不是独立的形式，而是对经典形式的反应。小情节和反情节产生于大情节——前者将其缩小，后者将其反对。先锋派的存在是为了反对大众化和商业化，等到它自己也变得大众化和商业化之后，便会反过来攻击它自己了。如果非情节"艺术电影"有朝一日火了起来，开始大赚其钱，先锋派就会调转枪头，谴责好莱坞将自己出卖给了刻板故事，并再次将经典形式据为己有。

程式/自由、对称/不对称之间的这些循环就像雅典派戏剧一样古老。艺术的历史即是一部复兴的历史：传统的偶像被先锋派砸碎，随着时间的推移，先锋派又变成新的传统，到头来又会有一个新的先锋派利用其祖父的武器来攻击这个新的传统。摇滚乐本来得名于黑人指称做爱的俚语，它发端于一个反对战后时代迎合白人中产阶级口味音乐的先锋派运动。而现在，它已成为音乐贵族的代名词，甚至能作为教堂音乐而得到广泛使用。

反情节手法的严肃应用不仅已经过时，还变成了一个笑话。从《一条安达鲁狗》到《周末》的一切反结构作品总是贯穿着一条黑色讽刺的主动脉，但如今，直接对着镜头说话、不连贯现实和另类结局这样的手法已经成为电影滑稽剧的主打。以鲍勃·霍普和宾·克罗斯比的《摩洛哥之路》开始的反情节笑料已经被用进了诸如《神枪小子》、《巨蟒》系列以及《反斗智多星》这类电影。当年被我们视为危险和革命性的故事技巧现在似乎已经老掉了牙齿，并显得那样和蔼可亲。

伟大的故事家都尊重这些循环，他们明白，无论其背景或教育程度如何，每一个人都是自觉或本能地带着经典的预期进入故事仪式的。因此，若想炮制小情节和反情节作品，作家必须顺应或者反着这一预期来进行操作。只有精心而富有创见地将经典形式揉碎或弯曲，艺术家才能导引观众感知到潜藏在小情节中的内在生活或接受反情节的荒诞冷酷。但是，作家怎么能够富有创见地将连自己都不明白的东西进行缩微或逆反呢？

那些在故事三角的纵深角落取得成功的作家都知道，理解的出发点位于三角的顶端，而其事业也是从经典形式开始的。伯格曼写作和导演了二十年的爱情故事和社会历史正剧才敢开始进入《沉默》的最小主义和《假面》的反结构。费里尼是在制作了《浪荡儿》和《大路》之后才敢冒险小试《阿玛柯德》的小情节和《八部半》的反情节。戈达尔在《周末》之前制作过《精疲力尽》。罗伯特·奥尔特曼是当其故事天才在电视连续剧《富源》和《阿尔弗雷德·希区柯克专场》中得到纯熟发挥之后，才敢驰心旁骛。**大师，首先必须精通大情节。**

我很同情那种想使其银幕处女作读起来就像是《假面》般血气方刚的欲望。但是，跻身先锋派的梦想必须要等到你自己也精通了经典形式之后，一如在你之前的许多艺术家一样。不要以为自己看过一些影片就已经理解了大情节，这种事是开不得玩笑的。只有当你确实能写出像样的作品之后，你才敢说自己已经理解。作家需要不断磨炼技巧，直到知识从左脑滑向右脑，直到智力感悟变成一种谋生手艺。

○ 作家必须相信他所写的东西

斯坦尼斯拉夫斯基曾经问他的演员：你热爱的是你自己的艺术还是艺术中的自己？你也必须同样考查一下自己的动机：为什么要用现在的方式写作？你的剧本为何跑到了故事三角的一端或另一个角落？你设想的是什么？

你创造的每一个故事都在向观众说："我相信生活就像是这样。"每一个瞬间都必须充盈着你富于激情的信念，不然我们就能嗅出其中的虚假。如果你写的是最小主义，你是否相信这一形式的意义？经验是不是已使你相信生活几乎不会或绝对不会带来任何变化？如果你的雄心是反经典主义，那你是否已经确信生活的无序和毫无意义？如果你的回答是一个激情洋溢的"是"，那么你就去写你的小情节或反情节吧，并想方设法把它搬上银幕。

可是，对绝大多数人来说，这些问题的回答都是一个"不"字。但难以避免的是，反结构，尤其是最小主义，仍然像"花衣魔笛手"[5]一样，吸引着年轻作家。为什么？我怀疑，对许多人来说，并不是因为这种形式的内在意义引起了他们的兴趣，而是因为这种形式所代表的外在的东西。换句话说，就是政治。不是因为反情节和小情节是什么，而是因为它们不是什么：它们不是好莱坞。

年轻人被教诲说，好莱坞和艺术是相对的。因此，那些初出茅庐者为了被人视为艺术家，便落进了这个圈套，他们写作剧本的目的并不是因为它是什么，而是因为它不是什么。他们为了避免商业主义的污染，便回避了闭合结局、主动人物、时空顺序以及因果关系。结果，其作品便被矫揉造作所荼毒。

故事是我们思想和激情的体现，用埃德蒙德·胡塞尔的话来说，是我们意欲向观众灌输的情感和见识的"一种客观关联"。如果你在写作时一只眼睛盯着稿子，另一只眼睛盯着好莱坞，为了避免商业主义的污染而做出一些违心的选择，那么你便是在拿文学撒气。就像一个生活在强大父亲阴影中的孩子，你打破好莱坞的"规则"，是因为这样能给你一种自由感。但是，对父权的愤怒反抗并不是创造力，而是为了博取关注的忤逆行为。为不同而不同就像对商业法则的盲从一样空洞。你只能写自己相信的东西。

CHAPTER 03
结构与背景

向陈词滥调宣战 / 背景 / 创作限制原理 /
调查研究 / 创作选择

◎ 向陈词滥调宣战

现在也许是有史以来，对有志于当一名作家的人要求最严苛的时代。试将当今饱读故事的观众与几世纪前的观众做一比较：维多利亚时代受过教育的人一年会有几次到剧院去看戏？在一个大家庭和没有自动洗碗机的时代，他们有多少时间可以用来看小说？在一个典型的礼拜内，我们的曾曾祖父母们也许只能读或看到五六个小时的故事——这是我们现在许多人一天的消费量。而到现代的电影观众坐下来观赏你的作品时，他们已经消化了成千上万个小时的电影、电视、戏剧和散文。你将怎样创造出他们没有看过的东西呢？你要从哪儿才能找到一个真正原创的故事呢？你如何才能赢得这场对陈词滥调的战争？

陈词滥调是观众不满的根源，就像一场悄然蔓延开的瘟疫一样，它已经感染了所有的故事媒介。我们常常会合上小说或走出影院，厌倦于从一开始就已经一目了然的结尾，不满于那些我们已经看到过多次的陈词滥调式的场景和人物。这是一场弥漫世界的时疫，病因简单明了；一切陈词滥调的根源都可以追溯到一个原因，而且也是唯一的原因：**作者不了解他故事中的世界**。

这种作者选好了一个背景便开始写剧本，想当然地认为自己已经了解其虚构的世界，而事实上却一无所知。当他们搜肠刮肚寻找素材时，脑海中却一片空白。那他们怎么办？只好求助于有相似背景的戏剧、小说、电视和电影。从其他作家的作品中，他们剽窃我们看过的场景，演绎我们听过的对白，乔装我们见过的人物，冒充为自己的作品。重炒文学的残羹冷炙，端上桌的只是乏味的拼盘。哪怕他们也许确实才华横溢，却始终缺少了对其故事背景及背景中诸般事物的深刻理解。对笔下故事中的世界进行深入的了解与洞察，才是臻于新颖和卓越的根本。

◎ 背景

故事的背景是四维的——时代、期限、地点和冲突层面。

第一个时间维是时代。故事发生在当今世界、历史时期还是假想的未来？抑或是如《动物农场》或《海底沉舟》那样罕见的幻想故事，在时间中的位置既不可知也无关紧要？

时代是故事在时间中的位置。

期限是第二个时间维。在人物的生活中，故事的时间跨度有多长？几十年？几年？几个月？几天？或是那种罕见的，故事时间等于银幕时间的作品，如《与安德烈晚餐》，一部描写两个小时晚餐的两小时电影。

或者更为罕见地，把时间液化成没有时序的东西，如《去年在马里昂巴德》。通过交叉剪辑、叠印、重复和/或慢镜头，也能使银幕时间超过故事时间。尽管没有一部故事长片曾尝试过此举，但一些序列却成功地采用过这一手法——最著名的是《战舰波将金号》中的"敖德萨台阶"序列。沙皇军队对敖德萨抗议者的实际进攻时间不过两三分钟，即穿着长统靴的脚从台阶的顶端走到底端的时间。而在银幕上，这一恐怖场面被扩展成了实际长度的五倍。

期限是故事在时间中的长度。

地点是故事的物质维。故事的具体地理位置是什么？在哪座城镇？在哪些街道？在哪些街道的哪些楼房里？在哪些楼房的哪些房间里？上了什么山？穿越了什么沙漠？旅行到哪个星球去了？

地点是故事在空间中的位置。

冲突层面是人性维。一套故事背景不仅包括物质域和时间域，还包括社会域。这是一条垂直的维：你是在什么冲突层面上讲述你的故事？无论外化于机构还是内化于个体，各种政治的、经济的、意识形态的、生物的以及心理的社会力量，都会像时代、风景和服装一样，对事件的塑造发挥着同样的作用。因此，人物设置，包括其各不相同的冲突层面，也是故事背景的一部分。

你的故事是否聚焦于人物内心的、即使是不自觉的冲突？或提高一个层面，聚焦于人际之间的冲突？或者更高更广，聚焦于与社会机构的斗争？甚至再广泛一些，聚焦于与环境力量的争斗？从个人潜意识到天上的浩瀚星辰，穿越生活的所有多重体验，你的故事可以定位于这些层面的任意一个或任意组合。

冲突层面是故事在人类斗争的层级体系中的位置。

○ 结构和背景之间的关系

一个故事的背景严格地界定并限定了其可能性。

尽管背景是一种虚构，但并非你所想到的一切事情都能被允许在其中发生。在任何世界里，无论其想象的成分有多大，也只有特定的事件是可能的、或然的。

如果你的戏设置在西洛杉矶门禁森严的高级住宅区，我们就不可能看到当地业主在其绿树成荫的街道上聚众闹事，以抗议社会的不公，尽管他们可能随手就会办一个一千美元一盘的筹款餐会。如果你的背景是东洛杉矶贫民窟的安居工程，这些居民则不可能会在一千美元一盘的豪华宴会上就餐，但他们可能会走上街头来要求变革。

故事必须遵守其自身内在的或然性法则。因此，作家的事件选择局限于他所创造的世界内的可能性和或然性。

每一个虚构的世界都创立了一种独一无二的宇宙论并制定了自身的"规则"：其中的事情如何发生而且为何发生。无论背景多么现实或荒诞，其因果原理一经确定，就不可能更改。事实上，在所有类型片中，幻想片是最严格的，并且在结构上最拘泥常规。我们给予幻想片作者偏离现实的一个大飞跃，然后便要求严密编织的或然性，且不容任何巧合——如《绿野仙踪》严格的大情节。另一方面，一种粗糙的现实主义经常允许逻辑的跳跃。例如《普通嫌疑犯》中，编剧克里斯托弗·迈考利便将其狂放不羁的小概率事件装进了自由联想的"法则"筐里。

故事并不是凭空产生的，而脱胎于已在历史上和人类经验中存在的素材。从对第一个影像的第一瞥开始，观众便开始了对你虚构宇宙的考察，进行一番去伪存真的工作。无论自觉还是不自觉，他们都想知道你的"法则"，想明白在你的具体世界中事情如何以及为何发生。通过对背景的个人选择及你在其中的工作方式，你就已创立了这些可能性和局限性。在发明了这些束缚之后，你便将自己锁定在一份必须严格遵守的契约里。因为，**一旦观众掌握了你的现实法则，只要稍有违犯，他们就会觉得是你在违约，**认为你的作品不合逻辑、不可信，从而拒绝接受。

如此看来，背景就像是给想象念的紧箍咒。在从事剧本开发工作时，我常常遇到作者试图通过非具体化的方法来摆脱背景的束缚。"你的背景是什么？"我总要问他们。"美国。"作者高兴地回答。"听起来有点太大。心目中有没有什么具体的街区？""鲍博，这无关紧要。这是你所说的那种精华式的美国故事。讲的是离婚。还有什么能比离婚更美国化？我们可以把它设置在路易斯安那、纽约或爱达荷。没关系。"但这绝对有关系。发生在牛轭湖[1]的夫妻分手和公园大道上数百万美元的离婚诉讼之间绝无相似之处，而且上述两种情况看起来都不像是土豆地里的偷欢行为。世上绝无放之四海而皆准的故事。一个诚实的故事只可能在一个地点和时间内适得其所。

◎ 创作限制原理

限制必不可少。**迈向好故事的第一步就是创造出一个小小的、可知的世界。**艺术家生而渴求自由，所以这一"结构／背景关系会限制创作选择"的原理也许会激起你内心的逆反。然而，如果仔细观察，你便能发现这一关系实在是再好不过了。背景加之于故事设计的约束不但不扼杀创造力，反而还会激发你的创作灵感。

一切优秀的故事都发生在一个有限的、可知的世界内。一个虚构的世界无论看上去多么宏伟，只要仔细观察，你便能发现它是那样异常的狭小。《罪与罚》是个微观世界。《战争与和平》尽管以动荡的俄国作为大背景，其故事也只是聚焦于少数几个人物及其相互关联的家庭。《奇爱博士》设置于杰克·D.里珀将军的办公室、一个飞往俄罗斯的空中堡垒以及五角大楼的作战室里。故事以行星的核毁灭作为高潮，但故事的讲述却局限于三个场景和八个主要人物。

故事的世界必须小到能让单个艺术家的头脑容纳它所创造出来的虚构宇宙，并像上帝了解他所创造的世界一样对其一切了如指掌。即如我母亲常说的："没有一只家雀掉下来的时候上帝不知道。"**一个作家也应该知道掉进他世界中的每一只家雀**。到你写完最后一稿时，你必须对你的世界有深入细致的了解，以至于没有人能对你的世界提出质疑。从人物的饮食习惯到九月的天气，每一个问题你都能对答如流。

然而，一个"小小"世界并不等于一个琐碎的世界。艺术讲究从无垠的宇宙中去粗取精，将其知微见著地升华为此时此刻最重要的、最令人神往的东西。从这个意义上而言，"小"即是可知。

"深入细致的了解"并不等于兼收并蓄地洞悉每一条存在的罅缝，它是指对一切相关信息的知晓。这似乎是一个不可能实现的理想，但最优秀的作家每天都能臻于此境。有什么关于《呼喊与细语》的时间、地点和人物的相关问题能逃脱英格玛·伯格曼的视听？或《大亨游戏》之于大卫·马梅特？又或者《一条叫旺达的鱼》之于约翰·克里斯？这并不是因为优秀的艺术家们会对故事所隐含生活的方方面面进行审慎而自觉的思考，而是因为他们在某种程度上已经把它全盘吸收。伟大的作家无所不知。所以，在可知的范围内写作吧。一个地大物博、幅员辽阔的世界会把人的大脑拉抻成一纸薄片，使得我们的知识流于表面和浮浅。而一个有限的世界和有机界定的人物设置才能让我们拥有知识的深度和广博。

> **背景对故事的反讽表现在：世界越大，作者的知识便越被稀释，其创作选择也就越少，故事便越发充满陈词滥调。世界越小，作者的知识便越完善，其创作选择也就越多。结果是一个完全新颖的故事，以及对陈词滥调作战的胜利。**

◎ 调查研究

打赢这场仗的关键就是研究，花时间和精力去获得知识。我建议采用以下具体方法：记忆研究、想象研究、事实研究。一般而言，一个故事对此三样缺一不可。

○ 记忆

舒展一下你伏案的腰板，问问自己："我个人经验中的什么东西能触动我人物的生活？"

比如说，你在描写一个中年经理人，他正面临一次与其事业成败生攸关的工作演示。个人生活和职业生涯的好坏都将在此一举。他很害怕。害怕的感觉是怎样的？于是乎，你的记忆慢慢地把你带回到那一天，不知出于什么原因，妈妈把你锁在壁橱内，离开家，直到第二天才回来的日子。努力回想你被黑暗窒息时所经历的那段漫长而恐怖的时间。你的人物可能会是同样的感受吗？如果是，那就把你在壁橱内度过的一天一夜生动地描述下来。你也许以为自己知道，但直到写下来之前你都无法确信你知道。研究并不是白日梦。探索你的过去，让情景再现，然后把它写下来。在你的头脑中，它只是一种记忆，但写下来之后，它就变成了一种工作知识。现在你可以用笔蘸着体内恐惧的胆汁，写出一个真诚而独一无二的场景。

○ 想象

再舒展一下腰杆，自问："如果日日夜夜、时时刻刻地过着我人物的生活会是什么样子？"

你可以用生动的细节描绘你的人物如何购物、如何祈祷、如何做爱——无论这些场景最终会不会进入你的故事，它们都可以把你引入想象中的世界，直到让你产生一种似曾相识之感。记忆可以给予我们整块的生活，而想象则会为我们提供碎片，那些看上去毫无联系、支离破碎的梦境和体验之间的隐藏关联将被想象搜寻出来，并融合为一个整体。在找到了这些关联并想象出那些场景之后，你便可以把它们写下来了。这种工作想象便是研究。

○ 事实

你是否有过思维阻塞的时候？这的确是件令人惶惑的事情，对不对？时间一天天过去，稿子还是一片空白。这时候就连打扫车库都像是一件赏心乐事。你一遍又一遍、一遍又一遍地整理你的书桌，搞得你以为自己已经失去理智。我知道有一种治疗方法，但不是去看心理医生，而是要到图书馆跑一趟。

思维阻塞是因为你没有什么可说。你的才华并没有抛弃你。如果你确实有话要说，你不可能停止写作。你的才华是杀不死的，但你的无知却可能把它饿晕。无论你多么有才华，无知的人是写不出东西来的。**才华必须靠事实和思想激发。所以你必须做研究，给你的才华补充营养。**研究不但能帮你打赢这场与陈词滥调的战争，而且还是战胜恐惧及其表弟消沉的关键。

假如，你正在写作家庭剧这种类型。你是在家庭中长大的，也许你自己也抚养过一个家庭，你还见过许多家庭，所以你可以想象出家庭的样子。但如果你去一下图书馆，读几部有关家庭生活动态的权威著作，有两件非常重要的事情将会发生：

1. 生活教会你的一切都会得到强有力的证实。在书本的字里行间，你将会看到自己的家庭。你的个人体验是具有普遍性的，这一发现至关重要。这意味着你将会有一批观众。尽管你是独自写作，但世界各地的观众都会理解，因为家庭的模式是普遍存在的。你在自己的家庭生活中所经历的一切都类同于其他所有家庭的经历——悲欢离合、喜怒哀乐、纷争与联盟、忠贞与背叛。当你在表达你觉得专属于你的那些情感时，观众中的每一个成员也都会把它认同为专属于他自己的情感。

2. 无论你在多少个家庭中生活过，无论你观察过多少个家庭，无论你的想象是多么的生动，你对家庭性质的知识也仅仅局限于你所经历的有限圈子。但当你在图书馆做笔记时，你扎扎实实的事实研究将会把那个圈子扩展到全球。你将会为自己突然而强烈的感悟感到震惊，达到一种你不可能通过其他任何方式企及的理解深度。

在进行了记忆、想象和事实的研究之后，通常会出现一种作家喜欢用神秘概念来描述的现象：人物会突然活起来，并通过自己的自由意志做出选择、采取行动，创造出一个个转折点，直到作者苦于自己的打字速度跟不上其灵感的迸发。

这种像圣母玛利亚一样的"圣灵感孕"现象是作家喜欢沉湎于其中的一种迷人的自欺状态，这种故事在自行写作的突然印象事实上只说明作家对题材的知识已经达到了一个饱和点。作家变成了他自己小宇宙的上帝，并对这种貌似自发的创作感到万分惊喜，但事实上却是其辛勤劳动的回报。

不过，作家必须警觉一点。尽管研究能够提供素材，但它绝不能取代创作。对背景和人物所进行的传记的、心理的、物质的、政治的和历史的研究固然不可或缺，但这种研究如果不能导向事件的创作，则毫无意义。**故事并不是由一堆累积的信息串联而成的叙事体，而是一种对事件的设计，将我们引入一个有意味的高潮。**

而且，研究也不能旷日持久。太多缺乏自信的天才经年累月地埋头研究，结果却什么也没写出来。研究是喂哺想象和发明这两头野兽的肉，其本身并不是目的。研究也不存在一个必要的程序。我们并不是要在笔记本上填满有关社会的、传记的和历史的研究笔记之后，才开始构思故事。创作很少会如此理性。创新和探索是交替进行的。

假设你在写一部心理惊悚片。你也许会从"如果……什么"开始。如果一个精神科医生违背她的职业道德，跟病人发生非正当关系，将会发生什么？这一假设撩起了你的兴趣，你急于找到答案。这位医生是谁？病人又是谁？也许他是一个军人，得的是弹震症，精神过度紧张。那她为什么会爱上他？你分析和探索，直到不断增长的知识引导你做出一个大胆的推想：她之所以会倾倒，是因为她的治疗好像创造了奇迹——在催眠状态下，他那目瞪口呆的麻痹症状渐渐消失，浮现在她面前的是一个美丽如天使般的人格。

这一转折似乎过于甜美，好像不是真的，所以你继续从另一个方向进行搜寻，研究到深处，你突然发现"成功型精神分裂症"这样一个概念。有些精神病人具备某种极端的天资和意志力，能轻易地掩饰自己的疯狂，让身边的人无法看出，就连精神科医生也能瞒过。你的病人会不会是这种情形？你的医生是不是爱上了一个她以为被她治好了的疯子？

随着你在故事中不断地种下新的想法，故事和人物便会自行生长；随着你的故事不断生长，新的问题便会被提出，于是便渴求进一步的研究。创作和调研必须循环往复地进行，二者互相要求，互相牵掣，互相推进，直到一个完整而鲜活的故事从万般头绪中脱颖而出。

◎ 创作选择

优秀的写作绝不是一对一的，绝不是设计出某一精确数目的事件来填满一个故事，然后用铅笔划拉出对白那样简单的事情。**创作是五比一，甚至十比一、二十比一。这个行当要求你发明比你可能的用量要多得多的材料，并从这贴合人物角色及世界真实的大量优质事件、新颖瞬间中做出明智之选。**当演员们互相恭维时，他们常说："我喜欢你的选择。"因为他们深知，如果一个同行成功地演绎了一个美妙时刻，是因为在彩排中该演员已经尝试过二十种不同的方式，最后才选择的这个完美瞬间。对我们来说，也是如此。

创作是指在取舍过程中所做出的创造性选择。

想象一下，我们要写一个以曼哈顿东区为背景的浪漫喜剧。你的思绪在人物各自的生活中徘徊，搜寻着恋人相遇的那一完美瞬间。然后灵感突发："一个单身酒吧！就是它！让他们在P.J.克拉克酒吧见面！"为什么不？既然你所臆想的纽约人都那样富有，在一个单身酒吧见面当然是可能的。然而为什么不呢？因为这是一个可怕的陈词滥调。当达斯汀·霍夫曼和米亚·法罗在《相逢何必曾相识》（美国／1969）中见面时，这还是一个新鲜的创意，但从此以后，在一部接一部的电影、肥皂剧和情景喜剧中，所有的雅痞恋人都是在单身酒吧邂逅相遇的。

不过，如果精通了本行的手艺，你就知道如何治疗陈词滥调了：你可以列一个清单，勾勒出五个、十个或十五个不同的"东区恋人相遇"场景。为什么？

因为经验丰富的作家绝不会相信所谓的灵感。灵感往往只是从你头顶上摘取的第一个想法，而在你头顶上趴着的是你所看过的每一部电影、读过的每一部小说，它们所提供的只是可供你满把抓捞的陈词滥调。这就是为什么我们在星期一爱上了一个想法，揣着它甜美地睡了一宿，到星期二重新再读它时却一阵阵恶心，因为我们终于意识到，已在十几部其他作品中看到过这个陈词滥调的身影。真正的灵感来自一个更深的源泉，所以让我们放开你的想象并开始试验：

1. 单身酒吧。陈词滥调，但毕竟是一个选择，暂时不要把它扔掉。

2. 公园大道。他宝马车的一个轮胎爆了。他站在马路边，三件套的高档西服反衬着他一脸的无助。她骑着摩托路过，对他怜意顿生。她取出备胎。当她像大夫一样诊治汽车时，他便在一旁充当护士，不时递来千斤顶、螺母、轮胎盖……直到最后，突然间四目相接，火花飞溅。

3. 厕所。在办公室举行的圣诞聚会上，她一醉不轻，摇摇晃晃地误入男厕呕吐。他发现她倒在地板上。趁着没有旁人进来，他迅速锁上厕门，帮她呕吐完毕。随后趁着无人之际，悄悄掩护她溜出厕所，为她保住了面子。

这个清单还可以不断延长。你不必完整地描写出这些场景。你是在搜寻想法，所以只要简单地对所发生的事情进行粗线条的描画即可。如果你对你的人物及其世界有深入的了解，一二十个这样的场景将不会是什么艰难任务。掏空了所有最佳想法之后，检查一下你的清单，问问自己：哪个场景对我的人物来说最真实？对他们所处的世界来说最真实？且从来没有以这种方式在银幕上出现过？这些问题的答案就是你要写进剧本的场景。

假设，当你对清单上那些邂逅美女的场景进行质疑时，你仍旧出于直觉地感受到，尽管它们各有所长，但你的第一印象还是挥之不去：管它是不是陈词滥调，这一对恋人就是要在单身酒吧相见；没有别的场景更能表达他们的本性和出身背景。那这时候，你该如何处理？遵从你的直觉并重新拉出一个新的清单：十几个在单身酒吧会面的不同方式。对这个世界进行研究，自己亲自去泡一泡，观察那里的人群，和他们打成一片，直到没有任何前人作家比你更了解单身酒吧的场景。

浏览你的新清单，问自己同样的问题：这里面哪种方式最忠实于人物及其世界？哪一种方式从未在银幕上出现过？当你的剧本变成电影时，随着镜头推向一个单身酒吧，观众的第一反应可能是，"噢，哥们儿，别再来单身酒吧这一套了吧？"可是，你随即便带着他们穿过大门，让他们看到那些"人肉货架"[2]上究竟在发生些什么。如果你这活儿干得漂亮，观众便会在惊讶之余心悦诚服，频频首肯："这就对了。敢情不是'你的星座是什么？最近读到什么好书没有？'要的就是这种尴尬和危险，这才是真实。"

如果你的完成剧本包容了你所写的每一个场景，如果你从未抛弃任何一个想法，如果你的修改只不过是在提炼对白上做了些文章，那么你的作品几乎肯定要失败。无论天资如何，在我们灵魂的最隐秘处，我们都知道我们所做的一切十有八九都没有发挥出我们的最佳水准。如果研究激发出了一种十比一、甚至二十比一的步调，同时你做出了明智的选择，找到那百分之十的完美而将其余部分付之一炬，那么你的每一个场景都会令人痴迷，全世界都会坐下来仰慕你的才华。

没有人愿意看到你失败，除非你将愚蠢贴上虚荣的标签，向世人一一展示。**天才不仅包含创造出具有表现力的节拍和场景的能力，还包括判断、意志和审美品位，让你足以剔除和摧毁平庸、谎言、假冒伪劣和牵强附会。**

CHAPTER 04
结构与类型

电影类型 / 结构和类型的关系 / 精通类型 /
创作限制 / 混合类型 / 再造类型 /
持之以恒的天赋

◎ 电影类型[1]

通过数万年在篝火边讲述的故事、四千年用文字描述的故事、两千五百年的戏剧、一百年的电影以及八十年的广播，无数代讲故事的人已经将故事编织出了种类繁多的花色品种。为了对这种纷然杂存的漫流有一个明确的理解，人们设计出各种各样的系统，根据故事共有的成分进行归纳整理，将其分为不同的类型。然而，每种系统各执一端，对用于故事分类的成分众说纷纭。也因此，关于类型的数量和种类，不同的系统有着不同的看法。

亚里士多德根据**故事结尾的价值负荷**与其**故事设计**之间的相对性，对戏剧进行过分类，为我们提供了第一批类型。他指出，一个故事可以以正负荷结局，也可以以负负荷结尾。这两种类型都可以是一个简单设计（直截了当地结尾，没有转折点或惊奇），也可以是复杂设计（高潮来自主人公生活中的一个重大逆转）。他总结出四个基本类型：简单悲剧、简单幸运剧、复杂悲剧、复杂幸运剧。

然而，几个世纪以来，随着类型系统变得越来越模糊和膨胀，亚里士多德的简洁明快逐渐被淹没。歌德根据**题材**列出了七种类型——爱情、复仇，等等。席勒争论说应该不止七个，但他又说不出来还有什么。波尔第开出了一个不少于三十六种不同情感的清单，并从这些情感推论出"三十六种戏剧情景"，但他的类型，如"因爱而生的非自愿犯罪"或"为理想而自我牺牲"等过于含糊，无法使用。符号学家麦茨将所有的电影剪辑浓缩为八种可能，称之为"结构体"，并试图将所有的电影都规划在"大结构体"内。然而，这种试图将艺术转化为科学的努力就像通天塔一样，必然崩溃。

另一方面，新亚里士多德主义批评家诺曼·弗里德曼发展了一种系统，再一次按照结构和价值对类型进行了划分。我们今天的一些区分，如教育情节、赎罪情节和幻灭情节，都得益于他的勾画。这些情节以非常微妙的形式，让故事弧光在内在冲突的层面上闪烁，进而引发出主人公心灵或道德本质的深刻变化。

就在学者们对定义和系统还各持己见的时候，观众却早已成为类型专家。他们进入影院去看每一场电影时，都带着从一生的观影经验中学来的一整套复杂的**心理预期**。观众对电影类型的精通为作家提出了一个致命的挑战：他不仅必须满足观众的预期（否则，便有令其迷惑失望的风险），还必须将其预期引向新鲜而出其不意的时刻（否则，便有令其厌倦的风险）。这一双管齐下的把戏若不具备超过观众的类型知识是绝对耍不好的。

以下是一套银幕剧作家通用的类型和次类型系统。这套系统通过实践而非理论演化而成，并且根据题材、背景、角色、事件和价值的差别来进行界定。

1. 爱情故事。其次类型哥们救赎以友谊取代浪漫的爱情，如：《穷街陋巷》、《激情之鱼》、《阿珠与阿花》。

2. 恐怖片。这一类型可分为三个次类型：离奇恐怖，恐怖源令人震慑，但尚可进行"理性"解释，如外太空生物、科学制造出来的怪物，或疯子；超自然恐怖，恐怖源为幽灵世界的"非理性"现象；超级离奇恐怖，留待观众在以上两种可能性中进行猜测——《怪房客》、《狼之时刻》、《闪灵》。

3. 现代史诗（个人对抗国家）。《斯巴达克斯》、《史密斯先生到华盛顿》、《萨巴达万岁》、《1984》、《公诉拉里·弗兰特》。

4. 西部片。这一类型及其次类型的演变在韦尔·莱特的《六支枪和社会》一书中得到了精彩的记叙。

5. 战争类型。尽管战争常常是另一类型的背景，如爱情故事，但战争类型却具体描写战斗本身。拥战和反战是其主要次类型。当代电影一般都是反战的，但几十年来，大多数也都在暗暗地讴歌战争，哪怕是以其最残酷的形式来表现。

6. 成熟情节或曰成长故事。《伴我同行》、《周末夜狂热》、《乖仔也疯狂》、

《飞越未来》、《小鹿斑比》、《穆丽尔的婚礼》。

7. 救赎情节。此处的电影弧光为主人公内心从坏到好的道德变化：《江湖浪子》、《吉姆老爷》、《迷幻牛郎》、《辛德勒的名单》、《一诺千金》。

8. 惩罚情节。好人变坏，并受到了惩罚：《贪婪》、《浴血金沙》、《靡菲斯特》、《华尔街》、《怒火风暴》。

9. 考验情节。保持坚强意志抵御屈服诱惑的故事：《老人与海》、《铁窗喋血》、《陆上行舟》、《阿甘正传》。

10. 教育情节。本类型的弧光闪烁于主人公人生观、他人观或自我观的深刻变化，从负面（天真、不信任、宿命论、自暴自弃）到正面（明智、信任、乐观、沉着）：《哈洛与慕德》、《温柔的怜悯》、《冬日之光》、《邮差》、《这个杀手将有难》、《我最好朋友的婚礼》、《谈谈情跳跳舞》。

11. 幻灭情节。世界观由正面到负面的深刻变化：《帕克夫人的情人》、《蚀》、《鬼火》、《了不起的盖茨比》、《麦克白》。

有些类型属于超大类型，庞大而复杂，其次类型的变体几乎数不胜数：

12. 喜剧。次类型从恶搞喜剧到讽刺喜剧到情景喜剧到浪漫喜剧到荒诞喜剧到闹剧到黑色喜剧，其差异表现在喜剧攻击的焦点（官僚的愚蠢、上流社会礼仪、早恋等）和嘲讽的程度（温和、尖刻、致命）。

13. 犯罪。次类型主要根据对以下问题的不同回答来分类：我们是从谁的视点来看待这一犯罪? 神秘谋杀（侦探大师的视点）、罪行（犯罪大师的视点）、侦探（警察的视点）、黑帮（匪徒的视点）、惊悚或复仇故事（受害人的视点）、法庭（律师的视点）、报纸（记者的视点）、谍战（间谍的视点）、监狱戏（囚犯的视点）、黑色电影（一个兼罪犯、侦探和荡妇受害者为一身的主人公的视点）。

14. 社会剧。这一类型指出社会问题——贫穷、教育体制、传染病、弱势群体、反社会暴乱，以及诸如此类的问题——然后构建出一个故事，展示其疗救方法。它有一系列焦点清晰的次类型：家庭剧（家庭内部问题）、女性电影（诸如事业对家庭、爱人对孩子之类的两难之境)、政治剧(政治腐败)、生态剧(挽救环境的斗争)、医药剧(与身体病痛的斗争)、精神分析剧(与精神病的斗争)。

15. 动作／探险。本类型经常会借助其他类型（如战争或政治剧）的某些方面作为火爆动作和探险行为的动机。如果动作／探险包含了命运、狂妄或精神等观念，便为高端探险：《霸王铁金刚》。若大自然是对抗力量之源，则成灾难／生存电影：《天劫余生》、《海神号历险记》。

从一个更广的视点来看，超大类型还可以创始于那些本身便孕育着诸多自发类型的背景、表演风格或电影制作技巧。它们就像是一座座具有许多房间的庄园，每一种基本类型、次类型及其任意组合都能在其中找到自己的居所：

16. 历史剧。历史是取之不尽的故事源泉，包含任何你能想象出的故事类型。然而，这个历史的宝库却贴着这样的封条：唯古为今用者方能开启。银幕剧作家并不是希望死后才被人发现的诗人，他必须在今天找到观众。因此，对历史最好的使用方法，而且也是把一部影片设置在过去，从而使其预算陡然增加千百万美元的唯一合法借口，就是时代置换——即利用过去作为一面明亮的镜子来向我们展示现在。

许多当代的对抗力量是那样地令人沮丧，或充满着争议，以致很难在一个当前的背景中对其进行戏剧化的表现而又不至于把观众吓跑。如果保持一段安全的时间距离，这种两难之境则往往会看得最清。历史剧将过去打磨成一面可以观照现在的镜子，使得《光荣》中痛苦的种族问题、《迈克尔·柯林斯》中宗教的纷争，或各种各样的暴力，尤其是《不可饶恕》中对女人的暴力，变得更加清晰而可以忍受。

克里斯托弗·汉普顿的《危险关系》：将一个低落结局[2]的爱／恨故事设置于花边袖口、唇枪舌剑的法国，看起来似乎注定要成为一个商业灾难。而事实上，这部影片却广受观众欢迎，因为它将一束灼热的光投射到了一种现代的敌对行为模式上：谈情说爱犹如高手过招——这一模式因为具有太强的政治敏感性而无法直接言说。汉普顿倒退两个世纪，回到一个两性政治为争夺性别霸权而爆发出战争的时代。在这场战争中，压倒一切的情感并不是爱情，而是对异性的怀疑和恐惧。尽管背景古旧，但观众仍在几分钟内便对片中的腐败贵族产生了一种一见如故的亲切感——他们就是我们。

17. 传记。这是历史剧的表弟，其焦点对准一个人而不是一个时代。然而，传记绝不能成为一部简单的编年史。某人的生卒年月及其生平事迹只具有学术价值，仅此而已。传记作家必须把事实当作小说来演绎，找出主体的生活意义，并把他树立为这种生活类型的主人公：《青年林肯》在法庭剧中为无辜者辩护；《甘地》成为一部现代史诗中的英雄；《绝代美人》沦为一个幻灭情节的苦主；而《尼克松传》在惩罚情节中一筹莫展。

这些要求也同样适用于次类型自传。这种风格在觉得自己应该为某个熟知人物写一部影片的电影人中非常流行，这并没有错，但自传影片常常缺少它们所许诺的最重要的品质：自知。正如没有考察过的生活是不值得过的，没有经历过的生活同样也不值得考察。比如说《伟大的星期三》。

18. 纪实剧。这是历史剧的二表弟。纪实剧集中于最近而不是过去的事件。真实电影[3]曾令这一类型生机勃勃（《阿尔及尔之战》）。现在它已成为一个颇为流行的电视类型，有时力量强大，但常常缺乏应有的文献价值。

19. 嘲讽纪录片。这一类型假装根植于现实或记忆，以纪录片或自传片的形式出现，但却纯属虚构。它颠倒了基于事实的电影制作，用以嘲讽伪善的社会体制：《摇滚万万岁》中摇滚音乐的后台世界；《罗马风情画》中的天主教堂；《西力传》中的中产阶级道德观念；《人咬狗》中的电视新闻业；《天生赢家》中的政治；《不惜一切》中纯粹的美国价值观。

20. 音乐片。这个类型是歌剧的后裔，它提供一个"现实"的舞台，令人物或唱或跳，演绎他们的故事。它常常是一个爱情故事，但也可能是一部黑色电影：如根据舞台剧改编的《日落大道》；社会剧：《西区故事》；惩罚情节：《爵士春秋》；传记片：《贝隆夫人》。实际上，任何类型都可以用音乐片的形式来表达，且一切都可在音乐喜剧中进行嘲讽。

21. 科学幻想。在假想的未来，科学幻想作家常常将个人对抗国家的现代史诗与动作／探险糅合在一起，创造出由于科学技术的异化而导致独裁和混乱的非理想社会：《星球大战》三部曲和《全面回忆》。然而，就像历史一样，未来也只是一个背景，其间任何类型都可以有用武之地。如影片《飞向太空》，安德烈·塔科夫斯基利用科幻表现了一个幻灭情节的内在冲突。

22. 体育类型。体育是人物变化的熔炉。这个类型是以下类别的天然家园——成熟情节：《达拉斯猛龙》；赎罪情节：《回头是岸》；教育情节：《百万金臂》；惩罚情节：《愤怒的公牛》；考验情节：《烈火战车》；幻灭情节：《长跑者的寂寞》；哥们救赎：《黑白游龙》；社会剧：《红粉联盟》。

23. 幻想。在此，作者把玩着时间、空间和物质世界，曲解和混淆着自然和超自然的法则。幻想的超级现实吸引着动作类型，同时也欢迎其他类型的加入，如，爱情故事：《时光倒流七十年》；政治剧／寓言：《动物农场》；社会剧：《如果……》；成长情节：《爱丽丝梦游仙境》。

24. 动画。"世间万物都是在发展变化的"这条法则对这一类型非常适用：任何事物都可以变成另一事物。像幻想和科幻一样，动画偏向于卡通闹剧的动作类型：《兔八哥》；或高端探险：《石中剑》、《黄色潜水艇》；由于青少年观众是其自然市场，所以也有许多成熟情节：《狮子王》、《小美人鱼》；不过，即如东欧和日本动画家所展示的那样，这一类型没有限制。

最后，由于有些人坚信，类型及其常规只是"商业片"作家所关心的事，严肃艺术无所谓类型。为此，请让我在上述清单上再加上最后一个名字：

25. 艺术电影。脱离类型而写作的先锋派观念是很天真的。没有人能在真空中写作。经历了几千年的故事讲述之后，没有一个故事会完全与众不同，以至于与其他已写过的故事毫无相似之处。艺术电影已成为一个传统类型，并可分出两个次类型，最小主义和反结构，每一个都有它自己一整套复杂的宇宙论和结构常规。就像历史剧一样，艺术电影也是一个超大类型，将爱情故事、政治剧等其他基本类型兼收并蓄。

上述记载应该已经相当全面，但事实上任何清单都不可能明确界定或穷其所有，因为类型之间总是相互影响、相互融合的，其界线也常常因此重叠。类型并非静止、死板，而是不断演进且相当灵活的，同时又具备足够的稳定性，使之可以鉴别和操作，即如音乐家摆弄音乐类型中那些可塑的乐章一样。

每一位作家的家庭作业首先是确定他的类型，然后研究其指导性的操作实践。这是不可逃避的任务，因为我们都是类型作家。

◎ 结构和类型的关系

每一个类型都给故事设计制定了常规：高潮时的常规价值负荷，如幻灭情节的低落结局；常规背景，如西部片；常规事件，如爱情故事中的男女邂逅；常规角色，如犯罪故事中的罪犯。观众知道这些常规，并期待着看到它们一一实现。其结果是，**类型的选择明确地决定并限定了一个故事中什么是可能的，因为它的设计必须将观众的知识和预期考虑在内。**

> **类型常规是界定各个类型及其次类型的具体背景、角色、事件和价值。**

每一个类型都有独一无二的常规，但在某些类型中，它们却并不复杂，且具有很强的可塑性。幻灭情节的首要常规就是主人公在故事开始时充满乐观，怀抱崇高的理想或信念，他的人生观是正面的。第二常规是一系列挥之不去的负面故事转折，刚开始也许会提升他的希望，但最终却毒化他的价值观和梦想，使他变得愤世嫉俗、万念俱灰。例如，《对话》中主人公刚开始的生活稳定有序，最后却陷进了一种令人发狂的噩梦里。这套常规非常简单却能提供不可胜数的可能性，因为生活认识一千条通往绝望之路。这一类型有许多不朽佳作，如《乱点鸳鸯谱》、《甜蜜的生活》和《列尼传》。

其他类型相对而言则不太灵活，充满了整套复杂而严密的常规。犯罪类型中必须有一项犯罪，且必须在故事讲述的早期发生。必须有一个侦探人物，发现线索，提出疑问，无论他／她专业还是业余。在惊悚片中罪犯还必须将事情"个人化"。尽管故事可以以一个收黑钱的警察作为开始，但为了深化剧情，在某一点上，我们必须让罪犯超越底线。而陈词滥调就像真菌一样围绕着这一常规孳生：罪犯恐吓警察的家庭，或把警察本人变成嫌疑犯；又或者，作为陈词滥调中的陈词滥调，罪犯把侦探的搭档杀死——这种常规的根源可追溯到《马耳他之鹰》。而最后，警察必须查明真相，拘捕罪犯并将其绳之以法。

喜剧也包含无数次类型，且每一种都有自己的常规。同时，一个最高常规统领着这一超大类型，并将它与正剧区分开来：无人受到伤害。**在喜剧中，观众必须感到，无论人物怎样从墙上摔下，无论他们是怎样在生活的鞭笞下痛苦呻吟或辗转反侧，都不会造成真正的伤害。**大楼可能会倒在劳雷尔和哈迪[4]身上，但他们还是会从瓦砾中站起来，掸掉身上的尘土，喃喃地说："瞧，身上脏成这样……"然后继续走他们的路。

在《一条叫旺达的鱼》中，一个酷爱动物的人物肯（麦克·帕林）企图杀死一个老太太，却不小心杀死了老太太的一群宠物小猎狗。最后一条狗死在一块巨大的建筑水泥板底下，小爪子还伸在外面。导演查尔斯·克瑞奇顿拍出了这一画面的两个版本：一个版本只表现了小爪子，第二个版本则派人从屠夫店弄来了一袋猪内脏，并在那条被砸扁的小猎狗旁加上了一行血迹。当血迹的画面在试映观众面前一闪而过时，影院内鸦雀无声。血迹和内脏说："这很痛。"在公开放映时，克瑞奇顿换上了那个干净的镜头，并得到了观众的笑声。在类型常规下，喜剧作家往往是踩着钢丝行走，钢丝的一端是要使其人物经受地狱般的折磨，而另一端却要安全地使观众确信，那些飘忽的火焰实际上并不烫人。

跨过这一界线之后，便有黑色喜剧这一次类型在等着。在此，作家将喜剧常规进行扭曲，从而允许观众感受到尖锐却又能忍受的痛苦：《苦恋》、《错对冤家》、《现代教父》——影片中的笑常常会令我们哽咽。

艺术电影的常规来自一系列外在实践，如不用明星（或不用支付明星巨额酬金）、在好莱坞体系外进行生产、一般不是英语影片——所有这一切都可以成为影片的卖点，其营销团队会鼓励评论家将其定位为甘拜下风的非主流电影，并对它大加赞赏。这种类型的主要内在常规首先是智慧的庆典。艺术电影崇尚知性，用情绪的毯子紧紧捂住强烈的情感，并通过不解之谜、象征主义或悬而不决的紧张以供影迷们在其观影后的咖啡馆影评仪式中去分析与阐释。第二点，也是最根本的一点，艺术电影的故事设计取决于一条大常规：即没有一定之规。最小主义和／或反结构对常规的打破即是艺术电影赖以区别于其他类型的常规所在。

艺术电影的成功通常能使作者作为艺术家一举成名，尽管其声名常常持续不久。与此同时，历久不衰的阿尔弗雷德·希区柯克虽只在大情节和类型常规中工作，瞄准广大观众并轻车熟路地找到他们，可如今却被高高在上地供奉在电影创作者的圣殿之中，被誉为电影诗人和本世纪最伟大的艺术家而备受世人景仰。**希区柯克知道，在艺术和大众之间并无必然矛盾，在艺术和艺术电影之间也并无必然联系。**

◎ 精通类型

我们每一个人都深深地受惠于伟大的故事传统。你不但必须尊重而且还必须精通你的类型及其常规。千万不要想当然地认为你已经看过几部本类型的影片，便已经了解。这就好比想当然地认为你听过了贝多芬的所有九部作品便已会创作交响曲一样。你必须对这一形式进行研究。类型评论的书籍也许能有所帮助，但很少具有现实意义，且没有一部是全面的。不过，还是要博览群书，因为我们需要所能得到的任何可能的帮助。然而，最有价值的见识还是来自自我发现，没有什么能像发掘出埋藏的宝藏那样，激发人的想象力。

类型研究最好是以这种方式进行：首先，列出一个与你作品相似的电影清单，无论是成功的还是失败的（对失败的研究能给人启迪，使人谦恭）。其次，租借影片录像带，如果可能的话，再购买这些影片剧本。然后，在录像机上拉片，停停走走地研究这些影片，并逐页对照剧本，将每一部影片按背景、角色、事件和价值等成分进行细分。最后，将这些分析逐层地摞起来，从上往下对其进行仔细观察，并问：我这一类型里的故事都是干什么的？其时间、地点、人物和动作的常规是什么？在你找到答案之前，观众总是要比你超前一步。

为了预知观众的预期，你必须精通你的类型及其常规。

如果一部影片能得到适当的宣传推广，观众来到影院时都是满怀期待的。用营销人员的行话来说，就是观众已经被"定位"。"定位观众"是指：我们不想让人们茫然无知地来看我们的影片，不知道该期待些什么，迫使我们不得不利用前二十分钟的银幕时间来为他们提供线索，将其导向**必要的故事心态**。我们要让他们在落座之后便聚精会神地表现出一种我们意欲满足的热切胃口。

对观众的定位并不是什么新鲜玩意儿。莎士比亚没有把他的戏叫做《哈姆雷特》，而是叫《丹麦王子哈姆雷特的悲剧》。喜剧却采用了《无事生非》和《皆大欢喜》这样的题目，于是在环球剧院的每天下午，他的伊丽莎白时代的观众或哭或笑，或悲或喜，便已经有了一种心理定势。

老到的营销方略能激发类型预期。从片名到海报，通过印刷媒体和电视广告，宣传推广的宗旨就是要将故事类型固着于观众的心灵。一旦已经告诉我们的观众去期待一个他们最喜爱的形式，那么我们就必须履行诺言。如果我们对类型妄加改动，省略或滥用常规，观众一看便知，不良口碑[5]就会不胫而走。

例如，片名就很倒霉的《麦克谋杀案》。营销策略将观众定位于神秘谋杀类型，而影片内容却实实在在是另一个模样。整整一个多小时观众都不得不坐在那儿纳闷："这部影片中到底谁死了？"德博拉·温格饰演的银行出纳员从幼稚、依赖逐渐走向成熟和自立，剧本原是一部令人耳目一新的成熟情节。但那些被错误定位，从而困惑不解的观众产生的不良口碑，却斩断了一部优秀影片的双腿[6]。

◎ 创作限制

罗伯特·弗罗斯特说过，写作自由体诗就像拆掉网子打网球一样，因为恰恰是那种自我强加，同时也的确是人为的常规诗歌要求，激发着人们的灵感。例如，一个诗人随意给自己强加一条限制：每阕六行，隔行押韵。在保持了二、四行押韵之后，他已经写到本阕的最后一行。韵律的限制迫使他搜肠刮肚，极力使这第六行和二、四行达到押韵，这也许能激发他想象出一个与自己的诗歌毫无关系的词——仅仅是碰巧押韵而已——但这个随机出现的词却弹跳出一个短语，短语在脑海中带来一个意象，意象再与前面五行构成回响，撞击出一种全新的意味和感觉，令全诗峰回路转，更上层楼，进入一种更加丰厚的意境。多亏了这一韵律系统加之于诗人的创作限制，使这首诗获得了一种张力，而如果诗人允许自己随心所欲自由选词的话，这种张力便很可能会消失。

创作限制的原理讲求在一个障碍圈内获得自由。天才就像肌肉一样：如果没有阻力，它就会萎缩。所以，我们故意在路途上放置一些拦路石，一些可以激发灵感的壁垒。我们制定出一些关于做什么的规章，但至于如何去做却了无束缚。所以，初始步骤之一便是确定统领我们作品的类型或类型组合，因为那能够生长出最丰盛思想成果的富饶之地便是类型常规。

类型常规是讲故事的人的"诗歌"韵律系统。它并没有抑制创造力，而是对其进行激发。挑战来自既要恪守常规又要避免陈词滥调。爱情故事中的男女邂逅并不是陈词滥调，而是必要的形式成分——故事常规。而陈词滥调指的是，他们以爱情故事中恋人一以贯之的方式相遇：两个精力充沛的个人主义者被迫在一次探险旅行中同行，而他们似乎从见面伊始就互相憎恶；又或者，两个内向害羞的灵魂，互有好感，却又羞于明言，在一次聚会上二人皆被冷落一旁，没有别人可以说话，如此等等。

　　类型常规是一种创作限制，它迫使作家将其想象提高到能灵机应变的水平。优秀作家不但不会否定常规，使故事流于平淡，反而会像故友一般对常规频频拜访。因为作家深知，在力图以独一无二的方式满足常规的艰难求索中，他也许能找到场景灵感，使其故事超凡脱俗。精通类型之后，我们便能够引导观众去体验丰富多彩、新颖别致、变幻万端的常规，从而重构并超越观众的**期待**，不仅给予他们所期待的东西，而且还能更上层楼，给予超出其想象的**惊喜**。

　　比如动作／探险。这一类型常常被斥之为没有头脑的货色，但实际上却是当今最最难写的一种类型……纯粹是因为它已经被写死了。一个动作片作家还能写出什么观众没有看过一千遍的东西？举例来说，这一类型的诸多常规中有一个主要场景：英雄被完全控制在坏蛋的手中。处于无助位置的英雄必须踢翻桌子，砸倒坏蛋。这个场景是必不可少的，它从绝对意义上考验并表现了主人公的足智多谋、意志坚强和临危不惧。如果没有这一场景，主人公及其故事便会大为逊色；观众也会抱憾离场。陈词滥调就像面包上的霉菌一样在这一类型上孳生，但若其解决办法能推陈出新，整个故事便会大添光彩。

　　在《夺宝奇兵》中，印第安纳・琼斯和一个挥舞着大弯刀的埃及巨人短兵相接。他先露出一丝恐惧，然后一耸肩，最后一颗子弹飞出枪膛，因为琼斯突然想起自己还带着枪。据说，这一备受观众喜爱的解决办法是哈里森・福特的建议，因为他当时正闹痢疾，身体太虚，没法照着劳伦斯・卡斯丹的剧本大打出手。

　　《虎胆龙威》则围绕着对这一常规的优雅执行而达到高潮：约翰・麦克莱恩（布鲁斯・威利斯）上身赤裸，手无寸铁，双手举在空中，茫然无助地面对施虐成性、全副武装的汉斯・格鲁伯（艾伦・里克曼）。然而，当镜头缓缓地摇向麦克莱恩身后时，我们却发现他赤裸的后背上用胶带粘着一把手枪。他用一句玩笑分散了格鲁伯的注意，从背后拔出枪来，将他击毙。

　　在所有英雄落在坏蛋手中的陈词滥调里，"小心！你后面有人！"是最最陈腐的。但在《午夜狂奔》中，编剧乔治・加洛却赋予了它新的生命，在一个又一个场景中随心所欲地反复表现主人公的怪诞行为，给观众带来了极大的愉悦。

◎ 混合类型

不同的类型经常会被融为一体以产生一种具有新意的共鸣，丰富人物形象，创造出富于变化的情绪和情感。例如，爱情故事的次情节几乎能在任何犯罪故事中找到归属。《渔王》将五条线索编织成一部优秀影片——救赎情节、精神分析剧、爱情故事、社会剧、喜剧。音乐恐怖片就是一项美妙的发明。利用现有的二十多个主要类型，通过具有独创性的杂交繁殖，其可能性是无限的。通过这种混合方法，精通类型的作家便有可能创造出一种世人从来没有看过的电影。

◎ 再造类型

同样的道理，对类型的精通能够使作家紧跟时代的潮流。因为**类型常规并不是金科玉律，它们还会发展变化，删改扬弃，以顺应社会的变迁。**尽管变化缓慢，但社会确实在分秒变化着，而每当它进入一个新的阶段，类型也会随之发生转变。因为类型是观照现实的窗口，为作家提供看待人生的不同方式。当窗外的现实发生了变化时，类型也会随之进行改变。否则，如果类型变成僵死的东西，不能顺应变化的世界，那么它就会变成没有生命力的化石。以下是类型发展变化的三个例证。

○ 西部片

西部片从以"老西部"为背景的道德剧开始，那是一个充满神秘色彩的黄金时代，人们用这种影片来寓示善恶之争。但是，在七十年代那种玩世不恭的氛围中，这一类型便变得陈旧过时了。当梅尔·布鲁克斯的《神枪小子》暴露了西部片的法西斯主义心态时，这一类型实际上便进入了一个长达二十年的休眠期，后来通过改变其常规才得以卷土重来。而到了八十年代，西部片被调制成准社会剧，这是对其种族主义和暴力的一种改正，如《与狼共舞》、《不可饶恕》、《武装队》。

○ 精神分析剧

临床精神病首次被编入戏剧是在 UFA[7] 的默片《卡里加里博士的小屋》中。随着精神分析学名声日盛，精神分析剧发展成为一种弗洛伊德式的侦探故事。在故事的第一阶段，精神科医生扮演"侦探"，调查一宗隐藏的"罪恶"：他的病人过去所遭受的一种被深深压抑的伤痛。医生一旦揭露了这一"罪恶"，受害人要么精神复原，要么大有好转：《心魔劫》、《毒龙潭》、《三面夏娃》、《我从未承诺给你一座玫瑰花园》、《神秘记号》、《大卫与丽莎》、《恋马狂》。

然而，当连环杀手成为社会的梦魇之后，类型进化就将精神分析剧带到了它的第二阶段，与侦探类型融合而生成一种被称为精神分析惊险片的次类型。在这种影片中，警察成为业余精神科医生，对精神变态的凶手穷追不舍，而最后是否将其绳之以法则往往取决于侦探对疯子的精神分析：《第一死罪》、《孽欲杀人夜》、《警察》以及《七宗罪》。

二十世纪八十年代，精神分析惊悚片出现了第三次进化。在《黑色手铐》、《致命武器》、《天使心》和《翌晨》等影片中，侦探本人变成了精神变态者，患着各种各样的现代病——性沉迷、自杀冲动、创伤性遗忘症、酗酒。在这些影片中，打开正义之门的钥匙变成了警察对自身的心理分析。一旦侦探和他内心的魔鬼沆瀣一气，对罪犯绳之以法便几乎成为天方夜谭。

这种演变明确地揭示了我们社会的变化。过去我们可以安慰自己，认为所有的疯子都被锁进了疯人院的高墙内，明白人则可以安然无恙地生活在外边，而现在我们很少有人会如此天真。我们深知，简单的日子已经一去不复返了，任何事件的某种偶然交织都有可能使我们自己也与现实分道扬镳。这些精神分析惊悚片便明明白白地道出了这一威胁。它使我们认识到，**我们人生中最艰巨的任务就是自我分析、试图领悟我们的人性并化解其中的一切纷争。**

到 1990 年，这一类型进入了第四阶段，将精神变态者的角色进行了重新分配，把他安排在你的配偶、精神科医生、外科医生、孩子、保姆、室友以及街区警察中。这些影片利用公众共有的多疑和妄想大做文章，因为我们会从中发现，生活中最亲密的人、我们必须信任的人、那些我们希望将会保护我们的人，却是精神变态者：《晃动摇篮的手》、《与敌同眠》、《强行进入》、《黑暗中的低语》、《叠影狂花》和《危险小天使》。最明显的也许是《孽扣》，一部描写终极恐惧的电影：对你最最亲近的人——你自己——的恐惧。还有什么样的恐怖能比这更能从你的潜意识中爬出来，盗走你清醒的神志？

○ 爱情故事

写爱情故事时，我们要问的最重要的问题是："什么东西会阻止他们？"也即，爱情故事中的故事到底在哪儿？两人见面，恋爱结婚，养家糊口，相互扶持，直到终老……还有什么东西能比这更令人乏味？所以，两千多年来，从希腊戏剧家米南德开始，所有的作家都试图用"姑娘的父母"来回答上述提问。姑娘的父母发现小伙子不合适，于是便形成了一种被称为"阻拦人物"或"爱情反对力量"的常规。莎士比亚在《罗密欧和朱丽叶》中把这一常规扩展为双方的父母。从公元前 2300 年开始，这一根本常规一直没有变化……直到二十世纪发起浪漫革命。

二十世纪是一个无与伦比的浪漫时代。浪漫爱情的观念（其隐含的搭档即是性）统领着流行音乐、广告和整个西方文化。几十年来，汽车、电话及其他一千种解放因素已经给予年轻恋人们越来越多的自由来摆脱父母的控制。而与此同时，伴随着日益猖獗的婚外恋、离婚和再婚，父母们也将浪漫之情从青春的冲动拓展为终身的追求。生活中，常见的情形是年轻人对父母之言视若罔闻，但如果一部影片中，父母表示反对而青少年情侣居然唯命是从，观众肯定会冲着银幕嗤笑不已。所以，姑娘的父母这一常规阻拦人物就像包办婚姻一样，已经从画面中逐渐淡出，而才思敏锐的作家们早已发掘出一大批令人耳目一新、惊叹不已的爱情反对力量。

在《毕业生》中，阻拦人物的确是常规性的姑娘父母，但其反对原因却极不常规。在《目击者》中，爱情反对力量是她的文化——她作为阿门宗派的信徒，几乎来自另一个世界。在《索菲太太》中，梅尔·吉布森扮演一个被判绞刑的杀人犯，而黛安娜·基顿则是典狱长夫人。什么东西将阻止他们？"思想正确"的所有社会成员。在《当哈利遇到莎莉》中，这对恋人都有一种荒诞的信念，认为友谊和爱情是互不相容的。在《孤星》中，阻拦力量是种族主义；《哭泣游戏》中为性认同；而《人鬼情未了》里则是死亡。

二十世纪初开始的那种对浪漫之情的狂热追求已经走到穷途末路，蜕变为深深的萎靡，并为爱情带来了一种阴暗的怀疑主义态度。为了回应这一现实，我们已经看到低落结局的崛起，且其流行程度令人惊讶：《危险关系》、《廊桥遗梦》、《告别有情天》、《夫妻们》。在《离开拉斯维加斯》中，本是一个具有自杀倾向的酒鬼，塞拉是一个受虐狂妓女，而他们的爱情则是"命中无缘"。这些影片表明，人们已经越来越强烈地意识到，永恒的爱情即使并非完全不可能，也是希望渺茫的。

为了达到一种上扬结局，一些最近的影片已经将这一类型重新锻造成一种渴望故事。男女邂逅必须在故事讲述过程的初期出现，这一直是一条不折不扣的常规，随之而来的便是爱情的考验、磨难和胜利。但是，《西雅图不眠夜》和《红色》却以男女相会作为结局。观众一直在等着看这些恋人的"命运"在际遇的手中会被如何安排。通过巧妙地将恋人的见面延迟到高潮时实现，这些影片回避了现代恋爱的棘手问题，用相见难取代了相处难来作为故事核心。这并不是爱情故事，而是渴望故事，因为关于爱的谈论以及爱的欲望充斥了所有场景，将真正的恋爱行为及其不无磨难的后果留到银幕之外的未来发生。也许事实是，二十世纪亲手创造却又埋葬了这个浪漫时代。

所得的教训是：**社会态度是会变化的**。作家必须拥有对这些动态时刻保持警觉的文化触角，否则，他写出的东西就有可能成为古董。例如，在《信是有缘》中，反对爱情的力量是恋人都已经和别人结婚。观众流出的仅有的一滴眼泪都是因为呵欠打得太厉害了。人们几乎能够听到他们的内心在厉声质问："你们到底什么毛病？你们都跟僵尸结了婚，甩了他们不就得了。难道'离婚'这个词对你们毫无意义吗？"

但是，在整个二十世纪五十年代，婚外情一直都被视为一种痛苦的背叛。许多尖刻的影片——《相逢何必曾相识》（美国/1960）、《相见恨晚》——都是从社会对通奸的仇视中来汲取能量的。然而到了八十年代，社会态度发生了变化，人们越来越强烈地感到，浪漫的爱情是那样宝贵，而人生又是那样短暂，如果两个已婚的人想要一份婚外情，就由着他们好了。不论正确与否，这就是当时的社会心态，所以一部死守五十年代古旧价值观念的影片必然会让八十年代的观众厌倦到忍无可忍的程度。观众想知道的是，在当下的刀锋上活着是一种什么样的感觉？在今天做一回人到底又意义何在？

勇于创新的作家不仅能把握时代的脉搏，而且还具有远见卓识。他们将双耳紧贴着历史的墙壁，随着事物变化，感觉出社会趋向未来的方向。然后，便创造出打破常规的作品，并将这些类型带给下一代。

这就是《唐人街》的诸多美妙之一。在以前所有的神秘谋杀片中，惩恶扬善一直是唯一的高潮方式。但在《唐人街》中，富有而具有政治势力的凶手却逍遥法外，打破了一个被人遵从的常规。然而，如果不是七十年代的民权运动、"水门事件"和越战促使美国人民清醒地看到了社会腐败的深度，让整个民族意识到富人确实可以杀人并逍遥法外……甚至更变本加厉，这部影片也不可能成功问世。《唐人街》改写了这一类型，打开了一扇通向低落结局的犯罪故事之门，《体热》、《罪与错》、《问答》、《本能》、《最后的诱惑》和《七宗罪》便紧随其后。

最优秀的作家不仅具有远见卓识，还能创造经典。每一种故事类型都不可避免地要涉及最本质的人生价值：爱／恨、和平／战争、正义／非正义、成功／失败、善／恶，如此等等。而每一种价值都是一个永恒的主题，自故事诞生以来就已激发出无数伟大的作品。年复一年，这些价值都必须旧话重提，以保持其生命力并为当代观众创造出现实意义。然而，**最伟大的故事总是具有现实意义的。它们便是经典**。一部经典可以给人们带来重复更新的愉悦体验，因为它能够历经数十年而不断获得重新解释；其中的真理和人性是那样的丰厚，每一个新的一代都能从故事中观照到自己。《唐人街》便是这样一部作品。由于对类型的绝对精通，唐尼和波兰斯基将其天才推向了一个几乎是前无古人、后无来者的高度。

◎ 持之以恒的天赋

精通类型之所以至关紧要，还有另外一个原因：银幕剧作并不是短跑，而是长跑。别听别人怎么吹嘘一个周末就能在游泳池边赶出一个本子，从初始灵感到最后定稿，一部优秀的剧本总要花费半年、九个月、一年甚或更长的时间。就设计背景、刻画人物和构建故事而言，写一部电影和写一部四百页的小说需要花费同样的创造性劳动。唯一的重大区别就是，故事讲述时所实际使用的字数不同而已。所有写作都是一种磨炼，而银幕剧作则是一场纪律严明的军事演习。所以，你必须问自己，什么东西足以使你的欲望一刻不停地燃烧长达数月的时间？

一般而言，伟大的作家都不是折中主义者。他们每一个人都将自己的作品严格地聚焦于一个观念，一个能够点燃其激情的单一主题，一个他可以通过毕生追求而不断翻新的精彩主旨。

例如，海明威便痴迷于如何面对死亡这个问题。在他目睹了父亲的自杀之后，这一问题成为他的中心思想，不仅体现在他的作品中，还贯穿在他的生活里。他在战场上、体育运动中、猎场上，不断地追逐奔跑，直到最后，将猎枪插入自己口中，才终于找到死亡。

查尔斯·狄更斯的父亲因债务诉讼被捕入狱，他在《大卫·科波菲尔》、《雾都孤儿》和《远大前程》中都反反复复地描写了孤独儿童苦苦找寻失散父亲这一情节。

莫里哀对十七世纪法国的愚蠢和堕落痛恨不已，便诉诸笔头以写作剧本为生，其作品题目读起来就像是一份对人性之恶的清单诉状：《吝啬鬼》、《愤世嫉俗》、《无病呻吟》。

这些作家都找到了他们的主题，支撑了他们作为作家的漫长旅程。

而你的主题是什么？你是否像海明威和狄更斯一样，从自己切身的生活中来汲取养分？抑或像莫里哀那样，描写你对社会和人性的想法？无论灵感源泉来自哪里，你都必须注意这一点：早在脱稿之前，你对自我的爱就会濒临衰竭，你对思想的爱也会染病而亡。你会变得心力交瘁，厌倦于描写自己和自己的思想，你也许会完不成这段赛程。

所以，你还必须问自己：我最喜欢的类型是什么？然后，执笔去写你自己心中最爱。因为，对观念或经历的激情有可能衰竭，对电影的爱却会是永恒的。类型应该是一个不断给你注入新鲜灵感的源泉。每当你重读手稿时，它都会令你兴奋，因为这是你自己写出的那种故事，那种就算是冒雨排队你也要买票去看的电影。不要因为知识界的朋友认为某一题材具有重大社会意义，你就去写它。不要因为你认为某一题材会在《电影季刊》[8]中得到评论界的赞赏，就去进行写作。**真心实意地选择好你的类型，因为在想要写作的所有原因中，唯一能时时刻刻为我们提供养分的，就是对作品本身的爱。**

CHAPTER 05
结构与人物

人物 VS 人物塑造 / 人物性格揭示 /
人物弧光 / 结构和人物的功能 / 高潮与人物

情节和人物，何者更为重要？这一争论就像故事艺术本身一样古老。亚里士多德两相权衡之后，得出结论说：故事第一位，人物第二位。此观点一直被视为金科玉律，直到小说的演变使意见的钟摆摆向了另一边。十九世纪时，许多人认为，结构仅仅是一个展示人格的器皿，读者想要的是令人痴迷的复杂人物形象。而今天，两方依旧争辩不休，没有得出结论。相持不下的原因非常简单：这种争论都貌似有理。

我们无法问哪个更为重要，结构还是人物，因为**结构即是人物，人物即是结构**。它们是一回事，并不存在二者谁更重要的问题。然而，争论之所以还会继续，是因为世人对虚构人物的两个重要方面大都混淆不清——即人物和人物塑造之间的差别。

◎ 人物 VS 人物塑造

人物塑造是一切可以观察到的人的素质总和，一切通过仔细考察便可获知的东西：年龄和智商；性别和性向；语言和手势风格；房子、汽车和服饰选择；教育和职业；性格和气质；价值和态度——我们可以通过日复一日地记录某人的生活而获知关于人性的所有方面。这一切特征的总和使得每一个人都独一无二，因为每一个人都是通过遗传给予和经验积累组合而成的仅此一个的个体。这种各种特质的独一组合便是人物塑造……但这不是人物。

人物性格真相[1]**在人处于压力之下做出选择时得到揭示——压**

力越大，揭示越深，其选择便越真实地体现了人物的本性。

无论其面貌如何，在人物塑造的表面之下，这个人到底是谁？在他人性的最深处，我们将会发现什么？他是充满爱心还是残酷无情？慷慨大方还是自私自利？身强体壮还是弱不禁风？忠厚老实还是虚情假意？英勇无畏还是猥琐怯懦？得知真相的唯一方法就是看他如何在压力之下做出选择，在追逐欲望的过程中采取哪种行动。他选故他在[2]。

压力是根本。在没有任何风险的情况下做出的选择意义甚微。如果一个人物选择在一个说谎将不会使他获得任何好处的情况下讲真话，则这一选择是微不足道的，这一瞬间没有表达任何东西。但如果，同样一个人物在说谎可以保全他性命的情况下依旧坚持讲真话，那么，我们便能感受到诚实是其性格的核心。

考虑一下这样一个场景：两辆汽车在公路上飞驰。其中一辆是锈蚀的客货两用车，后面放着水桶、墩布和扫帚。开车的人是一个非法移民——一个不苟言笑、性情羞涩的劳动妇女，靠打黑工做保洁来维持全家人的生活。与她并驾的是一辆光可鉴人的全新保时捷跑车，驾驶者是一位衣冠楚楚、有钱有势的神经外科大夫。两人具有完全不同的背景、信仰、人格和语言——从任何可以想象的方面而言，他们的人物塑造特征正好相反。

突然，在他们前面，一辆载满学童的校车失去控制，撞到了高架桥的一根水泥柱子上，大火燃起，将孩子们困在了车内。现在，在这一可怕的压力之下，这两人的本来面目究竟会是如何？

谁选择停车救援？谁选择继续往前开？他们都有继续前行的理由。那个家庭保姆担心，如果她卷入这场事故，警察也许会盘查，发现她是一个非法移民，将她逐出边境，这样她的家人就会挨饿。外科大夫担心如果他受到伤害，双手被烧坏——那可是一双施展神奇微创手术的手，那么成千上万未来病人的生命就会因此丧失。不过，让我们假设他们两人都猛踩刹车，停了下来。

这一选择给我们提供了一条人物线索。但是，谁停下来是为了帮忙？谁停下来是因为被当时的情景吓得没法再往前开？我们假设他俩都是为了帮忙。这就告诉了我们更多的东西。但是，谁选择去打电话叫救护车然后等着救护车来到？谁选择冲进燃烧的汽车里？我们假设他俩都一齐向汽车冲去——这一选择更深层地揭示了人物性格。

现在，大夫和清洁工都击碎窗玻璃，爬进炽烈燃烧的车内，抱起号哭的孩子，将他们推向安全的地方。但是，选择还没有结束。熊熊的大火很快就把汽车变成了一座炼狱，他们脸上的皮肤被灼烧着，每一口呼吸都痛得撕肝裂肺。

在这一恐怖的深渊中，他们两人都意识到，只剩下一秒钟的时间可以救出最后一个孩子了。大夫的反应会是如何？在这千钧一发的本能反射中，他是伸手去够远处的白人孩子还是顺手拉出身边的黑人小孩？清洁工的本能又会让她如何反应？是去救那边那个小男孩，还是畏缩在她脚边的小女孩？她将如何做出"苏菲的选择"[3]？

我们也许会发现，在这两种完全不同的人物塑造深处，是一种完全相同的人性——千钧一发之际，他们都愿意为陌生人牺牲自己的生命。又或者，情况会是，我们原以为会采取英雄行为的人被发现是个懦夫；或，我们原以为行为怯懦的人却被证实是个英雄。甚至有可能当真相大白的时候，我们会发现，无私的英雄主义并不是他们人物性格真相的极限。文化渗透的不可见力量也许会促使他们做出一个不由自主的选择，从而暴露他们无意识的性别或种族偏见……即便是在他们做出圣贤般的英勇行为时。无论这个场景最终会被写成怎样，压力之下的选择将会剥下人物塑造的面具，我们将窥探到他们的内在本性，并在智慧之光闪现之际把握住他们的性格真相。

◎ 人物性格揭示

对照或反衬人物塑造来揭示人物性格真相，是所有优秀故事讲述手法中的基本要素。生活教给我们这一宏大原则：看似如此其实并非如此。人不可貌相。表面特征下掩盖着一个深藏的本性。无论他们言说什么，无论他们举止如何，若要了解深层的人物性格，唯一的途径就是通过他们在压力之下做出的选择。

如果我们看到一个角色，其行为特征是"充满爱心的丈夫"，到故事的结尾，他依旧是他最初表现出来的样子，一个没有秘密、没有未实现的梦想、没有隐藏激情的充满爱心的丈夫，那么我们将会非常失望。当人物塑造和人物真相完全吻合，当内心生活和外在表现就像一块水泥一样同为一物时，这个角色便变成了重复出现的、可以预见其行为的一份目录。这并不是说这样一个人物不可信。浅显和没有维度的人的确存在……可他们实在乏味。

例如，兰博的问题究竟是什么？在《第一滴血》中，他是一个引人注目的人物——一个越战老兵，不惜翻山越岭以求离群索居的独行侠（人物塑造）。后来一个警长无端寻衅，于是兰博重出江湖，一个势不可当、冷酷无情的杀手（人物性格真相）就此登场。但问题是，出山后的兰博没有再经历复杂的人性变化。在往后的续集中，他把弹药带捆在油光发亮、像是充了气的肌肉上，用红色的印度大头巾裹住脑门，直到超级英雄的人物塑造和性格真相融合为一个比周六上午的卡通[4]还要缺乏维度的角色。

试将这一平面模式与詹姆斯·邦德进行比较。三部电影似乎已经达到了兰博的极限，但邦德系列现在已有将近二十部影片[5]。邦德的不断复出，是因为全世界观众能从那与人物塑造截然相反的人物深层性格的反复揭示中获得无穷乐趣。邦德出没高级场所，游刃有余地扮演着花花公子的角色：身着燕尾服，让奢华舞会更添光彩，与美女调情时还不忘摇晃着手中的鸡尾酒杯。紧接着，故事的紧张气氛陡然增加，邦德的选择逐渐揭示出，在其花花公子的外表之下，是一个具有思想的兰博。这种睿智的超级英雄对其花花公子人物塑造的反衬与揭露，似乎已经变成了一种无穷无尽的愉悦。

将这一原则推进一步：在人物塑造的对照和反衬中进行人物深层性格的揭示，对主要角色而言是一条根本原则。小角色也许无所谓隐藏的维度，但主要人物必须得到深刻的描写——他们的内心绝不能和他们的外表一模一样。

◎ 人物弧光

把这一原则再推进一步：最优秀的作品不但揭示人物性格真相，而且还在其讲述过程中展现人物内在本性中的弧光或变化，无论变好还是变坏。

在《大审判》中，主人公弗兰克·加尔文出场时是一个波士顿律师，身穿三件套西服，举止长相颇像保罗·纽曼……漂亮得不近人情。大卫·马梅特的剧本后来剥开了这一人物塑造的面纱，揭示出一个腐化、破产、自甘毁灭、无可救药的酒鬼，多年来没有打赢过一场官司。离婚和屈辱已经摧毁了他的精神。我们看见他在报刊讣告中找寻那些因车祸或工业事故死亡的人，然后赶到这些不幸者的葬礼上，向其悲伤的亲属递交名片，指望能够揽上几笔保险诉讼买卖。这一序列以他酒醉后的自我憎恨作为顶点，他在办公室乱砸一通，从墙上扯下他的各种毕业证书，撕得粉碎，弄得地板一团凌乱。但恰巧此时，案子来了。

有人请他代理一宗医疗事故的诉讼，为一个变成植物人的妇女讨回公道。如果庭外调解，他可以马上赚到七万美金。但当他看到委托人的悲惨状况时，他觉得这个案子所能提供的不仅是一笔唾手可得的丰厚律师费，更有他灵魂救赎的最后契机。他选择向天主教堂和政治权贵集团挑战，不仅为他的委托人，更为他自己的灵魂而战。和胜利一同迎来的是他灵魂的复活。这场法律之战将他转变为一个清醒而具有职业道德的优秀律师——他在失去生活意志之前的本来面貌。

这便是在整个虚构文学史上，人物和结构之间常见的运作方式。第一步，故事铺陈出主人公的人物塑造特征：从大学回家参加父亲葬礼，哈姆雷特心情极度悲伤、迷茫，恨不得自己已经死去："啊，但愿这一个太坚实的肉体会溶解、消散……"

第二步，我们很快就被引入人物内心。他的真实本性在他选择采取这个行动而不是那个行动的过程中得到揭示：哈姆雷特父亲的鬼魂声称，他是被当今国王、哈姆雷特的叔叔克劳狄斯所谋杀的。哈姆雷特极力克制自己不成熟的冲动和鲁莽，这种选择暴露了他极度睿智谨慎的本性。他决定复仇，但必须等到能够证明国王的罪恶之后："我要用言语当作利器……但不真正舞刀弄剑。"

第三步，这一深层本性和人物的外部面貌发生冲突，即使不完全矛盾，也要互成对照。我们感觉到，他并不是表面上表现出来的样子。他不仅仅悲伤、敏感和谨慎。在他的假面之下还蛰伏着其他品质。正如哈姆雷特的独白："天上刮着西北风，我才发疯；风从南方吹来的时候，我不会把一只鹰当作了一只鹭鸶。"[6]

第四步，在揭露了人物的内在本性之后，故事便开始给他施加越来越大的压力，要他做出越来越困难的选择：哈姆雷特追寻到谋害父亲的凶手，发现他正在跪地祈祷。哈姆雷特本可以轻而易举地杀死国王，但他意识到，如果克劳狄斯在祈祷中死去，他的灵魂就可以升上天堂。所以，哈姆雷特强迫自己等到国王那"注定要永坠地狱的灵魂幽深黑暗不见天日"之时，再把克劳狄斯杀死。

第五步，待到故事高潮来临，这些选择已经深刻地改变了人物的人性：哈姆雷特已知和未知的战斗都已到达尾声。他步入了一个平和的成熟境界，他那充满活力的灵性已经长出了智慧："此外仅余沉默而已。"

◎ 结构和人物的功能

结构的功能就是提供不断加强的压力，把人物逼向越来越困难的两难之境，迫使他们做出越来越艰难的冒险抉择和行动，逐渐揭示出其真实本性，甚至直逼其无意识的自我。

人物的功能是给故事带来人物塑造所必需的素质，让选择可以令人信服地表演出来。简言之，一个人物必须可信：以适当的比例，足够年轻或年老，强壮或虚弱，世故或天真，学识渊博或目不识丁，慷

慨大方或自私自利，聪颖机智或顽固不化。每一种搭配都必须给故事
带来合理的素质组合，以令观众相信，这个人物能够做到而且很可能
会做他所要做的事情。

结构和人物是互相连锁的。故事的事件结构来自人物在其压力之下所做出
的选择和采取的行动；而人物则是通过在压力之下的选择和行动来揭示和改变
的生物。两者是同时被改变的。**如果你改变了事件设计，那么也就改变了人物；
如果你改变了人物的深层性格，也就必须再造结构来表达人物被改变了的性格。**

假设，一个故事具有一个轴心事件，在这一事件中，主人公冒着极大的风
险选择说真话。但作者觉得第一稿中的这种写法不行。重写时他反复研究这个
场景，决定还是让他的人物撒谎为好，并通过这一行为的逆反改变了他的故事
设计。从这一稿到下一稿，主人公的人物塑造丝毫没有触动——他穿着依旧，
干的还是那份工作，会对同样的笑话发笑。但在第一稿中，他是一个诚实的人，
而在第二稿中却是一个撒谎者。通过事件的逆转，作者便创造出了一个全新的
人物。

假设，从另一方面而言，这个过程选取了这样一个路径：作者突发奇想，
对主人公的本性有了新的认识，激发他勾勒出一幅全新的心理图景，将一个诚
实的人转变为一个谎言家。为了表现一个完全变化了的本性，作者所要做的远
远不止对人物的性格特征进行重新塑造。添加一丝黑色幽默也许能为故事增加
质感，但远远不够。如果故事一成不变，人物也会一成不变。如果作者再造人
物，他就必须再造故事。一个变化了的人物必须做出新的选择，采取不同的行
动，生活在另一个故事中——他自己的故事。无论我们的本能是通过人物还是
通过结构来进行运作，它们到最后总会殊途同归。

因而，短语"人物驱动的故事"属于同义反复。所有的故事都是"人物驱
动的"。**事件设计和人物设计互成镜像。没有故事设计，人物就不可能得到深
刻的表现。**

关键是要适度。

人物的相对复杂性必须与类型相互适应。动作／探险片和滑稽剧要求人物保持简单，因为复杂性将会把我们的注意力从惊险动作或滑稽笑料上分散开来，而惊险动作和滑稽笑料是这些类型不可缺少的。人际和内心冲突的故事，如教育和赎罪情节，则要求人物的复杂性，因为简单化将会剥夺对人性的洞察，而对人性的洞察又正是这些类型所必需的。这是常识。所以，"人物驱动"到底是什么意思？对太多作家来说，它是指"人物塑造驱动"，在浮光掠影的呆板刻画中，人物的面具也许会被勾勒得惟妙惟肖，但人物的深层性格却始终缺乏充分的表现与开发。

◎ 高潮与人物

结构和人物的连锁关系似乎是完全对称的，直到我们遇到结局的问题为止。一条受人敬仰的好莱坞格言警告说："电影讲究的就是最后二十分钟。"换言之，一部影片要想在世上有成功的机会，最后一幕及其高潮必须是最最令人满足的体验。因为，无论前面的九十分钟成就了什么，最后一节如果失败的话，这部影片在首开[7]周末就会死去。

试比较两部电影：在《盲目的约会》前八十分钟里，金·贝辛格和布鲁斯·威利斯在这场滑稽剧中一通胡闹，制造出一个又一个笑话。但到了第二幕高潮时，所有的笑声都戛然而止，第三幕也表现平平，一部本可以及第的影片就这样不幸脱靶。而另一方面，《蜘蛛女之吻》开篇的三四十分钟是那样的单调沉闷，可影片却渐渐吸引着我们投入其中，节奏也逐渐加快，直到故事高潮将我们深深地打动。如此动人的影片可谓凤毛麟角。八点钟时已感乏味的观众，到十点钟时却为之一振。良好的口碑使这部影片长上了双腿，美国电影艺术与科学学院亦为威廉·赫特奉上了一座奥斯卡金像奖杯。

故事是生活的比喻，而生活是在时间中度过的。所以，电影是时间的艺术，而不是造型的艺术。我们的堂表兄弟们并不是绘画、雕塑、建筑或摄影等空间媒体，而是音乐、舞蹈、诗歌和歌曲这样的时间形式。所有时间艺术的第一大训诫就是："汝必留最佳于最后。"[8]一曲芭蕾舞的最后一节、一部交响乐的结尾、十四行诗的尾联、故事的最后一幕及其故事高潮——这些会当凌绝顶的瞬间必须是最令人满足、最有意味的体验。

一部完成剧本显然凝聚着作者百分之百的创造性劳动。这一作品的绝大部分，**我们心血的百分之七十五或更多，都花费在人物深层性格与事件创作安排之间连锁关系的设计上。其余部分则用于对白和描写。**而在那用于设计故事的压倒性的努力中，百分之七十五集中于创造最后一幕的高潮。故事的终极事件便是作者的终极任务。

吉恩·福勒[9]曾经说过，写作非常容易，只不过是用两眼瞪着空白稿纸，直到把你的前额瞪出血来罢了。如果有什么东西真能吸出你前额的鲜血，那就是最后一幕高潮的创造——一切意义、情感的汇聚和顶点，其他的一切一切都是为了完成这一任务所做的准备，这是能否让观众满足的决定性时刻。如果这个场景失败，那么整个故事必将失败。**除非你创造了高潮，否则你便没有故事。如果你未能实现这一诗化飞跃，以臻于一个辉煌的绝顶高潮，前面的一切场景、人物、对白和描写都会沦为一个复杂精巧的打字练习而已。**

假设，你一觉醒来，灵感突发，写出这样一个故事高潮："英雄和恶棍在莫哈韦沙漠上徒步追逐三天三夜。离最近的水源还有一百英里，他们都口干舌燥、精疲力竭，处于精神崩溃的边缘。正在这个时候，他们短兵相接，一决雌雄，终于以一方的死亡告终。"这确实令人震慑……直到你回过头来看一眼你的主人公，才想起来他是一个七十五岁的退休会计，走路必须拄着双拐，而且对灰尘过敏。他会使你的悲剧性高潮变成一个笑柄。更糟的是，你的经纪人告诉你，只要你把结尾搞定，沃尔特·马修便有意出演这个人物。此时你该怎么办？

找到你的主人公出场的那一页，定位于页面上的"杰克（75岁）"这一描述短语，然后删除7，插入3。换句话说，重新进行人物塑造。人物的深层性格保持不变，因为无论杰克是三十五岁还是七十五岁，他都有不惜走到莫哈韦沙漠尽头的坚强意志。但是，你必须使他变得可信。

1924 年，埃里克·冯·施特罗海姆创作了《贪婪》。影片高潮表现了英雄和恶棍在莫哈韦沙漠上三天三夜的较量。冯·施特罗海姆在莫哈韦沙漠上拍摄这一序列时，正值酷暑，气温超过华氏一百三十度[10]。他差点把整个剧组的人员热死，但他也得到了他想要的东西：与天相接、重重叠叠的一片白茫茫的盐沙之海。在那似火的骄阳之下，英雄和恶棍，皮肤干裂，犹如脚下焦灼的沙漠，正在进行生死决斗。在这场你死我活的较量之中，恶棍抓起一块石头，砸碎了英雄的头颅。但就在英雄临死之前，他凭着最后一瞬间的意识，挣扎着伸出手来，用手铐将自己和凶手铐在一起。在最后的画面中，恶棍倒在尘土之中，和被他刚刚杀死的尸体紧锁在一起。

《贪婪》精妙的结尾产生于那些深入刻画了人物的终极选择。人物塑造中可能削弱这一动作可信性的任何方面都必须牺牲。即如亚里士多德所指出的那样，情节比人物塑造更加重要，但故事结构和人物性格真相是从两个视点看到的同一现象。人物从他们的外在面具后面所做出的选择同时塑造了他们的内在本性并推动了故事的发展。从俄狄浦斯王[11]到法尔斯塔夫[12]，从安娜·卡列尼娜到吉姆老爷[13]，从希腊人卓尔巴[14]到瑟尔玛和路易斯，这就是登峰造极的故事讲述中人物／结构的力度所在。

CHAPTER 06
结构与意义

审美情感 / 前提 / 作为修辞的结构 / 主控思想 /
说教倾向 / 理想主义者、悲观主义者和反讽主义者 /
意义与社会

◎ 审美情感

亚里士多德以这种方式来论及故事与意义这一问题，他问道：当我们在街上看到一具死尸时，我们是一种反应，但在荷马史诗中读到死亡或在戏剧中看到死亡时，我们为什么又是另外一种反应？因为**在生活中，思想和情感是分头而来的。思维和激情在人性的不同范围内运转，二者很少协调一致，常常互相抵触。**

生活中，如果在街上看到一具死尸，你马上会感到一股肾上腺素的冲击："我的上帝，他死了！"也许你会在恐惧中驾车离开。在以后冷静下来的时刻，你也许会反思这个陌生人死亡的意义，反思你自己必死的命运，反思在死亡阴影之下的生命。这种冥想也许会改变你的内心世界，所以当下次面对死亡时，你将会有一种全新的、或许更富同情心的反应。又或者，你也许会在年轻的时候深刻却不明智地思考爱情，抱着一种理想主义的观点，令你绊倒在一段刻骨铭心而又万分痛苦的恋情之中。这也许会使你的心肠变硬，造就出一个愤世嫉俗者，使你在以后的岁月里，发现仍然被年轻人视为甜美的东西是那样的苦涩。

知性生活为你的情感体验做好了充分准备，这种情感体验驱使你探求新的认识，并继而将新际遇所产生的化学反应重新混合。这两个领域互相影响，不过首先发生一个，然后才发生另一个。事实上，在生活中，思想和情感融合的瞬间极为罕见，当它们发生时，你会以为你正在感受一种宗教体验。但是，**尽管生活将意义与情感分得很清，艺术却能将二者统一起来。故事是一种设备，通过它你可以随心所欲地创造出这种领悟，这种现象便是人们所熟知的审美情感。**

一切艺术都源自人类心灵对以下各方面最原始的、先于语言的需求：通过美与和谐来解决压力与不和，通过创造力的使用来复活被日常事务搞得死气沉沉的日子，通过我们对真理的本能感知来寻求与现实的联系。就像音乐和舞蹈、绘画和雕塑、诗词和歌曲一样，故事是审美情感最初的、最后的和永恒的体验——与思想和感情同时接触。

当一个想法将自己包裹于一种情感负荷中时，它会变得更加强烈，更加深刻，更加难忘。你也许会忘记在街上看到死尸的日子，但哈姆雷特的死却会萦绕你终身。没有经过艺术加工的生活使你陷入一种迷惑与混乱，但审美情感却能将你所知道的和你所感觉的和谐地融为一体，使认识得到升华，并确认你在现实中的位置。简言之，一个讲好了的故事能够给你提供你在生活中不可能得到的那样东西：意味深长的情感体验。在生活中，体验需通过事后的反思变得有意义；而在艺术里，体验在其发生的那一瞬间马上就会具有意义。

从这个意义上而言，故事在本质上是非理性的。它并不是通过论文中的那种枯燥的理性思辨来表达思想。但故事也并不是反理性的。我们祈祷作家们都具有意味深长、饱含见识的思想。更确切地说，艺术家和观众之间直接通过感觉和知觉、直觉和情感来表达思想、进行交流。它不需要仲裁者和评论者来将这一交易理性化，不需要用解释和抽象来取代那种不可名状的感觉和知觉。学者的敏锐固然可以强化趣味和判断，但我们绝不可以将批评误以为艺术。理性分析无论多么清醒，都不可能滋养人们的灵魂。

一个讲得好的故事既不是对论文般精密推理的表达，也不是对幼稚情感的汹涌发泄。它的胜利表现在**理性与非理性的联姻**。一部既非情感亦非理性的作品不可能唤起我们的同情、移情、预感、鉴别等更微妙的官能——我们对真理与生俱来的敏感。

◎ 前提

有两个概念支撑着整个创作过程：一是**前提**，即激发作家创作欲望的灵感；

二是**主控思想**，即通过一幕高潮中，动作和审美情感所表达的故事终极意义。不过，前提却不像主控思想，它很少是一种闭合式陈述。更可能的情况是，它是一个开放式问题：如果……将会发生什么？如果一条鲨鱼游进度假的海滩并吞食了一名游客，将会发生什么？《大白鲨》。如果一个妻子抛下丈夫和孩子离家出走，将会发生什么？《克莱默夫妇》。斯坦尼斯拉夫斯基称之为"魔术般的如果……"，一种白日梦般的假设，在脑海中飘浮，打开想象之门，令人进入一个无所不能的世界。

但是，"如果……将会发生什么"仅仅是前提的一种。作家无论走到哪儿都可以发现灵感——在朋友某一阴暗心理的一次轻松的倾吐之中，在无腿乞丐的嘲讽之中，在噩梦或白日梦之中，在新闻故事之中，在孩童的幻想里。就连这门手艺本身也可能带来灵感。纯技术性的操作，如一个场景和另一场景之间的平滑过渡，或编辑对白以避免重复，都可能会引发喷若涌泉的想象。任何东西都有可能成为写作的前提，甚至是对窗外不经意的一瞥。

1965 年，英格玛·伯格曼得了一种俗称迷路炎的内耳炎。由于内耳受到病毒感染，病人总是处于一种不间歇的眩晕状态，睡觉时也不能幸免。几个星期里，伯格曼一直卧床不起，头部用支架固定。为抑制眩晕，他必须不停地凝视医生在天花板上涂的一个黑点，一旦视线离开那个黑点，整个房间就会像一个陀螺一样在脑海里疯狂旋转。他将精力集中于那一黑点，开始想象两张不同的脸叠印在一起的情景。几天以后，他病情康复，抬眼朝窗外望去，看见一个护士和一个病人坐在那儿比划。那些形象，即护士 / 病人关系和重叠的面孔，便成为了伯格曼的杰作《假面》的缘起。

灵感或直觉的闪现，看似杂乱无序、随意冲动，实际上却是天赐至宝。因为能够激发一个作家灵感的东西将会被另一作家所忽略。前提激活内心深处引而待发的宝藏，即作家心中萌发的见识或信念。他的经验总和已使他为此刻做好了准备，使他能以其独有的方式对此做出反应。于是乎，工作便开始了。他沿途进行着解读、选择和判断。如果，对有些人来说，一个作家对生活的最后论断显得过于教条和武断，那就任其如此吧。平淡无奇、息事宁人的作家只会令人厌倦。我们需要勇于发表自己观点、了无羁绊的灵魂，需要能够洞悉人生、语惊四座、让满堂生辉的艺术家。

最后，我们还要认识到重要的一点，**无论激发写作的灵感是什么，都不一定要保留在作品之中。**前提并非稀世珍宝。如果它有助于故事的进展，则可保留，如若故事讲述意图偏转，则应舍弃那一原始灵感，顺应故事的发展轨迹。关键问题并不是如何开始写作，而是如何保证能够继续写下去并不断刷新灵感。我们很少知道我们到底会趋向何方；写作即是一种发现。

◎ 作为修辞的结构

务必记住：故事的灵感也许是一个梦，其最后效果也许是审美情感，但只有当作者沉迷于严肃思想时，一部作品才能从一个开放式的前提，进展为一个圆满的高潮。因为艺术家不仅需要表达思想，还需要证明思想。仅揭示出某一想法是远远不够的。观众不仅需要理解，还需要相信。你要让全世界观众都在离开你的故事之后，依然相信你所讲述的故事是对人生的一个切实比喻。而让观众相信你观点的方法，来自对故事讲述的精心设计。当你创造故事时，便也创造着你的证据。思想和结构在一种修辞关系中相互交织。

> **故事讲述是对真理的创造性论证。**一个故事是一个思想的活证据，完成思想到动作的转换。故事的事件结构是一种手段，你通过它来表达你的思想，并随后将其证明……且绝不采用任何解释性的话语。

故事大师从不解释。他们所从事的是艰苦卓绝的创造性劳动——戏剧化表达。如果被迫去听思想讨论，观众很少会感兴趣，也绝不会相信任何内容。对白是追求欲望的人物之间自然而然的交谈，并非电影创作者宣扬其哲学观念的讲坛。对作者主观思想的解释，无论通过对白还是画外解说，都会严重降低一部影片的质量。伟大的故事仅凭事件的动态设计来确证其思想；而**不能通过人们选择与动作所导致的真实结果来表达人生观，是一种创作失败，无论用上多少精妙言语都无法弥补**。

为了说明这一点，我们可以探讨一下最多产的类型：犯罪。在几乎所有侦探小说中，所共同表达的思想观点究竟是什么？"犯罪无益"。我们如何才能逐渐明白这一点？希望不会是通过一个人物对另一人物凝重说道："瞧！我怎么跟你说来着？犯罪绝没有好下场。没有！你别以为那些人看起来可以逍遥法外，但是正义的车轮滚滚向前，是不可阻挡的……"我们只想看到思想观点在我们眼前被表演出来：有人犯罪；罪犯暂时逍遥法外；最后他终于落网，得到了应有的惩罚。在惩罚罪犯的动作中——或终身监禁或当街击毙——一个具有情感负荷的思想便会穿透观众的心灵。如果我们能将这种犯罪故事的思想观点诉诸言语，就不会像是"犯罪无益"这般温文尔雅，而将会是"那个混蛋被逮着了"那样，一种群情激奋式的社会复仇和正义胜利。

审美情感的类型和特质都是相关的。精神分析惊悚片刻意追求十分强烈的效果；而其他形式，如幻灭情节或爱情故事，则需要诸如悲伤或同情之类更加柔和的情感。但，无论其类型如何，原理是普遍适用的：故事的意义，无论悲喜，都必须通过具有情感表现力的故事高潮来进行戏剧化的表达，不能借用解释性对白的帮助。

◎ 主控思想

主题在作家的语汇里，已变成一个颇为含糊的字眼。例如，"贫穷"、"战争"和"爱情"并不是主题，它们只是与背景或类型相关的东西。真正的主题并不是一个词，而是一个句子——一个能够表达故事不可磨灭意义的明白而连贯的句子。我更喜欢主控思想这个提法，因为它不但像主题一样，指出了故事的根本或中心思想，同时还隐含了其功能：**主控思想确立了作者的关键性选择**。

它是又一条创作戒律，为你的审美选择提供向导，助你确定：在你的故事中，什么适宜，什么不适宜；什么能表达你的主控思想并可以保留，什么与主控思想无关而必须删除。

一个完成故事的主控思想必须能够用一个句子来表达。当前提首先被想象出来、作品开始有所进展之后，你就可以探求闪现于脑海中的任何可能性了。但最后，影片必须被熔铸在一个思想周围。这并不是说，一个故事可以削减为一个红字标题。有太多东西被捕获进了故事的网络之中——精细微妙、言外之意、奇思妙想、语义双关，以及包罗万象的种种。故事成为了一种观众会在不经意间就即刻全盘接受的生活哲学，成为与人们生活阅历相伴相生的一种认知理解。然而，讽刺的是：

越是围绕一个明确的思想来巧妙地构建你的故事，观众在你的影片中所能发现的意义就会越多，因为他们会接受你的想法并将其深刻含义感悟到他们生活的每一个方面。与此相反，在一个故事中强行打包的思想越多，它们就越容易互相挤压，直到影片最终崩溃成一堆互不关联的概念瓦砾，没有表达任何东西。

主控思想可以用一个句子来表达，描述出生活如何以及为何会从
故事开始时的一种存在状况转化为故事结局时的另一种状况。

主控思想具有两个组成部分：**价值加原因**。它明确鉴定出最后一幕高潮中故事重大价值的正面或负面负荷，并同时鉴定出这一价值何以转化为现在这一最后状态的主要原因。主控思想的句子就是由这两个要素组成的——价值加原因——便表达了故事的核心意义。

价值是指具有正面或负面负荷的首要价值，它作为故事最后动作的一个结果来到人物的世界或生活中。例如，一个上扬结局的犯罪故事（《炎热的夜晚》）让一个非正义的世界（负面）回归正义（正面），使人联想到这样一个句子"正义得到伸张……"；在一个低落结局的政治惊悚片（《失踪》）中，军方独裁者在高潮处主宰着故事世界，提示了这样一个负面短语"暴政肆虐……"；一

个正面结局的教育情节（《土拨鼠日》）将主人公从一个玩世不恭、专门利己的人转化为一个专门利人、富有爱心的人，引出"我们的生活充满幸福……"；一个负面结局的爱情故事（《危险关系》）把激情转化为自我憎恨，唤起人们这样的联想："仇恨导致毁灭……"

原因是指主人公的生活或世界之所以转化为最后正面或负面价值的首要因素。从故事结尾回溯到故事开头，我们便能从使这一价值得以存在的人物、社会或环境深处，探知到这一主要原因。一个复杂的故事也许会包含许多促成变化的力量，但一般而言，总有一个原因占据着主导地位。因此，在犯罪故事中，无论是"犯罪无益"（正义战胜邪恶）还是"犯罪有益"（邪恶战胜正义），都不可能成为一个完整的主控思想，因为它们都只给我们提供了一半的意义——最终价值。一个具有实质内容的故事还应同时表达出它的世界或主人公为什么会落到结尾处的具体价值上。

例如，如果你在为克林特·伊斯特伍德的"肮脏的哈里"系列电影写一个本子，你完整的"价值加原因"的主控思想将会是："正义战胜了邪恶，因为主人公所使用的暴力更胜罪犯一筹。"虽然肮脏的哈里也会不时地表现出一些雕虫小技般的侦探伎俩，但其暴力手段却是促成变化的主要原因。这一深刻见解便可以让你明白什么适宜出现，什么不适宜。它会告诉你，如果你写出这样一个场景将会很不合时宜：肮脏的哈里来到谋杀案受害者的尸体前，发现了一顶可能是逃逸凶手留下的滑雪帽，他拿出一个放大镜，仔细检查，做出结论说："嗯……此人年约三十五岁，头发偏红，来自宾州煤矿区——请看这个无烟煤尘。"这会是夏洛克·福尔摩斯，而不是肮脏的哈里。

然而，如果你是在为彼得·福克的"神探可伦坡"写本子，那么你的主控思想将会是："正义终于得到伸张，因为主人公比罪犯更加聪明。"滑雪帽的侦破推断也许用在可伦坡身上比较适宜，因为《神探可伦坡》系列片中促成变化的主导原因即是福尔摩斯般的推理。但如果让可伦坡从他那皱巴巴的风衣下面掏出一把点 44 口径的左轮手枪，大打出手，就会非常不合时宜。

我们可以把前面的例子继续完成：《炎热的夜晚》——正义终于得到伸张，

因为一个感觉敏锐的局外黑人看出了白人变态的真相。《土拨鼠日》——我们的生活充满幸福，因为我们学会了无条件地去爱。《失踪》——暴政肆虐，因为这个独裁政府得到了腐败的中央情报局的支持。《危险关系》——仇恨毁灭了我们，因为我们对异性心存恐惧。主控思想是故事意义最纯粹的形式，是变化的方式和原因，是观众会带入其生活的人生观。

○ 意义和创作过程

如何找到故事的主控思想？创作过程可以从任何地方开始。你可能会受到一个前提的启发、一个"如果……将会发生什么"的假设、一个人物的点滴，或者一个意象。你可以从中间开始，从头开始或者从后面开始。随着你虚构的世界和人物不断发展，事件便开始互相关联，故事也就悄然成形。然后决定性的时刻便会来到，此时你必须有所飞跃，创造出一个故事高潮。这最后一幕的高潮便是能够让你兴奋、令你感动的最后动作，它可以让一种成就感和满足感从你心中油然而生。此时此刻，主控思想便呼之欲出。

看着你的结尾，问自己：作为这一高潮动作的结果，有什么正负价值，被带到了主人公的世界？接下来，从这一高潮往回看，一直深挖到故事的基石，问自己：这一价值被带到他的世界的主要原因、动力或手段是什么？这两个问题的答案所组成的句子便是你的主控思想。

换言之，是故事告诉了你它的意义，而不是你将意义叙述到了故事之中。你并不是从思想中汲取出了行动，而是从行动中汲取出了思想。因为无论你的灵感为何，到最后，故事总要将其主控思想植入最后的高潮之中。而当这一事件道出了它自身的意义之时，你将体验到写作生活中感受最为强烈的一个时刻——自我认知：**故事高潮反照出你的内在自我**，如果故事来自你内心最好的源泉，通常的情况是，你会为自己看到的、它所反映的东西感到非常震惊。

你也许会认为，自己是一个热情而充满爱心的人，直到你发现自己居然写出了具有阴暗而愤世嫉俗后果的故事。你或许会觉得，自己是一个曾经沧海之

118

人，却发现自己写出了一个温馨而富有同情的结尾。你以为你知道自己是谁，却常在需要表达的时候为内心潜藏的东西感到震惊。换言之，如果一个情节完全按照你最初的计划展开，那么你的写作方法便过于拘谨，没有给你的想象和直觉留出余地。你的故事应该让你一次又一次地感到吃惊才对。漂亮的故事设计是所发现的主题、起作用的想象以及灵活而明智地施展着手艺的头脑的一种珠联璧合的统一体。

○ 思想 VS 反思想

帕迪·查耶夫斯基[1]曾告诉我，当他终于找到了他故事的意义时，就会把它写在一张纸条上，贴在打字机那里，然后从这个机器里流出来的所有文字都会这样或那样地表达出他的中心主题。由于那一明确的"价值加原因"的陈述在眼睁睁地时刻注视着他，所以他能够抵御让人兴味盎然但却与主题游离的各种诱惑，而专注于将故事的讲述统一在核心意义的周围。查耶夫斯基所谓的"这样或那样"是指，他会动态地推进故事，使其在首要价值的各种对抗负荷之间不断地穿插往复。他的即兴发挥将构建得如此精妙，使得一个接一个的序列能各自交替，表达出他主控思想的正面和负面维度。换言之，他通过用思想来对抗反思想的方式构筑出自己的故事。

故事进展通过在故事中押上台面的各种价值的正面负荷和负面负荷之间的动态移动而构建起来。

从灵感得到激发的那一刻起，你便进入了虚构的世界以寻找一个设计。你必须在开始和结尾之间建立起一座故事之桥，一个可以从前提一直跨越到主控思想的事件进展。这些事件回响着一个主题的两种互相矛盾的声音。在一个序列接着一个序列，且常常细化到一个场景接着一个场景的设计中，正面思想及其负面的反思想一直都在争论，你来我往，创造出一个戏剧化的辩证论战。而在高潮中，这两个声音里将有一个胜出，成为故事的主控思想。

对此，我们可以用犯罪故事中那种熟悉的抑扬顿挫的节奏来加以说明：典型的开篇序列表达负面的反思想——"犯罪有益，因为罪犯非常聪明和／或无情"，因为影片中被戏剧化描写的犯罪是如此的神秘莫测（《迷魂计》）或如此的穷凶极恶（《虎胆龙威》），以致观众受到震慑："他们会逍遥法外！"但是，当一个老练的侦探发现了在逃凶犯留下的一条线索之后（《夜长梦多》），接下来的序列便用一个正面思想来对抗这一担忧："犯罪无益，因为主人公甚至更加聪明和／或无情。"然后，也许警察会被误导而错误地怀疑了一个好人（《再见，吾爱》）："犯罪有益。"但是，主人公很快便查明了坏蛋的真实身份（《亡命天涯》）："犯罪无益。"接下来，罪犯抓住甚或似乎杀死了主人公（《机械战警》）："犯罪有益。"但是，警察又起死回生（《拨云见日》）并继续对罪犯穷追不舍："犯罪无益。"

同一思想的正反两面在整个影片中循环往复地较量，紧张度不断加强，直到危机转折点处，它们在最后的绝境中迎头相撞。这一碰撞便产生了故事高潮，至此，交战双方胜负已决。胜者也许是正面思想："正义战胜邪恶。"因为主人公坚忍不拔、足智多谋且英勇无畏（《黑岩喋血记》、《生死时速》、《沉默的羔羊》）；也可能是负面反思想："邪恶战胜正义。"因为反面人物的残酷无情和显赫权势无人能敌（《七宗罪》、《问答》、《唐人街》）。这两种思想中，无论哪一个在最后的高潮动作中得到戏剧性的表现，都将成为价值加原因的主控思想，成为对故事结论性和决定性意义的最纯粹陈述。

这种思想和反思想相互对抗的节奏，便是我们这门艺术最根本的东西。它在所有优秀故事的心脏搏动，无论其动作有多么内化。甚至，这一简单的动态关系可以变得十分复杂、微妙和反讽。

在《午夜惊情》中，侦探凯勒（阿尔·帕西诺）爱上了他的重大嫌疑犯（艾伦·巴金）。于是乎，每一个指向其罪行的场景都有反讽的转折：以正义价值而论为正，但以爱情价值而论则为负。在成长情节《闪亮的风采》中，大卫（诺亚·泰勒）的音乐胜利（正面）却招致他父亲（阿明·缪勒－斯塔尔）的嫉妒和残酷压制（负面），把这个钢琴师逼进了一种病态的不成熟状态（双重负面），从而使他最后的成功变成了一种艺术成熟和精神成熟的双重胜利（双重正面）。

◎ 说教倾向

有一点必须谨慎：在创造故事"论战"的维度时，必须万分小心谨慎地给予交战双方同样的火力。在构思那些与你最后陈述相矛盾的场景和序列时，必须像构思那些强化你最后陈述的场景和序列时一样，赋予等量的真理和能量。如果你的影片以反思想结尾，如"犯罪有益，因为……"，那么你就必须放大那些可以引导观众觉得正义终将战胜邪恶的序列。如果你的影片以正面思想作结，如"正义胜利，因为……"，那么你就必须强化那些表达"犯罪有益且非常有益"的序列。换言之，不要偏向"论战"的任何一方。

如果，在一个道德故事中，你准备把反面人物写成一个无知的傻瓜，并自作自受地导致了自我毁灭，难道我们就因此确信善良将会战胜邪恶吗？但如果，你像古代的神话作者一样，准备创作一个几乎无所不能、快要得手的反面人物，你将会迫使自己创造出一个足以应付这一场面，并变得更加强大、更加高明的正面人物。在这种**平衡讲述手法**的运用之中，善良战胜邪恶的胜利才变得切实可信。

危险之处在于：当你的前提是一个你感到必须向世人证明的思想，而你把故事设计成一种对那一思想不可否认的论证之时，你便已把自己推上了一条说教之路。在急欲劝诫的热情之中，你将会压抑另一方的声音。**在你将艺术误用和滥用于说教之时，剧本将变成一部论文电影、一通欲盖弥彰的布道，因为你试图通过这部影片而一举改变整个世界。说教根源于一种天真的热情，认为虚构作品就像手术刀一样可以用来切除社会的毒瘤。**

这种故事大都采用社会剧的形式，一种具有两个限定性常规的沉重类型：指出社会弊端；戏剧化地展示疗救办法。例如，作者也许会断定，战争是对人性的摧残，而和平主义是其疗救方法。由于他周身沸腾着一种急欲让我们相信的激情，因此他笔下的好人都是非常非常好的人，而他笔下的坏人也都是非常非常坏的人。所有对白也全都是对战争无益和疯狂的"切中要害"的悲叹，认为战争根源就是"统治集团"的肺腑宣言。从提纲开始到最后定稿，他在银幕上填满了令人作呕的画面，以确保每一个场景都在替他大声疾呼："战争是一种摧残，但是可以用和平主义进行疗救……战争是一种可以用和平主义进行疗救的摧残……战争是一种可以用和平主义进行疗救的摧残……"直到你自己都想端起一把枪来。

但是，反战影片中和平主义的呼吁（《多可爱的战争》、《现代启示录》、《加里波底》、《汉堡高地》）很少唤起我们对战争的敏感。我们并不信服，因为在意欲证明他有正确答案的冲动之中，作者视而不见一个我们大家都一目了然的真理——人是好战的。

这并不是说，从一个思想观念开始就必定会产生说教般的作品……但这确实是一种风险。随着故事向前发展，你必须心甘情愿地去关照相反的甚至是对抗的思想。**最优秀的作家都有一副辩证的灵活头脑，可以轻易转换观点。他们既能看到正面，也能看到负面，还能看到所有不同程度的反讽，并真心实意令人信服地找出这些观点中蕴含的真理**。这种全知迫使他们变得更有创造力、更有想象力，且更有洞察力。而最后的结果是，他们所表达的即是他们所深深相信的，但这一切都来自他们对每一个鲜活问题的精心权衡以及对其各种可能性的切身体验。

有一点必须明确，作家如果没有哲学家的思维，并保持坚定的信念，就不可能臻于卓越之境。其中的诀窍是，不要成为思想的奴隶，而应让自己沉浸在生活之中。因为**证明你观点的证据并不在于你能多么强硬地断言你的主控思想，而在于它将如何战胜你为它部署的各种强大的对抗力量。**

我们可以来看看斯坦利·库布里克执导的三部反战影片中无与伦比的平衡。库布里克和编剧对影片的反思想进行了深入的研究和探索，从而能看到人类灵魂的最深处。他们的故事揭示出，人类本性中具有与生俱来的好战、嗜杀的一面，而战争只不过是这一维度的逻辑延伸，使我们不无战栗地意识到，人类喜欢做的事情，就一定会去做——千万年来如此，当下如此，在一切可以预见的将来依然如此。

在库布里克的《光荣之路》中，法国的命运取决于不惜一切代价打赢那场对德国的战争。所以，当法国军队从战场上撤回时，一位暴怒的将军炮制出了一个闻所未闻的激将战略：他命令炮兵轰炸自己的部队。在《奇爱博士》中，美国和俄罗斯双方都意识到，在核战争中，不败比取胜更加重要，所以双方都制定了一个保持不败的计划，这个计划是那样的有效，最后将地球上的所有生命都化为灰烬。在《全金属外壳》中，海军陆战队面临着一项艰巨任务：如何劝说人类摒除禁止同类弑杀的天条。简单的解决办法就是对新兵进行洗脑，让他们相信敌人根本就不是人，于是杀人就变成了轻而易举的事，即使他是你的教官。库布里克知道，如果他能给予人类足够的弹药，那么人类必定会开枪打死自己。

一部伟大的作品是一个鲜活的比喻，告诉我们"生活就像是这样"。有史以来，所有经典作品给予我们的并不是解决办法，而是一剂令我们保持清醒的良药。并不是答案，而是富有诗意的率真，它们把人类世世代代之所以为人而必须解决的问题不可回避地昭然于天下。

◎ 理想主义者、悲观主义者和反讽主义者

作家及其讲述的故事，根据其主控思想的情感负荷，可以不无裨益地分为三大类别。

○ 理想主义的主控思想

"上扬结局"故事表达的是乐观主义、希望和人类的梦想，对人类精神的

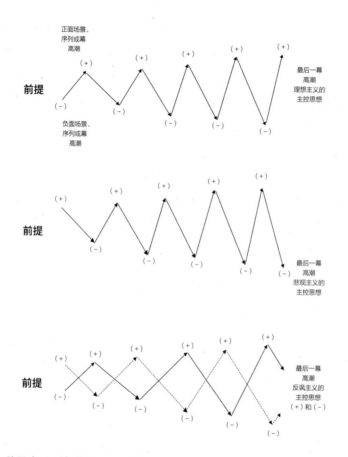

一种具有正面负荷的观点；我们所希望的生活图景。例如：

"爱情充满了我们的生活，只要我们征服理性幻想并听从我们的本能"：《汉娜姐妹》。在这一多情节故事中，一群纽约人在寻找爱情，但他们却无法找到，因为他们在不停地思考、分析，试图破解事物的意义：两性政治学、事业、道义或永生。然后，他们一个接一个地都抛弃了他们的理性幻想并听从自己的心声。当他们做到了这一点时，他们都不约而同地找到了爱情。这是伍迪·艾伦所拍摄的最乐观的影片之一。

"善良取胜，只要我们智胜邪恶"：《东镇女巫》。女巫们以其人之道还治其人之身，略施小计令魔鬼搬起石头砸了自己的脚，最后在三个胖娃娃身上找到了善良和幸福。

"人类的勇气和智慧必定战胜大自然的肆虐"：求生电影作为动作／探险片的次类型，都是"上扬结局"的故事，描写人类和自然环境力量之间的生死冲突。在灭绝的边缘，主人公凭借自己的意志和才智与常常残酷无情的大自然作斗争并全身而返：《海神号历险记》、《大白鲨》、《火之战》、《小魔煞》、《陆上行舟》、《凤凰劫》、《天劫余生》。

○ 悲观主义的主控思想

"低落结局"故事表达的是我们的愤世嫉俗、失落感和时运不济之叹，是对文明堕落和人性阴暗面的一种具有负面负荷的观感；是我们所害怕发生而又明知它会时常发生的人生境遇。例如：

"激情转化为暴力而毁灭了我们的生活，因为我们把人当作取乐的对象"：《与陌生人共舞》。这部英国作品中的恋人认为，他们的问题是由于阶级差别，但阶级问题已经被无数对恋人所克服。深层的冲突是，他们的恋情被一种互相占有对方的欲望所毒化，他们都想把对方作为自己神经质的满足对象，直到一方获得终极占有——恋人的生命。

"邪恶横行，因为这是人性的一部分"：《唐人街》。从表面上看，《唐人街》揭示的是富人可以杀人无罪，逍遥法外。他们也的确如此。但从深层上看，这部影片揭露了邪恶的无所不在。在现实中，由于善与恶在人性中所占的比重相等，恶压制善和善战胜恶的机会相同。我们既是天使也是恶魔。如果我们的天性能向任何一边稍稍倾斜，那么所有的社会难题早在几个世纪以前就会被解决干净。但是，我们是那样的分裂，以致不可能确知我们彼时将会是什么样子。此一时，我们建造了巴黎圣母院；而彼一时，却建造出奥斯威辛。

"大自然的力量终将主宰人类的无谓努力"，当求生电影的反思想成为其主控思想时，我们便能看到那种颇为罕见的"低落结局"电影，片中的人类再次与自然的肆虐抗争，但最后甘拜下风：《南极的斯科特》、《象人》、《大地震》和《群鸟》。在这些影片中，大自然向我们发出了警告，尽管最终还是放过了我们。这类影片之所以罕见，是因为悲观现实是人们急欲回避的严酷真理。

○ 反讽主义的主控思想

"上扬／低落结局"故事表达的是我们生存状况的复杂性和两面性，是一种同时具有正面和负面负荷的视觉，是最完整和最现实的生活。

此处，乐观主义／理想主义和悲观主义／犬儒主义融为一体。这类故事并不只是言说某一极端，而是两者兼顾。理想主义的"爱情必胜，只要我们能为他人牺牲自己的需要"，如《克莱默夫妇》和悲观主义的"爱情导致毁灭，因为自私自利成为主宰"，如《错对冤家》融为一体，最后导向一个反讽主义的主控思想："爱情既有欢乐也有痛苦，剪不断理还乱、刻骨铭心、撕肝裂肺，既温柔又残忍，我们之所以依然苦苦寻求，是因为没有它，生活便失去了意义"，如影片《安妮·霍尔》、《曼哈顿》、《为你疯狂》所表现的那样。

以下是两种反讽主义主控思想的典型例子，其中表达出来的反讽意味帮助我们界定了当代美国社会的伦理和心态。

第一个是正面反讽：

> **对当代价值——成功、财富、名誉、性、权力的过分追求——将会摧毁你，但你只要能及时看清这一真理并抛弃你的执着，便能使自己得到救赎。**

在二十世纪七十年代以前，一个"上扬结局"可以宽松地定义为"主人公得到了他想要的东西"。在高潮处，主人公的欲望对象变成了各种各样的战利品，因其押上台面的价值不同而不一而足——梦中情人（爱情）、坏人的尸体（正义）、成功的勋章（财富、胜利）、公众的承认（权力、名位）——而且他最后赢得了它。

可是，到了二十世纪七十年代，好莱坞却演化出一种具有高度反讽意义的成功故事：救赎情节。主人公追求的价值曾经是令人仰慕的——金钱、名声、事业、爱情、胜利、成功——但由于痴迷和盲目，这些追求却把他们带到了自我毁灭的边缘。即便没有面临丧失生命的危险，也已步入了丧失人性的误区。后来，他们终于洞悉了其执着追求的毁灭性，在尚可挽回的情况下悬崖勒马，毅然抛弃了他们曾经梦寐以求的东西。这一模式产生了一种具有浓厚反讽意义的结局：高潮时，主人公牺牲其梦想（正面），一种已经变成灵魂腐蚀剂的不正常依恋（负面）的价值，以获得一份诚实的、清醒的、平衡的生活（正面）。

《力争上游》、《猎鹿人》、《克莱默夫妇》、《不结婚的女人》、《10》、《伸张正义》、《母女情深》、《电光骑士》、《走路的风度》、《机智问答》、《百老汇上空的子弹》、《渔王》、《大峡谷》、《雨人》、《汉娜姐妹》、《军官与绅士》、《窈窕淑男》、《关于亨利》、《普通人》、《义勇先锋》、《达拉斯猛龙》、《走出非洲》、《婴儿潮》、《再生之旅》、《辛德勒的名单》和《甜心先生》都是围绕这一反讽运转的，且每部影片都以其独特而有力的方式表达了这一反讽。即如这些影片所表明的，这一思想已经成了一块吸引奥斯卡的磁石。

就技巧而言，这些影片对高潮动作的处理确实令人叹服。历史上，一个正面结局是这样一个场景：主人公采取一个动作，使他得到他想要得到的东西。然而，在上面列举的所有作品中，主人公不是拒绝采取行动以得到他们梦寐以求的东西，就是抛弃他们曾经欲求的东西。他或她以"失"为得。就像破解"孤掌独拍亦能鸣"的禅谜一样，作者的问题是如何在每种情况下都能让一个无为之为或负面作为感觉就像是正面一样。

在《达拉斯猛龙》的高潮中，一流球员菲利浦·埃略特（尼克·诺特）张开双臂，任由飞来的橄榄球从他的胸膛弹到地下，以其身体语言宣告，他再也不愿意玩这种儿童游戏了。

在《电光骑士》结尾处，已沦落到给人送早点的前马术明星索尼·斯蒂尔（罗伯特·雷德福），将其赞助人的获奖骏马放归荒野，象征着将自己从名利的束缚中解放出来。

《走出非洲》讲述的是一个女人的故事，一个生活在"我即我所拥有"这一八十年代伦理中的女人。卡伦（梅丽尔·斯特里普）的开篇陈词是："我在非洲有过一个农场。"她把她的家具从丹麦拉到肯尼亚，在那儿建起了一个家园和种植园。她的自我定义就是她的所有物，以至于就连劳工都被她称为"她的人"，直到她的情人指出，她并没有真正拥有那些人。当她的丈夫令她染上梅毒后，她也不愿与他离婚，因为她的身份就是"夫人"，这是由她拥有一个丈夫而界定的。不过，后来她渐渐意识到，你并非你所拥有，你是你自身的价值、才智、能力和作为。当她的情人遇难之后，她悲痛哀悼但并没有绝望失落，因为她毕竟不是他。她耸耸肩，舍弃了丈夫、家园及其他一切她所拥有的东西，却得到了她自己。

《母女情深》讲述的则是另外一种完全不同的执迷不悟。奥罗拉（雪莉·麦克雷恩）笃信伊壁鸠鲁的哲学，认为幸福就是从不吃苦，生活的秘密就是回避一切负面情感。她拒绝了两种著名的苦难渊源：事业和爱情。她害怕衰老的痛苦，于是穿着打扮总要比自己年轻二十岁。她的家看起来就像是一个无人居住的玩偶之家。她所过的唯一生活就是跟女儿通电话，由女儿来替代她生活。但是，在她五十二岁生日时，她开始意识到，一个人所能享受的欢乐和他愿意承受的痛苦，是成正比的。在最后一幕中，她走出了无痛生活的空洞，张开双臂拥抱了孩子、爱人、衰老，以及相伴而来的一切悲欢离合。

第二个是负面反讽：

> 如果你一味地痴迷于你的执着，你无情的追求将会满足你的欲望，然后毁灭你自己。

《华尔街》、《赌城风云》、《错对冤家》、《八零年代之星》、《纳什维尔》、《电视台风云》、《射马记》，这些影片是与上述救赎情节对应的惩罚情节，其中的"低落结局"反思想成为主控思想，因为主人公一直执迷不悟地为追逐名利的需要所驱使，且从未想过放弃。在故事高潮处，主人公达成了欲望（正面），结果却毁于其中（负面）。在《尼克松传》中，总统（安东尼·霍普金斯）对其政治权力的盲目而腐败的自信便毁了他自己，同时也毁了全国人民对政府的信念。在《歌声泪痕》中，玫瑰（贝特·米德勒）毁于她对毒品、性和摇滚的迷恋。在《爵士春秋》中，乔·吉迪昂（罗伊·施奈德）因其对毒品、性和音乐喜剧的神经质需求而一蹶不振。

○ 关于反讽

反讽对观众的作用就是那种美妙的反应："噢，生活就是这样。"我们认识到，**理想主义和悲观主义是经验的两个极端，生活很少完全充满阳光和草莓，也并非全是厄运和惨痛，它二者兼有**。从最坏的经历中，我们总能得到一些正面启迪，最丰富的经历总要付出巨大代价。无论我们如何设计生活的直通航道，总免不了要在反讽的潮汐上航行。现实总是充满无情的反讽，因此，以反讽结局的故事往往最能经久不衰，远播世界，博取观众最大的热爱和敬仰。

也正因此，在高潮处三种可能的情感负荷中，反讽是最最难写的，它需要最深的智慧和最高的手艺，其原因有三：

第一，要想找到既能令人满足又能使人信服的光明的理想主义结局或清醒的悲观主义高潮，已属不易。而反讽高潮是一个单一的动作，必须同时表达一个正面和负面的陈述。我们怎么才能合二为一？

第二，如何才能明确地说清二者？**反讽并不等于模棱两可**。模棱两可即是模糊不清——此事物不能和彼事物分开。但反讽却没有任何模棱两可之处，它是一个明确的双重宣言：所得和所失比肩而立。**反讽也不是巧合**，一个真正的反讽具有光明磊落的动机。任何随机结局的故事，无论有无双重负荷，都毫无意义，绝不可能成为反讽。

第三，如果在高潮处，主人公的生活情境既正且负，那么我们该如何表达，才能使对立的价值负荷在观众的体验中两不相犯，以免互相抵消，使你到最后等于什么也没说？

◎ 意义与社会

一旦找到你的主控思想，你就必须尊重它。绝不可心存奢望地自慰："这只不过是娱乐而已。"究竟何谓"娱乐"？娱乐是一种仪式：端坐在黑暗之中，凝视着银幕，全神贯注地投入一种人们希望将会是令人满足、意味深长的**情感体验**。任何影片只要能够召集、主持并成功完成这种故事仪式，即是娱乐。无论它是《绿野仙踪》或《四百击》，还是《甜蜜的生活》或《白雪公主和三个小丑》，没有一个故事是单纯的。所有言之有物的故事都表达了一个思想，只是这一思想被掩饰在情感魅惑的面纱之下而已。

公元前 388 年，柏拉图敦促雅典城的长老们放逐所有诗人和讲故事的人。他们是对社会的一种威胁，他争辩道。作家摆弄的是思想，但并不是以哲学家那种公开而理性的方式，而是将思想掩藏在艺术那诱惑人心的情感之内。可是，即如柏拉图所指出的那样，被感觉到的思想毕竟也是思想。

每一个有效的故事都会给我们发出一个具有价值负荷的思想，实际上，它将这一思想揳入我们的心灵，使我们不得不相信。事实上，一个故事的劝诫力量是那样的强大，即便我们发现它在道德上令人反感，也很可能会相信它的意义。**柏拉图断言，讲故事的人都是危险人物。**他并没有说错。

我们可以看一下《猛龙怪客》。该片的主控思想是"正义战胜邪恶，只要公民用自己的双手拿起法律的武器，杀掉所有该杀之人"。在人类历史上一切险恶的思想之中，这一思想堪称险恶之最。正是在这一思想的武装之下，纳粹蹂躏了整个欧洲。希特勒相信，他能把欧洲变成一个乐园，只要杀掉所有该杀之人……而他手里正攥着那份名单。

《猛龙怪客》首开之时，眼看着查尔斯·布朗森横行曼哈顿，开枪击毙所有不幸长得像抢匪的人，全国的报刊评论家都不约而同地义愤填膺："这难道就是好莱坞的所谓公正？"他们怒斥："必要的法律程序上哪儿去了？"但在我所读到的几乎每一篇评论中，评论家都曾指出："……不过观众似乎对此颇为欣赏。"其言下之意是："……评论家亦然。"影评家绝不可能引述观众的乐趣，除非他们也深有同感。尽管其冷漠的情感已久为世人所诟病，但这部影片还是打动了他们。

另一方面，我也不愿意生活在一个禁止拍摄《猛龙怪客》的国家。我反对一切审查制度。在对真理的追求中，我们必须甘愿领受最丑陋的谎言。即如福尔摩斯法官[2]指出，我们必须相信思想的自由市场。如果每一个人都被赋予一份发言权，即便是非理性激进的或残酷反动的，人类也会从所有可能性中挑拣出正确选择。**没有一种文明，包括柏拉图的在内，是因为其公民明白了太多真理而招致毁灭的。**

权威人士，如柏拉图，担心的威胁并非来自思想，而是来自情感。那些当权之人永远不想让我们去感觉。**思想可以被控制和操纵，但情感却是发自内心且不可预料的。**艺术家之所以能对权威构成威胁，是因为他们揭露了谎言并激发了思变的激情。这就是为什么当独裁者夺权登台之后，其行刑队无不把枪口直指作家的胸膛。

最后，既然故事的影响力不可忽视，那么我们就有必要探讨一下艺术家的社会责任问题。我相信，我们并没有责任疗救社会的弊端，恢复对人性的信心，振奋社会的精神，甚或表达我们的内在本质。**我们只有一个责任：讲真话或曰揭示真理。**因此，你必须研究你的故事高潮，并从中提取你的主控思想。

但是，在你采取下一步行动之前，你不妨自问：这是不是真理？我是否相信自己故事的意义？如果答案是否定的，则把它扔掉，然后从头开始。如果答案是肯定的，则要尽一切可能让世人看到你的作品。因为，尽管艺术家在私人生活中也许会对人撒谎，甚至自欺，但他创作时一定会讲真话。而**在一个充满谎言和谎言家的世界内，一部真诚的艺术作品永远是一种富有社会责任感的表达。**

PART THREE

故事设计原理

THE PRINCIPLES OF STORY DESIGN

如若加强一个严格的框架，
想象力便可被推向极致——并产生最丰富的思想。
如若给予完全的自由，作品便可能蔓延无当。

——T.S. 艾略特

PART THREE

CHAPTER 07
故事材质

我们是用什么材料来创作那些有朝一日将在银幕上行走谈笑的场景的呢？我们用来捏揉削刮的黏土是什么？故事的"材质"是什么？

在其他所有艺术中，答案是不言自明的。作曲家采用的是乐器以及乐器奏出来的音符；舞蹈家的乐器便是其形体；雕塑家凿的是石头；画家搅和的是颜料。所有艺术家都能亲手摆弄其艺术的原材料——唯有作家例外。因为在故事的内核中装的是"实质"，就像在一个原子核中旋转的能，既看不见，也摸不着，更听不到，然而我们的确知道它并能感觉到它。故事的材料是活生生的，但也是无形而不可触摸的。

"不可触摸？"我能听见你内心的质疑。"可是我有我的话语。对白和描写。我可以用手摸着我的稿子。作家的原材料是语言。"而事实却并非如此，许多天才作家的事业，就是因为对这一原理的灾难性误解而走得跌跌撞撞，尤其是那些接受了良好的文学教育之后从事银幕剧作的作家。因为即如玻璃是一种光媒，空气是一种声媒一样，**语言仅仅是故事讲述的一种媒介**，事实上还是多种媒介之一。在故事的心脏跳动的，是比纯粹的言语更为深奥的东西。

而且在故事的另一端还端坐着另外一个同等深刻的现象：观众对这一材质的反应。你只要想到这一点，就会觉得看电影的确是件古怪的事情。上百个陌生人静静地挤坐在一间黑屋里，胳膊肘挨着胳膊肘，长达两个小时，甚至更久。他们既不去厕所，也不去抽烟，而是睁大眼睛，全神贯注地紧盯着银幕，自己花钱去领受那些在现实生活中唯恐躲之不及的情感，其投入程度远胜于上班干活的时候。从这一视点来看，我们可以提出第二个问题：故事能量的源泉是什么？它如何迫使观众倾注如此强烈的精神注意力和感觉注意力？故事的工作原理是什么？

只要艺术家主观地探索创作过程，便能找到这些问题的答案。为了理解故事的材质及其工作原理，**你需要从里到外去审视你的作品，从你人物的内心，通过人物的双眼去看外面的世界，把自己当作活生生的人物，设身处地地去体验故事的境界**。为了潜入这一主观而高度想象的视点，你需要深入细致地观察你所创造并打算进入的这个角色，即一个人物，或者更具体而言，一个主人公。因为，尽管主人公也像其他任何人物一样，但作为故事的中心人物和根本角色，他体现了绝对意义上的人物的方方面面。

◎ 主人公

一般而言，主人公是一个单一的人物。不过，一个故事也可以由二人驱动，如《末路狂花》；由三人驱动：《东镇女巫》；或者更多：《七武士》或《十二金刚》。在《战舰波将金号》中，是整个阶级的人，即无产阶级，构成了一个庞大的复合主人公。

由两个或两个以上人物构成一个复合主人公，必须达到两个条件：第一，群体中的所有个体必须志同道合，共有同一个欲望；第二，在为了满足这一欲望的斗争中，他们必须同甘共苦，同舟共济，一荣皆荣，一损俱损。在一个复合主人公之内，动机、行为和结果都是共通的。

另一方面，一个故事也可以是一个多重主人公。与复合主人公不同的是，这里的人物具有各自不同的欲望，各谋其利，各承其害：《低俗小说》、《汉娜姐妹》、《温馨家族》、《小餐馆》、《为所应为》、《早餐俱乐部》、《饮食男女》、《征服者佩尔》、《希望与荣耀》、《热望》。罗伯特·奥尔特曼是这一设计的大师：《婚礼》、《纳什维尔》、《人生交叉点》。

在银幕上，多重主人公故事可以远溯至《大饭店》；在小说中，则更为久远：《战争与和平》；在戏剧中还要古老：《仲夏夜之梦》。多重主人公故事变成多情节故事。这些作品不是通过一个主人公（无论单一还是复合）的集中欲望来驱动故事的讲述，而是将一系列小故事编织在一起，每一个故事都有其独立的主人公，用以创造出一幅具体社会的动态图景。

主人公不一定是人。它可以是一个动物：《猪宝贝》；一个卡通形象：《兔八哥》；甚至是一个非生物，如儿童故事《能干的小火车头》中的主角。任何东西，只要能被给予一个自由意志，并具有欲望、行动和承受后果的能力，都可以成为主人公。

主人公甚至还可以在故事的中途更换，尽管这种情况并不多见。《惊魂记》便是这样做的，使浴室谋杀同时成为一个情感和形式的震荡点。主人公一死，观众暂时迷惑不解：这部影片到底是写谁的？答案是一个复合主人公，因为受害者的妹妹、男朋友和一个私人侦探把故事接了过来。不过，无论故事的主人公是单一、多重还是复合，无论其人物塑造特征如何，所有的主人公都具有某种标志性特质，而其中的首要特质便是意志力。

主人公是一个具有意志力的人物。

其他人物也许冥顽不化，甚至麻木不仁，但主人公必须是一个具有意志力的人。不过，这种意志力的多寡也许无法精确地量化。优秀故事并不一定非得是一个巨人般的意志对抗不可避免的绝对势力的斗争。意志的质量和它的数量同等重要。主人公的意志力也许不及《圣经》中以坚忍耐劳著称的约伯，但其意志力必须足以在冲突中支撑其欲望，并最后采取行动来创造出意义重大且同时不可逆转的变化。

而且，主人公意志的真正力量也许会掩藏在一个被动的人物塑造之后，比如《欲望号街车》中的主人公布兰奇·杜波依斯。第一眼看来，她似乎软弱、飘浮且没有意志，如她所说，只是想生活在现实中。可是，在她脆弱的人物塑造特征底下，布兰奇的深层性格中却拥有一个坚强的意志，驱动着她不自觉的欲望：她真正想要的是逃避现实。所以，布兰奇尽其所能，以在这个吞噬她的丑陋世界中得到一些缓冲：她表现出大家闺秀的风采，在家具破损处放上漂亮的垫布，给裸露的灯泡加上灯罩，企图把一个笨蛋变成魅力王子。当这一切都无济于事时，她便采取了逃避现实的最后方式——走向疯狂。

需要注意的是，布兰奇只是表面上显得被动而已，创造出真正被动的主人公是很糟糕的，然而不幸的是，这是很多人的通病。**如果一个故事的主人公没有任何需要，不能做出任何决定，且其行为也不能影响任何层面的变化，那么，这个故事也就不成其为故事。**

主人公必须具有自觉的欲望。

确切而言，主人公的意志驱动一个已知的欲望。主人公具有一个需要或目标，一个欲望对象，而且对此有清楚自知。如果你可以把你的主人公拉到一旁，在他耳边悄声问："你需要什么？"他应该能明确回答："我今天想要 X，下周想要 Y，但我最终要的是 Z。"主人公的欲望对象可以是外在的：《大白鲨》中鲨鱼的毁灭；也可以是内在的：《飞越未来》中的长大成熟。无论内在或外在，主人公知道他想要什么，而且对许多人物来说，一个简单、明了、自觉的欲望便已足够。

主人公还可以有一个自相矛盾的不自觉欲望。

不过，最令人难忘、痴迷的人物往往不仅只有一个自觉的欲望，还会有一个不自觉的欲望。尽管这些复杂的主人公不知道其潜意识的需要，但观众却对此有所感知，并能察觉出他们的内心矛盾。一个多维度主人公的自觉和不自觉的欲望通常是互相矛盾的。他相信他所需要的东西与他实际上需要而自己并未觉察的东西相互对立。这是不言自明的。如果一个人物的潜意识欲望碰巧即是他所明确追寻的东西，那么这个潜意识欲望的设置便毫无意义。

主人公有能力令人信服地追求其欲望对象。

主人公的人物塑造必须恰如其分。他所具备的素质组合必须具有一定的可信度，而且与他所追求的欲望构成适当的平衡。这并不是说，他必须得到他所需要的东西，他也可以失败。但是，人物的欲望必须是现实的，足以让观众相信，他有能力做到正在做的事情，而且还必须具有达成欲望的机会。

主人公必须至少有一次机会达成欲望。

观众绝不会有耐心奉陪一个不可能实现其欲望的主人公。原因很简单：没有人相信他们自身的生活中会有此事。没有人会相信，他就连实现愿望的最小希望也没有。但是，如果我们将镜头对准生活，所得的大全景也许会引导我们做出这样的结论，用亨利·大卫·梭罗的话说："芸芸众生都过着一种默默绝望的生活。"大多数人都在浪费他们的宝贵时间，死的时候都带着一种未偿夙愿的遗憾。这一痛苦的见解也许不无道理，但我们不能允许自己相信这一点。相反，我们总是把希望保持到最后一刻。

希望毕竟是非理性的，它仅仅是一种假设："如果这样……如果那样……如果我多学一点……如果我多爱一点……如果我对自己要求更严一点……如果我彩票中奖……如果事情发生变化，那么我将有机会得到我生活中想要的东西。"我们都心怀希望，无论命运如何与我们作对。因此，一个主人公如果绝对没有希望，如果毫无能力满足其欲望，那么他便不可能激起我们的兴趣。

主人公有意志和能力追求其自觉和/或不自觉的欲望，一直到线索的终点，一直到背景和类型所确立的人类极限。

故事的艺术不在于讲述中间状态，而在于讲述人类生存状况的钟摆在两极之间摆动的情形，讲述在最紧张状态下所经历的人生。我们探索事件的中间地带，但只是作为通向路线终点的途径。观众感觉到了那一极限，并希望故事能够到达。因为，无论背景是隐秘的内心世界还是宏阔的史诗巨篇，观众都会本能地在人物及其世界周围画上一个圆圈，一个由虚构现实的性质所决定的事件圆周。这条线可以内及灵魂，外达寰宇，或内外并趋。因此，观众期望讲故事的人是有眼光的艺术家，能够将其故事推向那一遥远的广度和深度。

故事必须构建出一个最后动作，让观众无从想象出另一个更好的可能。

换言之，一部影片不能把观众送到街上后，还要他们在脑海中对故事进行重新改编："倒是个大团圆的结局……不过她是不是应该跟父亲和解？她在搬到麦克那儿去之前是不是应该先跟埃德断了才好？她是不是应该……"或者："结尾挺悲的……那家伙就那么死了，可他干吗不叫警察？他的仪表盘底下不是藏了一把枪吗？难道他不应该……"如果观众们走出影院后还在想象他们认为本应在我们给予他们的结尾之前或之后看到的场景，那么他们肯定是不太满意的。我们的写作水平应该在他们之上。**观众希望我们把他们带到极限，带到所有问题都得到回答、所有情感都得到满足的地方——故事主线的终点。**

把我们带到这一极限的是主人公。他必须发自内心地去追求他的欲望，一直到人类经验在深度、广度或二者同时满足的边界，以达于最终绝对而又不可逆转的变化。话说回来，这并不是说你的影片不能有一个续集；你的主人公还可以有更多的故事要讲。我是指，每一个故事都必须能够自圆其说。

主人公必须具有移情作用；同情作用则可有可无。

同情是指可爱。例如，汤姆·汉克斯和梅格·瑞恩或斯宾塞·屈塞或凯瑟琳·赫本所扮演的典型角色：他们登上银幕的那一瞬间，我们就会喜欢上他们。我们愿意让他们成为我们的朋友、家人或恋人。他们具有一种天生的可爱性，并能唤起同情。而移情却是一种更为深沉的反应。

移情是指"像我"。在主人公的内心深处，观众发现了某种共通的人性。

142

当然，人物和观众不可能在各方面都相像；他们也许仅仅共享一种素质。但是人物的某些东西能够拨动观众的心弦。在那一认同的瞬间，观众突然本能地希望主人公得到他所欲求的一切。

观众这种不自觉的心理逻辑大略是这样运转的："这个人物很像我。因此，我希望他得到他想要得到的一切，因为如果我是他，在那种情况下，我也会想得到同样的东西。"关于这种联系，好莱坞有许多同义语："一个可以追随的人"、"一个可以为之喝彩的人"。这一切都是描述了观众和主人公之间所产生的移情联系。被打动的观众也可能会移情于你影片中的每一个人物，但至少，你必须让他移情于你的主人公，否则观众／故事纽带便断了。

◎ 观众纽带

观众的情感投入是由移情作用而黏合的。如果作者未能在观众和主人公之间接上一根纽带，那么我们就会坐在影片之外，感觉不到任何东西。情感投入与是否能唤起博爱和同情毫无关系。我们产生移情原因，即使不是自我中心的，也是非常个人化的。**当我们认同一位主人公及其生活的欲望时，事实上是在为我们自己的生活欲望喝彩。**通过移情，即通过我们自己与一个虚构人物之间的同理感受，考验并延伸了自己的人性。故事赐予我们的正是这样一种机会：去体验我们自己生活以外的生活，置身于千姿百态的世界和时代，去追求、去抗争、去感受我们生存状态的各种不同深度。

因此，移情是绝对的，而同情却可有可无。我们都遇到过不能引起我们同情的可爱的人。同理，一个主人公可以是招人喜欢的，也可以不是。由于不明白同情和移情之间的区别，有些作家自然而然地设计出好人英雄，害怕如果明星角色不是一个好人，那么观众便不会认同。然而，由迷人的主人公主演的商业灾难已经不计其数。可爱并不是观众认同的保证；这只不过是人物塑造的一个方面而已。观众只认同人物的深层性格，即通过压力之下的选择而揭示出的内在品质。

乍看起来，创造移情似乎并不困难。主人公是人，观众也都是人。当观众昂首仰望银幕时，他能看出人物的人性，感觉到自己也共享这一人性，对主人公产生一种认同感，并一头扎进故事里。实际上，在伟大的作家手中，即使是最不能同情的人物也能被赋予移情作用。

例如，麦克白，从客观上看，他是那样的邪恶。他乘人熟睡之机屠杀了一位仁慈衰老的国王，而国王从来没有伤害过他——实际上国王被害的当天正准备要提升麦克白。麦克白随后又谋杀了国王的两个仆人并嫁祸于他们。他还杀死了自己最好的朋友。最后还派人暗杀了他敌人的妻子和幼儿。他是一个无情的杀人凶手，但在莎士比亚笔下，他变成了一个具有移情作用的悲剧英雄。

作者之所以能够做到这一点，是因为他给了麦克白一个良心。当他在独白中彷徨，痛苦地自责"我为什么要这样做？我到底是一个什么样的人？"时，观众听着、想着，"什么样的？心怀负罪感……就像我一样。我一想到要干坏事，感觉就很不好。如果真干了，感觉就更坏了，随后便会有没有尽头的负罪感。麦克白是一个人，他就像我一样也有一颗良心。"事实上，我们是如此地为麦克白痛苦挣扎的灵魂所牵扯，在高潮处，当麦克德夫将他斩首时，我们感受到的是一种悲剧性的失落。《麦克白》令人心颤地展示了，作者的神力在一个本应可鄙的人物内心找到了一个移情中心。

另一方面，近年来的许多影片尽管具有其他可贵的素质，却在这一点上触礁翻船，因为它们未能建立起一条观众纽带。只需一个例子我们便能知晓：《夜访吸血鬼》。观众对布拉德·皮特扮演的路易斯的反应大略如此："如果我是路易斯，被囚禁在这一死后的地狱，我会毅然了断。他变成一个吸血蝙蝠已经是很不幸的事情，肯定不愿意这样的事情再发生在别人身上。但是，如果他觉得将无辜的人吸血致死确实是一种罪孽，如果他恨自己把一个孩子变成恶魔，如果他讨厌老鼠血，那么他应该采用这个简单的解决办法：等到日出，天一亮一切就结束了。"尽管安妮·赖斯的小说将我们导向了路易斯的思想和情感，使我们得以移情于他，但摄影镜头客观无情的眼睛却只能看到他表面的东西，一个无病呻吟的骗子。对伪君子，观众总是敬而远之。

◎ 第一步

当你坐下写作时，冥思便开始了："如何开始？我的人物该做什么？"

你的人物，实际上所有人物，在追求任何欲望的过程中，在故事的任何时候，总是会采取从他自己的主观视点来看最小的保守行动。所有的人类都是如此。人性从根本上而言都是保守的，实际上这是大自然的规律。任何有机体都只会去消耗必要的能量，绝不会冒不必要的风险或采取不必要的行动。它为什么要？如果一个任务可以用容易的方法来完成，不会冒损失或痛苦的风险，也不必消耗能量，试问任何生物为什么要去采用更困难更危险或更耗费精力的方法？自然天性不会允许它那样做……而人类的天性也只不过是宇宙天性的一个方面而已。

在生活中，我们经常看到有人或动物表现出似乎没有必要的，甚或愚蠢的极端行为。但这只是我们对其情境的客观看法。从主观上而言，那一生物从经验深处判断，这一明显不合时宜的动作却是最小的、保守的和必要的。被认为"保守的"东西毕竟都是相对于视点而言的。

例如，一个正常人若要进入一所房子，他会采取最小的保守动作。他会去敲门，心想："如果我敲门，门就会被打开，我就会被请进。这是我实现欲望的一个积极步骤。"然而，一个武打英雄保守的第一步则可能是破门而入，他觉得这是慎重而且最小的动作。

什么东西是必要而又最小和保守的，是相对于每一个人物在每一个特定时刻的视点而言的。例如在生活中，我对自己说："如果我现在过马路，那辆车的距离足以让司机及时看见我，如果必要的话他会减速，这样我就可以过去了。"或者："我找不到多洛蕾丝的电话号码。但我知道我的朋友杰克有她的电话。如果我打电话给他，因为他是我的朋友，就算他很忙，也会停下手中的工作把电话号码找来告诉我。"

换言之，在生活中，我们自觉或不自觉地采取行动（而且在大部分时间内，只要我们开口或行动，事情便自然而然地发生了），会在内心想到或感觉到近似这样的意思："如果在这种情况下，我采取这一最小的保守行动，那么世界将会以这样一种方式对我做出反应，这种反应将是使我得到我所需要的东西的一个积极步骤。"而且在生活中，百分之九十九的情况下我们都是对的。司机及时看到了你，踩了一下刹车，你安全地到达马路对面。你打电话给杰克，抱歉打扰了他，他说"没问题"，并给了你电话号码。这便是生活经验的主体，时时刻刻如此。但在故事中却绝非如此。

故事和生活之间的重大差异是：在人类的日常生存状态中，人们采取行动时总是期望得到世界的某种有效反应，而且总能或多或少地得到他们所期望的东西，而在故事中，这些日常生活的细枝末节则被扬弃。

> 在故事中，我们将精力集中于那一瞬间，且仅仅是那一瞬间，人物在那一瞬间采取行动，期望他的世界做出一个有益的反应，但其行动的效果却是引发出了各种对抗力量。人物的世界所做出的反应要么与他的期望大相径庭，要么比他期望的反应更为强烈，要么二者兼有。

我拿起电话，拨通杰克，说："对不起打扰你了，可我找不到多洛蕾丝的电话。你能不能——"他大叫道："多洛蕾丝？多洛蕾丝！你竟敢管我要她的电话？"说着啪的一声挂断了电话。于是，生活便突然变得趣味盎然了。

◎ 人物的世界

本章力图从一个作家的视点来探讨故事的材质，因为作家在其想象中已经将自己置于他所创造的人物的最中心。一个人的"中心"，那一内在自我不可磨灭的特殊性，即是那二十四小时都伴随着你的一种意识，它看着你做每一件事情，你做错事情的时候它会斥责你，你偶尔做对事情的时候它会恭维你。当你感受最痛苦的人生体验时，当你瘫倒在地板上时，当你撕心裂肺地痛哭时……它就是走过来安慰你的那一心灵深处的观察者，是告诉你"你的睫毛膏流下来了"的那一声低语。这一内心的眼睛就是你：你的身份、你的自我、你的有意识的生命焦点。这一主观内核之外的一切便是一个人物的客观世界。

一个人物的世界可以被想象为一系列同心圆，围绕着一个由本真身份或本真知觉所构成的圆心，这些圆标志着人物生活的各个冲突层面。最里面的圆或层面便是他的自我以及产生于其头脑、身体和情绪等自然要素的各种冲突。

例如，当一个人物采取行动时，他的头脑也许不会以他所预期的方式来反应。他的思想也许不会如他所期望的那样敏捷机智和深谋远虑。他的身体也可能不会如他所想象的那样做出反应。它也许不够强壮，不够灵敏，不能履行某一特定任务。而且，**我们都知道情绪会如何背叛我们**。所以，一个人物世界中最近的对抗力量圈便是他自己的本体：情感和情绪、头脑和身体，这一切的一切从此一时到彼一时都可能会也可能不会以他所期望的方式做出反应。我们最大的敌人往往是我们自己。

○ 冲突的三个层面

第二个圆表示个人关系，那种比社会角色更深层的亲密联盟。社会常规为我们分派了所扮演的外在角色。例如，在此刻，我们正扮演着老师／学生的角色。不过，有朝一日我们的路径也许会相交，我们也许会决定将我们的职业关系变成友谊。同理，作为社会角色的父母／子女关系也有可能向更深层发展。我们许多人在生活中所经历的父母／子女关系从来没有超越其权威和反叛的社会定义而进入更深层。除非我们将常规的社会角色搁置一旁，我们才能找到家人、朋友和恋人真正的亲密感——他们不会以我们所期望的方式做出反应，从而形成了个人的冲突的第二个层面。

第三个圆标志着个人外冲突层面——超出个人之外的所有对抗力量源：与社会机构和社会个体的冲突——政府／公民、教会／教民、公司／客户；与个体的冲突——警察／罪犯／受害人、老板／员工、顾客／服务员、医生／病人；以及与人为环境和自然环境的冲突——时间、空间及其中的每一个物体。

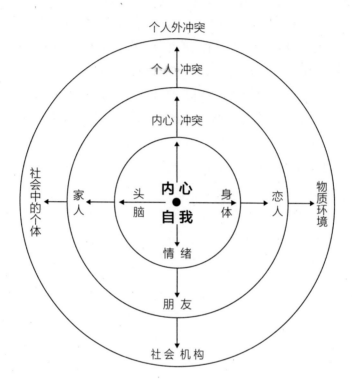

個人外冲突

個人 冲突

内心 冲突

社会中的个体　家人　头脑　**内 心**　身体　恋人　物质环境

自 我

情 绪

朋 友

社 会 机 构

◎ 鸿沟

故事产生于主观领域和客观领域的交接之地。

　　主人公追寻一个不可企及的欲望对象。他自觉或不自觉地选择采取某一特定的行动，其动机来自这样的想法或感觉：这一行动将会导致世界做出相应的反应，从而成为达成其欲望的一个积极步骤。从这一主观的视点来看，他所选择的动作似乎是最小的、保守的，但足以产生他所需要的反应。但在他采取这一行动的瞬间，其内心生活、个人关系、个人外世界或这一切组合而成的客观领域，会做出一个与他的期望大相径庭或比他的期望更为强烈的反应。

来自他世界的这一反应阻挡了他的欲望，使他遭受挫折，比在采取行动之前还要离欲望更远。他的行动不仅没有引出他的世界的合作，反而激发了诸多对抗力量，在其主观期望和客观结果之间、在他采取行动时以为会发生的事情和实际发生的事情之间，在他的或然性感觉和真正的必然性之间，开掘出一道鸿沟。

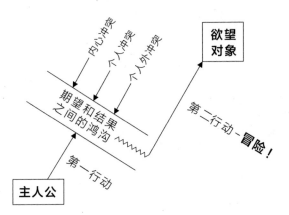

每一个人从此一时到彼一时采取的行动，都是自觉或不自觉地依据他对**或然性**的感觉，依据他期望在他采取行动时极有可能发生的情况而定的。我们在地球上生存，都认为，或至少是希望，我们能够理解我们自己、我们的亲人、社会和世界。我们根据我们所相信的关于我们自己、关于我们周围的人、关于环境的真理而行事。这是我们不可能绝对知道的真理，而只是我们相信是真理的东西。

我们还相信，我们可以自由地做出任何决定，采取任何行动。但是，**我们所做出的每一个选择，采取的每一个行动，无论是自发的还是故意的，都植根于我们经验的总和，植根于迄今为止在现实中、在想象中或者在梦中发生在我们身上的东西。**这一生活的积累告诉我们，来自我们世界的或然反应将会是什么，我们便据此来选择采取行动。也只有在当时，在我们采取行动的当时，我们才能发现其必然性。

必然性才是绝对的真理。它是我们采取行动时实际发生的事情。只有当我们采取行动，广泛而深入地进入我们的世界并勇敢地面对其反应时——而且也只有在这种时候，我们才能知道这一真理。这一反应便是在那一瞬间关于我们生存状态的真理，无论我们过去曾相信那一瞬间的情况应该如何。必然性是必须而且实际发生的东西，它与或然性是相对的，后者是我们希望或期望发生的东西。

生活中如此，小说中亦然。当客观必然与人物的或然性感觉发生矛盾时，虚构的现实里会突然裂开一道鸿沟。这一鸿沟便是主观领域和客观领域的撞击点，是预期和结果之间的差异，是人物在采取行动之前心目中的世界和他在行动中发现的真理之间的差别。

一旦现实裂开这一鸿沟，人物便会以其意志力和能力，感觉到或意识到，他不可能以一种最小的保守方式得到他想要的东西。他必须重整旗鼓，奋力越过这一鸿沟，然后采取第二个行动。这下一个行动是人物在刚开始时不愿意采取的，不仅因为这一行动要求更强的意志力，迫使他更深地挖掘自己的潜能，且最重要的是，第二个行动将使他面临风险。他现在就得去承受有所得便有所失的风险。

◎ 关于风险

我们都想同时保留并吃掉自己的蛋糕[1]。但另一方面，在危难状态下，为了得到想要的东西或保住已拥有的东西，我们必须牺牲想要或已有的东西——这是一个我们极力回避的两难之境。

这里有一道简单的测试题，适用于任何故事。问：风险是什么？如果主人公得不到他想要的东西，他将会失去什么？更具体而言，如果主人公不能达成其欲望，将会发生在他身上的最坏的事情是什么？

如果这一问题得不到令人信服的回答，那么故事的构思在核心上便出了问题。例如，如果答案是"**如果主人公失败，生活将会回到正常状态**"，那么这**个故事便不值得讲述**。主人公想要的东西没有任何真正的价值，而一个故事如果讲述某人追求毫无价值或价值甚微的东西，那么这个故事便是在给"乏味"下定义。

生活教导我们，任何人类欲望的价值尺度与对它的追求所冒的风险都是成正比的。价值越高，风险便越大。我们将最大的终极价值赋予那些需要最大终极风险的东西——我们的自由、我们的生命、我们的灵魂。不过，这一风险定理远远不只是一条审美原理，它植根于我们这门艺术最深的源泉。因为，我们并不仅是将故事作为生活的比喻来进行创作，而是将其作为有意义的生活的比喻来进行创作的——有意义地生活也就是置身于永恒风险之中。

考察一下你自己的欲望。对你适用的也对你所写出的每一个人物适用。你想为电影这一当今世界上创造性表达最前沿的媒体写作；你想为我们提供具有美和意义的作品，帮助我们构造对现实的观感；作为回报，你希望世人承认你的劳动。这是一项高尚的事业，若能出色地完成便是一项辉煌的成就。因为你是一个严肃的艺术家，愿意冒险牺牲你生活的重大方面来实现那一梦想。

你愿意牺牲时间。你知道，即使是最有才华的作家——奥利弗·斯通、劳伦斯·卡斯丹、露丝·鲍尔·贾华拉——也是直到三四十岁才成功。即如要培养出一个优秀的医生或教师，需要十年或更长的时间一样，要想找到亿万人想听的东西并把它说出来，也必须花费十多年的成年人生，通过十多年的磨砺，写出十多个推销不出去的剧本，才能掌握这一要求严格的手艺。

你愿意牺牲金钱。你知道，如果你把十多年苦心孤诣写作那些推销不出去的剧本所付出的辛勤劳动和创造力用于一个正常的职业，那么你在看到你第一个剧本被搬上银幕之前就可以退休颐养天年了。

你愿意牺牲亲人。每天早晨你坐到写字台前，进入你人物的想象世界。你梦想、你写作，直到夕阳西下，头昏脑涨。随后，你关上你的文字处理器，以便和你所爱的人在一起。尽管如此，你能关上你的机器，但却无法关上你的想象。当你坐在晚餐桌上时，你的人物还在脑海中游荡，你希望在菜碟旁有一张便笺纸。你所爱的人早晚会说："你知道，你的心根本没跟我在一起。"这是实情。有一半时间你都神不守舍，谁也不愿意跟一个心不在焉的人生活在一起。

作家之所以甘愿冒着牺牲时间、金钱和亲人的风险，是因为他的雄心具有一种决定生活的力量。对作家适用的对他所创造的人物也同样适用：

人物欲望的价值尺度与他为达成欲望而愿意承担的风险成正比；
价值越大，风险便越大。

◎ 进展过程中的鸿沟

主人公的第一个行动已经激发了对抗力量，阻挡了其欲望的实现并在预期和结果之间横亘了一道鸿沟，挫败了他对现实的幻想，使他与其世界处于一种更大的冲突之中，并把他推向了更大的风险。但是坚韧不拔的人类大脑会迅速对现实进行重塑，将其模式放大，以包容这一挫败，即这一始料未及的反应。现在，他必须采取第二个行动，一个更困难更冒险的行动，一个与其变更了的现实观相一致的行动，一个基于他**对世界的新期望**的行动。但是，他的行动又一次激发对抗力量，在他的现实中裂开又一道鸿沟。所以他进行调整以适应这一意外，再一次加大赌注，并决定采取一个他觉得与其**修改了的世界观**相一致的行动。他更深地挖掘自己的潜能和意志力，使自己冒着更大的风险来采取第三个行动。

也许这个行动会取得正面的结果，他暂时向自己的欲望迈进了一步，但是随着他下一个行动的开始，鸿沟又会訇然中开。现在，他必须采取一个更加困难的行动，要求更强的意志力、更强的能力和更大的风险。在这一反反复复的进展过程中，他的行动不仅得不到合作，反而会不停激发对抗力量，在他的现实中开辟一道道鸿沟。这一模式在不同的层面上循环往复,直到线索的终点,一个最后行动,让观众无从想象出另一个更好的可能。

这些现实片断中的裂缝,标志着戏剧和散文之间的差别、行动和活动之间的差异。真正的行动是身体的、语言的或心理的运动,它会在期望中开掘出鸿沟并创造出意义重大的变化。纯粹的活动只是一种行为,其中所期望的东西都会发生,不产生任何变化或只能产生细微的变化。

但是,期望和结果之间的鸿沟远远不只是因果关系的问题。从最深层的意义上而言,表面的原因和最终的结果之间的这一断裂,标志着人类精神和客观世界的交接点。一边是我们主观相信的世界,而另一边则是客观存在的现实。这一鸿沟便是故事的温床,是一口熬煮故事讲述手法的大锅。作家正是从中找到最有力度的生活转折瞬间。我们能够到达这一决定性交接点的唯一办法,就是从里面工作到外面。

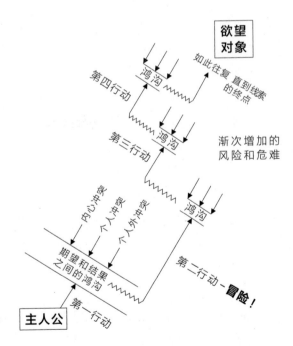

153

◎ 从里面写到外面

我们为什么必须这样做？在创造一个场景的过程中，我们为什么必须进入每一个人物的中心并从他的**主观视点**来体验？我们这样做能得到什么？不这样做又会牺牲什么？

就像人类学家一样，我们可以通过仔细观察来发现社会和环境的真理。就像不断记笔记的心理学家一样，我们可以发现行为真理。如果从外到里地工作，我们可以描画出人物的表面，而且还能非常逼真甚至令人神往。但是，有一个至关重要的维度我们却无法创造出来，这就是**情感真理**。

情感真理唯一可靠的源泉就是你自己。如果你停留在人物的表面，将会不可避免地写出情感的陈词滥调。为了创造具有启迪意义的人类反应，你不但必须进入人物的内心，而且还要进入自己的内心。那么，怎样才能做到这一点？当你坐到写字台前时，怎样才能爬进你人物的脑子，感觉到自己的心跳、手心出汗、肚肠扭结、热泪盈眶、内心欢笑、性欲冲动、愤怒、暴躁、同情、悲哀、快乐或人类情绪图谱上不可胜数的各种反应中的任意一种。

你已经决定某一特定的事件必须在你的故事中发生，一个将要进展和转折的情境。如何写出一个富有见地的情感场景？你可以问：一个人应该如何采取这一行动？但是，那容易导致陈词滥调和道德分析。或者你还可以问：一个人可能会如何处理这个动作？但这容易写成"花边"文章——精巧有余而诚信不足。抑或："如果我的人物处于这种情况，他将会怎么做？"但这会让你产生距离感，只是从远处想象你的人物在他的人生舞台上走台的情形，揣测他的情感，而猜测总是千篇一律的陈词滥调。或者你可以问："如果我在这种情况下，我会怎么做？"当这一问题作用于你的想象时，它也许会使你心跳加快，但很明显，你并不是人物。尽管这也许对你来说是一种诚实的情感，但你的人物也许会反其道而行之。那么，你该怎么办？

你问："如果我是这个人物，在这种情况下，我会怎么做？"采用斯坦尼斯拉夫斯基的"**魔术般的如果**"，你会去扮演这个角色。从欧里庇得斯到莎士比亚到品特的许多伟大戏剧作家以及从 D.W. 格里菲斯到鲁思·戈登到约翰·塞尔斯的许多银幕剧作家都当过演员，这并不是偶然的。**作家都是临时替角，他坐在文字处理器前或在房内踱步时，总是在表演，扮演着他们所有的人物：男人、女人、孩子、猛兽。**我们在想象中表演，直到诚实的、专属于人物的情感在我们的血液中奔涌。当一个场景对我们来说具有情感上的意义时，我们便可以相信，它对观众来说也同样具有意义。**通过创造能够打动我们的作品，我们打动观众。**

《唐人街》

为了说明从里到外的写作方法，我将采用电影中写得最好的最著名场景之一，也就是银幕剧作家罗伯特·唐尼的《唐人街》中的第二幕高潮。我将分析银幕上演出的这一场景，在唐尼 1973 年 10 月 9 日的第三稿剧本中也能找到这一场景。

故事梗概

私人侦探 J.J. 吉提斯正在调查洛杉矶水电部部长霍利斯·马尔雷的命案。从表面上看，马尔雷溺死在一个水库里，而且这起罪案也令吉提斯的对手——警察中尉埃斯科巴——百思不解。临近第二幕结尾处，吉提斯已经将嫌疑犯和动机缩减为两个：要么是以残酷无情的诺亚·克罗斯为首的百万富翁阴谋集团为了政治权力和财富而杀害了马尔雷；要么是伊夫林·马尔雷在发现她丈夫跟另一个女人在一起之后妒火中烧，一气之下杀了她丈夫。

吉提斯跟踪伊夫林到了圣莫尼卡的一所房子。从窗口窥视，他看见了那"另一个女人"，看上去像是被麻醉而囚禁在此。当伊夫林出来走到汽车旁时，吉提斯逼迫她开口谈谈，但她坚持说那个女人是她妹妹。吉提斯知道她没有妹妹，但在此刻他什么也没说。

第二天早晨，吉提斯在马尔雷位于洛杉矶山间别墅内的一个海水鱼池中发现了看上去像是属于死者的眼镜。现在，他知道了死者是在何地以及如何被害的。拿着这一证据，他回到圣莫尼卡要与伊夫林当面对质并把她交给埃斯科巴，因为后者正在威胁要吊销吉提斯的私人侦探执照。

人物

J.J.吉提斯在为地区检察官工作时，爱上了唐人街的一个女人，在力图帮助她的过程中反而导致了她的死亡。他辞职当上了私人侦探，希望逃避腐败的政治及其悲惨的过去。可是，现在他却被拉回到两者当中。更糟糕的是，他发现自己陷入了一种困境，因为就在谋杀发生前几天，他曾受蒙骗去调查马尔雷的通奸案。这是有人故意愚弄吉提斯，而他是一个自尊心极强的人。在他冷静的举止后面是一个冲动的冒险者；他冷嘲热讽的愤世嫉俗掩盖着一个理想主义者对正义的渴求。使事情变得更为复杂的是，他已经爱上了伊夫林。吉提斯的场景目标：查明真相。

伊夫林·马尔雷是受害者的妻子和诺亚·克罗斯的女儿。当问及其丈夫时，她颇为紧张而且满怀戒心；当提及她父亲时她更口吃起来。我们感觉到，她是一个心藏秘密的女人。她雇佣吉提斯来调查她丈夫的谋杀案，也许是为了掩饰她自己的罪过。然而，在调查过程中，她似乎对吉提斯颇有好感。在逃脱了几名歹徒的追杀之后，他们做爱了。伊夫林的场景目标：隐藏她的秘密并与凯瑟琳一起逃跑。

卡恩是伊夫林的男仆。伊夫林一人孀居，他便自告奋勇地当起了她的保镖。他为自己不卑不亢的举止和临危不惧的绝技而感到自豪。卡恩的场景目标：保护伊夫林。

凯瑟琳是一个天真无邪的害羞姑娘，一直过着娇生惯养的生活。凯瑟琳的场景目标：服从伊夫林。

场景

内景 / 外景 圣莫尼卡——别克汽车——行驶中——白天

吉提斯开车穿行在洛杉矶。

采用从里到外的工作方法，当吉提斯驾车前往伊夫林的藏身之地时，潜入他的头脑，想象你自己进入了吉提斯的主观视点。当街道从车窗外滑过时，你问：

"如果我是吉提斯，此时此刻，我会怎么办？"

让你的想象驰骋，答案将会闪现：

"排练。我在面临人生的重大对抗之前总是先在脑海中排练一下才行。"

现在更深地进入吉提斯的情感和心灵：

双手紧握方向盘，思绪在疾驰："是伊夫林杀了他，然后利用我。她对我撒谎，居然玩到我的头上来了。我居然拜倒在她的裙下。我现在心里很乱，但我一定要保持冷静。我要大步走到她的门口，进去理直气壮地谴责她。她还会撒谎。我就去叫警察。她会假装无辜，还会挤出几滴眼泪。但我一定要处之泰然，不为所动，拿出马尔雷的眼镜给她看，然后一步一步地揭穿她的作案经过，就像我在现场一样。她终于坦白交代。我把她交给埃斯科巴，这样我便万事大吉了。"

外景 高级平房——圣莫尼卡

吉提斯的汽车飞速开进车道。

你继续从吉提斯的主观视点来思考：

"我一定要冷静，我一定要冷静……"随着她的房子出现在视野，伊夫林的形象在你的想象中突然闪出。你感觉到一股强烈的愤怒之情。在你的镇定决心和愤怒之间突然裂开一道鸿沟。

别克车"吱"的一声急刹车停定。吉提斯跳下车。

"让她见鬼去吧！"

吉提斯"砰"地撞上车门，蹿上台阶。

"马上抓住她，不然她就会逃走。"

他拧门把手，发现门是锁着的，于是"砰砰"地敲门。

"真他妈的！"

内景 平房

卡恩，伊夫林的华人男仆，听到敲门声，朝门口走去。

当人物在你的想象中进进出出，来回置换时，你时而进入一个人物的主观视点，时而进入另一个人物的主观视点。现在你转而进入卡恩的主观视点，自问：

"如果我是卡恩，此时此刻我会想什么，如何感觉，怎么办？"

随着你进入这一人物的心灵，你的思维会如此运转：

"那到底会是谁？"脸上露出管家特有的微笑，"十有八九又是那爱嚷嚷的侦探。我来打发他。"

卡恩打开门，发现吉提斯站在台阶上。

卡恩

你等等。

重新转入吉提斯的心灵：

"又是那个无礼的管家。"

吉提斯

你等等。（粤语）躝开，扑街！

（意为：滚开，混蛋！）

吉提斯把卡恩推到一旁，挤进屋内。

随着你转回到卡恩，期望和结果之间突然裂开的鸿沟凝结了你的笑容：

迷惑，愤怒。"他不仅强行闯入，还敢用粤语来骂我！把他扔出去！"

吉提斯抬眼看见伊夫林出现在卡恩身后的楼梯上，边往下走，边紧张地调整她的项链。

作为卡恩：

"是马尔雷夫人。一定要保护她！"

伊夫林一上午都在忙着给吉提斯打电话，希望得到他的帮助。她用了好几个小时收拾行装，现在正急着要去赶五点半的火车到墨西哥。你转而进入她的主观视点：

"如果我是伊夫林，在这种情况下，我会怎么办？"

现在你要想法进入这一非常复杂的女人的内心：

"是杰克。谢天谢地。我知道他关心我。他会帮我的。我打扮得怎么样？"双手本能地抚弄头发和双颊。"卡恩看上去好像一脸担忧。"

伊夫林冲卡恩一笑好让他放心，并示意他离开。

伊夫林
没关系的，卡恩。

伊夫林转向吉提斯：

感觉更加自信。"现在我不是一个人了。"

伊夫林

你好吗？我一直在给你打电话。

内景 客厅——同上

吉提斯转身向客厅走去。

作为吉提斯：

"她太漂亮了。不要看她。强硬点，伙计。准备好。她会一个谎言接着一个谎言地骗我。"

吉提斯

……是吗？

伊夫林跟着，试图解读他的脸色。

作为伊夫林：

"我看不懂他的眼神。他心里一定有事。他的脸色很憔悴……"

伊夫林

你睡觉没有？

吉提斯

当然。

"……好像连饭也没吃，真让人心疼。"

伊夫林

你吃午饭没有？卡恩可以给你弄点吃的。

作为吉提斯：

"甭他妈的拿午饭来搪塞我。现在就行动吧。"

吉提斯

那个姑娘在哪儿？

回到伊夫林的思绪，她的期望中突然裂开一道带着震惊的鸿沟：

"他为什么问这个？出什么事了？保持平静。装作若无其事。"

伊夫林

在楼上，为什么？

作为吉提斯：

"温柔的声音，若无其事的'为什么'，保持冷静。"

吉提斯

我要见她。

作为伊夫林：

"他要见凯瑟琳做什么？不行。我现在不能让他见她。撒谎。先搞清楚他的动机。"

伊夫林
……她这会儿正在洗澡。你为什么要见她？

作为吉提斯：

为她的谎言感到恶心。"别上她的当。"

吉提斯环顾房间，看见收拾了一半的行李。

"她正在准备逃跑。幸亏我及时赶来。保持警惕。她还会撒谎的。"

吉提斯
你要出远门？

作为伊夫林：

"本来应该告诉他，可一直没有时间。不能隐瞒了。告诉他实情。他会理解的。"

伊夫林
对，我们要去赶五点半的火车。

作为吉提斯，一条小小的裂缝打开：

"我说什么来着？听起来一脸真诚。没关系。揭穿她的把戏。让她明白你是说到做到。电话在哪儿？那儿。"

吉提斯拿起电话。

作为伊夫林：

迷惑不解，恐惧令她窒息。"他要给谁打电话？"

伊夫林
杰克……？

"他在拨号。上帝，救救我……"

作为吉提斯，耳朵贴着电话：

"快接，妈的。"听见值班中士拿起听筒。

吉提斯
J.J.吉提斯，找埃斯科巴中尉。

作为伊夫林：

"是警察！"一股恐惧感突然袭上心头。"不，不。保持平静。保持平静。一定是有关霍利斯的事。但是，我不能再等了。我们必须马上离开。"

伊夫林

喂，这是怎么回事儿？出什么事儿了？

我说过我们要赶五点半的火车……

作为吉提斯：

"够了！让她住嘴。"

吉提斯

那你肯定要误火车了。（对着话）卢，

请到峡谷大道1972号来见我……

越快越好。

作为伊夫林：

愤怒上涌。"那个笨蛋……"一线希望。"不过，他也许是在叫警察

帮我。"

伊夫林

你为什么要这么干？

作为吉提斯：

洋洋自得。"她想跟我来硬的，但是你现在已经在我手中了。感觉真

好。我这个案子就算破了。"

吉提斯

（把帽子扔在桌上）你认识什么好的刑事

律师吗？

作为伊夫林，试图闭合一个越来越宽的鸿沟：

"律师？他到底是什么意思？"一种不寒而栗的恐惧感，觉得可怕的

事情发生在即。

伊夫林

不。

作为吉提斯：

"瞧瞧她，镇定自若，看样子是一定要假装无辜，顽抗到底了。"

吉提斯

（拿出一个银质烟盒）不要担心，我可

以给你推荐两个。他们收费都很高，不

过你能付得起。

吉提斯平静地从口袋内掏出一个打火机，坐下，并点燃了一支香烟。

作为伊夫林：

"我的上帝，他在威胁我。我居然跟他睡过。瞧瞧他那自鸣得意的样

子。他以为他是谁？"愤怒使她喉咙发紧。"不要慌张。能处理好

166

的。他这么做必定有他的原因。"

伊夫林
你能不能告诉我这都是怎么回事儿？

作为吉提斯：

"没辙了吧，啊？这就好。你瞧瞧这个。"

吉提斯潇洒地将打火机塞回口袋内，并以同样动作掏出一个手绢包裹的东西。他把它放在桌上，小心翼翼地将手绢的四个角展开，露出一副眼镜。

吉提斯
这是我在你后院的鱼池里找到的。这是你
丈夫的，对不对……对不对？

作为伊夫林：

鸿沟无法闭合。一片茫然。一点头绪也没有。可怕的感觉越来越强烈。"眼镜？在霍利斯的鱼池？他到底想说什么？"

伊夫林
我不知道。对，也许吧。

作为吉提斯：

"一道裂缝。现在就揭穿她。逼她招供。"

                    吉提斯
        （从座位上跳起）对，肯定是他的。他就
        是在那儿淹死的。

作为伊夫林：

震惊。"在家里？！"

                    伊夫林
        什么？！

作为吉提斯：

暴怒。"一定要逼她说出真相！"

                    吉提斯
        现在你已经来不及为真相感到震惊了。验
        尸报告证明他被害的时候，肺部里面有海
        水。你不要以为我是在跟你开玩笑。现在
        我想知道实情，而且我还要知道为什么。
        我想在埃斯科巴赶来之前就知道这一切，
        因为我不想丢掉我的执照。

作为伊夫林：

他那张充满讥笑的铁青的脸向你的脸逼近。你心里乱成一团，恐惧使你目瞪口呆，你拼命控制着自己。

伊夫林

我不知道你在说些什么？！这是最最疯
狂、最不可理喻的事情……

吉提斯

住口！

作为吉提斯：

失去控制，伸出双手，抓住她，用手指头紧紧地扣住她，令她因疼痛而缩成一团。可是，她眼中露出的震惊和痛苦的神情令你顿生怜意。一道鸿沟裂开。对她的感情与此刻的愤怒之情互相交织挣扎。你松开双手。"她痛苦极了。别这样，伙计。她并不是那种冷血杀手。谁都可能干出这种事情来。给她一次机会吧。一点一点地给她指出来，让她说出实情就是了。"

吉提斯

我也不再为难你了。你当时妒火中烧，你们打
了起来，他摔倒了，碰着了脑袋……这只是一
个意外……不过他的女孩是目击证人。所以，
你不得不堵住她的嘴。你没有胆量伤害她，不
过你有足够的钱堵住她的嘴。是不是？

作为伊夫林：

鸿沟轰的一声闭合，带着一个可怕的意义："我的上帝，他认为是我干的！"

伊夫林
不是！

作为吉提斯，听见了她斩钉截铁的回答：

"好。看来她终于要讲真话了。"渐趋冷静。"可是，这究竟是怎么回事儿？"

吉提斯
她是谁？你不要再跟我胡扯说她是你的什
么妹妹，因为你根本就没有妹妹。

作为伊夫林：

这一晴天霹雳般的震惊把你劈成两半："他想知道她是谁……上帝呀，快救救我。"这个多年来的沉重秘密几乎把你压垮。你已经毫无退路。"如果我不告诉他，他就会去叫警察，可是，如果我跟他说了……"没有别的出路……只有向吉提斯倾诉了。

伊夫林
我告诉你……我把实情全告诉你。

作为吉提斯：

自信。专注。"她终于开口了。"

吉提斯
好。她叫什么名字？

作为伊夫林：

"她的名字……上帝呀，她的名字……"

伊夫林
……凯瑟琳。

吉提斯
她姓什么？

作为伊夫林：

强打精神，准备接受最坏的结果。"全说出来。看他能不能承受……
看我能不能承受……"

伊夫林
她是我女儿。

回到吉提斯的主观视点，终于撬开她的嘴令其坦白交代的期望突然爆
炸："又是他妈的谎言！"

吉提斯抡开巴掌，一记耳光打得她满脸绯红。

作为伊夫林：

火辣辣的疼痛。麻木。一辈子的负罪感几乎令你瘫痪。

吉提斯

我要你说真话。

她被动地站着，准备迎接第二记耳光。

伊夫林

她是我妹妹……

作为吉提斯：

又是一记耳光……

伊夫林

……她是我女儿……

作为伊夫林：

感觉一片空白，只想由它去了。

作为吉提斯：

……又打了她一记耳光，看见了她的眼泪……

伊夫林

……是我妹妹……

……更加沉重的耳光……

伊夫林

……是我妹妹，是我女儿……

……反手一记耳光，抓住她，把她扔到沙发上。

吉提斯

我说要你讲真话。

作为伊夫林：

刚开始，他对你的攻击似乎相隔千里之遥，但砰的一声被扔到沙发上时，你突然惊醒，回到了现实。你声嘶力竭地喊出了你从未向任何人吐露的话：

伊夫林

她是我妹妹，也是我女儿。

作为吉提斯：

晴天霹雳般的鸿沟！你惊呆了。随着鸿沟慢慢闭合，你的愤怒渐渐消退。你试图吸收她的话后面隐含的可怕含义。

卡恩突然噔噔噔地跑下楼梯。

作为卡恩：

准备出手保护她。

作为伊夫林，突然想起：

"凯瑟琳！我的天哪！她是不是听见我的话了？"

伊夫林

（急匆匆地对卡恩）卡恩，快，快回去。

看在上帝的份上，千万不要让她下楼。

快回去。

卡恩狠狠地瞪了吉提斯一眼，然后回到楼上。

作为伊夫林，转身看见吉提斯脸上冰冻一般的表情：

对他生出一股怪异的怜悯之情。"真可怜……他还是没有明白。"

伊夫林

……我父亲和我……明白吗？要不就是对

你的打击太沉重了？

伊夫林把头埋在膝盖上，抽泣起来。

作为吉提斯：

同情之心犹如潮涌。"克罗斯……那个狗杂种……"

吉提斯
（柔声地）是他强奸了你？

作为伊夫林：

你和你父亲的影像，那么多年以前。撕心裂肺的负罪感。但是，不能
再撒谎了。

伊夫林摇摇头表示"不"。

此处有一个关键性的改写。在第三稿中，伊夫林一五一十地解释说，母
亲在她十五岁那年去世，过度的悲痛使她父亲"精神崩溃"，变成了一个"老
小孩"，连吃饭穿衣都不能自理。这便导致了他们之间的乱伦。因不能面对自
己的兽行，父亲从此便与她断绝联系。这一说明不仅减缓了场景的节奏，而更
重要的是，它严重削弱了反面人物的力量，赋予了他一种令人同情的脆弱感。
因此，这一节被删去，而代之以吉提斯的"是他强奸了你？"以及伊夫林的否
认——这是一个神来之笔，不仅保持了克罗斯的残忍核心，而且还严峻地考验
了吉提斯对伊夫林的爱情。

伊夫林为什么要抵赖她是被强奸的？这样处理至少开启了两种可能的解
释：作为子女，他们都有一种保护父母的自毁性需要。当时所发生的事很可能
就是强奸，但是时至今日她也无法说服自己去谴责父亲。另一种解释便是两相
情愿。她母亲去世，使她成为"家庭的女主人"。在那种情况下，父女乱伦之

事也是时有所闻的。然而，即便这样，也无法开脱克罗斯的罪责。无论是什么情况，责任都在他这一边，但是伊夫林已经用多年的负罪感来惩罚了自己。她的否认迫使吉提斯面临"人物界定"的选择：是否继续去爱这个女人？是否以谋杀的罪名将她交给警察？她的否认与他的期望构成矛盾，于是便裂开了一道空隙。

作为吉提斯：

"如果她不是被强奸……"费解。"一定另有隐情。"

吉提斯
那到底是怎么回事儿？

作为伊夫林：

当时得知怀孕时令你惊愕的记忆在脑海中浮现，父亲冷嘲热讽的面孔，逃往墨西哥的情景，分娩的痛苦，一个异国他乡的诊所，孤独……

伊夫林
我逃走了……

吉提斯
……到了墨西哥……

作为伊夫林：

回忆起霍利斯在墨西哥找到你的情景，骄傲地把凯瑟琳抱给他看，孩子从你身边被带走时的悲伤，修女的面孔，凯瑟琳的哭声……

伊夫林
（点头称"是"）霍利斯来了，是他一直在照顾我。我不能见孩子……我才十五岁。我想见她，但我不能。然后……

你开心的画面：终于把凯瑟琳带到洛杉矶和你生活在一起，对她百般爱护，以躲开你父亲的骚扰；还有一种突然意识到的恐惧感："绝不能让他找到她。他是个疯子。我知道他想要干什么。如果他看到我的孩子，他还会故伎重演。"

伊夫林
（恳求地看着吉提斯）现在我要跟她在一起。我要好好照顾她。

作为吉提斯：

"我终于明白了真相！"感觉鸿沟在闭合，随之而来的是对她更深的爱。怜悯她所遭受的一切痛苦，尊敬她的勇气和对孩子的爱心。"放她走。不，还应该更好，你亲自帮她逃出这座城市。光她自己肯定是走不了的。而且，伙计，你欠她这份情。"

吉提斯
你现在打算把她带到哪儿？

作为伊夫林：

希望升腾。"他这是什么意思？他会帮我吗？"

伊夫林
回到墨西哥。

作为吉提斯：

车轮在转。"怎样才能让她躲过埃斯科巴？"

吉提斯
那，你不能坐火车走。埃斯科巴会到处
搜寻你的。

作为伊夫林：

不敢相信。内心的喜悦。"他一定会帮我的！"

伊夫林
那……那坐飞机行吗？

吉提斯
不行，那会更糟。你最好就这样离开这
儿，然后把所有东西都留在这里。（灵机
一动）卡恩住在哪儿？去搞清楚他的准确
地址。

伊夫林

好……

灯光反射在桌上的眼镜上，引起了伊夫林的注意。

作为伊夫林：

"那副眼镜……"霍利斯看书的形象……没有戴眼镜。

伊夫林

那不是霍利斯的眼镜。

吉提斯

你怎么知道？

伊夫林

他不戴双光眼镜。

在吉提斯凝神查看眼镜时，她走上楼去。

作为吉提斯：

"如果不是马尔雷的眼镜……"一道鸿沟轰然裂开。还有最后一点真相必须查明。记忆回流，闪回到……与诺亚·克罗斯共进午餐，他戴着双光眼镜，盯着饭桌上的烤鱼头。鸿沟啪的一声合上。"是克罗斯杀了马尔雷，因为他的女婿不愿告诉他，他和他女儿生的女儿藏在哪里。克罗斯要那个孩子。但他绝不可能得手了，因为我已有确凿的证据将他拿获……就在我的口袋里。"

吉提斯小心翼翼地将双光眼镜塞进他的马甲口袋内，然后抬眼看见伊夫林站在楼梯上，一手搂着一个羞涩的少女。

"真可爱。就像她妈妈。有一点害怕。准是听到了我们说话。"

> **伊夫林**
> 凯瑟琳，快向吉提斯先生问好。

你转而进入凯瑟琳的主观视点：

如果我是凯瑟琳，此时此刻，我将如何感觉？

作为凯瑟琳：

担惊受怕。惊惶失措。"妈妈一直在哭。是不是这个男人伤害了她？可她却对着他微笑。我猜想应该没事儿。"

> **凯瑟琳**
> 您好。

> **吉提斯**
> 你好。

伊夫林看了一眼女儿，示意尽管放心，然后打发她上楼去了。

伊夫林

（对吉提斯）他住在阿拉米达街1712号。

你知道那是哪儿吗？

吉提斯

当然……

作为吉提斯：

最后一道鸿沟开启，一个你曾经深爱的女人的形象及其在唐人街阿拉
米达街惨死的情景犹如洪水一般翻涌。恐惧感，生活的循环感。鸿沟
慢慢闭合，因为你暗暗地告诫自己："这次我一定要好自为之。"

◎ 鸿沟内的创造

为了写出演员们所说的"内心独白"，我将这一节奏完善的场景拆解为一
个个超慢镜头，并用语言表达了本来是一闪而过的感觉或见解。不过，这就是
在你写字台前的情形。银幕上几分钟甚或几秒钟的画面可能要花费你几天甚至
几周的时间来写作。我们把每一个瞬间都放置在思想、再思想，创造、再创造
的显微镜之下，编织出我们人物每时每刻，由无言的思想、形象、感觉和情绪
所组成的迷宫。

不过，从里写到外并不是指，我们在想象一个场景时要从头至尾地将自己
锁定于一个人物的主观视点。而是指，即如上节的练习所表明，作者必须不断
地转换视点。他进入一个人物的意识中心，并提出这样的问题："如果我是这
个人物，在这种情况下，我会怎么办？"他在自己的情感范围内感觉到一个具
体的人类反应并想象人物的下一步动作。

现在，作家便面临这样一个问题：如何进展场景？为了建立下一个节拍，作者必须走出人物的主观视点，以客观的眼光来审视他刚刚创造的动作。这一动作预期着人物世界的一个特定反应。但是，这一预期的反应绝不能发生。相反，作者必须撬开一道鸿沟。要做到这一点，他要问自己一个自古以来作家反复问自己的问题："那一反应的对立面是什么？"

作家都是本能的辩证法思想家。即如让·科克托[2] 所说："创作的精灵即是矛盾的精灵——突破表面现象看到一个未知的现实。"你必须怀疑表面现象并搜寻显而易见者的反面。不要停留在表面，以其表面价值对事物进行判断；而要剥开生活的表皮，找出隐藏的、出人意料的、似乎不合时宜的东西——换言之，即真理。你将会在鸿沟中找到你的真理。

记住，你就是你宇宙内的上帝。你了解你的人物，他们的头脑、身体、情感、关系、世界。一旦你从一个主观视点创造了一个真诚的瞬间，你便在你的宇宙内四处搜寻，就连无生命的领域也不放过，找到另一个主观视点并潜入其中，创造出一个出人意料的反应，并在期望和结果之间劈开一条裂缝。

做到了这一点之后，你便回到第一个人物的头脑，再次自问，以寻找一个新的情感事实："如果我是这个人物，在这种新的情况下，我会怎么办？"在找到了那一反应和动作之后，你又马上走出来，问道："那么，那一反应的反面是什么？"

优秀的写作强调反应 。

任何故事中的许多动作都或多或少在预料之中。根据类型常规，爱情故事中的爱人总要见面，惊悚片中的侦探总要发现犯罪，教育情节中的主人公生活总要坠入低谷。这些及其他常见的动作都是众所周知的，并在观众的预期之中。因此，**优秀的写作不太强调发生了什么，而是强调发生于谁、为什么发生以及如何发生**。实际上，最丰富、最满足的愉悦来自那些聚焦于事件导致的反应与所获见解的故事。

我们回头来看看那一《唐人街》的场景：吉提斯敲门，期望被请进门。他所得到的反应是什么？卡恩挡住了他的路，期望吉提斯等着。吉提斯的反应呢？他强行闯入，并用粤语来骂他，这使卡恩始料未及。伊夫林从楼上下来，期望得到吉提斯的帮助。但她所得到的反应呢？吉提斯打电话报警，期望迫使她坦白谋杀罪并讲出关于"另一个女人"的真相。反应？她吐露出那另一个女人是她乱伦生出的女儿，控告谋杀罪其实是她精神错乱的父亲所为。即使是在最最宁静、最最内化的场景中，这一系列动作／反应／鸿沟、新一轮的动作／出其不意的反应／鸿沟也会一个节拍接着一个节拍地使场景步步为营地直逼其转折点，向观众展示出令人惊叹和痴迷的反应。

如果你写出了一个节拍，其中的人物走到门口，敲门，等待，所得到的反应是门被打开，他被礼貌地请进，而且导演也居然愚蠢地将它拍了出来，那么，这一节拍很可能永远也见不到银幕之光。任何堪当剪辑工作的人将会立即将其剪掉扔进垃圾筐，并向导演解释："杰克，这八秒钟全是死的。他敲了门，门居然真为他打开了？不行，我们得剪到沙发处。这才是第一个真正的节拍。很遗憾，你为了把你的明星送进门而浪费了五万美元，因为这个节拍是一个节奏杀手，毫无意义。"**任何场景中，如果反应缺乏见地和想象，迫使期望等同于结果，那么这个场景便是一个"毫无意义的节奏杀手"。**

一旦想象出一个场景，你应该一个节拍一个节拍、一个鸿沟一个鸿沟地写下去。你所写出的东西应该生动地描述出发生了什么、得到了什么反应、看见了什么、说了什么、做了什么。你所写的东西应该让读者在阅读它的时候，也会一个节拍一个节拍、一个鸿沟一个鸿沟地体验生活的那种过山车般的感觉，就像你在写字台前所体验的一样。页面上的文字都应该能让读者纵身跳入每一个鸿沟，看见你所梦想的东西，感受你所感受的东西，学到你所理解的东西，直到读者的脉搏也会像你的一样跳动，情感像你的一样流动，这样才实现了你写作的意义。

◎ 故事的材质和能量

本章开篇所提出的问题的答案至此应该十分明了了。一个故事的内容并不是它的话语。你的文笔必须晓畅才能表达你案头生活的想象和感觉。但是，话语并不是目的，而只是一个手段，一种媒介。**故事的材质是鸿沟，是一个人采取行动时，期望发生的事情和实际发生的事情之间裂开的鸿沟；是期望和结果之间、或然性和必然性之间的断层。**要构建一个场景，我们应该不断地撬开现实中的这些裂隙。

至于故事的能源何在，答案也是一样的：鸿沟。观众移情于人物，设身处地地去追寻他的欲望。**观众对世界的期望基本上等同于人物对世界的期望。**当鸿沟在人物面前裂开时，也同样会在观众面前裂开。这便是那种"哦，我的上帝！"的时刻，那种你在手艺精湛的故事中反复体验的"哦，糟糕！"或"哦，对了！"

你下次去看电影时，可以坐在前排靠墙的位置，这样你便可以看到观众在看电影时候的样子。你一定会受益无穷：眉眼飞扬，目瞪口呆，身体畏缩摇晃，时而爆笑，时而垂泪。每当鸿沟在人物面前裂开时，也在观众面前裂开。每到一个转折，人物必须将更大的能量和努力倾注到他的下一步行动中。观众由于移情于人物，也会同样感受到那种一个节拍接着一个节拍的能量蓄积过程，犹如波涛汹涌，直到终场。

就像一个电荷从磁铁的一极跳向另一极，生活的火花也是在自我和现实之间这道鸿沟的两岸来回跳跃。我们正是利用这一能量的火花来发动故事的引擎，打动观众的心。

CHAPTER 08
激励事件

故事是一个由五部分组成的设计：激励事件，故事讲述的第一个重大事件，一切后续情节的首要导因，它使其他四个要素开始运作起来——进展纠葛，危机，高潮，结局。为了了解激励事件如何进入作品并在其中发挥作用，让我们再回过头来更加全面地看一看背景——激励事件所发生的物质和社会世界。

◎ 故事的世界

我们已经用时代、期限、地点和冲突层面对背景进行了界定。这四个维度构成了故事世界的框架，但要激发无限的创造性选择，你必须讲述一个新颖而没有陈词滥调的故事，并且在那一框架中填充具有深度和广度的细节。下面是一个问题清单，列举了我们对所有故事提出的一般性问题。除此之外，每一部作品都能激发出它自己独一无二的问题清单，这是由作者对见解的渴望所驱使的。

我的人物靠什么为生？我们生命三分之一以上的时间都是用在工作上，但在影片中却很少看到人们工作的场景。其原因很简单：大多数工作都是乏味的。对干工作的人来说，也许并不乏味，但观看他们工作却是一件乏味的事情。即如任何律师、警察或医生所知，他们的绝大部分时间都用在例行公事的职责、报告和会谈上面，这些事情变化甚微，甚至毫无变化——是期望等同于结果的缩影。这就是为什么在那些职业类型——法庭、犯罪、医疗片中，我们仅仅聚焦于那些工作问题难以解决的时刻。不过，为了进入一个人物的内心，我们必须询问他每天二十四小时的各个方面。不仅是工作，还要关心他们如何玩耍、如何祷告、如何做爱。

我的世界的政治是什么？这里的所谓政治不一定是指右翼／左翼、共和党／民主党那样的政治，而是指这一概念的真正含义：权力。政治是我们给予任何社会中权力分配的名称。人类只要聚集在一起做事，就永远会有权力分配的不平衡。在公司、医院、宗教团体、政府机构等，高居上层的人享有巨大的权力，而身在底层的人却权力甚微或者毫无权力，处于中层的人则有些许权力。一个工人如何获得权力或失去权力？无论我们如何试图铲除不平，运用各种各样的平等主义理论，人类社会却总是那样顽固，在权力安排上呈现其固有的金字塔格局。换言之，这便是政治。

即使是在描写一个家庭时，也要询问其政治，因为就像其他任何社会机构一样，一个家庭也是有政治的。你所描写的是一个父权家庭，全家最有势力者为父亲，当他离家时，权力便转给母亲，母亲外出便转给长子？还是一个母权家庭，一切事务均由母亲掌管？还是一个当代家庭，孩子骑在父母头上？

爱情关系也是政治的。一句吉卜赛老话说："谁先表白，谁先吃亏。"第一个说出"我爱你"的人便已吃亏，因为对方听到这句表白之后，会立即露出会心的笑容，意识到他是一个被爱的人，这段爱情关系现在便由他掌控。如果你幸运的话，那三个小字将会在烛光下同声说出。如果你桃运亨通，那三个字根本就不用说出……而是做出。

我的世界的仪式是什么？在世界的各个角落，生活都包裹在仪式之中。此刻便是一种仪式，对不对？我写了一本书，而你们正在读这本书。在另一个时间和地点，我们也许会坐在一棵大树底下或者一边散步，就像苏格拉底和他的门生一样。我们为每一项活动创立了一种仪式，不仅有公共典礼，还有我们非常隐秘的私人礼仪。谁要敢把我摆放在卫生间洗脸盆周围的那些洗漱用品重新整理一遍，那就只有老天能够救他了。

你的人物如何吃饭？吃饭在世界各地都是一种不同的仪式。例如，最近一项调查显示，美国人现在百分之七十五的饭都是在餐馆吃的。如果你的人物在家吃饭，那么这是一个正式着装按时吃饭的老式家庭，还是打开冰箱就吃的当代家庭？

我的世界的价值观是什么？我的人物对善恶的考量是什么？对是非又是什么看法？我的社会的法律是怎样的？你要意识到，善 / 恶、是 / 非、合法 / 非法之间并不一定有什么相互关联。在我的人物的信念中，他认为什么值得为之付出毕生精力？什么追求是愚蠢的？他们会为什么而不惜献出生命？

　　类型或类型组合是什么？有什么常规？就像背景一样，类型为作家设定了诸多创作限制，对此作家要么忠实恪守，要么巧妙变更。

　　我的人物的履历是什么？从他们出生的那天起，一直到开篇场景，生活是如何塑造他们的？

　　幕后故事是什么？这是一个常被误解的概念。它并不是指生活史或传记。幕后故事是作者可以用来推进故事进展的一整套发生在人物过去的重大事件。至于具体如何利用幕后故事来讲故事，我将在后面详叙，但在此刻，我们必须注意，我们不可能无中生有地把人物带出。我们在人物的履历上植入风景、种上事件，使它成为一个我们可以反复采收的花园。

　　我的角色设计是什么？一件艺术作品中的一切都不是偶然的。思想也许会自发产生，但我们必须有意识地并富于创见地将它们编织成一个整体。我们不能允许在我们头脑中产生的任何人物贸然闯入故事之中并扮演一个角色。**每一个角色都必须适用于一个目的，而角色设计的首要原理就是两极分化。在不同的角色之间，我们编织出一张弥漫着对立或矛盾态度的网。**

　　如果一组理想的角色坐下来吃饭时，一个事件发生，无论此事是小到洒洒了还是大到宣布离婚，来自每一个人物的反应都必须是独立的，而且具有显著区别。没有两个人物会做出同样的反应，因为没有两个人会对任何事情共有同样的态度。每一个人物都是一个个体，具有专属于这个人物的人生观，每一个人物的全异反应必须与其他所有人的反应互成对照。

　　如果你的角色设计中有两个人物共有相同的态度且无论发生什么事情都会做出同样的反应，那么你必须将他们两人合二为一，或者从故事中删除其一。如果人物反应一致，你就已将冲突的机会缩到最小。而作家的策略却是要努力将这些机会扩展到最大。

想象这样一组角色设计：父亲、母亲、女儿和一个名叫杰弗里的儿子。这家人住在爱荷华州。一家人一起坐下来吃晚饭时，杰弗里转向他们，说："妈、爸、姐，我做出了一个重大决定。我想到好莱坞去发展，当一名电影艺术指导，已经买好了机票，明天就启程。"所有三人都齐声欢呼："哦，这个主意真是太棒了！真是太好了！杰弗里要去好莱坞了！"他们都举起手中的牛奶杯向他表示祝愿。

切入：杰弗里的房间，他们一边欣赏他墙上的照片，一边帮他收拾行装，不无怀旧地回顾他在艺术学校的日子，夸赞他的才华，预祝他的成功。

切入：机场，一家人依依不舍地把杰弗里送上飞机，眼含热泪，拥抱他："找到工作后就写信回来，杰弗里。"

我们再来假设杰弗里坐下来吃晚饭，当众宣布他的决定。父亲的拳头突然"啪"的一声砸在饭桌上："你他妈在说什么，杰弗里？你甭想到什么'好赖屋'去当什么艺术指导……艺术指导算什么玩意儿。不行，你就给我老实待在达文波特这块儿。因为，你知道，杰弗里，我这一辈子辛辛苦苦都不是为了我自己，全是为了你呀，杰弗里，全为了你！如果说，我现在是整个爱荷华州的水暖设备之王……那么，有朝一日，儿子，你将要成为整个中西部的水暖设备帝王，我再也不想听你胡言乱语了。讨论到此结束。"

切入：杰弗里在自己房间闷闷不乐。母亲悄悄溜进来低语："别听他的。去好莱坞闯闯吧，去当一个艺术指导……管它是什么。艺术指导能不能拿奥斯卡，杰弗里？""能，妈，能拿奥斯卡。"杰弗里说。"好！去好莱坞，给我拿一个奥斯卡奖回来，证明你爸那混蛋是错的。而且，你能行，杰弗里。因为你有才华。我知道你有才华。你这种才华是从我娘家遗传来的。我过去也有过才华，可是我嫁给你爸以后就放弃了，从那一刻起我就开始后悔了。看在上帝份上，杰弗里，别老窝在达文波特。这儿没什么出息，这个小镇是以一款沙发命名的。别窝在这儿，到好莱坞去闯闯，也替我争口气。"

切入：杰弗里收拾行李。姐姐进来，震惊地："杰弗里！你在干什么？收拾呢？撂下我一个人？跟他们俩在一起？你知道他们都是什么样的。不把我活

190

吃了才怪呢。如果你要到好莱坞去发展，他那摊水暖设备的买卖到头来就得交给我来干了！"把东西从箱子里扯出，"你想当艺术家，在哪儿都能当个艺术家。夕阳搁哪儿都是夕阳。风景搁哪儿都是风景。到外面去究竟有什么好？有朝一日你肯定会成功的。我知道你能成功。我就见过一些和你画得一样的油画……在西尔斯百货店。别走了，杰弗里！不然我就死定了！"

无论杰弗里是否会去好莱坞发展，这种两极分化的角色设计给了作者一样我们都迫切需要的东西：场景。

◎ 作者资格

当背景研究达到饱和点时，奇迹就会发生。你的故事会被蒙上一种独一无二的氛围，一种将它和有史以来所有讲述过的千百万故事区分开来的个性。这真是一个奇妙的现象：人类自从坐在山洞内的火堆周围以来，便开始互相讲故事。每讲述一次，讲故事的人都会将故事的艺术用到极致，他的故事就像绘画大师的肖像一样，变成同一种类中独一无二的极品。

就像你要努力讲述的故事一样，你也想出类拔萃，作为一个有独创性的作者得到承认和尊重。在你的求索中，考虑一下这三个词："作者"、"权威"、"真实可信"[1]。

首先是"作者"。"作者"这个头衔我们很容易给予小说家和戏剧作家，很少给电影编剧。但是，就其"原创者"的严格意义而言，编剧作为背景、人物和故事的创造者，也应该被称为作者。因为对作者资格的检验是知识。**一个真正的作者，无论其媒体为何，都是一个艺术家，掌握着对其主体神一般的知识，**其作者身份的证据便是他的作品具有权威的味道。打开一个剧本，马上为它折服，对其倾注情感和注意力，因为在它的字里行间有一种不可言喻的东西表明："这个作家懂得很多。我是在一个权威的手中。"这的确是一种难得的愉悦。用权威之笔来写作，其效果便是真实可信。

有两条原理控制着观众的情感投入。第一是移情：对主人公的认同，将我们拉入故事之中，设身处地地为我们自己的生活欲望喝彩。第二是可信：我们必须相信，或者如塞缪尔·泰勒·柯勒律治所指出，我们必须心甘情愿地暂停我们的不信任。一旦卷入，作者必须使我们的投入状态保持到影片的"淡出"。为了做到这一点，他必须使我们相信他的故事世界是真实可信的。我们知道，讲故事是一种围绕生活的比喻而举行的仪式。为了在黑暗中享受这种仪式的乐趣，我们把故事当作真实的东西，对它做出反应。我们暂停我们的愤世嫉俗，相信所看到的故事，只要我们认为它们是真实可信的。故事一旦缺乏可信性，移情作用便会消融，我们便感觉不到任何东西。

然而，可信性并不是指现实性。赋予故事一个当代的环境并不能保证它的可信性；可信性是指一个内部连贯的世界，其规模、深度和细节都能自圆其说。即如亚里士多德告诉我们的："为了故事的目的，一个令人信服的不可能性要比难以置信的可能性更为可取。"我们都能列举出许多令我们抱怨的影片："我才不信呢。人怎么会那样？根本就讲不通。事情绝对不会那样发生。"

可信性与所谓的现实毫无关系。以一个绝不可能存在的世界为背景的故事完全可能是绝对可信的。故事艺术并不区分现实和各种不同的非现实，如幻想、梦想和理想。作家的创作才智能将这一切融合为一个独一无二而又令人信服的虚构现实。

《异形》：在开篇序列中，一艘星际货运飞船上，机组人员从休息舱醒来，聚集在餐桌旁。他们都身着工作衬衣和粗布工作服，喝着咖啡，抽着香烟。在餐桌上还有一只玩具鸟在玻璃杯中蹦跳。其他地方，还有一些充满生活气息的小收藏品，充塞着这一小小的生活空间。天花板上悬挂着塑料昆虫，舱壁上用透明胶条粘贴着美女照片和家庭照片。机组人员谈论的话题并不是什么工作或回家之事——而是钱。这次日程之外的停泊是不是在合同规定之内？公司会不会为这一额外的任务付给他们奖金？

你是否进入过一辆十八轮卡车的司机室？里面是怎样装饰的？全是一些生活小收藏：仪表盘上方悬挂着一尊塑料圣徒像、县里举办的庙会上赢来的蓝丝带、家庭照片、杂志剪贴。卡车司机在车上度过的时间比在家里还要多，所以他们会把一些家的感觉带到路上。当他们休息时，他们的首要话题是什么？钱——黄金时段、加班工资，合同上写了没有。由于理解了这一心理，银幕剧作家丹·欧班农以微妙的细节对其进行了再创造，当这一场景在银幕上放映时，观众立刻心悦诚服，心想："实在精彩！他们并不是像巴克·罗杰斯或闪电侠那样的太空人，他们就是卡车司机。"

在下一个序列中，当凯恩（约翰·赫特）调查异形生长情况时，有一个东西突然跳了出来，击碎了他的太空服面罩。那个怪物就像一只巨大的螃蟹扑向凯恩的脸，所有的腿死死钩住他的头部。更糟的是，怪物还用一根吸管插入他的喉咙，直捣其小腹，令他晕厥过去。科学军官阿什（伊恩·霍姆）意识到，如若对怪物生拉硬拽，无疑会扯下凯恩的面皮，于是他决定将怪物的腿一一锯断，以解凯恩之围。

但是，当阿什用激光锯触及其第一条腿时，创口处喷出一种黏性物质，一种能够化铁如糖的强烈的"酸血"，顿时在舱板上咬出一个大如西瓜的洞。机组人员飞速冲到下一层，眼看酸血蚀透天花板，然后在地板上蚀穿一个同样大小的窟窿。他们又赶到另一层，发现酸血依然在蚀穿天花板和地板，直到穿透三层甲板，酸血才终于消耗殆尽。至此，观众的心头便生出一个想法："这些人可要倒大霉了。"

换言之，欧班农对他的异形怪物进行过研究。他问自己："我这个怪物的生物学原理是什么？它是如何进化的？吃什么？生长过程如何？如何繁衍？它有没有什么弱点？它的优势是什么？"我们可以想象，欧班农在最后想出"酸血"之前，肯定反复推敲过一系列特性；他肯定探索过许多来源。也许他对地球上的寄生昆虫进行过深入的研究，他也许想起了公元八世纪盎格鲁－撒克逊的史诗《贝奥武夫》，其中水怪格伦德尔的血能够蚀穿英雄贝奥武夫的盾牌，他也许是在一个噩梦中得到了启示。无论是来自研究，还是想象，或是记忆，欧班农的异形怪物的确是一个了不起的创造。

参与制作《异形》的所有艺术家——作家、导演、设计师、演员——都竭尽所能来创造一个真实可信的世界。他们知道，**可信性是恐怖片的关键。**的确，若想让观众产生任何情感，首先必须让他们相信。因为，当一部影片的情感负荷变得过于悲伤、过于恐怖，甚至过于滑稽时，我们如何才能逃避？我们会自我安慰："这只不过是一部电影而已。"并因此而否定了它的可信性。但是，如果影片的质量确实优秀，就在我们睁眼回望银幕的那一瞬间，我们就会被扼住喉咙，再次被拉入那些情感之中。我们无法逃避，直到影片放过我们之前，这便是我们掏钱买票进入影院的初衷。

真实可信取决于"讲述细节"。当我们使用少量精选的细节之后，观众的想象会自然脑补其余，完成一个可信的整体。另一方面，如果编剧和导演过分强调"真实"，尤其是性与暴力的场面，观众的反应将会是："这并不是真正的真实"或"哦，上帝，这也太逼真了"或"他们肯定不是在真干"或者"哦，上帝，他们在真干啦"。无论是何种情况，可信性都会荡然无存，因为观众已被突然拉到故事之外去注意电影创作者的技巧。只要我们不给观众怀疑的理由，观众就会相信。

除了物质的和社会的细节之外，我们还要创造情感的真实可信。作者的研究必须在可信的人物行为中结出硕果。除了行为的可信性之外，故事本身必须具有说服力。从事件到事件，原因和结果必须令人信服，符合逻辑。故事设计的艺术在于，将寻常以及非常的东西精妙地调制成既具有普遍性又具有原始模型特性的东西。如果一个作家的学科知识已经教会他，什么该强调和扩展，什么该淡化和忽略，那么，他就能在成千上万老调重弹的作家中脱颖而出。

独创性存在于对真实可信的执着追求，而不是来自标新立异的猎奇。换言之，个人化的风格不可能有意识地取得。确切地说，当你的关于背景和人物的作者知识与你的个性契合时，你所做出的选择以及你对众多素材所做出的创造性安排便成为专属于你自己的独一无二的东西。文如其人，你的作品成为你本人的标签，绝对原创。

试比较瓦尔度·绍特的故事（《午夜牛郎》、《冲突》）和阿尔文·萨金特的故事（《吾兄吾弟》、《普通人》）：一个锋芒毕露，一个温文尔雅；一

194

个时序跳跃，一个时空连贯；一个辛辣尖刻，一个悲天悯人。在那场对陈词滥调的永无止境的战斗中，他们各自独一无二的故事风格，便是一个作者在精通了他的主体之后所产生的一种自然且自发的结果。

◎ 激励事件

我们的研究可以从故事年表的任意点以任意前提作为开始，为事件的创作提供养料，而事件又能为我们的研究指明新的方向。换言之，一个故事的设计并不一定要以其第一个重大事件作为起点。但是，在创造你的宇宙的过程中，到达某一点时，你将会面临这样的问题：我怎样才能将我的故事化为行动？这一重大事件应该置于何处？

当一个激励事件发生时，它必须是一件动态的、充分发展了的事件，而不是一个静态的或模糊的事件。例如，下面的便不是一个激励事件：一个大学辍学生住在纽约大学校园外不远的地方。一天早晨她醒来对自己说："我已经厌倦了我的生活。我想我应该搬到洛杉矶去。"她把行李装到她的大众汽车上，开始向西驶去，但是，地址的改变丝毫没有改变她生活中的价值。她只不过是将她对生活的冷漠从纽约搬到了洛杉矶。

如果，换一种设想，我们发现，她用数百张停车罚单拼贴成了一张别出心裁的厨房壁纸，然后，有人敲门，警察赫然出现在门口，手中晃着一张重罪逮捕证，因为她拖欠了一万美金的罚款。她从消防楼梯夺路而逃，向西而去——这便可以称为一个激励事件。因为它做到了一个激励事件必须做的事情。

激励事件必须彻底打破主人公生活中各种力量的平衡。

在故事开始时，主人公生活在一种几乎平衡的生活之中。他有成功失败，也有兴衰浮沉。可谁没有呢？但是，生活还是处于相对的控制之中。然后，也许在突然之间，一个在任何意义上都堪称决定性的事件发生了，彻底地打破了这种平衡，将主人公生活现实中的价值负荷钟摆推向负面或正面。

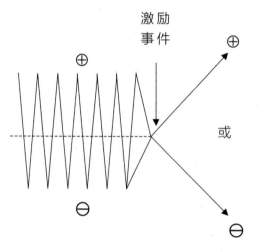

负面：我们的辍学生到达洛杉矶，但她未能找到一份正式工作，因为她必须出具社会保险号。害怕在一个电脑化的世界中，曼哈顿的警察能够通过国税局搜寻到她的下落，她怎么办？去打黑工？贩卖毒品？沦落风尘？

正面：也许敲门的人是一个继承人搜寻者，来通知她，有一名不愿透露姓名的亲戚为她留下了一百万美元的财产。暴富之后，她感受到巨大的压力。由于再也没有任何失败的借口了，她时时刻刻都小心从事，害怕毁了这已然成真的美梦。

在大多数情况下，激励事件都是一个单一的事件，要么直接发生在主人公身上，要么由主人公导致发生。其结果是，他马上意识到生活的平衡被打破，要么变好，要么变坏。当恋人初次见面时，这一面对面的事件暂时将生活转向正面。当杰弗里抛弃他在达文波特的安逸家庭，远赴好莱坞时，他明知此举已使自己承受风险。

激励事件偶尔需要由两个事件来构成：一个伏笔，一个分晓。《大白鲨》：伏笔，一条鲨鱼吃了一个游客，她的尸体被冲到海滩上。分晓：警长（罗伊·施奈德）发现了尸体。如果一个激励事件的逻辑发展需要一个伏笔，作者绝不能推迟分晓的时间——至少不能推迟得太久。也不能把主人公蒙在鼓里，令他根本不知道他的生活将要失去平衡这一事实。想象《大白鲨》如若这样设计：鲨鱼吃了姑娘，随后便是警长去打保龄球，开停车罚单，与妻子做爱，去参加学校的家长会，探望生病的母亲……而姑娘的尸体则在海滩上腐烂。故事并不是一块三明治，可以任由你把一个激励事件切成两半，再在中间夹上一些生活片断。

试看《怒河春醒》的不幸设计：影片以激励事件的前一半作为开场：一个名叫乔·韦德的商人（斯科特·格林）决定在河上修建一座大坝，知道大坝修建过程中将要淹掉五个农场。其中一个农场属于汤姆和梅·加维夫妇（梅尔·吉布森和西席·斯贝西克）。但是，却没有一个人告诉汤姆或梅。于是，在以下的一百多分钟内，我们看到：汤姆打棒球，汤姆和梅苦心经营使农场扭亏为盈，汤姆到一家工厂干活，卷入了一场劳工纠纷，梅在一场拖拉机事故中手臂骨折，乔浪漫地勾引梅，梅到工厂探望被当作工贼关押在厂区的丈夫，精神紧张的汤姆无法勃起，梅喃喃地说了一句温柔的话，汤姆就勃起了，等等等等。

在临近结尾十分钟处，影片才将激励事件的另一半端出：汤姆跌跌撞撞地闯进乔的办公室，看见了大坝的模型，说了大意如下的话："如果你建那座大坝，乔，你就会把我的农场淹了。"乔耸耸肩。然后，若有神助，老天突降暴雨，河水上涨。汤姆和他的伙计们用推土机巩固堤坝；乔也雇来推土机和打手要摧毁堤坝。汤姆和乔用推土机摆出了一副两军对垒的架势。到这个节骨眼上，乔表示让步，宣布他从一开始就不想建这个大坝。淡出。

主人公必须对激励事件做出反应。

不过，考虑到主人公的个性因人而异，变幻无穷，任何反应都是可能的。例如，有多少西部片是这样开始的？坏人在小镇大开杀戒，打死了老警长。镇民们一齐来到马特的马车行。马特是一个退休的神枪手，他已经发过毒誓再也不去杀人。镇长恳求道："马特，你必须戴上警徽，助我们一臂之力。你是唯一能行的人。"马特回答道："不行,不行,我很久以前就挂枪不干了。""可是,马特,"女校长恳求,"他们杀了你母亲。"马特用大脚趾踢了踢泥土,说："哦……她本来就很老了,我猜想她也到了该死的时候了。"他拒绝行动,但这也是一种反应。

主人公可以以任何适宜于人物和世界的方式对生活平衡中突然的负面或正面变化做出反应。不过,对行动的拒绝却不能持续太长时间,即使是对最小主义非情节影片中最最被动的主人公而言也是如此,因为我们都希望能对自己的生存状况进行一些合理的掌控。如果一个事件彻底打破了我们的平衡感和控制感,我们将会需要什么?任何人,包括我们的主人公,将会需要什么?**恢复平衡**。

因此,激励事件首先要打破主人公的生活平衡,然后在他心中激起恢复那一平衡的欲望。出于这种需要,主人公的下一步行动,通常是非常迅速地,偶尔也深思熟虑地,构想出一个欲望对象:一种物质的、情境的或观念的东西,而这正是他觉得要使生活航船稳步航行所缺乏或需要的东西。最后,激励事件推动主人公去积极追求这一对象或目标。**对许多故事或类型而言,这便已经足够:一个事件把主人公的生活推向混乱,激发起一个自觉的欲望,使他力图找寻他觉得能够整饬这种混乱的东西,并为得到它而采取行动。**

但是,对那些我们禁不住万分崇敬的主人公而言,激励事件不仅激发出一个自觉的欲望,还会激发出一个不自觉的欲望。这些复杂的人物忍受着激烈的内心斗争,因为这两种欲望构成了直接的冲突。无论人物自觉地认为自己需要什么,观众都会感觉或意识到,在其内心深处,他有一个完全相反的不自觉欲望。

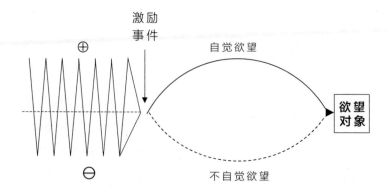

《猎爱的人》：如果我们能够将主人公乔纳森（杰克·尼科尔森）拉到一旁，并问他："你想要什么？"他的自觉的答案将会是："我是一个相貌英俊的人，跟我相处很有乐趣，作为注册会计师的日子过得非常惬意。如果能找到一个完美的女人来分享这一切，那么我的生活就是天堂了。"影片把乔纳森从大学时代带到中年，他三十年如一日地追寻着自己的梦中女郎。他一次又一次地遇到美丽聪慧的女人，但其烛光之下的浪漫很快就变得黯然神伤、暴戾恣睢，终至不欢而散。他反反复复地扮演着浪漫的角色，直到他找到一个彻头彻尾爱上他的女人，然后再对她下手，羞辱她，最后把她扔出自己的生活。

在高潮处，他邀请一个大学老同学桑迪（阿特·加芬克尔）吃晚饭。作为余兴，他给朋友放映了他生活中所有女人的幻灯片；他把这个节目命名为"男人克星集锦"。每当一个女人出现时，他便对其大肆贬损，向桑迪历数她的种种不是。在结局场景，他和一个妓女（丽塔·莫雷诺）在一起。他让妓女给他朗读一首他自己写的《阳具颂》，因为只有这样他才能勃起。他以为自己是在追猎那个完美女人，但我们知道，在无意识中，他真正想要的是对女性的羞辱和摧残，而且这便是他的毕生所为。朱尔斯·法伊弗的剧本令人战栗地刻画了这样一个让多少女人深受其害的男人。

《索菲太太》：1901 年，一个小偷（梅尔·吉布森）犯下谋杀罪，正等待处决。典狱长的妻子（黛安·基顿）决定替上帝拯救他的灵魂。她给他诵读《圣经》语录，希望他被绞死后，灵魂能够升上天堂，而不是堕入地狱。他们互有好感。她帮他策划越狱，然后跟他一起逃跑。在逃跑途中，他们做了爱，但仅此一次。在当局的搜捕逼近时，她意识到他只有死路一条了，于是决定和他一起去死。"开枪打死我吧，"她恳求他，"我绝不想比你多活一天。"他扣动扳机，但只是打伤了她。在结局处，她被判终身监禁，但她自豪地走进了自己的监房，一口痰吐向监狱看守的眼睛。

索菲太太表面上似乎优柔寡断、游移不定，但我们感觉到，在她那不断改变的心思下面是一种强烈的不自觉欲望，希望得到一种超越一切的、绝对的、浪漫的体验，其强度足以使她舍生忘死、不顾一切……因为她只要生命中那崇高的一瞬间。索菲太太是一个绝对的浪漫主义者。

《哭泣游戏》：爱尔兰共和军军官弗格斯（斯蒂芬·瑞）受命看管一个被他的共和军部队俘获的英军下士（福里斯特·惠特克）。他发现自己同情此人的悲惨处境。当下士被杀后，弗格斯开小差逃到英格兰，躲避着英军和共和军的搜捕。他找到了下士的情人迪尔（杰伊·戴维森）并爱上了她，结果却发现她是一个易装癖者。后来，爱尔兰共和军终于找到了他。弗格斯是自愿加入共和军，深知它并不是一个大学兄弟会，所以当他们命令他刺杀一名英国法官时，他最终还是不得不向自己的政治妥协。那么他到底是不是一个爱尔兰爱国者？

在弗格斯自觉的政治斗争之下，从他与俘虏在一起的最初时刻，演变到他与迪尔在一起的结尾温馨场面，观众便意识到，这部影片并不是描写他对事业的忠诚。隐藏在他那反反复复的政治心态后面的，是一种最最人性化的需要：爱与被爱。

◎ 故事脊椎

主人公欲望的能量形成了故事设计中一个被称为故事脊椎的重要成分（又叫贯穿线或超级目标）。**脊椎是主人公为恢复生活平衡所表现出的深层欲望和所进行的不懈努力。它是第一位的统一力量，将故事的所有其他要素融为一体。**因为，在故事的表面无论发生什么，每一个场景、形象和话语最终都是故事脊椎的一个方面，与欲望和行动的这一核心具有某种因果或主题的联系。

如果主人公没有不自觉欲望，那么他的自觉目标便成为故事脊椎。例如，任何一部邦德电影的脊椎都可以这样表述：打败魔王。詹姆斯没有不自觉欲望；他想要而且只想要拯救世界。作为故事的统一力量，邦德对其自觉目标的追求不可改变。如果他当众宣布："让诺博士见鬼去吧。我已经厌倦了这种间谍买卖。我要到南方找份踏实的工作，免得老是这样提着脑袋过日子。"那么整部影片就会分崩离析。

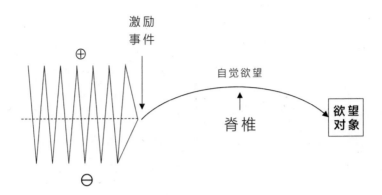

  然而，如果主人公有一个不自觉的欲望，那么这个不自觉欲望便会成为故事的脊椎。**不自觉欲望总是更强烈、更持久，其根基一直扎进主人公的内心。**当不自觉欲望驱动故事时，它将允许作者创造出一个更为复杂的人物，他可以不断改变其自觉欲望。

  《莫比·迪克》：如果梅尔维尔把亚哈写成唯一的主人公，他的小说将会是一部简单而又刺激的高度探险作品，由船长意欲毁灭白鲸的偏执狂行为所驱动。但是，通过加入伊什梅尔而组成双重主人公，梅尔维尔将其故事丰富为一个复杂的教育情节经典。因为整个讲述过程事实上是由伊什梅尔与内心恶魔作斗争的不自觉欲望驱动，他想在自己的内心找到他在亚哈身上看到的那种毁灭性的执着——这个欲望不仅与他希望在亚哈的疯狂航行中生还的自觉欲望互相矛盾，而且还可能像它毁灭阿哈布一样毁灭他自己。

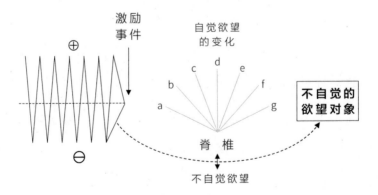

在《哭泣游戏》中，弗格斯在政治问题上痛苦不堪，而驱动着故事讲述过程的却是他的爱与被爱的不自觉需求。在《猎爱的人》中，乔纳森一直在搜寻那个"完美女人"，不断地骑马找马、见异思迁，而他的羞辱和摧残女性的不自觉欲望却始终没有改变。索菲太太内心欲望的跳跃是巨大的——从拯救灵魂到甘下地狱——而她不自觉的追求却是去体验那超越一切的浪漫。观众感觉到，复杂主人公内心不断变换的冲动只不过是那唯一不变的东西——不自觉欲望——的反映。

◎ 求索

从激励事件开始，"顺着故事脊椎"而下，一直看到最后一幕的高潮，尽管关于故事类型和从大情节到反情节的各种故事形态我们已经进行了不厌其详的探讨，但在作家的眼中，归根结底却只有一种故事。从本质上而言，我们从人类的黎明开始就这样或那样互相讲述的都是同一个故事，这个故事可以不无裨益地统称为求索故事。**所有故事都表现为一个求索的形式。**

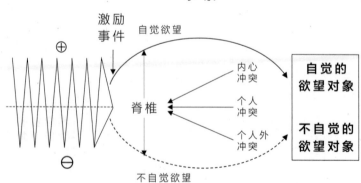

求 索

一个事件打破人物生活的平衡，使之或变好或变坏，在他内心激发起一个自觉和/或不自觉的欲望，意欲恢复平衡，于是把他送上了一条追寻欲望对象的求索之路，一路上他必须与各种（内心的、个人的、个人外的）对抗力量抗衡。他也许能也许不能达成欲望。这便是亘古不变的故事要义。

故事的根本形式是简单的。这就相当于说，音乐的根本形式是简单的。确实简单，仅仅是十二个音符而已，但就是这十二个音符却巧妙地构成了我们所称为音乐的一切。求索的根本要素也就是音乐的十二个音符，我们已经听了一辈子的旋律。然而，就像坐在钢琴前的作曲家一样，当一个作家拿起这一貌似简单的形式实际操作时，他便发现，它是那样不可思议的复杂，那样不可捉摸的难为。

了解你的故事的求索形式，只需确认你主人公的欲望对象。深入他的内心，并找出这一问题的诚实答案："他想要什么？"他想要的也许是一些他可以抱在怀中的东西：《月色撩人》中一个可以爱的人。也许是一种内心成长的需要：《飞越未来》中的长大成人。但是，无论是现实世界中的一个深刻变化：《大白鲨》中摆脱肆虐的鲨鱼的安全感，还是精神领域内的一个深刻变化：《温柔的怜悯》中一个有意义的人生，只要你深入主人公的内心，发现他的欲望，就**会开始看到你的故事弧光，亦即激励事件把他送上的那一条求索之路。**

◎ 激励事件的设计

激励事件的发生无非通过下述两种方式之一：随机或有因，要么由于**巧合**，要么出于**决定**。若出于决定，那么这一决定可以由主人公来做出：《离开拉斯维加斯》中的决定要酗酒而死；或者像《克莱默夫妇》中，由一个其力量足以颠覆主人公生活的人来做出：克莱默夫人决定离开克莱默先生和孩子。如果是由于巧合，可以是天降横祸型：《再见爱丽丝》中夺去爱丽丝丈夫生命的车祸；也可以是天赐洪福型：《帕特和麦克》中，体育推广商意外巧遇秀外慧中的女运动员。抉择或巧合，二者必居其一；舍此，便别无他途。

主情节的激励事件必须发生在银幕之上——不能发生在幕后故事之中，也不能发生在银幕之外的场景之间。每一个次情节都有自己的激励事件，可以出现于银幕，也可以不出现于银幕，但是，**主情节的激励事件必须让观众亲身经历**，这对故事设计是至关重要的，其原因有二。

第一，当观众经历一个激励事件时，影片的戏剧大问题，诸如"这件事的结果将会如何"之类的问题，就会在脑海中涌现。《大白鲨》：警长会不会杀死鲨鱼？或者鲨鱼会不会把警长吃掉？《夜》：莉迪亚告诉丈夫说，因为他讨厌她，所以她要离家出走，她到底是走了还是会留下来？《音乐室》：一个酷爱音乐犹如生命的贵族比斯瓦斯决定卖掉妻子的珠宝，然后卖掉自己的宫殿，以满足自己对艺术美的狂热追求。这种奢华的爱好最终是毁灭还是拯救了这个艺术鉴赏家？

用好莱坞的行话来说，主情节的激励事件是一个"大钩子"。它必须在银幕上发生，因为这是一个**激发和捕捉观众好奇心**的事件。由于急欲找到戏剧大问题的答案，观众的兴趣被牢牢勾住，而且能一直保持到最后一幕的高潮。

第二，亲眼目睹激励事件的发生，能在观众的想象中**投射出必备场景**的形象。必备场景（又称危机）是一个观众知道在故事可以结束之前必定会看到的事件。这个场景将会使主人公对峙其求索路上最强大的对抗力量，这些力量由激励事件激活，并在整个故事过程中不断地蓄积能量，增加强度。这一场景之所以被称为"必备"，是因为，既然已经撩起了观众对这一瞬间的预期，作者则必须信守诺言，将它展现到观众面前。

《大白鲨》：当鲨鱼袭击游客，警长发现尸体之后，一个生动的形象便浮现在观众脑海中：鲨鱼和警长面对面地搏斗。我们不知道怎样到达那一场景，也不知道那一场景将如何结束。但我们确实知道，直到鲨鱼实际上将警长吞入血盆大口之前，影片不可能结束。编剧彼得·本奇利如果从镇民的视点，让他们拿着望远镜，眺望大海，自问："那是不是警长？那是不是鲨鱼？"然后"嘣"的一声，让警长和海洋生物学家一起游上岸，说："哦，真惊险！让我们来告诉你们是怎么一回事儿吧。"既然已经将这一景象投射到我们的心灵，本奇利就有义务让我们得以在事发当时跟警长并肩战斗。

动作类型是将必备场景直接而生动地映入脑海，而其他更加内化的类型却不同，它们是在激励事件中暗示出这一场景，然后就像在酸性定影液中的照相底片一样，慢慢地让图像变得清晰。在《温柔的怜悯》中，麦克·斯莱奇沉溺于酒精之中，过着一种毫无意义的生活。后来，他遇见了一个孤独的女人，而这个女人有一个需要父亲的儿子，他的生活开始由低谷往上攀升。他灵感大发，写出了一些新的歌曲，然后接受了洗礼，尽量与他冷漠的女儿搞好关系。渐渐地，他将凌乱的人生拼凑整齐，赋予了它新的意义。

然而，观众却感觉到，由于无益人生这条巨龙已经将斯莱奇逼进生活的低谷，这条恶龙肯定不会善罢甘休，还会再一次回转它那可怖的龙头，直到生活的残酷与荒诞给他以迎头痛击，故事才可能会结束——这一次却具有一种毁灭灵魂的力量。必备场景以一场残酷车祸的形式出现，夺去了他唯一女儿的性命。如果一个酒鬼需要一个重新拿起酒瓶的借口，那么这便是一个绝好的借口。实际上，女儿的惨死将他的前妻抛入了一种以毒品支撑的麻木状态，但是，斯莱奇却找到了继续生活的力量。

斯莱奇女儿的惨死从下面的意义而言是必备的：假设霍顿·福特写出的是这样一个剧本：孑然一身的酒鬼斯莱奇早晨醒来发现自己的生活毫无意义。他后来见到了一个女人，爱上了她，喜欢上了她的孩子，愿意共同抚养他，并皈依宗教，最后写出了新的曲子。淡出。这并不是一个故事，这只是白日梦。如果对意义的求索已经给斯莱奇带来了深刻的内心变化，福特应该怎样来表达？并不是通过当众宣布一种心态的改变。**自我解释的对白不能说服任何人。它必须由一个终极事件来考验，通过充满压力的人物选择和动作；通过最后一幕的必备（危机）场景和高潮。**

当我说观众"知道"一个必备场景正在等着他们时，并不是指他们确知这场景会何时到来。就算这个事件处理有误，观众也不至于在走出影院的时候想到："影片真臭！连个必备场景都没有。"而是会凭直觉知道，影片缺少了点什么。终身的故事仪式已经教会了观众这样的预期：激励事件惹发的对抗力量将会进展到人类经验的极限，而故事讲述并不会轻易地结束，除非主人公在某种意义上与这些对抗力量面对面地分庭抗礼，而且是在它们最强大的时候。把故事的激励事件和故事危机联系起来，这便是预示，即通过早期事件的安排为晚期事件做好准备。事实上，**你所做出的每一个选择，类型、背景、人物、情调，都是一种预示。通过每一句对白或每一个动作形象，你引导观众预期某种特定的可能性，于是，当事件到来时，它们便能以某种方式满足你所创立的期望。**然而，预示的首要组成部分便是通过激励事件将必备场景（危机）投射到观众的想象之中。

◎ 激励事件的定位

在故事的总体设计中，应该把激励事件置于何处？根据行家的经验，**主情节的第一个重大事件必须在讲述过程的前四分之一时段内发生。**这是一个有益的指南，无论是谁说的。你会让戏院观众在黑暗中安坐多长时间才让他们真正进入戏剧的故事？你会不会让你的读者在一部四百页的小说中拼命搜寻一百页之后才找到主情节？在无可救药的厌倦感侵入观众心灵之前，你要浪费多长时间？一部两小时故事影片的标准是，将主情节的激励事件定位于前半个小时之内。

激励事件可以是影片中所发生的第一个事件。在《苏利文的旅行》的头三十秒钟，苏利文（乔尔·麦克雷），一个以专门炮制无聊而又能赚钱的影片著称的导演，不顾制片厂老板的反对，坚持拍摄了一部具有重大社会意义的影片。在《码头风云》的开始两分钟之内，特里（马龙·白兰度）无意中帮助匪徒谋杀了一个朋友。

也可以放在很后面。《出租车司机》进展到二十七分钟之后，一个雏妓艾瑞丝（朱迪·福斯特）跳进特拉维斯·比克尔（罗伯特·德尼罗）的出租车。

她那嗜虐成性的皮条客马修（哈维·凯特尔）猛地把她拽出车外，倒在街上，于是激发了特拉维斯营救她的欲望。在《洛奇》进展到半小时之后，一个名不见经传的俱乐部拳击手洛奇·巴尔博厄（西尔维斯特·史泰龙）同意迎战阿波罗·克里德（卡尔·韦瑟斯），争夺世界重量级拳王。《卡萨布兰卡》放映到第三十二分钟，当山姆演奏《时光流逝》的旋律时，伊尔莎突然重新出现在里克的生活中，引发了银幕上最伟大的爱情故事之一。

也可以置于中间任何地方。然而，如果主情节的激励事件在影片开演十五分钟之后还迟迟不来，那便会有令人厌倦的危险。因此，**在让观众等候主情节时，也许还需要一个次情节来保持观众的兴趣。**

在《出租车司机》中，特拉维斯政治暗杀的疯狂企图这一次情节便首先抓住了我们。在《洛奇》中，我们一开始便被阿德莉安（塔莉娅·夏尔）和洛奇之间那种欲说还羞、剪不断理还乱的贫民区爱情故事所吸引。在《唐人街》中，吉提斯被人蒙骗，开始调查霍利斯·马尔雷的通奸案，当吉提斯极力摆脱这一圈套时，这一次情节便令我们兴趣盎然。《卡萨布兰卡》的第一幕利用不少于五个节奏紧凑的次情节激励事件将我们牢牢地勾住。

但是，为什么要让观众坐等半个小时，看完次情节后才开始进入主情节？比如，《洛奇》属于体育类型。为什么不用两个快捷的场景开始：重量级拳王在片头字幕滚动时便给予俱乐部的无名拳手沉重一击（伏笔），然后是洛奇选择接受挑战（分晓）。为什么不在影片开篇时便直接进入主情节？

因为，如果《洛奇》的激励事件是我们所看到的第一个事件的话，我们的反应将会是耸耸肩，再来一句："那又怎么着？"因此，史泰龙利用前半个小时勾画出洛奇的世界以及人物的技能和经济状况，于是，当洛奇同意迎战时，观众的反应将会强烈而完整："就他？那个倒霉蛋？！"他们感到惊愕，在内心深处恐惧那即将发生的以洛奇失败而告终的血腥场面的来临。

应该把主情节的激励事件尽快引入……但务必等到时机成熟。

一个激励事件必须"勾住"观众，使之做出一种深刻而完全的反应。他们的反应不应只是情感的，还必须是理性的。这一事件不应只是撩拨观众的情感，还应导致他们提出那一"戏剧大问题"，并想象出那一"必备场景"。因此，如何对主情节的激励事件进行定位，取决于对这一问题的回答：关于主人公及其世界，观众需要知道多少东西才能引发出一种完全的反应？

在有些故事中，什么也不需要。如果一个激励事件本身便具有原始模型的特性，那么它并不需要什么伏笔，而是必须直截了当地发生。卡夫卡的《变形记》开篇第一句话便是："一天，格里高尔·萨姆沙一觉醒来发现自己变成了一只大蟑螂。"《克莱默夫妇》：在影片的头两分钟，妻子离家出走，把孩子丢给丈夫。它并不需要准备，因为我们马上便能理解这种事情给任何人的生活带来的可怕冲击。《大白鲨》：鲨鱼吃掉游泳者，警长发现尸体。这两个场景在头几秒钟之内便具有巨大的冲击力，令我们立即感受到那种恐怖的氛围。

假如，彼得·本奇利在《大白鲨》开篇表现警长向纽约市警察局辞职，搬到亲睦岛，渴望在这个度假小镇过着一种作为和平执法官的平静生活。随后，我们见到他的家人，见到小镇议会和镇长。初夏时节，游人纷至，太平盛世，其乐融融，突然一条鲨鱼吃了一个人。再假设，斯皮尔伯格居然愚蠢到按照剧本拍出了这些解说性的场景，那么我们能够看到它吗？不能。剪辑师弗娜·菲尔兹将会把它扔到剪辑室的地板上，并解释道，观众需要知道的，有关警长及其家人，有关镇长、镇议会以及游客的一切情况，将会在镇民们对鲨鱼进攻的反应中得到戏剧化的精彩表现……而影片《大白鲨》只能从大白鲨开始。

尽快引入，但务必等到时机成熟……每一个故事世界和人物设置都是不同的，因此，每一个激励事件都是一个不同的事件，定位于一个不同的点。如果它来得过早，观众也许会感到迷惑；如果它来得太迟，观众也许会感到厌倦。只要观众对人物及其世界的了解足以令其做出完全的反应，你就必须推出你的激励事件。早一个场景不行，晚一个场景也不行，其准确时刻必须通过感觉和分析来定夺。

如果说作家在激励事件的设计和定位上有什么通病的话，那就是，我们会习惯性地推迟主情节，在开篇序列中一味地充塞一些解说性的东西。**我们一贯地低估观众的知识和生活经历，用烦琐的细节来展示我们的人物及其世界，而对于这些东西，观众往往仅凭常识便能知晓。**

英格玛·伯格曼之所以成为最优秀的电影导演之一，我认为，是因为他首先是一个最优秀的银幕剧作家。而且伯格曼作品中一个超凡脱俗的素质就是他的极端简约——有关任何东西他所告诉我们的都是少得不能再少。例如，《犹在镜中》，关于他的四个人物，我们所知道的一切就是，父亲是一个丧偶的畅销小说作家，他的女婿是个大夫，他的儿子是个学生，他的女儿是个精神分裂症患者，其母也死于同样的病症。女儿从医院回来，与家人一起在海边度过几天。单是这一动作便打破了他们所有人的生活平衡，从一开始便推进了强烈的戏剧效果。

没有什么售书签名仪式的场景帮助我们了解父亲只是一个商业成功的作家，而评论界并不叫好。没有什么手术室的场景来展示女婿的职业。没有什么寄宿学校的场景来解释儿子是多么地需要父亲。没有什么电疗场面来解释女儿的病痛。伯格曼知道，他的都市观众都知道畅销书作家、医生、寄宿学校和精神病医院是怎么一回事，所以还是少说为妙。

◎ 激励事件的质量

电影发行商中间流传着一个脍炙人口的笑话：典型欧洲影片的开场镜头是，一片阳光辉映的金色云彩，然后切入更加辉煌而扩展的云彩，然后再切入更加宏阔而泛红的云彩。而好莱坞影片以金色的波状云层作为开始，第二个镜头是一架波音 747 破云而出，第三个镜头便是飞机爆炸。

一个事件必须具备什么样的质量才能成为一个激励事件？

《普通人》具有一个主情节和一个次情节，但其非常规设计，这两个情节常常被混淆。康拉德（蒂莫西·赫顿）是影片次情节的主人公，其激励事件在一次海上风暴中夺去了他哥哥的生命。康拉德幸免于难，但心怀深重的负罪感并产生自杀情结。兄弟的死属于幕后故事，只是在次情节的危机／高潮处，当康拉德重温船难经过并选择活下去时，以闪回的形式得到戏剧性的表现。

主情节由康拉德的父亲卡尔文（唐纳德·萨瑟兰）驱使。尽管他看似被动，却是货真价实的主人公：一个具有移情作用并有意志和能力追求欲望一直到路线终点的人物。在整个影片中，卡尔文一直在求索那一缠绕其家庭的残酷秘密并试图与他那无可救药的儿子和妻子和睦相处。在一场痛苦的斗争之后，他终于找到了那一秘密：妻子之所以恨他，并不是因为他们大儿子之死，而是因为康拉德的出生。

在危机处，卡尔文面对妻子贝思（玛丽·泰勒）揭露了真相：她是一个生活过分讲究条理的女人，只想要一个孩子。第二个儿子降生后，贝思反感二儿子对母爱的渴求，因为她只能爱第一个儿子。她从一开始就仇恨康拉德，而且康拉德从小就感觉到这一点。这也是他哥哥死后，他产生自杀情结的原因。卡尔文然后逼迫高潮的来临：妻子必须学会去爱康拉德，不然就离开。贝思走到壁橱，装好一个箱子，向门口走去。她无法面对自己不能爱亲生儿子的事实。

这一高潮回答了那一戏剧大问题：这个家庭是否能解决其问题或者终将解体？从此回溯，我们去寻找激励事件，那一打破卡尔文生活平衡并把他送上求索之路的事件。

影片开场是康拉德从精神病院回家，据推测应该是治好了他的自杀情结。卡尔文觉得，他的家庭已经从失落中挺过来，平衡已经恢复。第二天早晨，康拉德情绪恶劣，在早餐桌上与父亲对坐。贝思把一盘法式烤面包放在儿子鼻子底下。他表示不想吃。贝思抢过盘子，气冲冲地走到厨房水池旁，将他的早餐倒进垃圾桶，嘴里叨叨着："法式烤面包不吃就只能扔掉。"

导演罗伯特·雷德福的镜头随即切入到父亲这个生活面临崩溃的男人。卡尔文立即感到，仇恨又卷土重来了。在它的后面还暗藏着更加可怕的东西。这一冷酷的事件马上便攫住了观众的心，让他们忍不住琢磨："瞧她对孩子做了些什么！他刚刚从医院回来，她就这样对待他。"

小说家朱迪思·格斯特和银幕剧作家阿尔文·萨金特给了卡尔文一个沉静的人物塑造，他并不是那种从桌前暴跳起来，对妻儿实施淫威以迫其就范的人。他的第一个想法就是给他们时间，鼓励他们培养感情，一如墙上家庭照片的场景。当他得知康拉德在学校遇到麻烦时，他为康拉德雇了一位精神病医生。他对妻子轻声细语，尽量去体谅她。

　　由于卡尔文是一个优柔寡断、富于爱心的人，萨金特不得不将影片进展的动力构建在次情节周围。康拉德在自杀边缘的挣扎要比卡尔文的微妙求索远为主动。所以，萨金特把这个孩子的次情节置于前景，并给予它过度的强调和银幕时间，同时小心翼翼地增加背景中主情节的力度。等到次情节在精神病医生的办公室结束时，卡尔文便已准备好将主情节带到它无可奈何的终点。但究其根本，《普通人》的激励事件却是由一个女人将法式烤面包倒进垃圾桶所引发。

　　亨利·詹姆斯在其小说前言中对故事艺术有过精辟的论述，他曾经问道："一个事件究竟是什么？"他说，一个事件可以小到一个女人把手放在桌子上，以"那种特别的方式"看着你。在适当的上下文中，仅仅一个手势和一个眼神便可能意味着"我再也不想见到你了"或"我将永远爱你"：一个是生活的破裂，一个是新生的开始。

　　激励事件的质量（严格说来，任何事件的质量）必须与世界、人物及其类型密切相关。事件一旦构思完成，作者必须将精力集中于它的**功能**。激励事件能否彻底打破主人公生活中各种力量的平衡？它能否激起主人公恢复平衡的欲望？它能否在心中激发出那一自觉的欲望，令其求索那一他认为能够恢复平衡的欲望对象——无论是物质的还是非物质的。在一个复杂主人公心中，它是否还会激活一个不自觉的欲望，与其自觉的需要发生矛盾？它能否将主人公送上一条达成欲望的求索之路？它能否在观众脑中提出那一戏剧大问题？它能否投射出必备场景的影像？如果它能够做到这一切，那么它便可以小到一个女人把手放在桌子上，以"那种特别的方式"看着你。

◎ 激励事件的创造

最后一幕的高潮是所有场景中创作难度最大的：它是故事讲述的灵魂。如果它失败，整个故事终将失败。但是，写作难度居其次的则是主情节的激励事件。这个场景的改写率在所有场景中是最高的。所以，我在此提出一些问题，对激励事件的构思应该能有所助益。

可能发生在主人公身上最坏的事情是什么？那一事件如何才能最终成为可能发生在主人公身上最好的事情？

《克莱默夫妇》。最坏：工作狂克莱默的生活面临灾难，因为他的妻子离家出走，扔下孩子不管了。最好：这一事件使他不无震惊地意识到，他原来还有一个不自觉欲望，需要做一个富有爱心的人。

《不结婚的女人》。最坏：当丈夫告诉她，他要离开她去找别的女人时，埃里卡（吉尔·克雷伯格）悲愤填膺。最好：丈夫的离开结果对她来说是一种解脱的体验，使这个依靠男人生活的女人完成了独立自主和掌握自己命运的不自觉欲望。

或者：可能发生在我主人公身上的最好的事情是什么？它如何才能变成最坏的事情？

《魂断威尼斯》。一场瘟疫夺去了冯·阿斯陈巴赫的妻子儿女。从此以后，他一心埋头工作，以致身体和精神一并崩溃。医生把他送到威尼斯健身房恢复疗养。最好：他在那儿狂热而不能自已地爱上了……一个男孩。他对这个俊美少年的激情以及这种爱情的不可能性把他推向绝望。最坏：当新一轮的瘟疫侵入威尼斯时，男孩的母亲匆匆把儿子带走，冯·阿斯陈巴赫怅然留下等死，以逃脱其悲苦。

《教父2》。最好：迈克尔（阿尔·帕西诺）成为柯里昂黑道家族的老大，他决定把他的家族引入白道。最坏：他对黑手党忠诚法典的无情执行，导致了他的心腹助手被刺，导致了妻儿对他的疏远，导致了他的兄弟被谋杀，使他变成了一个晚景凄凉的孤家寡人。

一个故事可以按照这一形式循环不止一圈。最好是什么？如何变成最坏？如何再次逆转，成为主人公的重生？或者：最坏是什么？如何变成最好？最后如何再次导致主人公的毁灭？我们之所以总是在"最好"和"最坏"之间伸展，是因为故事若要成为艺术，并不是讲述人类体验的中间地带。

激励事件的冲击给我们创造了到达生活极限的机会。它是一种爆炸。在动作片类型中，它也许是一种实际的爆炸；在其他影片中，则可能会像一抹微笑那样悄无声息。无论多么微妙或直接，它必须打乱主人公的现状，将他的生活推出其现行轨道，使人物的宇宙变成一片混乱。**在这一片混乱之中，你必须在高潮处找到一个结局，无论好坏，最终使这一宇宙得到重新安排，进入一个新的秩序。**

CHAPTER 09
幕设计

进展纠葛 / 幕设计 / 幕节奏

◎ 进展纠葛

五部分设计的第二个要素是进展纠葛：这是故事的一个更大的抛物线状主体，从激励事件一直横跨到最后一幕的危机／高潮。纠葛是指，为人物的生活制造磨难。**进展纠葛**是指，当人物面对越来越强大的对抗力量时，产生越来越多的冲突，从而创造出一系列逐次发生的事件，经过一个个无法回归的点。

○ 不归点

激励事件把主人公送上一条求索之路，去追寻自觉或不自觉的欲望对象，以恢复生活的平衡。在开始追求他的欲望时，他采取了一个最小的保守行动，以促发来自其现实的正面反应。但是，其行为的结果却激发了来自内心的、个人的或社会／环境的冲突层面上的各种对抗力量，阻挡着他的欲望，在期望和结果之间开掘出鸿沟。

当鸿沟裂开时，观众意识到，这是一个不归之点。最小的努力无济于事。人物不可能通过采取较小的行动来恢复生活的平衡。从此以后，一切类似于人物第一次努力的行动，一切这种力度和性质的轻量级行动，都必须从故事中排除。

主人公意识到自己所冒的风险，表现出更大的意志力和能力，奋力越过这一鸿沟并采取第二个难度更大的行动。其结果是，再次引发对抗力量，在期望和结果之间开掘出第二道鸿沟。

观众现在感觉到，这也是一个不归之点。类似第二个行动这样的温和行动也不会成功。因此，一切这种力度和性质的行动都必须从故事中排除。

人物面临更大风险，他必须重振旗鼓，以适应他所处的变化了的情境，并采取一个要求更强意志力和个人能力的行动，期待或至少是希望从他的世界中得到一个有所助益或易于驾驭的反应。但是，更加强大的对抗力量对其第三个行动做出反应，鸿沟再一次訇然中开。

观众再一次认识到，这又是另一个不归之点。这些更为极端的行动还是无法让人物得到他想要的东西，所以这些行动也要被排除在考虑之外。

通过发掘出人物越来越大的能力，要求他们表现出越来越强的意志力，并将他们推向越来越大的风险，令他们不断越过一个个按照行动的力度或性质划定的不归之点，作者便构建出了一个循序渐进的故事进展过程。

故事绝不能退隐于轻量级性质或力度的行动，必须循序渐进地朝着观众无从想象出更好替代的一个最后行动向前运行。

你有过多少次这样的经验？一部影片开场不错，马上把你勾入人物的生活。故事的前半个小时以极度有趣的状态进展到一个重大转折点。但当影片放映到四五十分钟时，故事开始拖沓。你的视线从银幕上挪开；你看看手表；后悔进场时没有多买些爆米花；你开始注意和你一起来看电影的人的解剖学特征。也许影片进度恢复而且结尾漂亮，中间却有二三十分钟的疲软，令你兴味索然。

如果你仔细观察如此之多的影片腰带上凸出的软大肚子，那么你将会发现，这就是作者的见识和想象疲软的地方。他未能构建进展过程，实际上，他让故事走上了倒退之路。在第二幕的中间部分，他还给人物设计那种他们已经在第一幕尝试过的微小行动——倒不是完全相同的行动，而是力度或种类类似的行动：最小、保守，现在还变得琐碎。我们在观看时，直觉告诉我们，这些行动在第一幕中就没有使人物得到他想要的东西，那么在第二幕中也不可能使他得到。作者在令故事循环，而观众则是在踩水。

若要使影片激流奔涌起伏，唯一的办法就是进行研究——想象、记忆和事实的研究。一般而言，一部故事片长度的大情节影片都是设计为四十到六十个场景,组合成十二到十八个序列,构建为三个或更多的幕,其力度一个强似一个,循序渐进,直到路线终点。要创造出四十到六十个场景而又不重复自己,你需要发明数百个场景。在勾画出这座素材山之后,你要在山上开采出那少之又少的宝石,把序列和幕串联成一个个难忘而动人的不归之点。因为,如果你只设计出要填满一部一百二十页剧本所需的四十到六十个场景,那么你的作品注定是反渐进和重复的。

○ 冲突法则

当主人公走出激励事件,他便进入了一个由冲突法则统领的世界。亦即:
若无冲突,故事中的一切都不可能向前进展。

换句话说,冲突之于故事讲述,犹如声音之于音乐。**故事和音乐都是时间艺术,时间艺术家最最艰难的唯一任务就是要勾住我们的兴趣,始终如一地保持我们注意力的集中,然后带着我们在时间中穿行而又不让我们意识到时间的流逝。**

在音乐中,这种效果是通过声音来达成的。乐器或歌声攫住我们并把我们向前推进,使时间消失。假设我们在听一首交响曲,乐队戛然而止。其效果将会是什么?首先是迷惑不解,不知道他们为什么要停下,然后我们很快就会在自己的想象中听到时钟的嘀嗒声。我们对时间的流逝会变得异常敏感,而且由于时间是如此的主观,就算乐队仅仅停顿了三分钟,我们也会觉得好像过了半个小时。

故事的乐音就是冲突。只要冲突占据着我们的思想和情感,我们在时间中旅行就不会意识到我们所走过的路程。然后,影片突然结束。我们看看表,大吃一惊。但是,当冲突消失时,我们也会有同样的反应。悦目的摄影画面所带来的视觉效果或美妙的音乐所给予的听觉享受也许能取悦我们一时,但是,如果冲突停顿的时间太长,我们的眼睛将会离开银幕。而且,眼睛一旦离开银幕,思想和情感也会随之而去。

冲突法则不仅仅是一条审美原理，它还是故事的灵魂。**故事是生活的比喻，活着就是置身于看似永恒的冲突之中**。即如让－保罗·萨特表达的那样，现实的精华就是匮乏，一种普遍而永恒的欠缺。这个世界上的一切东西都不够人们享用。食物不够，爱不够，正义不够，时间永远不够。如海德格尔所说，**时间是存在的基本范畴**。我们生活在其不断缩减的阴影之中，如果我们想要在短暂的人生中成就点什么，让我们死的时候不存在浪费时间的遗憾，那么我们将会与那些阻止我们欲望的匮乏力量迎面撞上。

那些不能把握我们短暂人生真谛的作家，那些被现代世界的虚假繁荣所误导的作家，那些相信只要掌握了游戏规则生活便会容易的作家，他们无疑会给冲突投射出一个被曲解的假象。他们的剧本注定会因下面两个原因之一而失败：要么充斥着毫无意义、荒诞不经的暴力冲突；要么缺乏意味深长而又得到忠实呈现的冲突。

前者是动感特技的习作，由那些照搬教科书冲突创作规范的作家写成，但是，由于他们对真诚的人生斗争漠不关心或视而不见，这些作家便炮制出一些虚张声势、暴戾恣睢的苦难托辞。

后者是与冲突本身反其道而行的冗长乏味的肖像式刻画。这些作者一厢情愿地认为，生活其实是美好的……如果没有冲突的话。因此，他们的影片回避冲突，而大肆张扬低调的描写，旨在宣示，如果我们学会更好地沟通，变得更加仁爱，尊重环境，人类便会回归乐园。但是，如果说历史给我们提供了什么教训的话，那就是，当毒化人心的梦魇终于被清除，当无家可归者都能安居乐业，当全世界完全采用太阳能时，我们每一个人的烦恼都还会是那样深重且铺天盖地。

处于这一极端的作家未能意识到，尽管从一个层面到另一个层面，冲突的质量会发生变化，但生活中冲突的数量却是一个常量。该缺的东西还会永远缺下去。就像挤压一个气球一样，冲突的体积是永远不会改变的，它只不过是朝另一个方向膨胀而已。当我们将冲突从生活的一个层面拿掉，它会在另一个层面放大十倍。

例如，如果我们设法满足自己的外在欲望，找到了与世界的和谐，那么这种安宁很快就会转化成无聊。此时，萨特的"匮乏"则变成了冲突本身的缺乏。无聊即是当我们失去欲望后，当我们缺乏一种缺乏感时所产生的内在冲突。更糟的是，如果我们将一个没有冲突的人物生活搬上银幕，这个人物日复一日地过着一种宁静而满足的生活，那么观众因厌倦而产生的痛苦将清晰可触。

总体上而言，对工业国家的知识阶层来说，物质生存的斗争已经消除。这种来自外在世界的安全感给了我们时间去反思内心世界。一旦住房、吃饭、穿衣和医疗问题得到解决，我们便能松一口气并意识到，作为人类，我们的生活是多么的不完整。我们想要的不仅仅是物质享受，我们需要的诸多东西之一便是幸福，于是，我们的内心斗争便开始了。

不过，作为一名作家，你若发现自己对头脑、肉体、情感和灵魂的冲突没有兴趣，那么你应该看一看第三世界，看看那里的人类是怎么生活的。他们大多数都忍受着物资短缺的痛苦生活——贫病交加、食不果腹、独裁专制、暴政肆虐。下一代能否过上幸福生活，亦了无希望。

如果内心生活和大世界中冲突的深度和广度不能打动你，那么想想这个：死亡。死亡就像是一辆未来的货运火车，向我们迎面驶来，使现在和那时之间的距离一分一秒地逼近。如果我们想获得生活上的任何满足感，就必须赶在火车碾过来之前起用生活的对抗力量。

一个艺术家只要立志创造出具有永恒价值的作品，便迟早会意识到，生活既不是对紧张局面的微调，也不是那种十恶不赦的罪犯盗取核武器占领城市以索取赎金的超级冲突。**生活就是关于这些终极问题的提问，如：如何找到爱和自我价值？怎样才能使内心的混乱归于宁静？以及我们周围无处不在的巨大的社会不平等和时间的一去不复返。生活就是冲突。冲突是生活的本质。**作家必须决定在何时何地排演这种斗争。

○ 纠葛型 VS 复杂型

为了让故事产生纠葛，作者必须循序渐进地制造冲突，一直到线索的终点。

这是一项足够艰难的任务。但是，如果我们要把纯粹的纠葛完全复杂化，那么这一任务的难度便会呈几何级数增加。

如我们所见，冲突可以来自对抗力量的任何一个、两个或所有三个层面。简单的故事纠葛是指，将所有冲突置于这三个层面的仅仅一个之上。

从恐怖片到动作探险片到闹剧片，动作英雄仅仅在个人外层面面对冲突。例如，詹姆斯·邦德没有内心冲突，我们也不会把他与女人的际遇误认为个人化的东西——它们纯属娱乐而已。

纠葛：
只发生于一个层面的冲突

内心冲突——意识流
个人冲突——肥皂剧
个人外冲突——动作/探险、闹剧

纠葛型影片共有两个显著特征。一是人物设置庞大。如果作者将主人公限定于社会冲突，那么他将需要如广告语所号称的"成千上万名人物"。詹姆斯·邦德面临着各式各样的大坏蛋及其僚属、杀手、美女蛇以及军队，再加上帮手人物和需要救助的平民——不断增加的人物，来制造邦德与社会之间不断加强的冲突。

第二个特征是，纠葛型影片需要多场地和多景点。如果作者通过物质冲突展开进展，他就必须不断地变换环境。一部邦德影片可以从维也纳一家歌剧院开始，然后到喜马拉雅山，再穿过撒哈拉大沙漠，再到北极冰冠之下，上至月球，下到百老汇，给予邦德越来越多的机会展示其令人痴迷的绝技。

仅仅在个人冲突层面上纠葛的故事被称为肥皂剧，这是家庭剧和爱情故事结合而成的一种开放式结局的故事，其中的每一个人物都与故事中其他任何人物具有一种亲密关系——众多的家庭、朋友和爱人，都需要场地供其活动：起居室、卧室、办公室、夜总会、医院。肥皂剧人物没有内心或个人外冲突。他们得不到想要的东西时就会感到痛苦，但是，由于他们不是好人就是坏人，所以他们很少面临真正的内心两难之境。社会绝不会去干预他们的温室世界。例如，如果一起谋杀案将一个作为社会代表的侦探引入故事，那么你可以肯定，在一个星期之内这个警察必定会与肥皂剧中的每一个其他人物发生亲密的个人关系。

仅仅在内心冲突层面上纠葛的故事，不是电影，不是戏剧，也不是常规小说，它们是属于意识流样式的散文作品，是思想和情感之内在特质的一种语言化表达。它也需要庞大的人物设置。即使我们将故事定位于一个人物的内心，那个人物的头脑中却充斥着他所遇到过或希望遇见的每一个人的记忆和形象。更有甚者，意识流作品，如《裸体午餐》中意象的密度是那样强烈，在一个句子中就会有三四个景点的改变。地点和面孔像连珠炮一般扫射到观众的想象中，但是这些作品都停留在一个层面上，尽管是一个丰厚的主观层面，因此也只是纯粹的纠葛型故事。

复杂型：
发生在所有三个层面的冲突

> 内心冲突
> 个人冲突
> 个人外冲突

为了达到复杂化，作者将人物引入所有三个层面的冲突，而且常常是同时的。例如，《克莱默夫妇》中有一个看似简单，实则复杂的场景，堪称过去二十年来一个最令人难忘的电影事件：这便是其中的法式烤面包场景。这一著名的场景在三种价值的复杂层面上进行转折：自信、孩子对父亲的信任和崇拜感以及家庭生存。当场景开始时，所有三种价值都带着正面负荷。

在影片的最初时刻，克莱默发现，妻子已经抛下他和儿子。他忍受着一种内心冲突的折磨，其表现形式一方面是对自己一筹莫展局面的怀疑和恐惧，另一方面则是那种男性傲慢，认为女人所能做到的任何事情都是轻而易举的。不过，在场景开始时，他却充满自信。

克莱默也有个人冲突。他的儿子歇斯底里，害怕没有妈妈给他做饭吃他会饿死。克莱默尽量让儿子平静，告诉他不用担心，妈妈会回来的，但在妈妈回来之前我们一定会玩得不错，就像在外面野营一样。孩子擦干眼泪，相信父亲的许诺。

最后，克莱默还有个人外冲突。厨房对他来说犹如一个外星世界，但他还是摆出一副法国大厨的架势迈进了厨房。

他把儿子抱上凳子，问他早餐想吃什么，孩子说："法式烤面包。"克莱默松了一口气，拉出一个大煎锅，倒上油，把锅放在炉子上，把火焰开到最大，回头开始寻找材料。他知道，做法式烤面包得用鸡蛋，于是打开冰箱，找到了几只，但不知道该用什么容器来打鸡蛋。他在碗橱内乱翻一气，终于拿出了一只上面写着"泰迪熊"字样的咖啡杯。

儿子看见了墙上手写的字，警告克莱默说他见过妈妈打鸡蛋，她用的不是杯子。克莱默告诉儿子说杯子也能用。他敲开鸡蛋，居然也能打到杯子里面，可有很多都洒到了外面，黏糊糊的……儿子哭了起来。

锅里的油开始爆响，克莱默有点慌神。他根本想不到要把煤气关上，反而开始跟时间赛跑。他又打了一些鸡蛋到杯子里面，冲到冰箱旁，拿出一桶牛奶，往杯子里倒，结果又溢出了很多。他找了一把黄油刀，用它搅拌蛋液，这样桌面上洒出的东西更多了。儿子已经看出今天的早餐肯定是吃不成了，于是哭得更厉害了。锅里的油现在已经开始冒烟。

克莱默绝望、恼怒，已经无力控制他的恐惧，抓了一片"奇妙"牌面包，看着它两眼发呆，意识到根本塞不进杯子。他把面包对折，硬塞了进去，出来的是满手湿乎乎滴滴答答的一团，又是面包，又是蛋黄，又是牛奶，慌忙扔进油锅，结果油星飞溅，烫着了他自己也烫着了儿子。他连忙把油锅从炉子上拿下，结果把手烫伤。他顺势抓住孩子的胳膊，把他推到门外，说道："我们去饭馆吧。"

克莱默的男性傲慢被他的恐惧压倒，他的自信由正面转向负面。他在吓坏了的孩子面前出尽洋相，儿子的信任和崇拜也从正面转向负面。他被一个似乎具有生命动感的厨房击败，就好像厨房伸出了拳头，鸡蛋、黄油、面包、牛奶和油锅，一拳接着一拳地将他打出门外，把家庭生存从正面转向负面。这个场景几乎没有对白，只是一个男人试图为儿子做早餐的简单动作，可它却成为电影史上最令人难忘的场景之一——一个男人与生活中各个层面的复杂性同时发生冲突的一场三分钟戏剧。

除非你的雄才大略就是想要创作动作类型、肥皂剧或意识流散文，**我对大多数作家的忠告是，设计相对简单而又复杂的故事**。"相对简单"并不是指简单化。它是指限定于下列两条原则的转折漂亮、讲述精彩的故事：不要增生人物，不要繁殖景点。与其在时间、空间和人物之间玩着跳房子的游戏，还不如克制**自己去设置一个具有合理限定的人物阵容和世界，并将精力集中于创造一个丰富的复杂型故事**。

◎ 幕设计

即如一部交响曲可以分为三个、四个或者更多乐章逐次展开，故事也是通过乐章来讲述的，故事的乐章被称为幕——故事的宏观结构。

节拍，通过改变人们的行为模式，构建成场景。理想的效果是，每一个场景都能成为一个转折点，押上台面的价值从正面摆向负面或者从负面摆向正面，在人物的生活中创造出意义重大但程度细微的变化。一系列场景构建成一个序列，并以一个对人物造成适中打击的场景作为顶点，以甚于同一序列中任何场景将其价值向更好或更坏方向改变的程度。一系列序列构建成一个幕，以一个场景作为高潮，在人物的生活中创造出一个重大的逆转，其强度甚于任何已经完成的序列。

在《诗学》中，亚里士多德推断出，在故事的长短——读完或演完它需要的时间——和讲述故事所必需的转折点数量之间具有一种联系：作品越长，重大的逆转便越多。

换言之，亚里士多德以其礼貌的方式恳求道："请不要令我们厌倦。不要让我们在那些坚硬的大理石座位上安坐几个小时净听一些圣歌和悲叹，而实际上什么也没有发生。"

根据亚里士多德的原理：一个故事可用一个幕讲述——一系列场景构筑成几个序列，最后进展为一个重大逆转，结束故事。不过，如果是这样，则必须简短。这就是所谓的短篇小说、独幕剧，抑或也许只有五到二十分钟的学生电影习作或试验电影。

一个故事可用两幕讲述：两个重大逆转之后，便告结束。但是，这同样要求比较简短：情境喜剧、中篇小说或一小时戏剧，如安东尼·谢弗的《黑色喜剧》和奥古斯特·斯特林堡的《朱丽小姐》。

但是，当故事达到一定的长度——故事影片、一小时一集的电视剧、全长戏剧、长篇小说——时，则起码需要三幕。这并不是因为人为的常规，只是为了达到故事的深层目的。

作为观众，我们拥着故事艺术家说："我想要一种达到生活极限的具有广度和深度的诗化体验。但是，我是一个通情达理的人。如果我只给你几分钟的时间来读完或看完你的作品，那么，要你把我带到那一极限的要求就太不公平了。如果是这样，我就只能要求一瞬间的愉悦，增长一两个见识，仅此而已。但是，如果我把生命中重要的几个小时交给你，我就不得不指望你成为一个具有力度的艺术家，能够到达人类体验的极地。"

在我们试图满足观众需要的努力中，为了讲出能够同时触动最最内在和最最外在的生活之源的故事，两个重大逆转是远远不够的。无论故事的讲述背景或规模如何，无论是国际题材还是史诗题材，无论是家庭题材还是个人题材，**叙事艺术中任何长篇作品都至少必须通过三个重大逆转才能够到达线索的终点。**

试考虑这样的节奏：情况很坏，然后变好——故事结束。或者，情况很好，然后变坏——故事结束。或者，情况很坏，然后变得更坏——故事结束。或者，情况很好，然后变得更好——故事结束。在以上四种情况中，我们感到总是缺少点什么。我们知道，第二事件，无论是正面负荷还是负面负荷，既不是终点也不是极限。即使第二个事件把所有人都杀光：情况很好（或很坏），然后所有人都死光——故事结束——那还是不够。"好，他们都死了。然后呢？"我们煞费猜测。第三个转折缺失，而且我们知道我们尚未触及极限，直到至少另一个重大逆转发生。因此，在亚里士多德指出之前的几百年间，三幕故事节奏就已成为故事艺术的基础。

但它只是一个基础而已，不是公式，所以我将从它入手，然后详述它的一些变体。我所采用的比例是指故事影片的节奏，但是，它们原则上同样适用于戏剧和小说。我必须再一次提请你们注意：这只是一个概数，并不是公式。

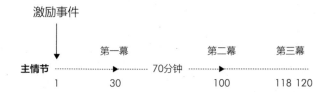

第一幕，亦即开篇乐章，典型地耗费整个讲述过程百分之二十五的时间，一部一百二十分钟的影片中，第一幕高潮发生于二十到三十分钟之间。最后一幕必须是最短的一幕。在一个理想的最后一幕中，我们要给观众一种加速感，一个急剧上升的动作，直逼高潮。如果作者试图拉抻最后一幕，加速升级的进度几乎肯定会在乐章中部变缓。所以，**最后一幕一般都比较简短，绝对不要超过二十分钟。**

假设一部一百二十分钟的影片将其主情节的激励事件定位于第一分钟，第一幕高潮在三十分钟处，第三幕为十八分钟，再有两分钟的结局直到淡出。这一节奏创造了一个长达七十分钟的第二幕。一个在其他各方面都讲得不错的故事如果会陷入泥沼的话，问题就出现在这个地方——因为作家必须小心翼翼地趟过这一长长的第二幕泥沼。对此，有两个可能的解决办法：增加**次情节**或增加**新的幕。**

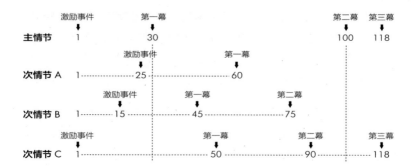

次情节有其自身的幕结构，尽管通常比较简短。在以上主情节的三幕设计中，我们可以编织进三个次情节：一个独幕次情节 A，其激励事件发生于影片开演二十五分钟时，高潮和结局在六十分钟处；一个两幕次情节 B，其激励事件在十五分钟处，四十五分钟处出现第一幕高潮，在七十五分钟处以一个第二幕高潮结局；一个三幕次情节 C，其激励事件发生在主情节的激励事件之内（如，爱人见面，展开了一个次情节，但这一次情节与警察发现犯罪的主情节开始于同一场景），第一幕高潮在五十分钟处，第二幕高潮在九十分钟处，而且第三幕高潮发生在主情节的第三幕高潮内（爱人决定结婚，而在同一场景中，罪犯亦被缉拿归案）。

尽管主情节和三个次情节可以有多达四个不同的主人公，但观众可以移情于他们全部，而且每一个次情节都提出它自己的戏剧大问题。所以，观众的兴趣和情感被这四个故事勾住、固定并放大。而且，三个次情节一共有五个重大逆转，均发生于主情节的第一幕和第二幕高潮之间——这已足够令整个影片保持进展，加深观众投入，并紧缩了主情节第二幕的软肚子。

另一方面，并非每一部影片都需要或欠缺一个次情节，如：《亡命天涯》。那么，作者该如何解决冗长的第二幕问题？通过创造更多的幕。三幕设计是最起码的要求。如果作者在中点处进展出一个重大逆转，那么他就把故事分割成四个乐章，每一幕的长度都不超过三十或四十分钟。《闪亮的风采》中，大卫演奏完拉赫马尼诺夫的《第三钢琴协奏曲》之后便精神崩溃，便是一个绝好的例子。在好莱坞，这一技巧称为**幕中高潮**，这个术语听起来有点像性功能障碍，但却是指发生在第二幕中间的一个重大逆转，将三幕设计扩展为一种犹如易卜生的四幕节奏，加速了影片中段的进度。

一部影片还可以有一个莎士比亚式的五幕节奏，如：《四个婚礼和一个葬礼》。或者更多。《夺宝奇兵》为七幕；《情欲色香味》为八幕。这些影片每隔十五或二十分钟便出现一个重大逆转，决定性地解决了冗长的第二幕问题。但是，五到八幕的设计实属例外，因为一个问题的解决会导致其他问题的产生。

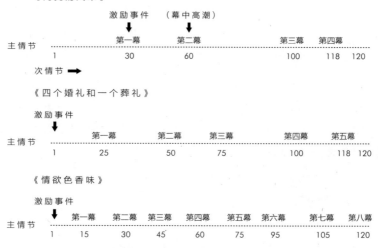

第一，幕高潮的繁殖容易招致陈词滥调。

一般而言，一个三幕故事要求四个重大场景：故事讲述开篇的激励事件以及第一幕、第二幕和第三幕的高潮。在《克莱默夫妇》的激励事件中，克莱默夫人离家出走，抛下丈夫和儿子。第一幕高潮：她回家，要求得到对儿子的监护权。第二幕高潮：法庭将儿子的监护权判给母亲。第三幕高潮：就像其前夫一样，她意识到，他们必须为了他们所爱的儿子的最佳利益而无私地行事，于是将孩子还给了克莱默。四个强烈的转折点被完美的场景和序列串了起来。

229

当作者增加幕时，他必须强行发明五个，也许六个、七个、八个、九个甚或更多的辉煌场景。这已成为一项他力所不能及的创作任务，所以他只好诉诸那些侵染如此之多动作影片的陈词滥调。

第二，幕的繁殖会削弱高潮的冲击力并导致重复感。

就算作家认为他要每隔十五分钟就努力创造出一个重大逆转，于是就利用生与死的场景来转折一幕幕的高潮，生与死、生与死、生与死、生与死，重复上七八次，厌倦感也还是会油然而生。用不了多长时间，观众就会打呵欠："这并不是一个重大转折。活该这家伙倒霉。每隔十五分钟就有人要杀他。"

所谓重大，是相对于适中和细微而言的。如果每一个场景都想振聋发聩，那么我们真的会变成聋子。**当太多的场景被用于竭力营造满堂爆彩的高潮时，本来重大的东西就会变得次要、重复，步步下滑，以致停顿。**这就是包含了次情节的三幕主情节已经成为一种标准的原因。它适合于大多数作家的创造能力，既提供了复杂性，又避免了重复。

○ 设计变体

首先，故事的变化是根据讲述过程中重大逆转的数目来判定的：从小情节的独幕或二幕设计——《离开拉斯维加斯》——到大多数大情节的三幕或四幕加次情节的设计——《大审判》——到许多动作类型的七幕或八幕——《生死时速》——到反情节的杂乱型式——《资产阶级的审慎魅力》——直到没有主情节，却可能在其不同的故事线上具有十几个重大转折点的多情节影片——《喜福会》。

第二，故事形态的变化取决于激励事件在故事中所处的位置。传统上，激励事件发生于故事讲述过程的早期，通过进展，在二三十分钟之后在第一幕高潮处构建出一个重大逆转。这一型式要求作者在影片的前四分之一处放置两个重大场景。不过，激励事件的出现可以迟至故事讲述过程的第二十分钟、第三十分钟，甚至更晚的时间。例如，《洛奇》便有一个姗姗来迟的主情节激励事件。这样做的效果是，激励事件实际上成为第一幕的高潮，同时达到了两个目的。

但是，作者不能为了方便而这么做。**推迟主情节入场的唯一理由是，要使观众详细了解主人公，以便他们能够对激励事件做出充分反应。**如果这是必要的，那么故事的讲述过程必须以一个作为伏笔的次情节作为开端。《洛奇》便有一个：阿德莉安和洛奇的爱情故事；《卡萨布兰卡》有五个：拉兹洛、乌加特、伊冯娜以及保加利亚妻子作为单一主人公，还有难民们作为复合主人公。当观众等待迟到的主情节成熟时，必须有故事讲给观众听，以保持其兴趣。

《洛奇》

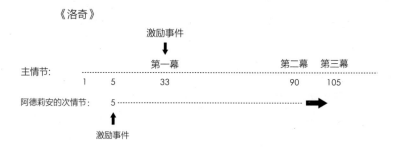

不过，假设成熟时刻是在第一分钟到第三十分钟之间的某个地方，那么，影片是否还需要一个伏笔式的次情节来作为开篇？也许需要，也许不需要。《绿野仙踪》的激励事件发生在第十五分钟处，当时一股旋风把多萝西（朱迪·嘉兰）刮到了芒奇金城。没有任何次情节为此埋下伏笔，但这一事件戏剧性地解说了她想到"彩虹上空的地方"去的渴望，我们正是因此而被吸引。在《亚当的肋骨》中，激励事件也是在影片的第十五分钟处才出现：地区检察官亚当·博纳（斯宾塞·屈塞）和他的辩护律师妻子阿曼达（凯瑟琳·赫本）发现他们自己处于审判的两个对立面。在这种情况下，影片以一个伏笔式的次情节作为开篇，让被告（朱迪·霍利德）发现丈夫的不忠，并开枪把他打死。这一事件将我们勾住并把我们带到主情节的激励事件。

有了一个第十五分钟处的激励事件，作者是否需要在三十分钟处设置一个重大逆转？也许需要，也许不需要。在《绿野仙踪》中，激励事件发生十五分钟之后，多萝西受到西部邪恶女巫威胁，给了她一双红拖鞋，并把她送上了一条寻找黄砖路的求索之路。在《亚当的肋骨》中，主情节的下一个重大逆转在激励事件发生四十分钟之后才出现，而此时，阿曼达在法庭赢得了关键性的一分。然而，一个男女关系的次情节使这一过程产生了纠葛——一个作曲家（大卫·韦恩）公开调戏阿曼达，令亚当十分恼火。

幕运动的节奏是由主情节激励事件的位置来确立的。因此，幕结构表现出巨大的差异。**主情节和次情节中重大逆转的数量和位置的选择，来自艺术家对素材的创造性操作，有赖于主人公的质量和数量和对抗力量的来源与类型，并最终根源于作者的人格和世界观。**

○ 假结尾

在偶然情况下，尤其是在动作片类型中，在倒数第二幕高潮处，或在最后一幕的进展过程中，作者会创造出一个假结尾：一个看似已然完成，以致我们一度认为故事已经结束的场景。外星人 E.T. 死了——电影完了，我们以为。在《异形》中，里普利炸掉了她的飞船并逃走了，我们以为。在《异形 2》中，她炸掉了整个星球并逃走了，我们期望。在《妙想天开》中，山姆（乔纳森·普雷西）从一个独裁政权中救出了吉恩（金·格雷斯特），有情人终成眷属，皆大欢喜……果真如此吗？

《终结者》设计了一个双重假结尾：里斯（迈克尔·比恩）和莎拉（琳达·汉密尔顿）用汽油瓶炸掉了终结者（阿诺·施瓦辛格），使它血肉横飞。情人庆贺胜利。可是，这个半人半机器的铬内壳却从火焰中站了起来。里斯冒着生命危险将一个雷管塞进了终结者的肚子，将它炸成两半。可是，这个家伙的躯干又复活了，用残存的机械手一步步爬向身受重伤的女主角，直到萨拉将其彻底毁灭。

假结尾甚至还能在艺术影片中看到。在《蒙特利尔的耶稣》临近高潮处，丹尼尔（罗泰尔·布鲁特）——在一部激情剧中扮演耶稣的演员——被掉下来的十字架打中。其他演员把昏迷不醒的他送到急诊室，但是他苏醒了，复活了，我们祈祷。

希区柯克酷爱假结尾，为了达到震惊效果甚至不顾常规地把它放在很早的地方。马德琳（金·诺瓦克）的"自杀"是《迷魂记》的幕中高潮，后来她又以朱迪的名义重新出现。玛丽昂（珍妮特·利）的淋浴谋杀标志着《惊魂记》的第一幕高潮，后来突然将类型从罪行片转换为精神分析惊险片，并将主人公从玛丽恩转换成由死者的妹妹、恋人和私人侦探构成的复合主人公。

不过，对大多数影片而言，假结尾都是不合时宜的。相反，倒数第二幕高潮应该强化戏剧大问题："时至此刻，还会发生什么？"

◎幕节奏

重复是节奏的死敌。故事的动感取决于正面价值与负面价值的交替变更。例如，一个故事中两个最强烈的场景往往是最后两幕的高潮。在银幕上，它们常常仅隔十到十五分钟。因此，它们不能重复同样的负荷。如果主人公得到了他的欲望对象，使最后一幕的故事高潮成为正面，那么倒数第二幕高潮则必须是负面。你不能用上扬结局来铺设上扬结局："情况非常美妙……然后变得更加美妙！"相反，如果主人公未能达成欲望，倒数第二幕高潮则不能是负面的。你不能用低落结局来铺设低落结局："情况很可怕……然后变得更糟。"**当情感体验重复时，第二个事件的力度将会减半。如果故事高潮的力度被减半，影片的力度也会随之减半。**

另一方面，一个故事可用反讽作为高潮，一个既正且负的结局。那么，倒数第二幕高潮中的情感负荷又该如何呢？要想找到答案，就必须对故事高潮进行深入的研究，因为，**反讽尽管有正有负，但二者绝不可以平衡。否则，正负价值将会互相抵消，故事将以平淡无味的中性结尾。**

例如，奥塞罗终于如愿以偿：他的妻子爱他，而且从未为了别的男人而背叛过他——正面。但是，当他发现这一点时，已经太晚了，因为他刚刚把她杀死——一个总体上负面的反讽。索菲太太被判终身监禁——负面。但是，她昂首挺胸地走进监房，因为她已如愿以偿，获得了那种超越一切的浪漫体验——一个总体上正面的反讽。作者通过仔细的思考和感觉，研究反讽，并确定它到底应向哪边倾斜，然后设计出一个倒数第二幕高潮，与故事总体的情感负荷构成矛盾。

从倒数第二幕高潮回溯到开篇场景，我们会发现，前面各幕高潮之间具有更大的间距，其间通常穿插着增强情感的次情节和序列高潮，创造出一种具有正面和负面转折的独一无二的节奏。其结果是，尽管我们知道最后一幕和倒数第二幕高潮必须互相矛盾，我们却无从预测故事的其他各幕高潮的价值是正面还是负面。每一部影片都能找到其自身的节奏，而且各种变通都是可能的。

○ 次情节和多情节

次情节较之主情节，所获的强调和银幕时间要少，但是，**往往正是次情节的创造才把一部有问题的剧本提升为一部值得拍摄的影片**：例如，《目击者》，如果没有大城市警察和阿米什寡妇之间的爱情故事作为次情节，那么这部影片将会是一个并不那么耐看的惊险片。另一方面，多情节影片绝不发展主情节；相反，它们将一系列次情节规格的故事交织在一起。在主情节和次情节之间，或者在多情节的各个不同情节线之间，具有四种可能的关系。

> **次情节可以用于与主情节的主控思想构成矛盾，从而以反讽丰富影片。**

假设你在写一部皆大欢喜的爱情故事，其主控思想是："爱情胜利，因为爱人可以为对方牺牲自己的需要。"你相信你的人物，相信他们的激情和自我牺牲，可是你总觉得这个故事实在是太甜美，太欢快。为了平衡讲述过程，你也许会创造一个次情节，引入其他两个人物，其爱情以悲剧告终，因为他们出于情感的贪婪而互相背叛。这一低落结局的次情节与上扬结局的主情节互为矛盾，使影片的总体意义更加复杂，更具反讽意味："爱情犹如双刃剑，可以朝两个方向切割：当我们给它自由时，我们就能拥有它，但是我们的占有欲却能够将它毁灭。"

次情节可以用于与主情节的主控思想构成回响，从而以同一主题的多种变异来丰富影片。

如果次情节表达的是与主情节同样的主控思想，但是却以一种不同的甚或非同寻常的方式来表达，它便创造了一种变异，对主题进行强化和补充。例如，《仲夏夜之梦》中诸多爱情故事都以大团圆结局——但是，有些甜美，有些嬉闹，有些崇高。

多情节影片正是根植于主题的对立与变异这一原理。多情节没有一个从结构上统一讲述过程的主情节脊椎。相反，一系列情节线要么互相交错，如《人生交叉点》，要么通过一个中心事物来连接，如《二十美元》中那张从一个故事飘向另一个故事的二十美元钞票，以及《游泳者》中将故事连接在一起的一系列游泳池——故事中只是有一串"肋骨"，但每一条单独情节线的强度都不足以把我们从第一个场景带到最后一个场景。那么，究竟是什么东西将影片融合成一个整体？一个思想。

《温馨家族》便是对"在为人父母的游戏中你永远不可能取胜"这一观念的各种变异大做文章。史蒂夫·马丁扮演了一位世界上最认真负责的父亲，他的孩子最后还是要接受心理治疗。贾森·罗巴兹则扮演一位世界上最不负责任的父亲，他的孩子后来还是回到他的身边，然后背叛了他。黛安娜·威斯特塑造了一个母亲形象，她试图为孩子做出一切安全的人生决定，但是孩子却比她更知道自己该怎么办。天下父母都能做的事情就是，爱他们的孩子，供养他们，当他们摔倒时把他们扶起来。但是，要想赢得这场游戏是不可能的，它没有输赢。《小餐馆》回响着这样一个思想：男人无法和女人沟通。芬威克（凯文·贝肯）无法面对女人说话。布吉（米基·洛克）对女人喋喋不休，但只是为了把她们骗上床。埃迪（史蒂夫·加顿伯格）不肯与未婚妻结婚，除非她能通过一个橄榄球知识的测验。当比利（蒂姆·达利）面临和自己所爱的女人的感情问题时，他打开了自己的防线，向她道出了心里话。一旦他终于能够和女人交流时，他却离开了朋友——这个结局和故事中所有其他结局构成矛盾，增加了一层反讽意味。

多情节勾画出某一特定社会的形象框架，但是，与静态的非情节不同的是，它将小故事编织在一个思想周围，所以这些群像充满了生命力。《为所应为》描述了大城市种族主义的普遍性；《人生交叉点》刻画了美国中产阶级的灵魂失落；《饮食男女》绘出了一幅父女关系的三联画。多情节赋予了作家两个世界的精华：它捕捉了文化和社群的精华，并提供了足以抓住观众兴趣的叙事动力。

当主情节的激励事件必须推迟时，则可能需要一个伏笔式次情节来开始故事的讲述。

一个迟到的主情节——《洛奇》、《唐人街》、《卡萨布兰卡》，在前三十分钟留下了一个故事真空，这个真空必须由次情节来填补，一则为了保持观众的兴趣，二则为了让观众更多地了解主人公及其世界，以便对激励事件做出一个全面的反应。伏笔式次情节对主情节进行戏剧性解说，使其解说性内容以一种流畅的间接方式被观众吸收。

次情节可以用于为主情节制造纠葛。

这第四种关系是最重要的：利用次情节作为一个额外的对抗力量源。例如，在典型的犯罪故事中安插爱情故事：《午夜惊情》中，弗兰克·凯勒（阿尔·帕西诺）爱上了海伦（艾伦·巴金）。在追踪她那变态的前夫时，他冒着生命危险保护他所爱的女人。在《黑寡妇》中，一个联邦特工（德博拉·温格）迷上女杀手本人（泰莉莎·拉塞尔）。在法庭戏《大审判》中，弗兰克（保罗·纽曼）爱上了劳拉（夏洛特·兰普林），一个敌对律师事务所的间谍。这些次情节增加了人物的深度，使观众从主情节的紧张或暴力中得到一种轻松或浪漫的调节，但是，它们的首要目的是要让主人公的生活更加艰难。

主情节和次情节之间重心的平衡必须小心控制，不然，作者便有失去主要故事焦点的危险。伏笔式次情节若误导观众混淆类型，则尤其危险。例如，《洛奇》开篇的爱情故事便处理得非常小心，于是，我们知道我们将要看到的是一部体育类型的影片。

而且，如果主情节和次情节的主人公不是同一人物，那么必须小心谨慎，不要让次情节的主人公产生太多移情作用，以致喧宾夺主。例如，《卡萨布兰卡》有一个政治剧次情节，涉及维克多·拉兹洛（保罗·亨雷德）的命运，还有一个惊险片次情节，以乌加特（彼得·洛）为中心，但是，这两个次情节都做到了见好就收，以保证情感的聚光灯始终照在里克（亨弗莱·鲍嘉）和伊尔莎（英格丽·褒曼）之间爱情故事的主情节上。为了收敛次情节的发展，其中的有些成分——激励事件、幕高潮、危机、高潮或结局——都可以保留在画外。

从另一方面而言，如果在创作剧本的过程中，你的次情节似乎要求更强的关注和移情，那么你就必须对总体设计进行重新考虑，并将你的次情节变成主情节。

如果一个次情节并没有从主题上与主情节的主控思想构成矛盾或回响，如果它并没有为主情节的激励事件铺设伏笔或为主情节的动作制造纠葛，如果它只是自顾自地往前跑，那么，它会将故事从中间分割，并毁灭故事效果。**观众明白审美统一性的原理。他们知道，每一个故事成分之所以出现于故事之中，是因为它们能够与其他每一个成分发生某种联系。这种联系，无论是结构性的还是主题性的，都将作品熔铸成一个整体。如果观众找不到这种联系，他们的心神就会游离于故事而去有意识地试图找到一种牵强附会的统一性。如果此举**

失败，观众就会坐在影院里迷惑不解。

根据畅销小说改编的精神分析惊险片《第一死罪》中，主情节是一个警察中尉（法兰克·辛纳屈）追捕一个连环杀手。在一个次情节中，他的妻子（费·唐纳薇）却躺在医院特护病房，只能活几个星期了。侦探追捕杀手，然后回来照顾他濒死的妻子；追捕杀手，为妻子念书；继续追捕杀手，再一次回到医院探望病妻。用不了多长时间，这种反复交替的故事设计便点燃了观众强烈的好奇心：这个杀手什么时候会到医院来？可他始终没来。相反，妻子自己死了，警察抓到了杀手，主情节和次情节没有任何关联，而观众则陷入一片令人郁闷的迷惑之中。

然而，在劳伦斯·桑德斯的小说中，这一设计以强烈效果大获成功，因为，通过文学描写，主情节和次情节在主人公的脑海中互相纠葛：警察一方面对变态杀手穷追不舍，一方面又急欲给予妻子更多的临终慰藉，二者互为冲突；与此同时，一方面眼看着自己所爱的女人忍受着死亡的煎熬已令他痛苦不堪、恐惧不已，而另一方面，为了追捕残酷无情而又狡诈多端的变态狂，他需要进行清醒而理智的推理。这两个方面亦构成强烈冲突。**小说家可以进入人物的心灵，以第一人称或第三人称用散文描写直接刻画其内心冲突。银幕剧作家却不能。**

银幕剧作是一门变精神为物质的艺术。我们为内心冲突创造视觉关联——不是用对白或叙述来描述思想和情感，而是用人物选择和动作的形象来间接而不可名状地表达内心的思想和情感。因此，小说中的内在生活必须在银幕上重新发明。

在改编曼努埃尔·普伊格的小说《蜘蛛女之吻》时，银幕剧作家伦纳德·施拉德尔也面临着类似的结构问题。主情节和次情节再一次仅仅在主人公的脑海中互相纠葛。事实上，次情节只是路易斯（威廉·赫特）关于蜘蛛女（索妮亚·布拉加）的幻觉。这是一个被他偶像化的人物，其形象来自他依稀记得却被他大加润色的电影。施拉德尔通过将幻觉转化为戏中戏从而把路易斯的梦幻和欲望视觉化。

即使如此，这两个情节还是没有构成因果互动，因为它们发生在现实的不同平面上。不过，通过次情节的故事映现出主情节，却可以将二者联系起来。这样处理给予了路易斯在现实中演出其幻觉的机会。至此，两个情节在路易斯的心灵构成冲撞，观众可以想象其内心汹涌的情感斗争：路易斯在生活中会不会干出蜘蛛女在他的梦境中干出的事情？他是不是也会背叛他所爱的人？而且，这两条情节线与爱情意味着自我牺牲的主控思想构成反讽，加强了影片的主题统一性。

在《蜘蛛女之吻》的设计中，还有另一个具有启迪意义的例外。原则上来说，主情节的激励事件必须发生在银幕上。但是，在该片中，激励事件直到幕中高潮时才被披露。在幕后故事中，被关押在法西斯独裁者监狱内的同性恋囚犯路易斯，被叫到狱长办公室，狱长向他提供了这样一项交易：一个左翼革命家瓦伦丁（劳尔·朱力亚）将要和他关在同一监房。如果路易斯对他进行刺探并获取有价值的情报，狱长将会给予路易斯自由。观众由于不知道这笔交易，一直等到影片过去了一个小时，当路易斯为了生病的瓦伦丁去找狱长要药和菊花茶时，才发现这个主情节。

对许多人来说，这部影片的开头是那样的枯燥乏味，他们几乎要愤而离去。那么，为什么不按照常规，以激励事件作为开篇，就像小说一样，从一开始便把观众牢牢抓住？因为，如果施拉德将路易斯同意刺探一名自由战士的场景放在影片开头的话，那么观众将会立即恨上主人公。在迅速开篇和主人公的移情作用之间必须取舍时，剧作家选择了后者，于是违背了小说的设计。小说家可以利用内心叙说来获得移情，但银幕剧作家却知道，他必须首先让观众相信路易斯是爱瓦伦丁的，然后才能揭示出路易斯跟法西斯的交易。这是一个明智的选择。如果没有移情，影片将会成为一部具有异国情调的空洞的摄影习作。

当面临那些不可调和的选择时，如进度 VS 移情，明智的作家会对故事进行重新设计，以保留其精华。你可以自由地打破或篡改常规，但只能出于一个原因：为了用某种更加重要的东西来取代它。

CHAPTER 10
场景设计

转折点 / 伏笔和分晓 / 情感转变 / 选择的性质

本章将集中论述场景设计的各个组成部分：转折点、伏笔／分晓、情感转变和选择。第十一章将对两个场景进行分析，以说明节拍——即不断变化的人物行为——是如何构成一个场景的内在活力的。

◎ 转折点

一个场景即是一个缩微故事——在一个统一或连续的时空中，通过冲突而表现出来的、转折人物生活中负荷着价值的情境的一个动作。从理论上说，一个场景的长度或景点几乎没有任何限制。一个场景可以无限小。在适当的上下文中，一个场景可以由一个单一的镜头构成：一只手翻过一张扑克牌便可以表达重大的变化。相反，十分钟的动作，跨越战场上十几个地点，所表达的东西也许要少得多。无论景点或长度如何，一个场景必须统一在欲望、动作、冲突和变化周围。

在每一个场景中，人物追求一个与其当前时空有关的欲望。不过，这个场景目标必须是他的超级目标或故事脊椎的一个方面。所谓**故事脊椎**是指从激励事件一直延续到故事高潮的那条贯穿着故事始终的求索之路。在场景中，人物通过在压力之下选择采取一个或另一个行动来追求他的场景目标。但是，从任一或所有冲突层面却产生出一个在他意料之外的反应。其效果是，在期望和结果之间裂开一道鸿沟，把他的外在时运、内心生活或二者，在观众所了解的押上台面的价值里，同时从正面转向负面或从负面转向正面。

场景导致细微而又意义重大的变化。序列高潮是一个导致适中逆转的场景——这种变化的冲击力要大于场景。幕高潮是一个导致重大逆转的场景——这一变化的冲击力又大于序列高潮。因此，我们绝不会写一个平铺直叙，只是纯粹静态展示的场景；相反，我们都想努力达到这一理想：创造这样一个故事设计，让其中的每一个场景都成为一个细微、适中或重大的转折点。

《颠倒乾坤》：押上台面的价值是财富。受到《波吉与贝丝》的启发，比利·雷·瓦伦丁（埃迪·墨菲）在街上乞讨，冒充成一名必须靠滑板行动的截瘫者。当警察试图拘捕他时，一道鸿沟裂开，然后鸿沟变得越来越宽，因为两个年老商人——杜克兄弟（拉尔夫·贝拉米和唐·阿米奇）突然出面干预警察，把他救下。比利的乞讨已经导致他的世界做出了不同于他所期望的并比他所期望的更加强烈的反应。他没有拒捕，而是明智地选择向警察投降。切入：核桃木板装饰的办公室。杜克兄弟已经替他换上三件套高档西服，聘请他为产品代理人。比利的经济生活围绕这一轻松的转折点已经从乞丐变成了代理人。

《华尔街》：押上台面的价值是财富和真诚。一个年轻的股票经纪人巴德·福克斯（查理·西恩）要与亿万富翁戈登·盖克（迈克尔·道格拉斯）见面。巴德过着入不敷出的生活，但他的人格却一尘不染。当他提出合法的商业设想时，他的推销策略却引发了他未能预期的对抗力量，盖克驳回道："告诉我一些我不知道的东西。"巴德突然意识到，盖克并不想做诚实的生意。他顿了顿，披露了自己父亲告诉他的一个公司秘密。巴德选择加入盖克的非法阴谋，围绕着这一强烈而具有反讽意义的转折点，他的内心本质从真诚逆转为罪犯，他的财富从少到多。

转折点的效果是四重的：惊奇、增加好奇心、见识和新方向。

当期望和结果之间裂开鸿沟时，它会令观众大吃一惊。世界的反应无论是人物还是观众都不曾预料。这一震惊的瞬间立刻引发出好奇心，观众想知道"为什么"。《颠倒乾坤》：这两个老头为什么要从警察手中救下这个乞丐？《华尔街》：盖克为什么要说："告诉我一些我不知道的东西。"为满足好奇心，观众的记忆会飞速回溯，在已经看过的故事内容中搜寻，力图找到答案。在一个设计漂亮的故事中，这些答案已经悄悄而仔细地铺设好了。

《颠倒乾坤》：我们的思绪闪回到前面杜克兄弟的场景，我们意识到，这两个老头觉得生活实在太无聊，于是想利用其财富来玩虐待游戏。而且，他们准是看到了这个乞丐身上天才的火花，不然他们肯定不会把宝押在他的身上。

《华尔街》：盖克的"告诉我一些我不知道的东西"所引发的"为什么"可以立即由这一见解得到回答：盖克当然是一个亿万富翁，但他是一个骗子。几乎没有人能靠诚实劳动而变成巨富。他也喜欢玩游戏……一种犯罪的游戏。当巴德加入他时，我们的记忆马上飞向前面他在办公室的场景，我们意识到，巴德野心太大，而且过于贪婪——堕落的时机已经成熟。

观众那灵活而极富感知力的头脑在理解的一闪念之间找到了问题的答案。"为什么？"这个问题把他们推到故事的前面，他们所看过的故事内容立即重新组合为一个新的格局；他们对人物和世界有了深入的理解，挖掘出一层令他们满足的隐藏真理。

见解增加了好奇心。这一新的理解将问题放大："接下来将会发生什么？""这件事的结果将会如何？"这种效果尽管对所有类型同样适用，但在犯罪故事中却表现得格外生动明显。有人到衣橱想找一件干净衬衣，结果一具尸体倒了下来。这一巨大的鸿沟引发出一串连珠炮式的疑问：这个人是谁杀的？怎么杀的？什么时候？为什么要杀他？凶手会不会被抓住？作者现在就必须满足他所挑起的这种好奇心。从每一个价值变化的点开始，他都必须让自己的故事向着一个新的方向运行，以便创造出尚未到来的转折点。

《克莱默夫妇》：当我们看到一个三十二岁的男人不会做早饭时，这个场景便立即开始转折。"为什么？"这个问题，把我们送回到这个鸿沟裂开之前、刚刚过去几分钟的影片内容之中。我们以自己的生活经历和常识作为武器，开始寻求答案。

首先，克莱默是一个工作狂，但是，许多工作狂在早晨五点，大家都还没有起床的时候，就能做出可口的早餐。而且，对这个家庭的家庭事务，他从未做出过任何贡献，但是许多男人也没做过贡献，而他们的妻子还是忠贞不二，尊重丈夫挣钱养家的劳动。我们更深的见解是这样：克莱默还是一个孩子。他是一个娇生惯养、被宠坏了的臭小子，他妈妈总是帮他把早餐做好。后来，母亲的角色便由女朋友和女招待来填补。现在，他已经把妻子当成一个女招待／母亲。女人在克莱默的一生中已经把他宠坏，而且他也巴不得让她们宠着。从本质上而言，乔安娜·克莱默是在养着两个孩子，并因不可能建立一种成熟的夫妻关系而感到绝望，于是她抛弃了这桩婚姻。更有甚者，我们觉得她这样做是对的。新方向：克莱默成长为大男人。

《星球大战 2：帝国反击战》的高潮推动了一个我所知道的最长的见解搜寻。当达思·维达（大卫·鲍罗斯／詹姆斯·厄尔·琼斯）和天行者卢克（马克·哈米尔）用光剑决一死战时，维达退缩着说道："你不能杀我，卢克，我是你父亲。""父亲"这个词炸开了电影史上最著名的鸿沟之一，将观众抛向时隔三年的整整两部影片以前。我们立即理解了本·欧比旺·肯诺比（亚历克·吉尼斯）当初为什么会那样担心，达思和卢克面对面相遇时会发生些什么。我们知道，尤达（弗兰克·奥兹配音）为什么会那样急于教卢克掌握"原力"。我们意识到，卢克为什么总是能够死里逃生：他父亲一直在暗中保护着他。这一瞬间对两部影片进行了完美的诠释，并为影片赋予了一层新的、更深的意义。新方向：《星球大战 3：武士复仇》。

《唐人街》：在第二幕高潮之前，我们相信，马尔雷被害不是为财便是为情。但是，当伊夫林说"她是我的妹妹，也是我的女儿……"时，鸿沟訇然中开。为了理解她的话，我们急忙搜寻影片以前的内容，并获得了一系列震撼人心的认识：父女乱伦、谋杀的真正动机以及凶手的身份。新方向：第三幕螺旋般的转折。

○ 自我表达问题

讲故事的人友好地搂住观众，说："让我给你看样东西。"他把我们带到一个场景，比如说刚才《唐人街》中的那个场景，说："好好看着，吉提斯开车到圣莫尼卡，准备逮捕伊夫林。当他敲门时，你认为会不会有人请他进去？再看看这个。现在，美丽的伊夫林从楼上走下来，见到他非常高兴。你认为他会不会心软并放她一马？再看这个。接下来，她竭力保守她的秘密。你认为她能不能保住？再看这个。当他听着她的告白时，他会帮助她还是会逮捕她？看这个。"

讲故事的人把我们引入期望之中，让我们以为自己一切都明白，然后将现实撕裂，制造惊奇和好奇，把我们一次又一次地往故事的前面部分送。在每一次回溯的旅行中，我们都能获得越来越深的见解，深刻地理解人物及其世界的性质——这是对隐藏在电影影像之下的、不可言传的真理的一种顿悟。然后，他将故事引入一个新的方向，以一种不断升级、加速进展的方式表现出这种顿悟时刻。

讲故事就是许诺：如果你注意听我讲，我就给你惊奇，接下来便是发现生活的喜悦，在你从未想象过的层面和方向探知生活的喜怒哀乐。而且，最重要的是，这一切必须处理得那样轻松自然，以使观众不知不觉中就被引向了那些发现。一个漂亮的转折时刻起到的效果是，当观众突然获得了某种见解时，看起来就好像是他们自己做到了这一点。在某种意义上而言，他们也的确如此。见解是观众注意听故事所得到的奖励，而且一个设计漂亮的故事能够一个场景接着一个场景地激发出这种愉悦。

可是，如果我们要问作家他们是怎样表达自己的，他们多半会回答："用我的话语。用我对世界的描写以及我为人物创造的对白。我是一个作家，我用语言来表达我自己。"但是，语言仅仅是我们的文本。自我表达只能产生于从转折点中喷涌而出的见解洪流，开始如此，最后如此，而且永远如此。在此，作家张开双臂，向世界宣称："这就是我对生活的看法，是我对生活在我世界中的人类本性的看法。这就是在这种情况下由于这些原因我认为应该发生在人们身上的事情。这就是我的思想，我的情感，这就是我自己。"我们最强有力的自我表达途径，就是我们转折故事的独一无二的方式。

其次才是话语。我们生动而巧妙地运用我们的文学天才，于是，当写作精美的场景被演出时，观众会心悦诚服、满怀欣喜地随我们一起走过一个个转折点。语言固然重要，但它只是一个表象，我们通过它来捕捉读者，将他们带入故事的内在生活之中。**语言是自我表达的工具，其本身绝不能成为一个装饰性的目的。**

试想，我们若要设计出一个故事，其中的场景都要以细微、适中或重大的方式进行转折，如此往复三十、四十、五十甚至更多回合，而且每一个转折都要表达出我们视觉的一个方面，那将是一项何等艰巨的任务。这就是为什么虚弱的故事讲述只好诉诸信息来取代见解的手段；为什么许多作家选择借人物之口来解释他们的意思，或者更糟，利用画外解说。这种写作方法永远是不充分的。它强加给人物一种在现实中极为罕见的、虚假的、自觉的学识。更重要的是，当我们用自己的生活经历和艺术家巧妙埋设的伏笔进行比照时，我们头脑中会涌动一股强劲的见解洪流，即使是最华丽而富有知觉的散文，也不能取代这种见解。

◎ 伏笔和分晓

为了一幕一幕地表达我们的视觉，我们将虚构现实的表皮破开，并把观众送到故事前面部分以获得见解。因此，这些见解必须以伏笔和分晓的方式进行构建。铺设**伏笔**是指，将知识一层一层铺垫好；**分晓**是指，将铺设的知识传达给观众以闭合鸿沟。当期望和结果之间的鸿沟把观众推到故事前面以寻找答案时，只有当作者预先在作品中准备了或埋植了这些见解时，观众才能找到。

《唐人街》：当伊夫林·马尔雷说"她是我妹妹，也是我女儿"时，我们马上便想起一个她父亲和吉提斯在一起的场景。当时侦探问诺亚·克罗斯，马尔雷被害前一天，他和他的女婿为什么争吵。克罗斯回答说："为我女儿。"第一次听到这话时，我们都以为他是指伊夫林。在一闪念之间，我们现在意识到，他是指凯瑟琳，他和他女儿所生的女儿。克罗斯说这话时，知道吉提斯会得出错误的结论，而且根据他的言外之意，还会将他所犯下的谋杀罪怀疑到伊夫林的头上。

《星球大战2：帝国反击战》：当达思·维达说穿他就是卢克的父亲时，

我们的思绪迅速回到那些过去的场景，当时，本·肯诺比和尤达为卢克掌握"原力"的事非常操心，我们推测，他们是担心这个年轻人的安全。我们现在意识到，卢克的师父实际上是为他的灵魂担心，害怕他的父亲会把他引向"黑暗面"。

《苏利文的旅行》：约翰·L.苏利文是一个电影导演，拍摄过一系列商业成功的影片，如《再见》、《围裙》和《1939年蚂蚁爬进你的裤子》。世界的惨状使苏利文良心发现，他于是决定，下一部影片必须具有"社会意义"。愤怒的制片厂老板指出，他来自好莱坞，因此，根本就不知道"社会意义"为何物。

所以，苏利文决定进行研究。他徒步走遍美国，后面跟着一辆空调旅行面包车，配备着他的管家、厨师、秘书、女朋友和一个宣传员，旨在将苏利文的这一疯狂探险变成一次宣传推广的噱头。后来，由于身份错误，苏利文被误认为罪犯，用一根铁链子和其他囚犯拴在一起，被押解到路易斯安那的沼泽地。突然之间，"社会意义"把他淹没到鼻孔处，就连给经纪人打电话的硬币都没有了。

一天晚上，苏利文听到从监狱大院的一幢楼内传来哄堂大笑，循声找去，他发现，在一个临时改装的放映厅内，他的狱友们正在看米老鼠的卡通片，笑得不可开交。当他意识到，这些人并不需要什么"社会意义"时，他的脸色沉了下来。他们生活中的社会意义已经足够了。他们所需要的正是他的长项——精彩而轻松的娱乐。

由于这一明智的逆转，我们被推回到影片前面，了解了苏利文的见解……而且还有更多。当我们收集齐讽刺好莱坞虚伪的所有场景时，我们意识到，号称是教育社会如何解决其缺点的商业电影肯定都是虚伪的。因为，除了极少数特例之外，大多数电影制作者，就像苏利文一样，只对电影中的穷人感兴趣，对实际生活中受苦受难的穷人却不闻不问。

伏笔必须小心谨慎地处理。它们必须以这样的方式进行埋植：当观众第一次看到它们时，它们具有一种意义，但通过见解搜寻之后，它们却被赋予第二层更加重要的意义。事实上，一个单一的伏笔还可能具有隐藏于第三或第四个层面上的意义。

《唐人街》：当我们见到诺亚·克罗斯时，他是一个谋杀嫌疑犯，但他同时还是一个为女儿担心的父亲。当伊夫林吐露了他们的乱伦之后，我们意识到，克罗斯真正担心的是凯瑟琳。在第三幕中，当克罗斯利用他的财富阻挡吉提斯并抓获凯瑟琳后，我们意识到，在克罗斯的前面场景之下，埋伏着第三个层面，一种由可以杀人而后逃脱司法制裁的、几乎无所不能的权势所驱使的疯狂。在最后一个场景中，当克罗斯将凯瑟琳拉到唐人街的阴暗角落时，我们意识到，在这一切怪诞不经的腐败之下溃烂发臭的是，克罗斯想与他乱伦的产物再度乱伦的兽欲。

伏笔必须埋植得足够牢固，当观众的记忆急速回溯时，他们还能找出那些伏笔。如果伏笔过于微妙，观众就会忽略其用意。如果过于拙劣，观众远在一英里之外就能看到转折点的来临。如果我们对显而易见的伏笔铺陈太多，而对不寻常的伏笔却着墨太少，那么转折点的效果将会丧失殆尽。

非但如此，**伏笔埋设的牢固度还必须适应影片的目标观众**。对年轻观众而言，我们要埋设得更为明显，因为他们不像中年观众那样精于故事常规。例如，年轻人便很难看懂伯格曼的影片，并不是因为他们理解不了他的思想（如果能跟他们解释的话），而是因为伯格曼从不解释。他只用微妙的方式戏剧性地表达他的思想，利用各种只有知书达理、社会经验丰富、心理成熟的观众才能明白的伏笔。

一旦伏笔闭合了鸿沟，这一分晓又极有可能成为未来分晓的另一个伏笔。

《唐人街》：当伊夫林披露了她乱伦生下的孩子后，她反复警告吉提斯，说她父亲是一个危险人物，并告诫他一定要小心提防。于是，我们意识到，克罗斯在争夺孩子的过程中，将马尔雷杀死。这一个第二幕的分晓又为第三幕的高潮埋下了伏笔，其时吉提斯未能逮捕克罗斯，伊夫林丧命，而且这个父亲／外祖父将惊恐的凯瑟琳拖入了黑暗之中。

《星球大战2：帝国反击战》：当达思·维达向卢克吐露真情时，前面两部影片中的多重伏笔立见分晓。不过，在一刹那之间，这一分晓又成为卢克下一个动作的伏笔。这个少年英雄将会怎么办？他选择试图杀死生父，但达思·维达却砍伤了儿子的手——一个为下一个动作埋设伏笔的分晓。既已失败，卢克会怎么办？他纵身跳出空中之城，企图光荣地自杀——为下一动作埋设伏笔的分晓。他会死吗？不会，他的朋友在半空中将他救下。这一大难不死的鸿运使自杀见出分晓，并为解决父子冲突的第三部影片埋下伏笔。

《苏利文的旅行》：当苏利文意识到他是一个何等虚伪的傻瓜时，这使前面几幕中埋设的一切傲慢愚蠢见出分晓。这进而为他的下一个动作埋下伏笔。他如何才能逃脱铁链的束缚？当他发现自己的真正身份时，他的头脑便回到了他在好莱坞的得意时刻。他意识到，就像任何好莱坞专业人员一样，逃出监狱的方法，实际上摆脱任何困境的方法，就是大肆宣传。苏利文交代了一起他并没有犯下的谋杀罪，以便能够回到法庭和新闻记者的镁光灯中，于是制片厂的老板们及其名牌律师便可以设法营救他。这一分晓埋设了结局场景的伏笔，我们看到苏利文回到了好莱坞的藩篱之中，继续拍摄那些他一直在拍摄的低级趣味的娱乐影片——不过现在他知道了为什么拍摄这些影片。

伏笔、分晓、再设伏笔、再见分晓，这种戏法常常能激发出我们最富创见性的灵感。

假设你在开发一个描写一对孤儿兄弟的故事。马克和迈克尔从小在残酷的孤儿院长大。多年来，兄弟俩形影不离，互相保护，相依为命。后来，他们逃出了孤儿院。现在他们流落街头，挣扎在死亡线上。马克和迈克尔互相爱护，而且你也爱他们。但你却面临一个问题：没有故事。这只是一幅题为"兄弟俩对抗世界"的肖像画。在对其手足之情的重复展示中，唯一的变异就是其景点。没有任何本质的变化。

但是，当你盯着你故事情节的开放式逻辑链条时，心中生出一个疯狂的念头："如果马克在迈克尔背后捅刀子，那将会怎么样？骗走了他的一切，偷走了他的钱，夺走了他的女孩……"现在你踱着步，争辩道："这太愚蠢了！他们是互相爱护的。一起同世界斗。这毫无道理！不过，倒是个好故事。算了吧。不过，这将是一个绝妙的场景。还是删了它吧。这不合逻辑！"

后来，你灵机一动："我可以让它合乎逻辑。我可以重新回到最前面，把它一层层铺垫出来。兄弟俩对抗世界？那么该隐和亚伯怎么讲？兄弟相残？我可以从开篇重新改写，在每一个场景中偷偷在马克心中注入一种嫉妒的苦涩，在迈克尔身上加上一点优越感和傲慢神气。一切都做得那样悄无声息，表面上看仍然是甜美的手足忠诚。如果我做得足够巧妙的话，当马克背叛迈克尔时，观众将会警见马克心中那种压抑已久的嫉妒心，这样一切就顺理成章了。"

现在，你的人物将不再是重复，而是在成长。也许，你意识到，你终于在表达一种你对自己亲生兄弟的真实感觉，而只是不愿意承认罢了。不过，这一切仍然没有结束。突然之间，犹如晴天霹雳一般，你产生了第二个想法："如果马克背叛了迈克尔，这可以作为倒数第二幕的高潮。这一高潮可以作为最后一幕故事高潮的伏笔，到时候，迈克尔还得回来报仇，而且……"你终于找到了你的故事，因为你允许了自己去想象那些不可想象之事。在故事讲述过程中，逻辑是一种可以回溯前文去重建的东西。

故事不同于生活，你可以随时回头对故事进行修补。你可以埋下一个看似荒谬的伏笔，并使它变得合乎情理。推理是第二位的，属于后创作范畴。想象是高于其他一切的第一位的先决条件——你必须自愿地去想象任何疯狂的念头，让那些无论是否合乎情理的形象进入你的脑海。其中十有八九将毫无用处，可是，一个不合逻辑的想法也许会让你的想象长出翅膀，迸发出一种启示，告诉你在这个疯狂念头下面隐藏着的一个妙笔。在**直觉**闪现的一刹那，你看到了其间的联系，意识到，你可以回头改写，使之合乎情理。所谓逻辑，只不过是一种儿戏。只有**想象**才能使你走上银幕。

◎ 情感转变

我们要打动观众的情感，并不是通过在人物的眼中点上晶莹的泪珠，也不是通过辞藻华丽的对白，令演员欢快地朗诵；并不是通过描写一个情意绵绵的拥吻，也不是通过采用愤怒的音乐效果。相反，**我们通过表现必要而精确的体验来促使观众在心中自然生出一种情感，然后带领观众经受那种体验。**因为转折点不仅传达见解，它们还能创造出情感的动力。

为了理解我们如何才能创造出观众的情感体验，我们首先必须明白，世上只有两种情感——快感和痛感。每一种都有其不同程度的变异：前者如欢乐、爱情、幸福、狂喜、愉悦、销魂、刺激、极乐等等；后者有痛苦、害怕、焦虑、恐怖、悲伤、屈辱、萎靡、凄凉、紧张、悔恨等等。但是，在本质上，生活给予我们的只能是非此即彼。

作为观众，当故事的讲述过程带领我们经历一种价值的转变时，我们便会体验到一种情感。**首先，我们必须移情于人物。其次，我们必须知道人物想要什么并希望他得到他想要的东西。第三，我们必须明白人物生活中，押上台面的价值。**在这种情况下，一个价值的改变便能打动我们的情感。

假设，一部喜剧以一个穷困潦倒的主人公开始，以财富价值而论，他的价值负荷是负面的。然后，通过场景、序列或幕，他的生活经历变化，转向正面，一种由穷而富的转变。当观众眼看着这个人物向着他的欲望前进时，这种由少到多的演变会将他们提升到一个正面情感体验的高度。

然而，一旦达到这个高度，情感会很快消散。情感是一种比较短暂而强烈的体验，犹如蹿腾的火苗，猛烈燃烧，然后瞬间熄灭。现在，观众会这样想："太棒了。他发财了。那么下面会怎么着？"

下面，故事必须转向一个新的方向，构建一个从正面到负面的转变，而且这个转变必须比他前面身无分文时的状态更加深刻。也许，主人公从富有堕落到欠下了黑手党一笔债务，这比贫穷要糟糕得多。在这个由多到少到一无所有的转变中，观众会产生一种负面的情感反应。然而，一旦主人公把一切都押在高利贷者身上后，观众的情感又会消退，他们会想："真笨！他把钱挥霍一空，居然敢欠黑社会的债。那么下面将会发生什么？"

现在，故事必须转向另一个新方向。也许，他冒充黑社会老大，企图逃避债务，最后接管了黑帮。当讲述过程从双重负面转到具有反讽意味的正面时，观众会产生一种更加强烈的正面情感。故事必须创造出正面情感和负面情感之间的这种动态交替，才能符合"回报递减定理"。

回报递减定理无论是在生活中还是在故事中，都同样成立：我们对某事的体验越多，它所产生的效果就会越少。换言之，情感体验若是来回重复，便不可能产生相应效果。第一个蛋卷冰淇淋味道很爽；第二个也还不错；第三个会让你恶心。我们第一次体验一种情感或感觉时，它能产生完全的效果。如果我们试图立即重复这种体验，那么它所产生的效果则会减半，甚至不及一半。如果我们连续第三次尝试同样的情感，它不仅不会产生原来的效果，还会产生完全相反的效果。

假设一个故事具有三个相邻的悲剧场景，其效果将会怎样呢？在第一个场景中，我们会流泪；在第二个中，我们会哽咽；第三个，我们会笑……放声大笑。这并不是因为第三个场景不悲——也许它是三个场景中最悲伤的一个——而是因为前面两个已经吸干了我们悲伤的眼泪，而且我们发现，讲故事的人居然还想让我们再哭一次，这也未免太不明智，甚至荒唐。事实上，**"严肃"情感的重复是一种行家惯用的喜剧手法。**

表面上，喜剧似乎可以成为这一原理的一个例外，因为我们似乎经常可以连续爆笑，但其实并非如此。笑并不是一种情感。欢乐才是一种情感。笑声是我们对自己所认为荒唐或无耻之事所做出的批评。它可以产生于任何情感之中，从恐惧到爱情。而且我们的笑声总是伴随着解脱。笑话具有两个部分：系包袱和抖包袱。通过危险、性以及一系列禁忌话题把包袱系上，提高观众的紧迫感，哪怕是极其短暂的，然后，把包袱抖开，爆出笑声。笑话大师的秘密在于把握好抖开包袱的时机：包袱什么时候能够成熟到可以抖出其中的笑料？笑话大师可以凭直觉感觉到这一点，但有一样东西他必须客观地学会，这就是，如果他一个包袱接着一个包袱地抖下去，他的受欢迎程度便会大减。

不过，还是有一个例外：一个故事可以从正面到正面，或者从负面到负面，如果这两个事件之间的反差如此之大，以至回头看起来，第一个事件很有一点反面色彩。试看这两个事件：爱人争吵而后分手。负面。接下来，一个把另一个杀死。第二个转折的负面强度是如此之大，以致他们的争吵相形之下就像是正面一样。看到谋杀之后，观众会回顾他们的分手，心想："那时候，他们之间至少还有话可说。"

如果情感负荷的反差很大，事件可以从正面运动到正面，而没有多愁善感之嫌；或者从负面运动到负面，而没有强作正经之象。然而，如果进展仅有程度的变化，情况通常如此，那么，一个重复的情感就只能产生预期效果的一半，如果再重复一次，其情感负荷就会不幸发生**逆转**。

回报递减定理对生活中的一切事物都是成立的，除了性，性似乎可以无限重复而且每一次都会有相应的效果。

一旦价值的转变产生一种情感，感情就会随之发生。尽管情感和感情这两个概念经常互相混淆，感情却并不是情感。**情感是一种短期的体验，达到高峰之后便迅速燃烧殆尽。感情却是一种长期的、具有渗透性、弥漫性和知觉性的背景情绪，可以为我们人生的整天、整月或整年增添色彩。**实际上，一种具体的感情常常会支配一个人的人格。生活中的每一种核心情感——快感和痛感——都有许多变体。所以，我们所体验的到底是哪一种具体的负面或正面情感？其答案可以在围绕它的感情中找到。因为，就像给一幅铅笔素描涂上颜色或者给一段旋律配上管弦乐队一样，感情使情感变得具体。

假设一个人对生活的感觉很好，他的人际关系和事业都进展顺利。然后，他收到一个留言，说他的恋人死了，他会悲伤，但是随着时间的流逝，他会从悲伤中恢复过来，继续他的生活。从另一方面而言，假设他无论尝试什么都失败，日子过得非常黯淡、紧张而郁闷。然后，他突然收到一个留言，说他恋人死了。那么……他很可能会随她而去。

在电影中，感情[1]被称为**基调**。基调是在影片的文本中创造出来的：光和颜色的质量，动作和剪辑的速度，演员配置，对白风格，制作设计和音乐，这一切文本特性的总和创造出一种特定的基调。一般而言，基调就像伏笔一样，也是一种预示形式，准备或构建观众预期的方式。不过，当场景的动力一个瞬间接着一个瞬间地确定它所导致的情感到底是正面还是负面时，基调便使这种情感变得具体。

例如，这幅素描的设计就是要创造出一种正面的情感：一对感情疏远的恋人已经有一年多没有说话了。没有了她，男人的生活出现了一个危险的转折，绝望无助、穷困潦倒。他来找女人了，希望能借到一点钱。这一场景是以两种价值的负面开始的：男人的生存和他们的爱情。

他敲女人的门。女人看到他站在台阶上，拒绝让他进去。男人开始大声嚷嚷，足以惊动邻居，希望让女人难堪，好赶忙把他让进屋去。女人拿起电话，威胁说要报警。男人说别吓唬人，从门缝里冲女人嚷嚷，说自己现在遇到了很大的麻烦，也许对他来说，唯一安全的地方就只有监狱了。女人也嚷嚷着回驳，说这碍不着她什么事。

男人恼羞成怒，破门而入。但是，从女人的脸色来看，男人意识到，这并不是向任何人借钱的好办法。男人语无伦次地解释，说高利贷债主威胁说要打断他的胳膊和双腿。女人不但没有同情，反而大笑，并告诉男人，她希望他们把男人的脑袋也拧下来才好呢。男人失声痛哭，跪地求女人。他脸上疯狂的表情让女人害怕了，女人从抽屉里拿出一把枪，想把男人吓跑。男人笑了，说，他还记得这把枪是自己一年前送给女人的，枪的撞针折了。女人也笑了，说她已经把撞针修好了，并开枪打碎了男人身旁的一盏灯来作证。

男人抓住女人的手腕，他们双双倒在地板上，争抢那把手枪，在地上翻滚，直到突然之间，一种他们一年多来从未感受过的情感被点燃，他们开始在地板上做爱，身旁就是打碎的灯具碎片和被撞倒的门。男人脑海里响起一个小小的声音："这个办法可能有用。"然后，一道鸿沟在男人……和男人的肉体之间开启。那就是男人真正的问题，女人心想，带着微笑。女人受到感动，心中生出怜悯和爱意，决定让男人回到自己的生活。这个场景以正面结局：男人得到了女人的帮助，可以继续生存，他们的爱情恢复。

如果观众能够移情于这两个人物，从负面到正面的转移将会产生一种正面的情感。但是会产生哪一种正面情感？有许多种。

假设作者描写的是一个夏日，窗台上布置着色彩鲜艳的花朵，窗外的枝头上也挂满鲜花。制片人让金·凯瑞和米拉·索维诺主演。导演对他们一律采用从头到脚的镜头。他们俩在一起便创造出一个喜剧基调。喜剧喜用亮光和亮色。喜剧演员需要全身镜头，因为他们是用整个形体在表演。凯瑞和索维诺都是出色的丑角演员。当凯瑞撞门而入的时候，当索维诺拿枪的时候，当他们俩试图做爱的时候，观众在内心感到深深恐惧之余，脸上还会露出浅浅笑意。而当她终于决定收留他时，观众们就会爆发出一种喜悦。

但是，假设这个场景设置在死寂的午夜，月光和着路灯，风吹树动，树影在屋墙上婆娑。导演采用缜密而又倾斜的摄影角度，并令洗印厂降低色调。制片人让迈克尔·马德森和琳达·费奥伦蒂诺主演。场景的节拍丝毫不用改变，现在便沉浸在一种惊险片的基调之中。我们的心会一直提到嗓子眼，因为我们都害怕这两个人总有一个会死在对方手里。试想，马德森强行闯入，费奥伦蒂诺拿出一把枪，随后这两人争抢那把枪。当他们终于互相拥吻时，我们会长长地松一口气。

场景、序列或幕的弧光决定了基本情感。基调使它具体化。但是，基调不能取代情感。**当我们需要基调体验时，我们会去听音乐会或去参观博物馆。当我们需要意味深长的情感体验时，我们就会去听故事**。如果一个作家写出一个没有任何变化而只是充满解说的场景，然后把它设置在一个夕阳沐浴之下的花园，以为一个金色的基调便能取胜，这对作者没有任何好处。他这样做纯属推卸责任，把自己了无生气的作品强加到导演和演员的肩上。缺乏戏剧性的解说无论如何装扮都是乏味的。电影并不是装饰性的摄影艺术。

◎ 选择的性质

人物在追求欲望的过程中会在压力之下选择采取一个或另一个行动，转折点则是以这种压力之下的选择为中心的。**人类的本性决定了，我们每一个人永远会选择"善"或"是"，只要我们能够感知到"善"或"是"**。除此之外，绝无其他可能性。因此，如果一个人物被置于必须在明确的善和明确的恶之间，或在是与非之间做出选择的情境中，那么，观众由于明白人物的视点，将会提前知道人物将会如何选择。

善恶或是非之间的选择根本不是什么选择。

试想，如果匈奴王阿提拉在十五世纪欧洲的边界上徘徊，一边视察他的游牧勇士，一边自问："我是应该入侵欧洲，烧杀抢掳，奸淫妇女……还是应该回家？"对阿提拉来说，这根本就不是什么选择。他必须入侵，烧杀抢掳，带领数万勇士，横跨两个大陆，最后终于看到了战利品的影子，否则不可能挥师回返。不过，在他的受害者眼中，阿提拉的选择却是一个邪恶的决定。但那是他们的观点。对阿提拉来说，他的选择不仅是一件应该做的正确的事情，也许还是一件道德的事情。毫无疑问，就像历史上许多大独裁者一样，他觉得他是在执行一项神圣的使命。

或者，我们还可以举一个离我们近一些的例子：一个小偷为了钱包里的五美元把一个受害者用棍棒打死。他也许知道这不是一件道德的事情，但是，道德／非道德、是／非、合法／非法，相互之间常常关系甚微。他也许会立刻后悔自己所做的事情，但是，在实施谋杀的那一刻，从小偷的视角来看，他一定说服了自己这是一个正确的选择，否则，他的手臂是不会举起来的。

人类的行动只能趋善而从是，只不过是根据自己所相信或推断出的善恶是非标准来行动而已。如果我们对人性的这一特点没有起码的了解，那么我们就实在是懂得太少了。以戏剧性而论，善恶是非的选择实在是显而易见且微不足道。

真正的选择是两难之择。它发生于两种情境。一是不可调和的两善取其一的选择：从人物的视点来看，两个事物都是他所欲者，他两者都要，但环境迫使他只能二选一。**二是两恶取其轻的选择：**从人物的视点来看，两个事物都是他所不欲者，而且他一个也不想要，但环境迫使他必须二者择一。在这种真正的两难之境中，一个人物如何选择便是对其人性以及他所生活的世界的一个强有力的表达。

自从荷马开始，作家们早已深深地懂得了两难之境的原理，并意识到，一个只有对立两方的故事是不可能维持的，人物 A 和人物 B 之间的简单冲突是不可能讲得令人满意的。

对立两方的冲突并不是两难之境，而只是正面和负面之间的摇摆。例如，"她爱我 / 她不爱我，她爱我 / 她不爱我"在好与坏之间摇摆，呈现出不可解决的故事问题。**它不仅重复啰嗦，而且还没有结局。**

如果我们试图以主人公相信"她爱我"而使这一型式达到一个正面高潮，那么观众离开时就会想："等到明天，她又会不再爱你了。"或者表现一个"她不爱我"的负面高潮，观众出场时也会想："她还会回来的。女人总是这样。"即使我们把被爱的人杀死，这也不是一个真正的结局，因为主人公还是不太明白："她到底是爱过我，还是从不爱我？"而且观众出场时还得去琢磨一个永远不会解开的谜。

例如，有这样两个故事：一个是在内心的快乐和痛苦之间来回摇摆的故事，一个是内心的两难之境的故事。试比较《巴黎野玫瑰》和《红色沙漠》。在前者中，贝蒂（碧翠斯·黛尔）从固执滑向疯狂进而到患上紧张症。她有冲动，但从未做出一个真正的决定。在后者中，朱利亚娜（莫妮卡·维蒂）面临深刻的两难之境：退缩到舒适的幻想世界 VS 在严酷的现实中找到人生的意义，疯狂 VS 痛苦。《巴黎野玫瑰》的"拟最小主义"是对一个绝望无助的精神分裂症患者的一个长达两个多小时的抓拍照片，它把苦难误认为戏剧。《红色沙漠》则是一部最小主义艺术杰作，生动地刻画了一个人如何与她性格深处的可怕矛盾作斗争的情景。

为了构建和创造真正的选择，我们必须勾勒出一个三面的框架。就像在生活中一样，有意义的决定都是涉及三方的。

一旦我们把C加上，我们便生出丰富的材料可以避免重复。首先，对于A和B之间的三种可能关系：正面／负面／中性，比如说，爱／恨／冷漠，我们可以加上A和C之间和B与C之间的同样三种关系。这便给予了我们九种可能性。然后，我们可以把A和B连在一起来对C；A和C对B；B和C对A。或者把三者都放在爱中，或者都放在恨中，或者都冷漠。在加上第三个角后，这一三角便可以繁衍出二十多种变体，这样便给我们提供了充足的材料，可以避免重复现象。第四个成分的加入将会制造出复合连锁的三角，一种几乎可以无穷变化的关系。

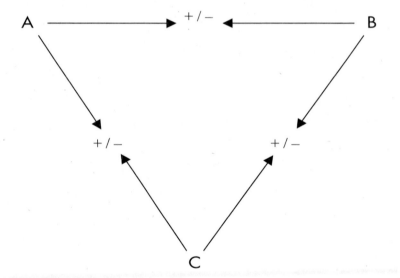

而且，三角设计带来了结局。如果一个故事讲述只涉及两方，那么A只能在B和非B之间徘徊，结局是开放的。但是，如果选择是三方的，那么，A就会在B和C之间取舍。A对一个或另一个的选择便可以提供一个满意的闭合式结局。无论B和C是代表两恶之轻还是不可调和的两善，主人公不可能二者兼有。而且还必须付出代价，为了得到一个，则必须损害或失去另一个。例如，如果A为了得到B而放弃C，那么观众便会感到，他做出了一个真正的选择。

C 被牺牲掉，而且这一不可逆转的变化便结束了故事。

最令人无可奈何的两难之境通常将不可调和的两善之择和两恶之轻融合在一起。例如，在超自然浪漫片《销魂三人组》中，多娜（索妮亚·布拉加）面临着新旧两个丈夫之间的选择：一个热情、忠诚，具有安全感，但没有情趣；一个性感、刺激，但已经死去，不过他的鬼魂私下里以血肉之躯现身，还是那样的性欲旺盛。这到底是不是她的幻觉？这个寡妇应该怎么办？一边是一种索然无趣但又不无欢乐的正常生活，一边是荒诞不经，甚至疯狂的、情感极端满足的生活，她在这个两难之境中进退维谷。她做出了一个明智的决定：二者兼得。

一部具有独创性的作品会展示独一无二而又不可调和的欲望之间的选择。这种选择可以是两个人之间，可以是一个人和一种生活方式之间，可以是两种生活方式之间，也可以是一个内心自我的两个方面之间——亦即作家可能创造出来的，无论是想象的还是真实的，任何冲突层面上的任何冲突的欲望之间。但是，其原理是共通的：选择绝不是疑惑而必须是两难，绝不是处于是非或善恶之间，而必须是处于具有同等分量或价值的两种正面欲望或两种负面欲望之间。

CHAPTER 11
场景分析

文本和潜文本 / 场景分析技巧

◎ 文本和潜文本

即如人格结构可以通过心理分析来披露一样，一个场景的内在生活形态也可以通过类似的分析方法来昭示。如果我们能够问出正确的问题，一个在阅读过程中一掠而过、瑕疵不现的场景将会突然刹车，成为超慢动作，门户大开，披露出它的秘密。

你如果觉得一个场景进展自如，就不要去修改行之有效的东西。但是，大凡初稿，难免流于平淡或显得牵强。于是，我们会忍不住一遍又一遍地改写对白，希望能够通过改写对白来给它注入生命……直到我们进入死胡同为止。因为问题并不是出在场景的活动上，而是出在其行动上；并不是出在人物表面的言谈举止上，而是出在他们隐藏在面具后面的实际行动上。

节拍构建场景，一个设计拙劣的场景中任何瑕疵都会表现在这些行为的交流之中。为了找出一个场景失败的原因，整体必须被拆解为部分。因此，**分析便始于将场景的文本与其潜文本分割开来。**

文本是指一部艺术作品的感官表面。就电影而言，是指银幕上的影像以及对白、音乐和音响效果的声带。是我们所看见的东西，我们所听见的东西、人物所说的话以及人物所做的事情。**潜文本**是指在那一表面之下的生活——被行为隐藏的已知和未知的思想和情感。

物不可貌相。这一原理提醒银幕剧作家时刻牢记生活的两面性，令其深刻地认识到，一切事物都至少存在两个层面，因此，他必须同时写出生活的两重性。首先，他必须用文字描写来创造出生活的感官表面：画面和声音、活动和言谈。其次，他必须创造出具有自觉欲望和不自觉欲望的内心世界：动作和反应、冲动和原欲（伊德）[1]、先天基因和后天感悟。在现实中如此，在小说中亦然：他必须用一个逼真的面具将真理遮盖，将人物的真实思想和情感隐藏在他们的言谈举止之后。

一句好莱坞老话是这样表达的："如果一个场景是讲述那个场景所讲述的东西，那么你算是掉进粪坑里了。"它说的是"写在鼻子上"，写出的对白和活动将人物最深层的思想和情感完全表达于他们的言谈举止之中——把潜文本直接写在了文本上。

例如，如果有人写出这样的东西：烛光餐桌旁，俊男美女相对而坐，水晶酒杯晶莹剔透，四目闪烁，犹如露珠。柔和的晚风轻撩窗帘，肖邦的小夜曲在背景中回荡。这一对恋人隔着餐桌，互相抓住对方的手，四目相对，眉眼传情，喃喃低诉："我爱你，我爱你……"而且说的还都是心里话。这是一个无法表演的场景，将会像一只过街老鼠一样必死无疑。

演员并不是牵线木偶，只会模仿动作和背诵台词。他们都是艺术家，是用潜文本中的材料来进行创造，而不是被动地表现文本。一个演员若要活灵活现地表演人物必须从里到外，从不可言传的，甚至是无意识的思想和情感一直演绎到行为的表面。演员将会说出和做出场景所要求的一切，但是他们只有从内心生活中才能找到创造的源泉。上面的场景之所以无法表演，是因为它没有内在生活，没有潜文本。它之所以不可表演，是因为它没有什么东西可供表演。

我们回顾自己的观影经验，会意识到，我们毕生都在目睹潜文本现象。**银幕不透光，但却是透明的**。当我们仰望银幕时，我们难道不是有这样的印象，好像我们是在读解人物的思想和感情？我们不断地对自己说："我知道那个人物心里真正在想什么，我知道她的真实感情。她心里到底是怎么回事我比她自己还明白，而且比正在听她说话的那个男人还明白，因为他正在忙着想他自己的事情。"

在生活中，我们的眼睛容易停留在表面。我们的心灵被我们自己的需要、冲突和白日梦所占据，我们很少退后一步，去冷静地观察其他人内心所发生的事情。

我们偶尔也会给咖啡店角落相对而坐的爱人罩上一个画框，创造出一个电影瞬间，从他们的笑脸上看出他们内心的厌倦，或者从他们痛苦的眼神中看出他们各自对对方心存的希望。但是，我们一般很少这样做，而且就算做也只是片刻之间的事。然而，在故事的仪式中，我们却能连续性地看穿人物的面孔和活动，一直探究到其不可言传、无人知晓的内心深处。

这就是我们为什么要去找讲故事的人的原因，因为讲故事的人可以充当我们的导游，带领我们超越事物的表象，而探究出事物的真相……到达事物的所有层面，并不仅是停留片刻，而是一直到达线索的终点。**讲故事的人能够给予我们生活拒绝给予的愉悦，就是那种坐在黑暗的故事仪式之中，透过生活的表面，看到言谈举止后面的真情实感所带来的愉悦。**

那么，我们应该如何去写一个爱情场景？让两个人去换汽车轮胎。把这个场景写成一个如何处理爆胎问题的真正的教科书。让所有的对白和动作都是关于千斤顶、扳手、毂盖和螺母的："把那个递给我一下，成吗？""当心！""别弄脏你的手。""让我来……哦哟。"演员们将会演绎场景的真正动作，所以要给他们留有余地，让他们完全从内心把那种浪漫之情活生生地表现出来。当他们四目相接，火花飞迸时，我们将会知道到底发生了什么，因为那种感觉在演员不言而喻的思想和情感之中。当我们看透表面之后，我们将会带着会心的笑，舒展地靠在椅背上："瞧瞧，他们哪是在换汽车轮胎啊？哥有情妹有意，他们算是对上眼了。"

换言之，按照生活中实际发生的情形去描写这些事情。因为，如果我们把那个烛光场景交给优秀演员，他们马上会嗅出其中的虚假，拒绝表演，并扬长而走，直到这个场景被剪掉或以一个可以表演的潜文本进行改写。如果演员缺少要求改写的影响力，那么他们就会这样处理：他们会在场景中加上一个潜文本，无论它跟故事有无关系。**好演员绝不会没有潜文本就走到镜头前。**

例如，一个被迫表演这个烛光场景的演员可能会以这种方式对它进行攻击："这些人为什么要变着法儿来创造这么一个电影场景？光有那些烛光、轻音乐和随风飘动的窗帘有什么用？他们为什么就不能像正常人一样把意大利面拿到电视机旁？这种关系到底有什么不好？难道因为这不是生活？蜡烛什么时候才会熄灭？难道要等到一切正常的时候？不。到了一切正常的时候，我们会像正常人一样把意大利面拿到电视机旁去。"所以，基于这一见解，演员会创造出一个潜文本。现在当我们看到这一场景时，我们会想："他说他爱她，也许他真是爱她，不过，你看，他是害怕会失去她。他已经绝望了。"或者看到另外一个潜文本："他说他爱她，不过，你看，他是在为坏消息做铺垫。他想把她甩了。"

于是，这个场景所讲述的已经不是这个场景表面上所讲述的东西。它已经另有所指。正是这一另有所指的东西——试图重新得到她的爱恋或为分手而给她心理准备——才会使这一场景行之有效。**永远必须具备一个潜文本，一个与文本恰成对照或构成矛盾的内在生活**。有了这个，演员才能创造出一部多层面的作品，使我们能够透过文本看到在生活中的言谈举止和音容笑貌之后脉动的真理。

这一原理并不是说，人都是不真诚的。我们都戴着一个公共面具，这是一个常识性的共识。我们的一言一行都遵循着我们觉得应该遵守的标准，但我们心里的所想和所感却完全不同。但我们必须这样做。我们意识到，自己不可能说出和做出我们真正所想和所感的东西。如果我们都那样做的话，生活就会变成一所疯人院。实际上，你知道，你对一个疯子就是这样说话的。疯子是那些失去了内心交流的可怜人，所以他们能够允许自己忠实地说出和做出他们所想和所感的东西，所以他们才疯了。

实际上，任何人，即使是疯子，要想完全表达内心活动都是不可能的。无论我们多么希望昭示我们最深层的感受，但它们总是在规避着我们。我们永远不可能完全表达出自己的真情实感。因为我们很少真正了解它们。我们可以考虑一下一种迫切需要表达最真实思想和情感的情境——心理分析：病人仰卧在躺椅上，恨不得把他的心都掏出来，要求得到理解。没有任何收敛，没有任何不可披露的隐私。当他可怕的思想和欲望浮出表面时，心理分析大夫会做什么？静静地点头和记笔记。笔记上会写些什么？写的是没有说出的东西，是秘密，是隐含在病人撕心裂肺的忏悔后面的无意识真相。所谓物不可貌相，即是指任何文本都有其潜文本。

这也不是说，我们不可能写出绝望的人试图说出真相时的有力对白。它是指，**最富激情的时刻必须隐含着一个更加深刻的层面。**

《唐人街》：伊夫林·马尔雷哭喊道："她是我妹妹，也是我女儿。我父亲和我……"但是，她没有说出的是："求你帮帮我。"她痛苦的忏悔事实上是一个要求帮助的恳求。潜文本："我丈夫不是我杀的，而是我父亲杀的……他为了得到我的孩子。如果你逮捕我的话，他就会把孩子抢走。求你帮帮我。"在下一个节拍中，吉提斯说："我们得让你离开这座城市。"这是一个不合逻辑而又完全合理的回答。潜文本："我已经理解你告诉我的一切。我现在知道是你父亲干的。我爱你，而且我会不惜牺牲生命来救你和你的孩子。然后，我再去抓那个狗杂种。"这一切都隐含在场景之下，让我们看到了真实的行为，而并没有虚假的"写在鼻子上"的对白。并且，没有剥夺观众获得见解的乐趣。

《星球大战》：当达思·维达主动给予卢克机会，让他加入"共同治理宇宙恢复万物的秩序"时，卢克的反应是企图自杀。这也不是一个合乎逻辑的反应，但却完全合乎情理，因为无论卢克还是观众都读懂了韦德的潜文本：在其"恢复万物秩序"的文本后面隐含着"奴役万民"的潜文本。当卢克企图自杀时，我们读出了一个英勇的潜文本："我宁死也不会加入你的邪恶事业。"

人物可以说出和做出你能想象的一切事情。但是，由于任何人类都不可能完全道出或做出绝对的真实，人们的内心总是或多或少地存在一个无意识的层面，所以作家必须埋设一个潜文本。只有当观众意识到那一潜文本时，场景才会行之有效。

这一原理同样可以延伸到第一人称的小说、戏剧独白以及直面镜头的阐述或画外音解说。因为，如果人物跟我们私下交谈，那并不是说他们就知道真相或能够道出真相。

《安妮·霍尔》：当阿尔维·辛格（伍迪·艾伦）直接对观众说话，"坦白"他的恐惧和无能时，他也是在撒谎、掩饰、笼络、夸张、文过饰非，完全是自欺欺人地企图博取我们的同情并说服自己他是一个心地善良的人。即使是在一个人物独处时，也会有潜文本。因为，如果没有别人在看着我们，我们自己也在看着自己。我们戴上面具，向我们自己掩盖真实的自我。

不仅个人会戴着面具，机构也会，而且还会雇佣公共关系专家时刻防止面具脱落。帕迪·查耶夫斯基的讽刺剧《医院》切中这一真理的要害。医院雇员都穿着白色制服，行为举止表现得非常专业、非常科学、非常体贴。但是，如果你在一个医疗机构工作过，你便会知道，那里存在着一种无形的贪婪、自私和某种程度的疯狂。如果你想死，那你就去医院。

生活中**永恒的两重性**即使对非生命的物体来说也是成立的。在罗伯特·罗森改编的梅尔维尔的《比利·巴德》中，一艘战舰停泊在夜间的热带海面上。无数星星在空中闪烁，使黛黑色的大海显得格外辽阔、宁静。满月低垂，玉带般的光芒从海平线一直拖曳到船头。柔软的船帆在和暖的海风中摇曳。残酷的主炮手克拉加特（罗伯特·瑞安）正在站岗。比利（特伦斯·斯坦普）无法入睡，所以他来到甲板上，和克拉加特一起站在船舷旁，慨叹这是一个多么美好的夜晚。克拉加特回应道："没错，比利，没错。不过得记住，在那晶莹闪烁的表面底下是一个充满滑翔猛兽的宇宙。"即使是大自然母亲也戴着面具。

◎ 场景分析技巧

要分析一个场景，你必须解剖出文本和潜文本层面上的所有行为模式。一旦通过适当的方式来研究一个场景，其瑕疵便会一目了然。以下是一个五步程序，旨在令一个场景吐露出它的秘密。

第一步：确定冲突

首先要问，是谁驱动这一场景，谁促使它发生？任何人物或力量都有可能驱动一个场景，即使是一个非生命的物体或大自然的作为也可以。然后，深入这一人物或力量的文本和潜文本，并自问：他（或它）想要什么？欲望永远是关键。用一个目的状语来表述这一欲望（或者用演员的行话：场景目标）：如，"为了做这个……"或"为了得到那个……"

接下来，横跨整个场景，问：是什么对抗力量在阻挡这一欲望？这些力量可能来自任何层面或多种层面的组合。在确认了对抗力量源之后，问：这些对抗力量想要什么？这也可以用一个目的状语得到最好的表达："为了不做那个……"或"想用这个取而代之……"如果场景写得好，当你对冲突双方的这一套欲望用目的状语进行比较时，你将会看到，它们是直接相对——而不是相切的。

第二步：标注开篇价值

确认场景中押上台面的价值，并注意在场景开始时，其负荷是正面还是负面。比如："自由。主人公处于负面，他是被囚禁于自己执着的野心。"或者："信念。主人公处于正面，他相信上帝能帮他脱离现在的处境。"

第三步：将场景分解为节拍

节拍是人物行为中动作／反应的一种交流。从两个层面仔细审查场景的第一个动作：从外在而言，看人物表面上是在做什么，而且更为重要的是，还要透过这一表面，看到他实际上是在做什么。用一个进行时短语来表述这一潜文本动作，如，"正在乞求。"试图找到这样的短语，它不仅能指称动作，而且还要表达人物的情感。例如，"正在恳求"表明人物的举止含有一种庄重感，而"趴在她的脚下"却活现出一副绝望无助、卑躬屈膝的嘴脸。

表达潜文本动作的短语并不是从字面上来描述人物活动，而是更深层地，带着一种情感色彩来指称人物动作本质。

现在，浏览场景，看到那一动作所引发的反应，用一个进行时短语来表述那一反应。如，"正在对其恳求置之不理"。

这种动作和反应的交流即是节拍。只要它在延续，人物 A "正趴在她的脚下"，但人物 B 却"对其恳求置之不理"，这便可以构成一个节拍。即使他们的交流重复多次，这还是同一个节拍。直到行为发生明显变化，才会出现一个新的节拍。

例如，如果人物 A 的伏地乞求变成"正在威胁要离开她"，而且作为反应，人物 B 的置之不理变为"对其威胁报以嘲笑"，那么这一场景的第二个节拍便成为"威胁／嘲笑"，直到 A 和 B 的行为发生第三次明显变化。通过将场景解析为节拍，场景分析便可以如此这般地继续下去。

第四步：标注结尾价值并比较开篇价值

在场景的末尾，考察人物处境的价值负荷情况，并以正面／负面进行描述。将这一笔记和第二步的笔记进行比较。如果这两个笔记相同，那么其间所发生的活动则是非事件。没有发生任何变化，因此没有发生任何事情。也许向观众传达了一些解说性的东西，但整个场景却是平淡乏味的。如果反之，价值发生了变化，那么场景便发生了转折。

第五步：审察节拍并定位转折点

从开篇节拍开始，审查描述人物动作的那些进行时短语。当你将动作／反应追踪到场景末尾时，应该会浮现出一种形态或型式。在一个设计精巧的场景中，即使是看似杂乱的行为也会有一片弧光和一个目的。事实上，在这样的场景中，正是其精心的设计才使它的节拍显得随意。在那一片弧光中，找到期望和结果裂开鸿沟的那一瞬间。因为正是在这一时刻，场景开始转折到它变化了的结尾价值。此时此刻便是转折点。

我们现在试着对下面两个场景设计进行分析，便可以说明这一技巧。

《卡萨布兰卡》

《卡萨布兰卡》的幕中高潮是在一个时空统一体中达到的，它强调了个人冲突，并用语言表达了它的主要动作。

故事梗概

1940年，反法西斯自由战士里克·布莱恩和流亡海外的挪威人伊尔莎·伦德在巴黎相遇。他们相爱并开始同居。他求她嫁给他，但她总是避而不答。里克已被列入盖世太保的逮捕黑名单。在纳粹入侵的前夜，这对恋人相约在火车站见面，一起逃离这座城市。但是，伊尔莎没有露面，只是派人送来一张便条，说她爱里克，但是永远也不能再见他了。

一年之后，里克在卡萨布兰卡经营一家咖啡馆。他已经变成一位隐士，决心保持中立，无论个人事务还是政治事务都绝不卷入。如他所说，"我绝不为任何人出头。"他酗酒成性，完全变成了另一个人。后来，伊尔莎挽着著名抵抗运动领袖维克多·拉兹洛的胳膊走进了咖啡馆。旧情人再度相会。在其伴着鸡尾酒的闲谈后面，他们的激情可触可感。伊尔莎和拉兹洛一起离去，但里克却在黑暗的咖啡馆内借酒浇愁，通宵企盼。

午夜过去数小时后，伊尔莎再度出现。此时的里克已是酒至半酣，满怀伤感。伊尔莎不无戒心地告诉他说，她崇拜拉兹洛，但并不爱他。然后，没等她详说她是如何爱他，里克由于酒醉后的苦涩，对她的叙说大加贬损，把她的话比作风尘女子的甜言蜜语。他带着一种扭曲的笑容，紧盯着她，变本加厉地对她大肆中伤："告诉我。你是为了谁而离开我？是不是拉兹洛？或者我们之间还夹着别的什么人？要不你天生就是那种水性杨花的人？"这种诬蔑，暗指她是一个婊子。里克立刻把她送到门外，而他自己则崩溃在泪水中，醉眼蒙眬。

幕中高潮

第二天，伊尔莎和拉兹洛出去寻找黑市出境签证。当拉兹洛在一家咖啡馆跟人讨价还价时，伊尔莎在街上的一个纺织品摊前等候。看到是她一个人，里克走了过来。

第一步：确定冲突

里克开启并驱动这个场景。尽管自从伊尔莎在巴黎抛弃他后，他已经忍受了巨大的痛苦，而且在看到伊尔莎跟另一个男人在一起时，里克强压住心中的怒火，并为此充满了内心冲突，但里克的欲望是明确的："把伊尔莎夺回来。"他的对抗力量源也同样明确：伊尔莎。伊尔莎的感情非常复杂，笼罩着一层混合着负疚、悔恨和责任感的情感迷雾。伊尔莎狂热地爱着里克，如果可能的话，她当然愿意回到他身边；但是，由于只有她才知道的原因，她却不能。在这不可调和的两种需要之间进退维谷，伊尔莎的欲望可以这样表述："保持她与里克过去的私情，并继续她现在的生活。"尽管纠缠着诸多内心冲突，他们的欲望却恰恰相反。

第二步：标注开篇价值

爱情统领着这一场景。上一场景中，里克的侮辱性行为已经将价值转向负面，但是却向正面稍稍倾斜，因为观众和里克都看到了一线希望。在前面的场景中，伊尔莎被称为"伊尔莎·伦德小姐"，表明她是一个和拉兹洛结伴而行的单身女人。里克想要改变这一事实。

第三步：将场景拆解为节拍

节拍 #1

外景 市场——亚麻布制品摊
阿拉伯小贩摊上的招牌上写着"亚麻布制品"。他给伊尔莎拿出一条
花边床单。

小贩的动作：推销。

阿拉伯人

你在整个摩洛哥都找不到这样的宝贝，小姐。

正在这时，里克走到了她身后。

里克的动作：接近她。

伊尔莎没有往后看便感觉到他的出现。她假装全神贯注于那条花边床
单。

伊尔莎的反应：不理他。

小贩举起一块牌子，上写七百法郎。

阿拉伯人

才七百法郎。

....

节拍 #2

里克

你受骗了。

里克的动作：保护她。

伊尔莎顿了一下，以使自己不为所动。她看了一眼里克，然后彬彬有礼地转向小贩。

伊尔莎

没关系，谢谢。

伊尔莎的反应：拒绝里克的亲近。

为了从拉兹洛身边夺回伊尔莎，里克的首要任务就是要破冰——由于上一场景的指责和愤怒之情，这并不是一项轻易的任务。他的警告似乎侮辱了阿拉伯商贩，但商贩却不以为意，而且在潜文本中，里克还有更多的暗示：伊尔莎与拉兹洛的关系。

···

节拍 #3

阿拉伯人

啊……这位女士原来是里克的朋友？对里克的朋友，我们还有一点小小的折扣。我是不是说过七百法郎？（举起一块新的牌子）现在两百法郎你就可以把它拿走。

里克

你昨天深夜造访，正值我心绪凌乱之

际，怠慢之处，还望海涵。

里克的动作：道歉。

伊尔莎

没关系。

伊尔莎的反应：再次拒绝他。

阿拉伯人

啊！对里克的特别朋友，我们还有特别的

折扣。

他撤回第二块牌子，拿出了第三块，上写一百法郎。

第一个节拍中，里克的保护动作纯属自然而然；第二节拍中的道歉却显
得更加艰难而又稀罕。他用过分正规而迂腐的语言来掩饰他的尴尬，并
试图表达他的歉意。伊尔莎不为所动。

....

节拍 #4

里克

你的故事实在让我感到有一点迷惑，

要不就是因为我酒喝得太多。

里克的动作：找借口。

阿拉伯人

我还有一些台布、一些餐巾……

伊尔莎

谢谢，我确实没有兴趣。

伊尔莎的反应：第四次拒绝里克。

阿拉伯人

（匆匆退下）就一会儿……请稍候……

阿拉伯商贩在许多方面丰富了这一场景。场景以他的喜剧色彩作为开端，和黯淡的结尾形成对照；他所销售的花边床单和亚麻布内衣增添了一些婚礼和性感的含义；而最重要的是，他试图将里克兜售给伊尔莎。商贩的第一句台词宣称里克是一件宝贝。为了展示里克的势力，商贩为"里克的朋友"降价。然后，听到深夜造访之事，商贩又为"里克的特别朋友"特别降价。随后便是里克第二次指出他酒后失态之事，他试图将他的侮辱行为诿过于酒精。伊尔莎当然不会买账，她只是站在那儿等待，而且我们可以有把握地推断，她并不是在等待购买花边床单。

......

节拍 #5

她沉默不语，假装查看那些花边货品。

里克

你为什么要回来？就是为了告诉我你为什

么要在火车站抛弃我吗？

里克的动作：试图把脚伸进门内。

伊尔莎

（静静地）对。

伊尔莎的反应：把门打开一条缝。

一连听到四次否定的回答之后，里克想要她做出一个肯定的回答，无
论是什么。所以，他问出了一个答案不言自明的问题。她静静的一声
"对"将门打开一条缝——也许还挂着门链，但表示她愿意交谈。

....

节拍 #6

里克

那，你现在可以告诉我了，趁我现在还清

醒。

里克的动作：跪地请求。

伊尔莎

我现在不想谈，里克。

伊尔莎的反应：**要求更多。**

沉默寡言的里克第三次就他酗酒之事自我贬损。以其硬汉的举止，这就算是乞求了，而且达到了效果。伊尔莎开始迟疑，以一种温和而礼貌的方式与他对抗，不过还是继续假装购买花边床单。用文字来表述她的潜文本："这种乞求听起来自然舒服一点。你能不能让我再多听到一点？"

....

节拍 #7

里克

为什么不？我那张富余的火车票到现在还没脱
手呢。我想我有资格知道。

里克的动作：让她感到自责。

伊尔莎

昨天夜里，我已经看见你变成什么样子了。我
在巴黎认识的那个里克，我可以告诉他，他会
理解我的——但是这个带着如此仇恨的眼光看
着我的里克……

伊尔莎的反应：**反戈一击，也要让他感到自责。**

这两个人有过一段恋情。每一方都觉得自己受到了伤害，而且每一方都非常了解对方的敏感，所以他们可以轻松自然地互相刺伤。

节拍 #8

伊尔莎

（转身看着里克）我很快就要离开卡萨布
兰卡了。我们永远不可能再见面了。我们
在巴黎相爱时，彼此了解得太少。如果我
们保持那种感觉，也许我们还能记住那些
日子——不是卡萨布兰卡——不是昨天夜
里——

伊尔莎的动作：道别。

里克只是直瞪瞪地看着她。

里克的反应：拒绝反应。

在潜文本中，伊尔莎和气宽容的话语是一句明显的"再见"。无论她
是多么的举止文雅，无论她的语言隐含着她是如何地爱着里克，这都
是一种吻别："让我们做朋友吧。让我们记住美好的时刻，忘掉不
快。"

里克不愿理会这套。他以拒绝反应作为反应，因为对某人的动作置之
不理当然也是一种反应。于是，他开始了下一个节拍。

节拍 #9

里克

（声音低沉而严厉）你离开我，是不是因
为你受不了了？因为你知道跟我在一起会
是一种什么样的日子，成天躲着警察，过
着四处逃命的日子？

里克的动作：指责她是个懦夫。

伊尔莎

如果你要那样想，你就那样想好了。

伊尔莎的反应：指责他是个傻瓜。

里克在过去的整整一年里都在琢磨她为什么离开他，而且他最好的猜
想就是她是一个懦夫。可是，她跟拉兹洛在一起，每天都面临着死神
的威胁，所以她以一种冷静的讽刺来回骂他，言下之意是："我不在
乎你怎么想；只有傻瓜才会相信这些鬼话；如果你想当傻瓜，那你就
相信好了。"

....

节拍 #10

里克

呃，我再也不用四处奔逃了。我现在已
经安定下来了——就在咖啡馆上面，真
的——只要爬一层楼梯就到。我就在那
儿等你。

里克的动作：对她进行性挑逗。

伊尔莎垂下眼睛，转眼不看里克，把脸藏在她的宽檐帽阴影下。

伊尔莎的反应：隐藏她的反应。

尽管她一再拒绝，但他感觉到，她的感情却在向另一个方向倾斜。他深深地记得他们在巴黎的性生活，而且已经见过冷漠而崇高的拉兹洛。所以，他带着侥幸心理，在街上公开对她进行挑逗。这方法又一次奏效。

伊尔莎当然也记得，所以将她绯红的脸藏在帽檐底下。一时间，里克觉得她触手可及，但里克还是忍不住说出一些难听的话。

....

节拍 #11

里克

反正都一样，有朝一日你还会欺骗拉兹
洛——你会来找我的。

里克的动作：指责她是婊子。

伊尔莎

不，里克。告诉你，维克多·拉兹洛是
我丈夫。而且甚至在……（停顿，冷静
地）……在我在巴黎认识你的时候就是。

伊尔莎的反应：用这一消息来粉碎他的希望。

伊尔莎举止端庄、镇定自若地离去，留下目瞪口呆的里克，痴痴地看着她的背影。

里克无法忍受伊尔莎的抛弃所导致的痛苦。即如在前一个场景的高潮中，他甩出了一句与性有关的秽语，暗指她还会背叛拉兹洛，回到他的床上。由于第二次被责骂为婊子，伊尔莎只好亮出了她最强硬的武器，给予里克尽可能沉重的打击。不过，必须注意这只是一个半真相；她并没有补充说，她当初以为她丈夫已经死去。相反，她留下了一个可怕的暗示：她是一个已婚女人，在巴黎利用了里克，然后当她丈夫回来后便把他一脚踢开。因此，她的爱从来都不是真的。我们从潜文本中得知，事实正好相反，但里克却被彻底摧毁。

第四步：标注结尾价值并比较开篇价值

主情节峰回路转，从一个充满希望的正面价值急转为一个比里克所能想象的还要沉重的负面价值。因为，伊尔莎不仅明确说出她现在已经不再爱他，还暗示她从来就没有爱过他。她的秘密婚姻使他们的巴黎恋情变为一场骗局，而里克则成为一个奸夫。

第五步：审察节拍并定位转折点

走近她 / 不理他

保护她 / 拒绝他（和阿拉伯人）

道歉 / 拒绝他

找借口 / 拒绝他（和阿拉伯人）

试图把脚探进门内 / 把门打开

跪地乞求 / 要求更多

让她自责 / 让他自责

道别 / 拒绝反应

指责她为懦夫 / 指责他为傻瓜

对她进行性挑逗 / 隐藏她的反应

指责她是婊子 / 摧毁他的希望

这种动作 / 反应型式构建了节拍的迅速进展。每一个交流都要强似上一个节拍，使他们的爱情面临越来越大的风险，要求表现出越来越强的意志力和能力，来采取那些痛苦的、甚至残酷的动作，同时还要一直保持着冷静的控制。在第十一个节拍的中间，鸿沟开启，披露了伊尔莎与里克私通时便已经与拉兹洛结婚。直到这一刻之前，里克都还怀着夺回她的希望，但由于这一转折点的到来，他的希望被彻底粉碎。

《犹在镜中》

与《卡萨布兰卡》的静态言语交锋形成对照的是，《犹在镜中》里卡琳 / 上帝情节的高潮既有地点的转移，也有时间的短暂流逝，卷入了四个人物，围绕着内心冲突的层面，并以身体行为的方式表现了它的主要动作。

故事梗概

伯格曼为这部影片设计了一个具有六个相互关联故事的多情节。其中最强劲的是卡琳和她的"上帝"之间的冲突。她得了幻想型精神分裂症。在一段神志清醒的时期，她被医院放了出来，和家人一起在波罗的海的一个岛上别墅内短期度假。尽管她极力保持清醒的头脑，但她身边却围绕着脆弱而苦恼的男人，反而指望得到她的支持。

卡琳的父亲戴维外表和善，但情感压抑。他是一个通俗小说家，但不被评论界承认，为此耿耿于怀。他喜欢保持一段安全的距离来观察生活，然后再对所观察到的事实进行消化解析以用于他的作品。卡琳希望她的父亲幸福，并祈祷他能获得艺术上的成功。

卡琳的丈夫马丁是一名医生。她渴望得到丈夫的理解和认可；可是，他对待妻子就像对待自己的病人一样，并在性生活上要求频繁。

卡琳的弟弟米纳斯是她唯一可以真正倾吐衷肠的人。她对他无话不谈，将自己可怕的幻觉秘密讲给他听，但是米纳斯正值青春期，性的萌动以及与父亲感情的淡漠也使他烦躁不已，因此他几乎不能给卡琳带来任何慰藉。由于感觉到了他的恐惧，卡琳反而还不时对米纳斯进行宽慰。

卡琳敏锐的感觉（甚或一种通灵的知觉）很快便演化为幻觉。她能听见阁楼墙后传来声音，告诉她上帝就要出现。她很害怕，去找马丁，但马丁由于婚后性生活得不到满足，对她大肆侮辱。当她找到父亲时，他和颜悦色地把她像一个孩子一样打发走了。当她一个人的时候，她偷看了父亲的日记，发现父亲对自己的兴趣只限于把她作为下一部小说中的人物原型来进行研究。她试图告诉弟弟上帝将要降临这一奇迹，但是，米纳斯已经深深地陷入自己的相思病中不能自拔，对卡琳根本就不理解。突然之间，卡琳的疯狂转折变为一种性的冲动。她野蛮地将弟弟按倒，强行乱伦。

当戴维发现事情经过后，他的反应更多的是顾影自怜，而不是对孩子的关心。令人震惊的是，卡琳同情父亲，知道他对自己的兴趣只是把她当作故事素材，便给父亲讲述了她对自己病情的详细见解。马丁打断了她，宣称他必须马上把卡琳送回精神病院。他打电话叫了一架救护直升机，并开始收拾行李。

第一步：确定冲突

卡琳驱动这一场景。她相信她所听到的声音，并热切地希望能够见到上帝，这不仅仅是为了她自己的需要，而且还为了她身边的男人们。她想要他们一起来迎接上帝显灵，也许是为了赢得他们的认同，更重要的是，帮助他们解除生活的烦恼。她的对抗力量源有两个：第一是她的丈夫。马丁对她的关心仅限于性的目的，而且只是怜悯她，但他再也不能忍受她的疯狂，所以他要把她带离她的"上帝"，让她安全地待在医院里。第二个更加强大的对抗力量就是她自己。尽管她希望能够瞥见天堂的样子，但她的潜意识却在等着给予她一幅地狱的景象。

第二步：标注开篇价值

希望以一种奇怪的方式充溢在场景的开端。卡琳是影片中最具移情作用的人物。我们都想让她想见上帝的欲望得到实现。即使这只是一个疯狂的幻想，那也会给一个心灵受到折磨的女人带来快乐。而且，在影片的前期，她的许多通灵体验已经使我们怀疑，她也许并不是异想天开。我们坚持希望一个超自然的事件发生；这意味着卡琳对她身旁那些以自我为中心的男人的胜利。

第三步：将场景拆解为节拍

节拍 #1

内景 别墅卧室——白天

卡琳和马丁正在收拾行李，等待救护直升机。马丁在橱柜抽屉内乱翻，想找一件衬衣。卡琳拼命要关上已经塞得太满的箱子，她的思绪似乎飘离到很远的地方。

卡琳
你的衬衣洗过了，就是还没熨。

卡琳的动作：计划逃跑。

马丁

反正我在城里还有衬衣。

马丁的反应：掩饰他的负疚感。

卡琳

请过来帮我把箱子关上。

马丁使劲想把箱盖合上，但由于一双鞋顶着，箱盖无法合上。

他把鞋拿出，看着鞋。

马丁

这是我的鞋。我可以把它留在这儿。

卡琳

干吗不穿这双，把脚上的留下？

马丁

（指他脚上穿的那双鞋）这双鞋该修了。

他把鞋扔在地板上，匆匆地穿上夹克。卡琳慢慢地关上箱盖。

这一节拍几乎具有喜剧色彩。卡琳衣着整齐，而且行李也收拾停当，但马丁就像一个需要妈妈的孩子，到处乱翻。她是一个准备回去继续接受电疗的精神病人，却依然是那样的老练沉着；他是一名大夫，却拿不准该穿哪双鞋走。在文本中，卡琳似乎是在收拾行李，但在潜文本中，她却在计划她的下一个步骤。马丁的负疚感使他心神不宁，因此并没有看出她表面的平静却隐藏着一个筹划迎接阁楼"奇迹"的心思。

....

节拍 #2

卡琳用手指轻弹箱子，神情静默，若有所思。然后：

卡琳

你有头疼药吗？

卡琳的动作：逃向她的"上帝"。

马丁

（朝房间四周看看）那只棕色箱子

哪儿去了？

马丁的反应：帮助她。

卡琳

在厨房。

马丁

（想起）哦，对，是在厨房。

马丁突然闯入。

内景 厨房——同上

在桌上找到了他的药箱。他拿出一些药丸，倒满一杯水，轻步通过

内景 正厅——同上

回到

内景 卧室——同上

当他走进时，迅速一瞥便发现卡琳不见了。马丁放下水和药丸，快步回到

内景 正厅——同上

寻找她。

卡琳的感知能力在马丁之上，但是她之所以能在他眼皮底下轻易溜走，是因为他过分沉迷于自我。他知道精神分裂症病人一刻也不能离人，但是他想把她带回医院的负疚感致使他愿意做任何能够取悦于她的事情。他的关心态度并不是为了她的病痛，而是为了他自己。

....

节拍 #3

他看了一眼外面，然后跑到

内景 戴维的卧室——同上

打开门，令窗子旁的戴维吃了一惊。

马丁
看见卡琳没有？

马丁的动作：搜寻卡琳。

戴维
没有。

戴维的反应：帮助他搜寻。

当马丁慌张离开时，戴维跟着他来到

内景 正厅——同上

在厅内，他和马丁交换不安的目光。

....

节拍 #4

然后，他们突然听见卡琳"低诉"的声音……在楼上。

卡琳的动作：祈祷。

马丁准备镇静剂，戴维爬上楼梯。

戴维的反应：赶快去找她。

马丁的反应：准备再次抓住她。

正厅 楼梯

卡琳的"低诉"变得更加清晰。

卡琳

（反复念叨）是，我明白，我明白……

卡琳的幻觉给了这些男人他们想要的东西。就马丁而言，是扮演医生的机会；对戴维而言，则是观察女儿病情的最戏剧性时刻的机会。

....

节拍 #5

戴维快步走进一个闲置不用的阁楼房间。

内景 阁楼房间——同上

把门推开数英寸，窥视屋内的情况。

戴维的主观视点

通过半开的房门，看见卡琳站在房间中央，瞪着墙上一扇紧闭的壁橱门。她的声音很庄重，就像祈祷一样，口中念念有词。

卡琳

（对着墙说话）是，我完全明白。

卡琳的动作：准备她的圣灵显现。

镜头转向戴维

凝视着他的女儿，被她所创造出来的场面弄得目瞪口呆。

卡琳（画外）

我知道现在不会太久了。

戴维的反应：观察卡琳的疯狂。

马丁背着他的医药包，靠近门口的戴维。看见卡琳兀自面对她的假想听众说话，他眼睛顿时一亮。

卡琳（画外）

知道这一点实在太好了。

不过，我们一直在幸福地等待。

马丁的反应：克制自己的情感。

卡琳在壁纸裂缝后传来的声音面前恳求，但清楚地知道家人肯定会不惜一切地找到她，也知道此刻父亲的目光正在凝视着她，丈夫正在努力压制自己的愤怒之情。

节拍 #6

马丁匆匆走进屋内，来到卡琳身旁。卡琳急切地转动脖子上的念珠，敬畏地凝视着墙和壁橱门。

马丁的动作：制止她的幻觉。

卡琳

（对马丁）脚步轻一点！他们说他
马上就要降临了。我们必须准备好。

卡琳的反应：保护她的信念。

....

节拍 #7

马丁

卡琳，我们要进城去了。

马丁的动作：把她拉走。

卡琳

我现在不能离开。

卡琳的反应：坚守阵地。

节拍 #8

马丁

你错了，卡琳。（看着紧闭的门）那里面什么也没有发生。（抓住她的肩膀）没有上帝会从那个门里出现。

马丁的动作：否认她的上帝的存在。

卡琳

他随时可能降临。我必须在这儿恭候。

卡琳的反应：维护她的信念。

马丁

卡琳，不是这样的。

节拍 #9

卡琳

别那么大声！如果你不能保持安静，你就走吧。

卡琳的动作：命令马丁离开。

> **马丁**
>
> 跟我一起走吧。

> **卡琳**
>
> 你非要毁了它不可吗？别打扰我了。

戴维继续从门口观察，卡琳挣脱马丁。他退到一把椅子旁，坐下，擦眼镜。

马丁的反应：退却。

卡琳的确比马丁坚强。马丁无法与其强大的意志力抗衡，他放弃了，退却了。

....

节拍 #10

卡琳面壁跪下，合掌祈祷。

> **卡琳**
>
> 马丁，亲爱的，请原谅我如此急躁，可是
> 你就不能过来跪在我身旁吗？
> 你坐在那儿的样子实在太滑稽了。
> 我知道你不相信，但就算为了我吧。

卡琳的动作：把马丁拉入她的仪式。

马丁眼中泪如泉涌，似乎是因为无助的痛苦，他回到她的身边，跪了

下来。

马丁的反应：向她屈服。

戴维一直在门口观看。

卡琳想要在上帝来临时，一切都是那样的完美，所以她把不相信的马丁也拉入了她奇怪的仪式。

....

节拍 #11

马丁抓着卡琳的肩膀，把头埋进她的脖颈里，用他那满是泪水的脸在她的身上蹭来蹭去。

马丁

卡琳，亲爱的，亲爱的，亲爱的。

马丁的动作：爱抚她。

卡琳心存反感。她掰开他的手，使劲甩开。

卡琳的反应：挣脱他。

马丁由于面对她的疯狂茫然无助，只好本能地企图通过性的诱惑来使她摆脱癫狂，但是他的爱抚却一败涂地。

节拍 #12

卡琳合掌祈祷。

卡琳的动作：倾心祈祷。

突然之间，一声震耳欲聋的"吼声"充满整个房间。卡琳的目光从墙壁移向壁橱。

"上帝"的反应：宣告"上帝"的降临。

....

节拍 #13

壁橱门突然洞开，似乎是自动开启。

"上帝"的动作：出现在卡琳面前。

卡琳敬畏地站着，冲着似乎正从空洞的壁橱内浮现的什么东西微笑。

卡琳的反应：迎接她的"上帝"。

窗外，一架救护直升机正从天空降落。

在背景上，戴维凝神静气地看着发生的一切。

壁橱门为何以及如何自动打开？也许是由于直升机带来的震动，但这并不是一个令人满意的解释。纯粹出于巧合，正当卡琳祈祷奇迹发生时，壁橱门和直升机联合起来把奇迹带给了她。可是，令人惊奇的是，这一动作似乎并不是刻意设计的。因为伯格曼所创造的，用荣格的话说，是一个同时性事件：将有意义的巧合融合于剧烈情感的中心。通过允许我们听到卡琳的心声，通过向我们展示她对自然的敏锐感觉，通过戏剧化地表现她对奇迹的炽烈渴求，我们也渐渐地开始期望超自然事物的发生。卡琳的宗教激情达到了如此热切的程度，以致它创造出一个同时性的事件，让我们瞥见了某种超越真实的东西。

节拍 #14

卡琳凝视壁橱：当她看见某种令人惊异的东西时，她的表情僵住了。

卡琳的"上帝"的动作：攻击她。

突然之间，她恐惧地尖叫，好像被什么东西追逐一样，她拼命逃窜，躲在房间的一角，四肢缩成一团用以保护自己。

卡琳的反应：奋力摆脱她的"上帝"。

节拍 #15

马丁抓住她。

马丁的动作：稳住她。

她把他推开，逃到房间的另一角。

卡琳的反应：逃离马丁。

....

节拍 #16

好像有什么东西在往她身上爬一样，她紧握双拳，在两腿之间冲着一个无形的进攻者乱打一气。

"上帝"的动作：企图强奸卡琳。

卡琳的反应：反抗"上帝"的强奸。

此时，戴维加入马丁，试图抱住卡琳。

戴维的反应：帮助抱住她。

....

节拍 #17

但是，她挣脱了，冲出门外，来到

内景 楼上门厅——同上

并跑下楼梯。

卡琳的动作：逃跑。

内景 楼梯上——同上

突然之间，米纳斯出现在楼梯底端。

米纳斯挡住她的去路。卡琳停步，盯着她弟弟。

米纳斯的反应：堵住她。

....

节拍 #18

戴维抓住她，把她按倒在楼梯上。马丁带着一个注射器赶到。卡琳就
像一头困兽一样挣扎着。

马丁和戴维的动作：使她镇定。

马丁

按住她的腿。

她在他们的怀中拳打脚踢，马丁挣扎着给她注射。

卡琳的反应：猛烈地抗拒打针。

....

节拍 #19

她靠在父亲身上，凝神看着弟弟焦躁的脸。

镇静剂的动作：使她冷静。

卡琳的反应：屈服于药品。

戴维和马丁的反应：使自己冷静下来。

米纳斯的反应：试图明白。

....

节拍 #20

卡琳

我突然感到害怕了。

卡琳的动作：警告米纳斯。

所有三个男人的反应：静静地听着。

卡琳

（慢慢地向弟弟解释）门打开了。但是从
里面出来的上帝是一只蜘蛛。他朝我爬过
来，我看见了他的脸。那是一张可怕的、
像石头一样的脸。他爬到了我身上，企图
强行进入我的下身。可是，我护着我自
己。在整个过程中，我都看着他的眼睛。

他的眼神冷酷无情。由于强奸未遂，他就
往我上身爬，爬到了我乳房上，爬到了我
脸上，然后爬到墙上去了。（长长地凝视
米纳斯的眼睛）我终于看见上帝了。

尽管蜘蛛上帝的强奸案只是从她的潜意识中生出的一种幻觉，一旦回
到现实后，她却以一种具有讽刺意义的敬畏来对待这种幻想。她把她
可怕的发现主动讲给三个男人听，但主要是告诉米纳斯，作为一个警
示性的故事，警告她弟弟祈祷是没有什么好结果的。

第四步：标注开篇价值并比较结尾价值

卡琳与蜘蛛上帝的遭遇使这一场景从希望转化为无望。她祈祷上帝的降临，
并把这一"奇迹"告诉父亲，她知道，由于自身缺乏真实的情感，父亲渴求了
解他人的生活经历用以填补他的小说空白。卡琳主动向丈夫吐露自己的信念，
但马丁的反应仅限于性的爱抚和医生的职业姿态。后来，卡琳的"奇迹"爆发
为一场噩梦，而且她对上帝的信仰也因之灰飞烟灭。

在最后一个节拍中，卡琳作为一个警告向弟弟讲述了她的怪诞视觉，但是，
比之这一场景中令人窒息的绝望的戏剧性表现，这一最后的姿态却是微弱的。
我们留下了这样的感觉，知识分子的爱情，如影片中的小说家和医生所表现的，
当面临着根深蒂固于我们本性的那些不可理喻的力量时，脆弱得可怜。

第五步：审察节拍并定位转折点

计划她的逃跑 / 掩饰他的内疚
逃向她的"上帝" / 帮助她
搜寻卡琳 / 帮助他搜寻

祈祷 / 赶快去找她、准备再次抓住她

准备她的圣灵显现 / 观察她的疯狂、克制他的情感

制止她的幻觉 / 保护她的梦幻

把她拉走 / 坚守阵地

否认上帝的存在 / 维护她的信念

命令马丁离开 / 退却

把马丁拉入她的仪式 / 屈服于她

爱抚她 / 挣脱他

倾心祈祷 / 宣布"上帝"降临

出现于卡琳面前 / 迎接她的"上帝"

攻击卡琳 / 摆脱她的"上帝"

稳住她 / 逃离马丁

企图强奸卡琳 / 反抗"上帝"

逃跑 / 堵截

令她镇定 / 抗拒打针

使她冷静 / 使他们自己冷静、试图明白

警告米纳斯 / 静静地听

节拍开始轻松，几乎具有某种喜剧色彩，然后迅速进展。每一个动作 / 反应都胜似前面的一组交流，对所有人物提出更多的要求，尤其是要求卡琳具有越来越强的意志力来领受她那令人恐惧的视觉。鸿沟裂开于第十三和第十四个节拍之间，当时卡琳对上帝的期望竟落得幻觉中一只蜘蛛对她进行的性攻击。不同于《卡萨布兰卡》中以披露真相作为场景的转折点，这一高潮的转折点是围绕着动作而发生的——这是一个由主人公的潜意识头脑所采取的具有震慑力量的动作。

我们利用上述两个精彩的场景展示了分析的技巧。尽管它们在冲突层面和动作质量上差异很大，但它们却共有一个根本形式。这一根本形式在这两个场

景中得到了几乎完美的体现，而诸多不值一提的场景则很有可能正是在对这一根本形式的把握上有所欠缺。**那些写作拙劣的场景也许是因为欲望没有对立而缺少冲突；也许是因为重复或循环而不得进展；也许是因为转折点来得过早或过晚而不均衡；也许是因为把对白和动作都"写在鼻子上"而缺少可信性。**不过，若对一个问题场景进行分析，将节拍比照场景目标来进行检验，改变行为来适应欲望或改变欲望来适应行为，将最终得到一版改写，使场景获得新生。

CHAPTER 12
布局谋篇

布局谋篇是指对场景进行整合和连接。就像一个选择音符与和弦的作曲家一样，我们也要通过选择什么该包括、什么该排除、什么该在前、什么该置后来构建故事进展。这可能是一项艰巨的任务，因为当我们渐渐了解我们的主题之后，每一种故事可能性都似乎活起来了，并朝着不同的方向蠕动。想方设法把它们全部包裹进来是灾难性的诱惑。所幸的是，为了对我们的努力进行指导，这门艺术已经进化出一套布局谋篇的准则：统一性和多样性，进度、节奏和速度，社会进展和个人进展，象征升华和反讽升华以及过渡原理。

◎ 统一性和多样性

一个故事，即使是在表达混乱的时候，也必须是统一的。无论出自什么样的情节，下面这个句子都应该是合乎逻辑的："因为激励事件，高潮必须发生。"

《大白鲨》："因为鲨鱼吃了一个游泳者，警长必须消灭鲨鱼。"《克莱默大妇》："因为克莱默的太太离开了他和孩子，只有他们夫妻自己才能最终解决监护权问题。"我们应该感觉到**激励事件和故事高潮之间有一把因果关系之锁**。激励事件是故事最深刻的导因，因此其最终结果，即故事高潮，应该是不可避免的。把它们固着在一起的胶合剂便是故事脊椎，即主人公想要恢复生活平衡的深层欲望。

统一性是根本的，但不是充分的。在这一统一性之中，我们必须引入尽可能多的多样性。例如，《卡萨布兰卡》不仅是有史以来最受观众喜爱的影片之一，而且还是最富多样性的影片之一。它是一个精彩的爱情故事，但是影片的一大半却是政治剧。其出色的动作序列与都市喜剧相映成趣。它同时还可以和音乐片媲美。十几个曲调战略性地分配于影片的不同时段，对事件、意义和情感进行评判或设置。

我们大多数人都无法胜任如此丰富的多样性，而且我们的故事也不允许，但我们都不想反反复复地敲击同一个音符，以至于每一个场景听起来都像是其他任何场景。相反，我们要在喜剧中寻找悲伤之情，把个人事务政治化，用个人的东西来驱动政治，在平常后面见到神奇，在崇高之中发现琐碎。要使老生常谈变得丰富多样，其关键是研究。知识的肤浅会导致索然无味的讲述。只有掌握了丰富的写作知识，我们才能烹调出美味可口的盛宴。至少，我们可以加上幽默的调味料。

◎ 进度

如果我们慢慢地转动螺丝，一点一点地，一点一点地，一个场景接着一个场景地，一个场景接着一个场景地增加其紧张度，那么远在影片结束之前我们就会把观众的兴致耗尽。观众会变得疲软，再也没有精力投入到故事高潮之中。**因为故事是生活的比喻，我们期望它感觉就像生活，具有生活的节奏**。这一节奏在两个相互矛盾的欲望之间脉动：一方面，我们欲求恬静、和谐、和平和轻松，但是日复一日，这种东西如果太多的话，我们就会倦怠无聊，并需要进行心理治疗。同时我们还欲求挑战、紧张、危险甚至恐惧，但是日复一日，这种东西如果太多，我们也会最终被锁闭在一个橡皮房间内。所以，生活的节奏就是在这两个极端之间摇摆。

例如，一个典型一天的节奏是：你早晨起来充满精力，在梳妆镜中你凝视着自己的形象，说："今天我一定要做成一件事情。不，我这次一定要说到做到。今天我一定要做成一件事情。"你于是出门想要"做成一件事情"，却碰上一连串麻烦事：错过的约会、无人回答的电话、毫无意义的跑腿以及没完没了的争吵，直到你和朋友一起吃一顿欢乐午餐，聊着、喝着，试图恢复你的理智、放松自己并蓄积能量，以便你可以整装出发来迎战下午的魔鬼，希望做成你上午未能做成的所有事情——结果却是更多错过的电话、更多无用的差事，以及永远永远不够的时间。

你终于开上了回家的公路，一路上交通拥堵，每辆车上都只有一个人。你是否与人共乘[1]？不。在工作上忙乎了一整天之后，你最不愿意做的事情就是跳上一辆已经有其他三个刚刚下班的傻瓜坐在上面的汽车。你逃进你的汽车，拧开收音机，根据音乐的节奏并入适当的车道。如果是古典音乐，你会走右车道；如果是流行歌曲，你会插入中间的车道；如果是摇滚乐，你就会蹿上左车道。我们成天抱怨交通拥堵，但谁也没去采取整治的措施，因为，在实际生活中，我们在暗暗地享受交通高峰期。驾车的时间是我们大多数人仅有的独处的时间。你放松自己，想挠什么地方就挠什么地方，而且还可以随着音乐吼两嗓子。

回家冲个快澡，然后走进夜色寻找乐趣。有什么乐趣？游乐园的过山车把你吓得魂不附体，看一部电影让你忍受在生活中绝不会想要的情感，到单身酒吧去体会被人拒绝的屈辱。精疲力竭之余，你一头倒在床上，第二天早晨这一节奏又重新开始。

这一紧张与松弛之间的交替便是生活的脉搏，日复一日，甚至年复一年的节奏。在有些影片中，这种交替是明显的，在其他影片中却是微妙的。《温柔的怜悯》令戏剧压力慢慢上升，然后再慢慢下降，每一个周期都缓缓地增强总体的紧张度，一直达于高潮。《亡命天涯》将紧张雕琢成峭拔的峰峦，然后稍稍下降，最后加速达到顶峰。每一部影片都以其自然的口音说话，但它讲述的绝不是平淡、重复和被动的非事件，也不全是不屈不挠、拳拳到肉的动作。无论是大情节、小情节还是反情节，所有优秀的故事都悸动着生活的节奏。

我们利用我们的幕结构，以紧张作为开始的基点，然后通过场景和序列提升到第一幕高潮。当我们进入第二幕时，我们便构思出一些削弱这一紧张度的场景，转换成喜剧、言情，一种可以相应降低第一幕紧张程度的基调，好让观众喘口气并蓄积更大的能量。**我们引导观众像一个长跑运动员一样运动，不是**

以匀速奔跑，而是时而加速，时而减速，然后再加速，创造出一个周期，允许他达到其潜能的极限。在放慢进度之后，我们再加快下一幕的进展速度，直到我们在强度和意义上超越前一幕的高潮。我们一幕接着一幕地时而紧张，时而松弛，直到最后一幕的高潮将观众的情感倾泻一空，令他们在情感上精疲力竭而又快慰无穷。然后，再来一个简短的结局场景恢复元气，最后高高兴兴地回家。

这就像性生活一样，房中术的大师们都知道把握做爱的进度。他们开始时总是把对方带入一个具有快感的紧张状态，就只差一点——这儿所采用的词刚好和我们的词一样——高潮，然后讲个笑话，换个体位，然后再把对方带入更加紧张的状态，还是不到高潮；然后吃个三明治、看看电视、蓄积能量以达到越来越强的紧张程度，如此这般地以周期升降的紧张度来做爱，直到最终同时达到高潮，天旋地转，眼冒金星。宽厚仁慈的讲故事的人就是在和我们做爱啊。他知道我们有能力达到一个猛烈倾泻的高潮……如果他能掌握好适当进度的话。

◎ 节奏和速度

节奏是由场景的长度决定的。我们处于同一时间和地点的时间有多长？一部典型的两小时故事片要演出四十到六十个场景。这便意味着，每一个场景的平均长度为两分半钟。但并非每一个场景都是如此。实际情况是，每出现一个一分钟场景便会有一个四分钟场景。每出现一个三十秒的场景，便会有一个六分钟的场景。在一个标准格式的剧本中，一页即等于一分钟的银幕时间。因此，如果你浏览你的剧本，发现一个两页的场景，后面紧跟着一个八页场景、一个七页场景、三页场景、四页场景、六页场景、五页场景、一页场景、九页场景——换言之，如果你的剧本中的场景平均长度是五页，那么你故事的进度就会像一个慢车投递的邮递员一样。

大多数导演的摄影镜头都能在两三分钟之内汲干一个景点内具有视觉表现力的任何东西。如果一个场景延续时间太长，那么镜头势必重复。剪辑师会不断看到同样的固定镜头，同样的双重镜头，同样的特写镜头。镜头重复时，表现力便会流逝；影片的视觉效果变得沉闷，眼睛会失去兴趣，视线会游离于银幕。如果你乐此不疲，那么观众将会和你永别。场景的两到三分钟的平均长度反映了电影的本质以及观众对富有表现力的时刻[2]的饥渴。

当我们研究这一原理的许多例外时，它们只能证明这一点。《十二怒汉》发生在一间陪审员室，时间跨度为两天。从本质上而言，它是由两个发生在同一地点的五十分钟的场景所组成，只是在晚上睡觉时有一个短暂的停顿。但是，由于它改编自一出戏，导演尼·吕美特可以利用其**法式场景**。

在新古典主义时期（1750—1850），法国戏剧严格遵循统一性原则：即一套将戏剧的表演严格控制于一个动作或情节，发生在一个地点和一段与表演时间相等的时间内的常规。但是，当时的法国人意识到，在这一时空的统一体中，主要演员的入场或出场从根本上改变了关系的动态，而且实际上创造了一个新的场景。例如，在一个花园背景下，一对年轻恋人共同表演一个场景，然后她的母亲发现了他们。母亲的入场因此改变了人物关系，引出一个新的场景。这三个人构成了一个场景，然后，小伙子退场。他的退场又对母女之间的关系进行了重新安排，人物面具脱落，一个新的场景开始了。

吕美特明白法式场景的这一原理，他把陪审员室分割为若干个景中景——饮水器、衣帽间、窗子、桌子的一头对桌子的另一头。在这些子景点中，他对法式场景进行舞台调度：首先是陪审员一号和二号，然后二号出场，五号和七号入场，切入六号一人，切入全体十二人，切入坐在房间一角的其中五人，如此等等。《十二怒汉》中八十多个法式场景制造出令人兴奋的节奏。

《与安德烈晚餐》的场景局限性甚至更大：一部表现两个小时的晚餐的两小时影片，人物只有两个，因此没有法式场景。可是，这部影片却脉动着节奏，因为就像在文学作品中一样，它通过将描述性的画面绘制于听众的想象中，从而创造出富有节奏的场景：在波兰森林的探险、在一个怪诞仪式上安德烈的朋友们将他活埋、他在办公室遇到的同时性现象[3]。这些广博见识的讲述将一个教育情节包裹于另一个教育情节之中。当安德烈（安德烈·格雷戈里）讲述他

313

的心路历程中堂吉诃德式的探险经历时，他如此彻底地改变了朋友的人生观，沃利（华莱士·肖恩）离开餐馆时完全变成了另一个人。

速度是一个场景中通过对白、动作或二者同时表达出的活动的水平。例如，枕边低诉的恋人属于低速；法庭内的辩论，则属高速。一个人物凝视窗外，做出重大人生抉择，属于低速；暴乱，高速。

在一个讲得好的故事中，场景和序列的进展能够增加进度。当我们奔向幕高潮时，我们利用节奏和速度渐次缩短场景，使其中的活动变得越来越轻快有力。**就像音乐和舞蹈一样，故事也是一种活动艺术。**我们要利用摄影机的感觉力把观众抛向幕高潮，因为，事实上，具有重大逆转的场景一般都很漫长、徐缓而紧张。"高潮"并不是指短促的爆发，它是指深刻的变化。这样的场景不可能一掠而过。所以我们把它们展开，让它们呼吸；我们放慢进度，让观众屏住呼吸，思忖下一步将会发生什么。

此处，回报递减律同样成立：我们停顿得越频繁，停顿的效果就越小。如果重大高潮之前的场景漫长而迟缓，那么我们想要制造紧张感的大场景则会流于平淡。因为我们已经在不太重要的弛缓场景中过多地消耗了观众的精力，伟大时刻的事件所得到的反应只是耸耸肩而已。相反，我们必须通过缩短节奏，螺旋式地提升速度，来"挣得停顿的资格"，当高潮来临时，我们可以踩住刹车，拉长放映时间，令紧张感长留不去。

当然，这种设计也有问题，因为它是一个陈词滥调。D.W. 格里菲斯是这一设计的大师。默片时代的电影人都知道，像追赶坏蛋并扼住他的脖子这样的小事也可以拍得惊心动魄，只要把场景不断缩短，把速度不断加快，使进度紧张激烈。但是，技巧性的东西除非从一开始便有重要的东西作为依托，才不会变成陈词滥调。因此，我们不能因为自己的无知和傲慢而无视这一原理。如果我们在一个重大逆转之前使场景冗长而拖沓，那么我们的高潮必定会成为残疾。

进度是从剧本开始确立的。无论是否陈词滥调，我们必须控制节奏和速度。它并不一定是活动的对称膨胀和场景长度的整齐修剪，但是进展过程必须构建出某种形态。因为即使我们不这样做的话，剪辑师也会。而且如果为了对我们拖泥带水的作品进行修饰，他要剪掉一些我们钟爱有加的片断，我们不可能埋怨别人，而只能怪我们自己。我们是银幕剧作家，并不是逃避小说的难民。电影是一门独特的艺术形式。剧作家必须精通活动影画的美学原理，并创造出一个可以为电影艺术家铺平道路的剧本。

◎ 表现进展过程

当一个故事真诚进展时，它要求投入越来越强的人物能力，要求越来越强的意志力，在人物的生活中产生越来越大的变化，并把他们推向越来越大的危难之中。我们如何才能表达出这一点？如何才能让观众感觉到进展过程？有四个主要技巧。

◎ 社会进展

扩大人物动作对社会的影响范围。

让你的故事从私下开始，仅仅卷入几个主要人物。但当故事讲述过程向前进展时，允许他们的行动向外分岔，扩展到他周围的世界，触动并改变越来越多人的生活。并不是一次性完成，而是通过进展过程渐次扩散其效果。

《孤星》：两个人在得州一个废弃的打靶场捡子弹壳时，发现了几十年前失踪的警长尸骸。现场的证据导致现任警长怀疑凶手可能是自己的亲生父亲。当他进行调查时，故事向外扩展到社会并回溯到过去的时间，牵引出一条腐败和司法黑暗的线索，这一线索触动和改变了三代得克萨斯人、墨西哥美国人和非洲美国人的生活——实际上是里奥县每一个公民的生活。

《黑衣人》：一个农民和一个寻找一枚稀世珠宝的在逃外星人之间的巧遇

慢慢地向外蔓延，致使天地万物都面临其害。

从私人问题入手，令其蔓延到外部世界，以构建强有力的进展过程，这一原理解释了为什么特定职业的从业人员常常被选为影片主人公。这也是为什么我们都喜欢讲述律师、医生、勇士、政治家、科学家的故事的原因——这些人因其职业的缘故，其社会地位与私人生活有着不可分割的联系，如果他们私生活中的某事出现纰漏，作者可以将其行动扩展为社会事件。

试想一个故事若如此开始：美国总统早晨起来刮脸，当他凝视镜子时，眼前出现了世界各地的假想敌的幻觉。他没有告诉任何人，但他的夫人很快便意识到，他已经疯了。他的贴身随从也知道。他们开会决定，既然总统的任期只剩下六个月了，何必现在把事情闹大？他们都替总统遮掩。但是，我们知道，"他的手指控制着核按钮"，一个处于这一位置的疯子完全可以把我们这个本来就不甚太平的世界变成一个全球性的地狱。

◎ 个人进展

将动作深深揳入人物的私人关系和内心生活之中。

如果你背景的逻辑关系不能允许你横向进展，那么你必须向纵深挖掘。从一个需要找到平衡而且似乎比较容易解决的个人或内心冲突入手，然后，随着作品的进展，向下捶打故事——从情感上、心理上、身体上、道德上——一直深入到隐藏在公共面具后面的阴暗秘密，和不可告人的真相。

《普通人》局限于一个家庭、一个朋友和一个医生，从一种通过沟通和爱似乎就能解决的母子紧张关系开始，最终堕落为令人悲悯的痛苦。当父亲逐渐意识到，他必须在儿子的神志清醒和家庭的团结和睦之间做出选择时，故事把孩子逼到了自杀的边缘，迫使母亲暴露了她对自己亲生儿子的仇恨，使丈夫失去了他深爱的妻子。

《唐人街》是一个优雅的设计，它将两种技巧合二为一，同时向横向和纵深扩展。一个私人侦探受雇调查一个男人的通奸案。然后，就像泄漏的油一样，故事向外蔓延为一个一发不可收的圆周，吞噬了市政厅、百万富翁阴谋集团、圣费尔南多谷的农民，直到它污染了洛杉矶的所有居民。与此同时，它也向内穿刺。吉提斯总是遭到不断的攻击：大腿内侧被踢，头上挨打，鼻子裂开。马尔雷被杀，父女乱伦被披露，直到主人公昔日的悲剧重演，引发了伊夫林·马尔雷的死，并把一个无辜的孩子抛到了一个失去理智的父亲兼外祖父手中。

◎ 象征升华

将故事意象的象征负荷从个别发展为普遍，从具体发展为原始模型。

一个讲得好的好故事便孕育着一部好影片。但是，一个讲得好的好故事再加上潜在的象征主义意味则能将故事讲述的表现力往上拔高一个层面，最后所得的报偿也许是一部伟大的影片。象征主义具有很大的强迫性。就像我们梦中的意象一样，它侵入无意识的头脑并深深地触动着我们——只要我们没有意识到它的存在。如果我们以拙劣的方式给形象贴上"象征主义"的标签，它们的效果便会毁灭。但是，如果它们静静地、渐渐地、谦合地潜入故事的讲述过程，那么它们便能深深地打动我们。

象征性进展的工作原理如下：首先我们从那些只能代表它们自己的动作、景点和角色入手，然后，随着故事的进展，我们选择那些意义不断加强的形象，一直到故事讲述结尾时，人物、场景和事件能够代表普遍性的思想。

《猎鹿人》首先介绍宾夕法尼亚州的钢铁工人，他们喜欢打猎，喜欢喝啤酒，喜欢朋友聚会狂欢。他们就像他们所居住的小镇一样平实无华。但是随着事件的进展，场地、角色和动作变得越来越具有象征主义负荷，从越南的老虎笼，进展到男人们在西贡一家赌场玩俄罗斯转盘来赌钱的那些具有高度象征力的场景，直到山顶上的一个危机场景使故事达到顶峰。主人公迈克尔（罗伯特·德尼罗）亦从工厂工人进展为勇士，并进而成为"猎人"，一种专事杀戮之人。

影片的主控思想是：当我们停止杀戮其他生物时，我们就能拯救我们自己的人性。如果猎人使其他生物洒了足够的鲜血，他迟早会杀尽所有的靶子，最终只好把枪口转向他自己。他要么会实际上杀死自己，就像尼克（克里斯托弗·沃尔肯），或者更有可能的是，他会在某个意义上杀死自己：会停止感觉任何东西，内心完全死去。危机场景把迈克尔送到山顶上，身着猎装，带着猎枪。在一个悬崖旁，他的猎物，一头壮美的麋鹿，从迷雾中浮现。这是一个原始模型意象：猎人和猎物在山顶上对峙。为什么要在山顶？因为，山的顶峰是"伟大事情发生"的地方。摩西接受十诫并不是在厨房，而是在山顶上。

《终结者》把象征性进展引入了一个不同的方向，并不是在山顶上，而是进入了一个迷宫。影片开篇是以普通背景中的普通人形象作为开始，讲述洛杉矶一家快餐店女招待莎拉·康纳的故事。突然之间，终结者和里斯从2029年赫然出现于现代，在洛杉矶的街道上追逐莎拉，一个企图杀她，另一个拼死救她。

我们得知，在未来世界机器人拥有了自我意识，并试图铲除创造它们的人类。它们几近成功，后来人类的幸存者在具有领袖魅力的约翰·康纳领导下起而反抗。人类终于战胜了机器人，但并没有把它们赶尽杀绝。后来机器人发明了一种时间旅行器，派一名刺客回到康纳出生之前的过去，去刺杀康纳的母亲，以此消除康纳的存在，以赢得机器人的战争。康纳截获了时间机器，发现了它们的计划，把他的中尉里斯送到过去，好在那个魔鬼杀死他母亲之前把它杀掉。

洛杉矶的街道构成了迷宫的古老原始模型。人物在高速公路、狭窄街道、死胡同和建筑物的走廊回旋转折，直到他们想方设法来到这个城市纷乱的心脏。在那儿，莎拉就像在弥诺斯的迷宫内与半人半牛怪弥诺陶洛斯搏斗的忒修斯[4]一样，与那个半人半机器的终结者短兵相接。如果她能打败这个恶魔，她就会像圣母玛利亚一样，生出人类的救星约翰·康纳，把他抚养成人，领导人类在未来的大屠杀中得到拯救。莎拉从一个女招待进展为一个女神，而且影片的象征性进展过程将影片提升到同一类型的几乎所有其他影片无法比拟的高度。

◎ 反讽升华

以反讽方式转折进展过程。

反讽是故事愉悦的最微妙表现形式，那是一种这样的快慰感觉："啊，生活正像是那样。"它一分为二地看待生活；它拿我们充满悖论的生存状况大做文章，知道事物的表象和事物的真相之间存在着一条无底裂罅。**语言反讽见于话语本身及其意义之间的分歧——这是笑话的主要源泉。但在故事中，反讽却表现在故事能量的主要源泉——动作和结果之间，表现在真理和情感的主要源泉——外表和现实之间。**

反讽是一项宝贵的财产，是一把能够切割到真理的利刃，但它不能直接采用。让人物在故事中漫游，口中念念有词："多么具有反讽意味！"这样做不会给我们带来任何好处。**就像象征主义一样，直接指出反讽便毁灭了反讽。**反讽意味必须冷静地、随意地释放，似乎是在不经意之间，好像对其所产生的效果一无所知，而且坚信观众肯定能够意会。因为反讽就其本质而言即是言不及义，它不可能用鲜明的语言进行迅速界定，而且最好是通过例证来予以解释。以下是六个反讽故事模式，每一个都提供了一个例证。

1. 他终于得到了他一直想要的东西……但是已经太晚，他不可能拥有它。

《奥赛罗》：摩尔人终于得到了他一直想要的东西，一个真心爱着他且绝不会为了别的男人而背叛他的妻子……但是当他发现这一切的时候，已经太晚了，因为他刚刚把她杀死。

2. 他被推到离他的目标越来越远的地方……结果却发现事实上他已被引导到他的目标。

《残酷的人们》：贪婪的商人山姆（丹尼·德维托）从桑迪（海伦·斯雷特）那儿盗取了一个想法，并因而发了大财，却没有付给桑迪一分钱版权费。桑迪的丈夫肯（祖德·莱茵霍尔德）决定绑架山姆的妻子芭芭拉（贝特·米德勒），赎金为两百万美元，因为他认为他妻子应得的版税至少应是这个数目。但是，当肯诱拐芭芭拉时，他并不知道山姆正要回家谋杀他那泼悍而肥胖的老婆。肯打电话给山姆，要求两百万赎金，但是暗自欣喜的山姆断然回绝。肯不断地杀价，当砍到一万美金时，山姆说："哦，你干吗不杀了她，把这事了结算了？"

与此同时，芭芭拉被软禁在克斯勒的地下室，她已经把她的牢房变成了一个健身房。她严格按照电视上的所有健身节目进行锻炼，而桑迪又是一个自然食品的烹调大师，结果芭芭拉比她过去在全美最好的减肥中心降低的体重还要多。结果，她喜欢上了她的绑架者。当他们告诉她只好放她走了，因为她丈夫拒绝付赎金，她转向他们说："我去帮你们把钱弄来。"这就是第一幕。

3. 他抛弃了他事后才发现的对他的幸福不可缺少的东西。

《青楼情孽》：残疾艺术家图鲁兹－劳特雷克（何塞·费勒）爱上了美丽的苏珊娜（迈丽亚姆·海姆），但却难于向她表白。她作为一个朋友陪同他游历巴黎。劳特雷克渐渐相信，她之所以愿意和他在一起的唯一原因就是，她可以趁机认识漂亮的男人。在一次酒醉后的暴怒中，他指责她是在利用他并愤然离开了她的生活。

不久以后，他收到了苏珊娜的一封信："亲爱的图鲁兹，我总是希望你有朝一日会爱上我。现在我意识到，你永远不会。所以，我已经接受了另一个男人的求婚。我不爱他，但他对我很好，而且你知道我现在已经处于绝望的境地。再见。"劳特雷克疯狂地寻找她，但实际上她已远嫁他人。所以他酗酒而终。

4. 为了达到某一目标，他不知不觉地采取了一些背道而驰的步骤。

《窈窕淑男》：迈克尔（达斯汀·霍夫曼）是一个失业演员，他的完美主义已经吓跑了纽约所有的制片人，他于是男扮女装，在一部肥皂剧中出任角色。在拍摄场地，他认识并爱上了朱丽（杰西卡·兰格）。但他的演技实在太出色了，以至于朱丽的父亲（查尔斯·德宁）想要娶他，而朱丽则怀疑他是一个女同性恋。

5. 他采取行动想要毁灭某一事物，结果却适得其反，搬起石头砸了自己的脚。

《雨》：宗教偏执狂戴维森神父（沃尔特·休斯顿）努力拯救风尘女子萨迪·汤普森（琼·克劳馥）的灵魂，结果却淫欲大发，强奸了她，最终因羞耻而自杀。

6. 他得到了某种他坚信会给他带来厄运的东西，想方设法要摆脱它……结果却发现那是一份幸福的厚礼。

《育婴奇谭》：鲁莽的交际花苏珊（凯瑟琳·赫本）在不知情的情况下偷走了天真而性情压抑的古生物学家戴维·赫胥黎博士（加里·格兰特）的汽车，她喜欢她所看见的东西，成天就像胶水一样地黏着他。戴维想尽一切办法想要摆脱她，但苏珊总是利用一些小伎俩使他逃脱无望。苏珊的拿手好戏就是偷走戴维的骨头，一根恐龙的"肋间锁骨"。（如果真有"肋间锁骨"这种东西的话，那应该属于一种头长在肩膀以下的生物。）苏珊的坚忍不拔终于得到回报，她把戴维从一个化石般的孩子变成了一个勇于拥抱生活的成人。

反讽进展的关键是确切性和精确性。就像《唐人街》、《苏利文的旅行》以及许多其他优秀影片一样，这些故事的主人公都自认为他们确切地知道他们必须做什么，而且具有一个精确的行动计划。他们认为生活就是 A、B、C、D、E。正是在这种时候，生活却喜欢把你弄得晕头转向，踢着你的屁股，坏笑道："今天不行，我的朋友。今天是 E、D、C、B、A。对不起。"

◎ 过渡原理

一个没有进展感的故事容易从一个场景跌跌撞撞地闯入另一个场景。它几乎没有连续性，因为它的事件之间没有任何关联。当我们设计上升动作的周期时，我们同时还必须让观众在其间平滑地过渡。因此，在两个场景之间，我们还需要一个第三要素，一条使场景 A 和场景 B 首尾相接的纽带。一般而言，我们们能在两个地方找到这一第三要素：两个场景中共有的东西，或两个场景中互成反对的东西。

第三要素是用于过渡的铰链；是两个场景中共有的东西或两个场景中互成反对的东西。

例如：

1. 一个人物塑造特征。共有：从一个顽皮小孩切入到一个孩子气的成人。反对：从笨拙的主人公切入到优雅的反面人物。

2. 一个动作。共有：从做爱的前戏到享受高潮之后的余欢。反对：从热烈的闲聊到冷漠的沉默。

3. 一个物体。共有：从温室的内景到丛林的外景。反对：从刚果到南极。

4. 一句话。共有：从一个场景到另一场景重复的短语。反对：从恭维到谩骂。

5. 光的质感。共有：从黎明时的阴影到日落后的余晖。反对：从蓝色到红色。

6. 声音。共有：从拍打海岸的波浪到酣睡者呼吸的起伏。反对：从轻抚肌

322

肤的丝绸到声音刺耳的齿轮。

7. 一个想法。共有：从一个婴儿的新生到一部音乐的序曲。反对：从画家空白的画布到垂死的老人。

在电影制作进行了一个世纪之后，过渡方面的陈词滥调不可胜数。然而，我们不能放弃这一任务。对几乎任何两个场景进行富有想象力的研究之后，总会找到一个链接之点。

CHAPTER 13
危机、高潮和结局

危机 / 高潮中的危机 / 高潮 / 结局

◎ 危机

危机是五部分结构的第三部分。它是指**决定**。人物每次张嘴说"这个"而不说"那个"时，都是在做出自发的决定。在每一个场景中，他们都做出一个决定采取一个行动而不是另一个行动。但是大写的危机却是一个终极决定。汉语中的表意文字"危机"实为两个概念：危险／机会——"危险"是因为在这千钧一发的时刻，一个错误决定将会使我们永远失去想要的东西；"机会"是因为正确的选择将会使我们如愿以偿。

主人公的求索之路引导他通过进展纠葛，直到他用尽了能实现欲望的所有行动，只剩最后一个尚未完成。他现在发现自己已经到达故事主线的终点。他的下一个行动将会是他的最后行动。没有明天，没有第二次机会。这一"危险机会"的时刻是故事中最紧张的点，因为无论主人公还是观众都感觉到，"结果将会如何"这一问题将会由下一个行动得到回答。

危机是故事的必备场景。从激励事件开始，观众就一直在期待这一场景，越来越热切地企盼着主人公与他生活中最强大、最集中的对抗力量进行面对面的斗争。我们可以说，这是一条守护着欲望对象的巨龙：无论是《大白鲨》中实实在在的"龙"，还是《温柔的怜悯》中无意义的人生这一隐喻的"龙"。观众在进入危机时心中会充满混杂着不确定感的期望。

危机必须是真正的两难之境——是不可调和的两善之间或两恶之轻的选择，或同时面临两种情况的选择，将主人公置于生活中最大的压力之下。

这一两难之境摆在主人公面前，当他与生活中最强大、最集中的

对抗力量进行面对面的斗争时，他必须做出一个决定，要么采取此一行动，要么采取彼一行动，为赢得自己的欲望对象做出最后的努力。

主人公在此如何选择可以使我们对他的深层性格，对其人性的终极表达，有一个最深刻的认识。

这一场景揭示了故事的最重要价值，如果对"故事的中心价值是什么"还有任何疑问的话，那么当主人公做出这一危机决定之后，主要价值便已赫然出现于前台。

在危机时刻，主人公的意志力得到了最严峻的考验。我们凭生活经验得知，做出决定要比采取行动困难得多。我们经常无限推迟做某件事，后来，当我们终于做出决定并进而采取行动时，我们便会对其相对的容易感到惊奇。惊奇之余，我们会纳闷，我们为什么会那么害怕采取行动，直到我们意识到，**生活中大多数行动都在我们力所能及的范围之内，只不过做决定需要意志力而已。**

◎ 高潮中的危机

主人公选择采取的那一行动成为故事的终极事件，将导致一个正面的、负面的，或者具有反讽意义的正面／负面的故事高潮。不过，当主人公采取高潮行动时，如果我们再一次撬开期望和结果之间的鸿沟，如果我们还能再一次割裂或然性和必然性[1]，那么我们可能会创造出一个辉煌的结局，令观众铭记终身。因为一个构建于转折点周围的高潮是一种最令人满足的体验。

我们已经带着主人公走完了进展过程，耗尽了他的一个又一个行动，直到他达到极限，认为他终于理解了他的世界，并且已经知道必须做出什么样的最后努力。他充分利用自己残存的意志力，选择一个他相信将会使他如愿以偿的行动，但是，他的世界还是一如既往地不合作。现实裂开缝隙，他必须随机应变。主人公也许能也许不能得到他想要的东西，但情况绝不会是他所期望的那个样子。

试比较《星球大战》和《星球大战2：帝国反击战》：在《星球大战》的危机场景中，天行者卢克攻击"死亡之星"，一个大如行星的人工要塞。但这一要塞尚未完工。在这个球体的一面有一处不易防守的裂口。卢克不仅必须攻入这一裂口，还必须击中要塞的要害部位。他是一个技艺精湛的战斗机飞行员，但初试未能击中要害。当他通过电脑重新组织进攻时，他听到了欧比旺·肯诺比的声音："听从原力，听从原力。"

他于是被突然抛入一种不可调和的两善所构成的两难之境：电脑 VS 那一神秘的"原力"。他在痛苦的选择面前进退维谷，然后把他的电脑推到一旁，凭直觉飞入裂口，发射了一枚鱼雷，击中要害。摧毁死亡之星成为本片的高潮，一个由危机直接生出的动作。

相比之下，《星球大战2：帝国反击战》的高潮却是螺旋式产生的：当与达思·维达面对面交锋时，卢克面临着一个勇气的危机。不可调和的两善：他可以进攻并杀死维达，或者，他可以逃走并保住自己的性命。两恶之轻：他可以进攻维达并被他杀死，或者，他可以逃走，使自己沦为一个懦夫并背叛朋友。卢克鼓起勇气，选择战斗。可是，当维达突然退后一步说"你不能杀我，卢克……我是你父亲"时，卢克的现实轰然裂开。在一闪念间，他意识到这是真情，于是他必须做出另一个危机决定：是否杀死他的父亲。

卢克勇敢地正视这一决定的痛苦并选择战斗。但是维达砍伤了他的一只手，他摔倒在甲板上。但这仍然没有结束。维达宣称他要卢克加入他"整治宇宙万物"的运动。当卢克意识到父亲并不想杀死他时，第二道鸿沟开启。他必须做出第三个危机决定，一个两恶之轻构成的两难之境：加入"黑暗面"或者结束自己的生命。他做出了一个英勇的选择，而且当这些鸿沟爆炸时，高潮表达了深刻的见解，将两部影片融为一体。

○ 高潮的定位

高潮的位置取决于高潮动作的长度。

一般而言，危机和高潮都是在最后的时刻才发生的，而且发生在同一场景。

《末路狂花》：在危机处，女人们勇敢地面对两恶之轻——监禁 VS 死亡。她们互相对望，做出了"英勇赴死"的危机决定，一个结束自己生命的勇敢选择。她们立即将自己的汽车开进了大峡谷——一个非常短暂的高潮，靠汽车悬垂在峭壁上的慢镜头和定格镜头而相对拉长。

但在其他故事中，高潮却可成为一个扩展的动作，具有自己的进展过程。结果是，这一危机决定可以用来转折倒数第二幕高潮，使最后一幕完全充满高潮动作。

《卡萨布兰卡》：里克追求伊尔莎，直到她在第二幕高潮中就范，说他必须为每一个人做出决定。在接下来的一幕中，拉兹洛敦促里克重新加入反法西斯主义事业。这一不可调和的两善所构成的两难之境，通过里克无私的危机决定——将伊尔莎还给拉兹洛，将夫妻俩送上赴美的飞机，而使这一幕发生转折。这是一个足以揭示人物本性的选择，与他对伊尔莎的自觉欲望形成逆反。《卡萨布兰卡》第三幕是一个长达十五分钟的高潮动作，展示了里克帮助夫妻俩逃跑的惊心动魄的计划。

在极为罕见的情况下，危机决定还会紧接着激励事件，使整部影片成为一个高潮动作。

《詹姆斯·邦德》：激励事件——邦德受命追踪一个大坏蛋。危机决定：邦德接受使命——一个是非选择，而并不是真正的两难之境，因为他绝不会想到做出另外的选择。从这一时刻开始，所有的邦德影片都是一个单一动作的精彩进展过程：追踪坏蛋。邦德从未做出其他实质性的决定，只不过是选择用什么策略来追踪。

《离开拉斯维加斯》具有同样的形式。激励事件：主人公被解雇并得到了一笔可观的解雇费。他马上做出他的危机决定——到拉斯维加斯酗酒而死。从这一刻开始，随着他追随自己的欲望，整部影片便成为通向他死亡的悲惨的进展过程。

《感官世界》：激励事件——情人在前十分钟便见面并决定抛弃社会和正

常人生而去过一种沉湎于两性关系的生活。余下的一百分钟便是完全描写性试验，最终导致死亡。

危机场景紧随于激励事件之后的巨大风险就是重复。无论是高预算动作片追逐／打斗、追逐／打斗的重复型式，还是低预算的喝酒／喝酒／喝酒或做爱／做爱／做爱的重复型式，多样性和进展问题将势所难免并层出不穷。但是对这一设计的精通却可以创作出精品，即如上述例子所证明的那样。

○ 危机的设计

尽管危机决定和高潮动作通常是在讲述过程的末尾，发生在同一景点中一段连续的时间内，但危机决定发生在此时此地，而故事高潮发生在彼时彼地的情形也并非罕见。

《克莱默夫妇》中爱的价值在第二幕高潮中转折为负面，一位法官将监护权判给了克莱默的前妻。当第三幕展开时，克莱默的律师分析了案情：克莱默已经败诉，但他还可以赢得上诉。不过，为了胜诉，他将不得不让儿子走上证人席，让孩子选择他想跟谁生活在一起。孩子可能会选择父亲，于是克莱默便可以胜诉。但是，让孩子小小年纪就在众目睽睽之下被迫在自己的父母之间做出选择，将会对他造成终身的心理伤害。于是，克莱默面临着自我需要 VS 他人需要、自我痛苦 VS 他人痛苦这一双重两难之境。他抬眼看看律师，说："不行，我不能这样做。"切入高潮：父子俩在中央公园散步，父亲向儿子解释现在他们将要分开生活了，以后的生活将会怎样时，一条泪河在流淌。

如果危机发生在一处，而高潮在此之后发生在另一处，那么我们必须把它们剪接在一起，使它们在电影时空中融合为一体。如果我们不这样做，如果我们从危机切入到其他材料——如一个次情节——那么我们则会把观众被抑制的能量耗尽，从而进入一个反高潮。

危机决定必须是一个有意而为的静态时刻。

这是一个必备场景。不要把它放置在画外，或者对它轻描淡写。**观众想要与主人公一起经受这一两难之境的痛苦**。我们之所以要使这一刻定格，是因为最后乐章的节奏取决于这一时刻。情感的洪流已经汇集到这一点上，只是危机的大坝将它阻隔。当主人公做决定时，观众会欠起身子，自问："他将会怎么办？他将会怎么办？"紧张不断加剧，然后当主人公做出行动选择时，那一被压缩的能量便会爆发为高潮。

《末路狂花》：这一危机被巧妙地拖延，女人们对"走"这个字眼反复纠缠——"我说咱们走。""走？你说走是什么意思？""呃……就是走。""你是说……走？"她们犹豫再三，紧张不断加剧，观众祈祷，希望她们不要自杀，但同时又为她们的勇气叹服。当她们把汽车挂上挡时，这一被压缩的炸药般的焦虑便爆发为高潮。

《猎鹿人》：迈克尔追踪猎物来到山巅。但是，当他终于看见猎物之后，便停下了脚步。这一时刻不断延伸，紧张程度加剧，观众害怕这一美丽的麋鹿被杀。在这一危机时刻，主人公做出一个决定，使他通过了一个深刻的性格变化。他放低他的枪口，在内心深处从一个索命之人转变为一个救命之人。这一令人震慑的逆转转折出倒数第二幕高潮。观众被压制的同情之心完全倾注于故事的最后乐章，此时迈克尔赶回越南去救他朋友的性命，使最后一幕充满了上升的高潮动作。

◎ 高潮

故事高潮是五部分结构的第四部分。这一登峰造极的重大逆转并不一定充满着噪音和暴力。相反，它必须充满意义。如果我能够给世界上每一位电影制片发一份电报，电文将只有这三个字："意生情"。不是金钱，不是色情，不是特技，不是明星，不是炫目的摄影。

意义：从正面到负面，或者从负面到正面，或者有反讽或无反讽的价值剧变——当价值处于最大负荷时所发生的绝对而不可逆转的价值摇摆。这一变化的意义便可以打动观众的心。

　　创造这一变化的动作必须是纯粹的、清白的和不言自明的，不需要任何解释。通过对白和叙述铺陈出来的东西既乏味又繁冗。

　　这一动作必须适应故事的需要。它可以是灾难性的：《光荣》高潮中壮烈的战斗序列；可以是外在而琐屑的：一个女人在与丈夫心平气和地谈话时，突然起身，收拾箱子，走出房门。这一动作在《普通人》的上下文中是那样的动人心魄。在危机处，家庭之爱和家庭团结的价值向正面倾斜，丈夫不顾一切地揭示了他家庭的苦涩秘密。但在高潮处，在他妻子走出家门的那一瞬间，它们又摆向了一个绝对而不可逆转的负面。如果，从另一方面而言，她决定留下来，那么她对儿子的仇恨最终完全可能把孩子逼向自杀的绝境。所以，她的出走便具有一种正面的含义，使影片在一个痛苦的，但总体上仍为负面的反讽中结束。

　　最后一幕的高潮是你想象力的大跃进。没有它，你就没有故事。直到你实现这一点之前，你的人物都像是正在祈祷等待良医疗救的痛苦病人。

　　高潮一旦呼之欲出，故事便已进入一种从尾到头而不是从头到尾的、意义重大的改写状态。**生活的流动是从原因到结果，但创造力的流动则常常是从结果到原因。**一个高潮的想法会毫无支撑地跳入想象。现在我们必须逆向工作，为它在虚构现实中找到支撑，提供因果依据。我们从尾到头逆向工作，是为了确定，通过思想和反思想，每一个形象、节拍、动作或每一行对白，都与这一宏大的结果具有某种千丝万缕的联系。所有的场景都必须比照这一高潮确立其存在的理由，无论是主题的还是结构的。如果把它们剪掉并不影响这一结局的冲击力，那么它们便必须剪掉。

　　如果逻辑许可，可以在主情节的高潮之内使次情节达到高潮。这是一种奇妙的效果：主人公的一个最后行动解决了一切。《卡萨布兰卡》中，当里克把拉兹洛和伊尔莎送上飞机后，他解决了主情节的爱情故事和次情节的政治剧，把雷诺上尉转变为一个爱国志士，杀死了斯特拉瑟大校，而且我们还感觉到，因为里克重返战场，这将成为二战胜利的关键。

如果这种多重效果不可能一举达到，那么最不重要的次情节最好是最先达到高潮，随后便是次重要的，最后全面构建出主情节的高潮。

威廉·戈德曼指出，**所有故事结局的关键就是给予观众他们想要的东西，但不是通过他们所期望的方式。**这是一条颇富争议的原理：首先，观众究竟想要什么？许多制片人都不假思索地说，观众想要的就是一个大团圆结局。他们之所以这样说，是因为上扬结局的影片要比低落结局的影片更赚钱。

其原因是，一小部分观众不会去看一部可能会给他们带来不快体验的影片。一般而言，他们的借口是，生活中的悲剧已经够多的了。但是，如果我们仔细观察，我们会发现，他们不仅会在电影中回避负面情感，在生活中也回避。这种人认为，幸福意味着永无痛苦，所以他们对任何东西都不会去追求深刻感受。我们快乐的深度和我们所经受的苦难是成正比的。例如，大屠杀的幸存者便不会回避黑色影片。他们之所以去看，是因为这样的故事与他们的过去产生共鸣，具有宣泄和净化情感的作用。

事实上，低落结局的影片常常获得巨大的商业成功：《危险关系》，八千万美元；《错对冤家》，一亿五千万；《英国病人》，两亿两千五百万。谁也数不清《教父2》赚的钱。因为**绝大多数观众并不会在乎一部影片的结局是上扬还是低落。观众所需要的是情感的满足——一个满足预期的高潮。**《教父》第二集应该如何结局？难道让迈克尔原谅弗雷多，离开黑社会，携亲人搬到波士顿去推销保险？这一宏大影片的高潮是真实的、美丽的而且非常令人满足。

谁来决定哪一种具体的情感能在一部影片的结尾去满足一批特定的观众？作家。从一开始他便以其讲述故事的方式，悄悄地对观众耳语："等着一个上扬结局"或者"等着一个低落结局"或者"等着一个反讽结局"。既然已经承诺一种特定的情感，那么不兑现这种承诺将是毁灭性的。所以我们要给予观众我们所许诺的体验，但并不是以他们所期待的方式。这就是区别艺术家和业余者的试金石。

用亚里士多德的话说，一个结局必须同时是"不可避免而又出乎意料"的。不可避免是因为，由于激励事件的发生，一切事情和任何事情似乎都成为可能，但在高潮处，当观众回溯讲述过程时，在他们看来，讲述过程所采取的路径似乎应该是唯一的路径。以我们所了解的人物及其世界，高潮便是不可避免和令人满足的。但与此同时，它必须是出人意料的，以一种观众不可能预期的方式发生。

任何人都可以写出一个大团圆的结局——只要给予人物他们所需要的一切就行。或者一个低落结局——只要把所有人都杀光就行。一个艺术家则会给予我们他所许诺的情感……但是伴随着一种出人意料的见解，因为作者会一直把这种见解掩藏，直到高潮本身中的一个转折点。所以当主人公临时做出最后努力时，他可能会，也可能不会达成自己的欲望，但从鸿沟中喷涌而出的那种见解洪流却能传达一种观众所希望的情感，以一种我们绝不可能预见的方式。

《爱的小夜曲》高潮中的转折点便是一个完美例子。这一精彩的鸿沟将观众抛到影片的开始，令其不无震惊和愉悦地瞥见那一潜伏在每个场景下的疯狂真相。

即如弗朗索瓦·特吕弗指出，一个伟大的电影结局的关键是，创造一种"壮观和真理"浑然一体的效果。特吕弗所说的"壮观"并不是爆炸特技效果。他是指一个并不是为耳朵而是为眼睛而写作的高潮。他所说的"真理"是指主控思想。换言之，特吕弗是在要求我们创造影片的基调形象——一个总结和集中所有意义和情感的单一形象。如一部交响曲的结尾，高潮动作之中的基调形象回应和回响着前面所讲述的一切。它如此完整地表现了故事讲述的基调的形象，当观众回忆起这个形象时，整部影片便会浮现于脑海。

《贪婪》：迈克提格在沙漠上倒下，与他刚刚杀死的尸体铐在一起。《浴血金沙》：弗雷德·C.多布斯（亨弗莱·鲍嘉）垂死之时，风把他的金粉吹回到大山里。《甜蜜的生活》：鲁比尼（马塞洛·马斯楚安尼）微笑着向他理想的女人道别——他意识到这是一个并不存在的理想。《对话》：偏执狂哈里·考尔（吉恩·哈克曼）为了寻找一个暗藏的窃听器，把他的公寓拆得乱七八糟。《第七封印》：骑士（马克斯·冯·赛多）带着他的家人隐居起来。《寻子遇仙记》：流浪汉（查理·卓别林）牵着孩子（杰基·库根）的手，把他领向幸福的未来。《弹簧刀》：卡尔·奇尔德斯（比利·鲍博·松顿）在一片足以凝固热血的死寂中凝视着窗外的疯人院。具有如此质量的基调形象是极为罕见的。

◎ 结局

结局作为五部分结构的第五部分，是高潮之后所残留的任何材料，它有三种可能的用途。

第一，故事讲述逻辑也许并没有提供一个机会来使次情节在主情节的高潮之前或之中达到高潮，所以它在故事的末尾需要一个属于它自己的场景。不过，这样做容易显得笨拙。故事的情感中心是在主情节中。而且，观众会想离开，但被迫坐下来看完这一不太感兴趣的场景。

然而，问题是可以解决的。

《妙亲家与俏冤家》：谢尔登·科恩佩特医生（艾伦·阿金）的女儿已经订婚要嫁给文森特·里卡多（彼得·福克）的儿子。文森特是一个疯狂的中央情报局特工，他几乎是把谢尔登从他的牙医诊所绑架出来，带着他一起执行任务，去阻止一个疯狂的独裁者用二十美元假钞来摧毁国际货币系统。主情节的高潮是，文森特和谢尔登一起抵御一个射击队，把独裁者杀死，然后每人偷偷地将五百万美金揣入私囊。

但是，婚姻的次情节却没有结局。所以作者安德鲁·伯格曼从射击队切入婚礼之外的一个结局场景。当客人焦急地等待时，男女双方的父亲乘降落伞而至，双双身着燕尾礼服。每人都给自己的孩子一笔一百万美元的新婚礼物。突然之间，一辆汽车紧踩刹车而至，车内走出一个满面怒容的中情局特工。紧张加剧。看起来好像主情节又回来了，两位父亲将会为私吞那一千万美金而被捕。面色严峻的中情局特工大步上前，而且确实非常生气。为什么？因为他没有被邀请参加婚礼。而且，他还带来了从办公室凑的份子钱以及他给这对新人的一张五十美金的美国国库券。两位父亲欣然接受了他的"厚礼"并欢迎他加入新婚典礼。淡出。

伯格曼将主情节扯进结局场景。试想，如果主情节在射击队面前结束，然后切入花园里的婚礼，两家团圆，皆大欢喜，那么这一场景将会在观众坐立不安的躁动中拖沓不止。但是，通过把主情节重新激活片刻，剧作家却给予了它一个具有喜剧效果的假纠葛，把他的结局场景套上了影片主体的大车，使紧张情绪一直保持到最后一刻。

结局场景的第二个用途是，展示高潮效果的影响所及。如果一部影片通过向社会横向发展来表达其进展过程，那么其高潮也许会局限于它的主要人物，但是，观众已经知道许多配角人物的生活也会为这一高潮动作所改变。这便会引发一个社会事件，以满足我们的好奇心，使所有的人物都在同一景点亮相，利用跟拍镜头来向我们展示他们的生活发生了怎样的变化：《钢木兰花》中的生日聚会、海滩野餐和追逐复活节彩蛋；《动物屋》中具有讽刺意味的字幕滚动。

即使前面两种用途都不适用，所有的影片都需要一个结局场景以表示对观众的尊重。因为，如果高潮已经打动观众，如果他们笑得不能自禁，被恐惧惊呆，充满着一种社会义愤，还在擦拭眼泪，那么银幕突然变黑，片尾字幕开始滚动，将是非常不礼貌的。因为这是催促他们离开的信号，他们尚沉浸在影片的情感之中，很可能会不由自主地离开座位，在黑暗中互相碰撞，还会把汽车钥匙掉到因洒满可乐而黏糊糊的地板上。一部影片需要戏剧中那种"帷幕徐徐降下"的效果。在剧本的最后一页加上一行描写，把镜头慢慢送回或者跟拍几秒钟的形象，好让观众喘口气，定定神，从容得体地离开影院。

PART FOUR

作家在工作
THE WRITER AT WORK

任何文章的初稿都是狗屎。
——欧内斯特·海明威

CHAPTER 14
反面人物塑造原理

将故事和人物带到线索的终点

以我的经验，反面人物[1]（对抗力量）塑造原理，是故事设计中一条最重要而又最不被理解的定理。对这一基本概念的忽略，是一些剧本及其所拍摄影片之所以失败的首要原因。

反面人物塑造原理：主人公及其故事的智慧魅力和情感魄力，必须与对抗力量相适应。

人性从根本上而言是保守的。我们绝不会去做不必要的事情，绝不会耗费不必要的能量，绝不会去冒不必要的风险，绝不会去做不必要的改变。我们为什么要？如果有容易的方法得到我们所要的东西，为什么要采用困难的方法呢？（当然，"容易的方法"都是因人而异且主观的。）因此，什么东西将会使一个主人公变成一个完全充分展现与发展的、多层面的，并具有高度移情作用的人物？什么东西将会把一个没有生命力的剧本激活？这两个问题的答案，存在于故事的负面。

反对主人公的对抗力量越强大越复杂，人物和故事必定会发展得越充分。"对抗力量"并不一定是指一个具体的反面人物或坏蛋。在适当的类型中，大坏蛋，如终结者，也可能是一种赏心悦目的人物，但我们所谓的"**对抗力量**"，**是指对抗人物意志和欲望的各种力量的总和。**

如果我们在激励事件发生的当刻，研究一个主人公，将其意志力的总和以及智慧的、情感的、社会和身体的能力，与来自其人性深处的对抗力量的总和以及他所面临的个人冲突、对抗性机构和环境进行比较，我们应该能够明确地看出，他是一条战败狗[2]。他有一次机会得到他想要的东西——但只有一次机会。尽管来自他生活中一个方面的冲突看似可以解决，但是，当他踏上其求索之路时，各个层面对抗力量的总和应该显得势不可当。

我们将能量注入故事的负面，不仅是为了使主人公和其他人物得到完全实现——这些角色便足以挑战并吸引全世界最优秀的演员——而且还为了将故事本身带到线索的终点，带入一个辉煌而令人满足的高潮。

依据这一原理，试想，如何去描写一个超级英雄？如何将"超人"变成一条战败狗？核弹固然是趋于正确方向的一个步骤，但这是不够的。试看马里奥·普佐为《超人》第一集创造的精巧设计。

马里奥让超人（克里斯托弗·里夫）和莱克斯·卢瑟（吉恩·哈克曼）对垒，卢瑟策划了一条穷凶极恶的毒计，同时朝两个相反方向发射两枚核弹头，一枚瞄准新泽西，一枚指向加州。超人不能同时分身出现于两个地方，所以他将不得不做出两害之轻的选择：到底救哪儿？新泽西还是加州？他选择了新泽西。

第二枚核弹头击中了圣安德烈亚斯断层，引发了一场地震，加州面临着被抛入大海的危险。超人潜入断层，利用自己身体的摩擦力，将加州并回大陆。但是，地震却夺去了路易丝·莱恩（玛戈·基德）的生命。

超人含泪跪倒。突然之间，乔艾尔（马龙·白兰度）的形象出现，说："汝切勿干预人类命运。"一个不可调和的两善之间的两难之境：一边是父亲的圣律，一边是他所爱慕女人的性命。他触犯了父亲的天条，围绕地球飞行，让这颗行星逆转，时光倒流，使路易丝·莱恩得以复生——这是一个皆大欢喜的幻想，把超人从一条战败狗变成了一个真神。

◎ 将故事和人物带到线索的终点

你的故事是否具有如此强大的负面力量，以至于正面力量必须不断获得道高一尺魔高一丈的超越力量？下面是一个可以指导你进行自我评判并回答这一重大问题的技巧。

你可以用故事中押上台面的首要价值作为开始。例如，正义。一般而言，主人公将会代表这一价值的正面；对抗力量则是负面。不过，**生活总是微妙而复杂的，很少是简单的是非、善恶或对错**。负面性也有程度的区别。

首先是**矛盾价值**，正面的直接对立。在这种情况下，则是非正义。有人犯了法。

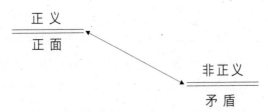

然而，在正面价值和矛盾价值之间还有**相反价值**：一种既有些许负面而又并非完全对立的情境。正义的相反价值是不公平，一种负面而又不是非法的情境：裙带关系、种族主义、官僚拖延、偏见，以及各种各样的不平等。不公平的肇事者们也许并没有违犯法律，但是他们既非正义也不公平。

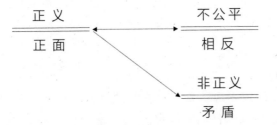

然而，相反价值也并不是人生体验的极致。在线索的终点还横卧着**负面之负面**（否定之否定），一种具有双重负面性的对抗力量。

我们的主体是生活，而不是算术。在生活中，两负并不得正，两个否定不等于肯定。在英语中，双重否定不符合语法规则，但意大利语却可采用双重甚至三重否定来表达一个否定陈述，以使其形意相符。在痛苦时，一个意大利人可能会说："Non ho niente mia!"（我永远不会没有得不到任何东西！）意大利人很懂生活。双重否定只有在数学和形式逻辑中才会变成肯定。在生活中，事情只会变得越来越坏，每况愈下。

　　一个在冲突的深度和广度上进展到人生体验极限的故事，必须依循以下型式来运行：这一型式必须包括相反价值、矛盾价值和否定之否定价值。

　　（这一负面变化的正面镜像是渐入佳境、锦上添花，终致完美无缺。但是，由于神秘的原因，根据这一进展过程来操作，对讲故事的人来说却有害而无益。）

　　否定之否定（负面之负面）是指一个复合否定，其中生活情境不仅会在量上变坏，而且还会在质上变坏。负面之负面已经达于人性黑暗势力的极限。就正义而言，这一状态即是专制。或者可以用一个既适用于个人政治也适用于社会政治的短语来表达："强权即真理。"

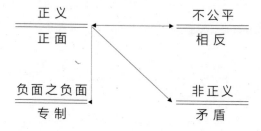

　　试看一些电视侦探系列片：它们是否都达到了极限？《侦探斯本瑟》、《昆西》、《神探可伦坡》和《她书写谋杀》中的主人公都代表着正义和维护这一理想的斗争。首先，他们面临着不公平：官僚不许昆西进行尸体解剖；一个政客幕后操纵，企图让可伦坡脱离案子；斯本瑟的委托人对他撒谎。历尽艰辛越过了一个个由不公平的力量制造的期望鸿沟之后，警察终于发现了真正的非正义：有人犯罪。他击败这些力量，使社会恢复正义。大多数犯罪剧中的对抗力量都绝少超越矛盾价值。

　　试将这一型式与《失踪》对比一下。这是一部根据真人真事改编的影片，讲述一个美国人埃德·霍尔曼（杰克·莱蒙）在智利寻找在一次政变中失踪的儿子的故事。在第一幕中，他便领教了不公平：美国大使（理查德·文图尔）为他提供了半真半假的信息，希望他打消搜寻的念头。但是，霍尔曼坚忍不拔。在第二幕高潮时，他发现了一个可悲的非正义：新政府谋杀了他的儿子……其间还有美国国务院和中央情报局的参与。霍尔曼于是极力试图伸张正义，但在第三幕，他到达了线索的终点——遭受一种无望昭雪的迫害。

智利正处于专制统治的深渊：军政府的将军们可以朝令夕改，你星期一的合法行为到星期二可能变成非法，并在星期三因此而遭到逮捕，在星期四被处决，到星期五一早又变成合法。正义根本就不存在，生杀予夺全在独裁者一念之间。《失踪》无情地揭露了专制统治的最后极限……而且不无反讽意味：尽管霍尔曼无法控告智利的独裁者，但他在全世界人民面前将其揭露于银幕——这也许是一种更加甜美的正义。

黑色喜剧《伸张正义》则更进一步。它让正义循环了一个圆圈，回到正面价值。在第一幕中，律师阿瑟·柯克兰（阿尔·帕西诺）在不公平面前挣扎：巴尔的摩律师协会迫使他告发其他律师，而一个残酷的法官（约翰·福赛思）利用职权阻止了柯克兰的一个无辜委托人的复审。在第二幕中，他勇敢地面对非正义：这位法官被指控毒打并强奸一名妇女。

但是法官有他自己的计谋：法官和律师之间的仇恨众所周知。实际上，律师最近还当众揍过法官。所以，这位法官将要迫使律师在法庭上为他辩护。当柯克兰出庭辩护时，媒体和陪审团将会认为法官无罪，因为他们相信没有一个律师会去为一个自己所仇恨的人辩护，除非他确切地知道被告无罪，出于原则不得不为之。律师企图逃脱这一圈套，但最后却被逼到了负面之负面：一个由最高法院的法官们所把持的法律专制集团，利用敲诈威逼的手段来迫使律师就范，为他们的朋友辩护。如果他拒绝的话，他们将会揭发他过去的绯闻并取消其律师资格。

然而，律师却不惜违反法律来与他所面临的不公平、非正义和专制集团奋勇抗争：他走到陪审团前面，宣布他的委托人"有罪"。他知道他的委托人就是强奸犯，他说，因为他的委托人告诉过他。他当众毁了法官，为受害者赢得了正义。而且，尽管这一惊险游戏标志着律师事业的终结，但正义却像一颗钻石一样光芒四射，因为它并不是那种将犯人关进监狱时的短暂的正义，而是那种打倒专制者的辉煌的正义。

正义的矛盾价值和否定之否定价值之间的区别，也就是违法者相对有限而暂时的权力，和立法人无限和持久的权力之间的区别。是一个有法可依的世界和一个强权即真理的世界之间的区别。非正义的绝对渊薮并非罪恶，而是由政府对其公民所犯下的"合法"罪行。

我们还可以举出更多的例子，来阐明这一变化型式是如何在其他故事和类型中运作的。

首先是爱情：

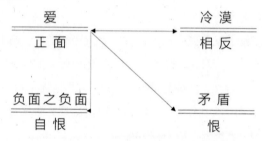

恨别人已经是够坏的事情了，但是即使是一个厌恶人类癖患者也会去爱一个人。当自爱消失，一个人物开始厌恶其自身的存在时，他便到达了负面之负面（否定之否定），他的生存便成为人间地狱：《罪与罚》中的拉斯科尔尼科夫。

第二种变体为：

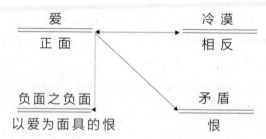

你宁愿跟谁发生关系？是一个恨你而且老实承认的人，还是一个你知道恨你但又假装爱你的人？正是这一点将《普通人》和《闪亮的风采》推向了家庭剧的顶峰。许多父母恨他们的子女，许多子女恨他们的父母，他们争吵，打闹，诚实地说出来。在这两部优秀影片中，尽管父母深深地厌恶、暗暗地憎恨他们的孩子，但他们却假装爱他。当反面人物加上这一谎言时，故事便运行到了负面之负面。一个孩子怎么能够抵御这种境遇？

当首要价值是真理时：

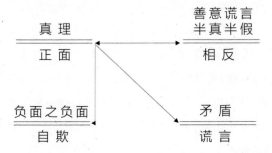

善意谎言之所以属于相反价值，是因为其目的常常是善意的：满脸印着枕头皱褶痕迹的爱侣一觉醒来，互相夸赞对方是多么的漂亮。明目张胆的谎言家知道真理何在，只是将其掩盖起来以获得好处。但是，当我们对自己撒谎，而且还相信自己的谎言时，真理便消失，我们已经堕入负面之负面：《欲望号街车》中的布兰奇。

如果正面价值是意识，即完全清醒明白：

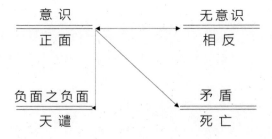

这是恐怖片的衰变型式，其中的反面人物都是超自然的：《吸血鬼》、《罗斯玛丽的婴儿》。但是，我们不一定要信教才能把握遭天谴下地狱的含义。无论地狱是否存在，现世提供了它自己的炼狱，较之那种悲惨的境遇，死亡将会是一种恩赐，我们会求之不得。

试看《谍影迷魂》。雷蒙德·肖（劳伦斯·哈维）似乎是完全清醒明白的。然后，我们得知他已经被"催眠后暗示法"洗脑，这是一种无意识的形式。在这一力量控制之下，他犯下了一系列谋杀案，包括杀死自己的结发妻子，但是他的一切行为都有某种程度的无辜，因为他只是一个邪恶阴谋的走卒。但是，当他恢复意识，明白自己都干了些什么，别人都对他干了些什么时，他已然坠入地狱。

雷蒙德得知，是他那乱伦而为权力疯狂的母亲下令给他洗脑，利用他策划了一个攫取白宫控制权的阴谋。他可以冒着生命危险来揭露其叛乱的母亲或者干脆把她杀掉。他选择了杀人，不仅杀死了他母亲，而且还杀死了继父和他自己，于负面之负面那令人震慑的高潮中使他们三人同遭天谴，共赴地狱。

如果正面价值是财富：

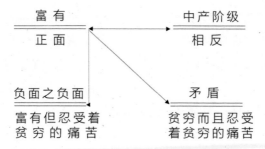

在《华尔街》中，盖克总有一种匮乏之感，因为对金钱的欲望是永无止境的。身为亿万富翁，其行为取向却犹如一个饥渴的毛贼，从不放过任何非法的机会来牟取钱财。

如果正面价值是人与人之间的公开交流：

其负面价值有诸多变体——沉默、误解、情感阻隔。"疏远"这一无所不

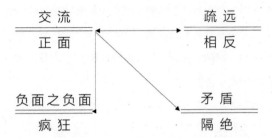

包的概念是指这样一种情境：人虽然和人在一起，但总感觉格格不入，无法充分交流。而在隔绝状态，你却无人可以交谈，除了你自己。当你连自我交流都失去，还在内心深处忍受着某种交流缺失的痛苦，那么你就到了负面之负面，进入了一种疯狂状态：《怪房客》中的特列尔科夫斯基。

理想或目标的完全实现：

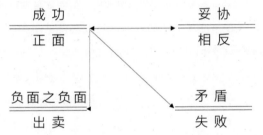

妥协意味着"让步"，愿意接受不够理想的事实，但不是完全放弃。而负面之负面却是娱乐业中人不得不防范的事情。诸如此类的想法："我无法拍出自己想拍的优秀影片……但色情片不是能赚大钱吗？"如:《成功的甜头》和《靡菲斯特》。

聪慧：

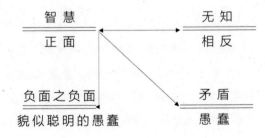

无知是由于缺乏信息而导致的临时愚蠢，但愚蠢却是冥顽不化，无论你给他多少信息。负面之负面则是双向愚蠢：从内在而言，一个愚蠢之人相信他是聪慧的，如无数喜剧人物的自高自大；或从外在而言，社会以为一个愚蠢之人是聪慧的。如：《妙人奇迹》。

　　自由：

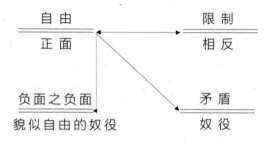

　　限制具有诸多不同的程度。法律制约着我们，但使文明成为可能，而监禁则是完全负面的，尽管社会发现它有用。负面之负面也是双向运作的。从内在而言：自我奴役要比奴役更糟。一个奴隶尚有其自由意志，他会想方设法逃跑。但是用毒品或酒精来腐蚀意志力并使自己变成其奴隶却要坏得多。从外在而言，貌似自由的奴役便激发了长篇小说《1984》以及根据该小说改编的多部影片。

　　勇气：

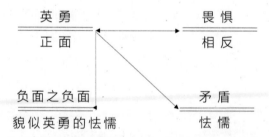

　　一个英勇的人可能会因一时的恐惧而暂时受挫，但他最终还是会采取行动的。而懦夫却不会。不过，如果一个懦夫采取了一个从外表看来貌似英勇的举动，那么故事便到达了线索的终点：散兵坑外战火弥漫，洞内一个受伤的军官对一个懦夫士兵说："杰克，你的战友们已经没有弹药了。你穿过雷区，把这几箱弹药给他们送去，不然他们就顶不住了。"于是，懦夫士兵掏出枪来……将军官击毙。第一眼看来，我们可能会想开枪打死一个军官确实需要很大的勇气，但是，我们马上就会意识到，这只是一个怯懦到了极点的行为。

在《荣归》中，鲍勃·海德（布鲁斯·邓恩）上尉为了离开越南，不惜朝自己腿上开枪。后来，在他的次情节高潮处，海德面临着一个两害之轻的选择：屈辱而痛苦的活 VS 具有无名恐怖的死。他选择了更容易的路，投水自尽。尽管有些自杀是英勇的，如政治犯因绝食而死，但在大多数情况下，自杀便到达了线索的终点，只是一个貌似英勇实则缺乏生的勇气的行为。

忠诚：

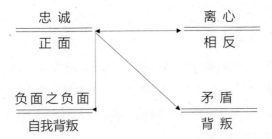

相反：一个已婚妇人爱上了另一个男人，但没有任何行动。在内心深处，她暗暗地对两个男人保持忠诚，但如果被她丈夫发现，他会把她的离心视为背叛。她会辩解说她并没有和另一个男人睡觉，所以她从没有不忠诚。感情和行动之间的区别常常具有很强的主观色彩。

在十九世纪中叶，奥斯曼帝国渐渐失去了对塞浦路斯的控制，这个岛国很快便沦落到英国人的统治之下。在《帕斯卡利岛》中，帕斯卡利（本·金斯利）为土耳其政府充当间谍，但他是一个胆小怕事的人，送回去的情报价值甚微，根本无人理睬。后来，这个孤独的灵魂得到了一对英国夫妇（查尔斯·丹斯和海伦·米伦）的友谊，他们为他在英国提供了一种更幸福的生活。他们是唯一一把帕斯卡利真正当一回事的人，于是他对他们产生了感情。尽管他们自称是考古学家，相处日久，帕斯卡利便开始怀疑他们是英国间谍（离心）并背叛了他们。到最后他们被杀之后，他才发现他们是企图窃取一尊古老雕像的古玩窃贼。

他的背叛悲剧性地背叛了自己的希望和梦想。

成熟:

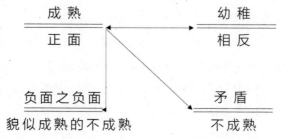

成 熟	幼 稚
正 面	相 反
负面之负面	矛 盾
貌似成熟的不成熟	不成熟

在《飞越未来》的激励事件发生时,青春期少年乔希·巴斯金(大卫·莫斯科)被转变为一个貌似三十二岁的大男人(汤姆·汉克斯)。影片直接跳入负面之负面,然后再回头探索负面性的各个灰暗层面。当乔希和他的老板(罗伯特·劳吉亚)在玩具钢琴上跳踢踏舞时,这仅仅是一种幼稚,其中正面的成分多于负面。当乔希和他的同事(约翰·赫德)在手球场上"躲猫猫"时,这是一种彻头彻尾的幼稚。事实上,我们意识到,整个成人世界只不过是一个游戏场,充斥着一帮集体在玩"躲猫猫"的孩子。

在高潮处,乔希面临着不可调和的两善:一种功成名就的成人生活外加一个他深爱的女人 VS 回到青春期。他做出了一个成熟的选择,要回到他的童年,以一种极为微妙的反讽方式表明他至少曾经"长大"过。因为无论他还是我们都意识到,成熟的关键就是拥有一个完整的童年。但是,由于生活缩短了我们许多人的青春,我们都在某种程度上生活于成熟的负面之负面。《飞越未来》真是一部非常明智的影片。

最后,我们来看看这样一个故事,其中的正面价值是被认可的自然性行为。被认可是指为社会所宽容;自然是指性行为的目的在于生殖繁衍、相伴而生的快感以及爱情的表达。

其相反价值是婚外和婚前性行为,尽管它们也是自然的,但为社会所不齿。社会常常会对卖淫更加指斥,但卖淫是否自然却遍存争议。重婚、一夫多妻、一妻多夫、异族通婚和同居在有的社会中是可以宽容的,但在其他社会中却属非法。

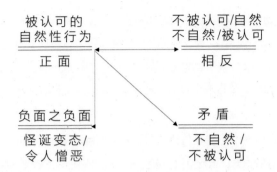

被认可的　　　　　　　不被认可/自然
自然性行为　　　　　　不自然/被认可
———————　　　　———————
　正　面　　　　　　　　相　反

负面之负面　　　　　　　　矛　盾
———————　　　　———————
怪诞变态/　　　　　　　　不自然/
令人憎恶　　　　　　　　不被认可

保持贞节是否违背自然亦有争议，但无人会去阻止你独善其身，而与那些已经发誓禁欲终生的人——如牧师或修女——发生性行为，会遭到教会的谴责。

至于矛盾价值，人性的创造力似乎没有极限：观淫癖、色情行业、色狼、花痴、恋物癖、暴露狂、摩擦性欲狂、易装癖、乱伦、强奸、恋童癖、施虐受虐狂等，这只不过是少数不被认可和违背自然的行为。

同性恋和双性恋很难定位。在有些社会中，它们被认为是合乎自然的，但在其他社会中，却是违背自然的。在许多西方国家中，同性恋是被认可的；在有些第三世界国家中，这依然是一项死罪。这里的许多界定也许显得武断，因为性行为毕竟与社会和个人观念相关。

但是，普通的性变态并不是线索的终点。它们是单一的作为，甚至还伴随着暴力，涉及另一个人类。然而，当性对象是另一个物种时——兽奸，或者是死人时——奸尸，或者是多种性变态的复合体时，人的心灵就会产生强烈的抗拒。

《唐人街》：被认可的自然性行为的路线终点并不是乱伦。这只是一个矛盾价值。在本片中，负面之负面是与乱伦的后代乱伦。伊夫林·马尔雷之所以不惜牺牲生命阻止她父亲染指自己的女儿，其原因也就在这里。她知道父亲已经疯狂，还会故伎重演。这也就是谋杀的动机。克罗斯杀了他的女婿，是因为女婿不愿透露克罗斯和他女儿伊夫林所生的女儿藏在何处。在高潮处，克罗斯捂住惶恐不堪的孩子的眼睛，把她从惨死的母亲尸体旁强行拽走。其后将要发生的事情也就是如此。

负面之负面原理不仅适用于悲剧，还适用于喜剧。**喜剧世界是一个混乱狂**

野的所在，一切行为必须达于极限。不然的话，笑声将会流于平淡。即使是弗雷德·阿斯泰尔／金格尔·罗杰斯影片中的轻松逗乐也触及了线索的终点。它们开启了真理的价值，因为弗雷德·阿斯泰尔惯于扮演一个自欺欺人的人物，他告诉自己已经爱上了那个华而不实的女孩，但实际上我们知道他的心却真正属于金格尔。

优秀作家一直明白，相反价值并不是人生体验的极限。如果一个故事停留在矛盾价值，或者更糟，相反价值，那么它只不过是加入了我们每年被迫忍受的成百上千平庸之作的大合唱。因为一个简单讲述爱情／仇恨、真理／谎言、自由／奴役、勇气／怯懦之类的故事必定会流于琐屑。如果一个故事没有达到负面之负面，它也许会给观众带来一种满足感，但绝不可能辉煌，更无从变得崇高。

如果天才、手艺和知识等其他一切因素完全相等时，**一部作品的伟大在于作者对负面的处理。**

如果你的故事貌似令人满意但总觉有所欠缺，那么则需要找到恰当的工具洞穿其迷惑之处，找出它的瑕疵。一个故事虚弱时，不可避免的导因就是其对抗力量过于软弱无力。与其殚精竭虑试图发明主人公及其世界的可爱和迷人之处，不如构筑一道负面之墙，创造出一个连锁反应，自然而真实地作用于正面价值。

第一步就是询问押上台面的价值及其进展过程。正面价值是什么？哪一个最卓著，足以转折故事高潮？对抗力量是否探究了负面性的所有层面？它们是否在某一个点上达到了负面之负面的力度？

一般而言，进展过程在第一幕中从正面价值运行到相反价值，并在随后各幕中运行到矛盾价值，在最后一幕中最终运行到负面之负面，要么以悲剧告终，要么回到具有深刻差异的正面价值。不过，《飞越未来》却是直接跳到负面之负面，然后明示各种不同程度的不成熟。《卡萨布兰卡》则更为激进。它是以负面之负面作为开篇，让里克生活在法西斯的专制之中，忍受着自恨和自欺，然后精雕细琢出一个关于所有三种价值的正面高潮。任何处理都是有可能的，但必须能够抵达线索的终点。

CHAPTER 15
解说

展示，不要告诉 / 使用幕后故事 / 闪回 /
梦境序列 / 蒙太奇 / 画外音解说

◎ 展示，不要告诉

解说是指**事实**——有关场景、人物经历和人物塑造的信息，观众需要了解这些信息才能跟上并理解故事的事件。

在一部剧本的开篇几页，读者只要注意一下作者对解说的处理方法，便能判断出其写作技巧如何。巧妙的解说并不能保证故事精彩，却可以告诉我们，作者已经掌握了这门手艺。**解说的技巧在于无形**。随着故事的进展，观众无需费心尽力，甚至于不知不觉中，便能吸收他们需要知道的一切。

"展示，不要告诉"这一著名的原理便是问题的关键。千万不要将话语强行塞入人物的口中，令他们告诉观众有关世界、历史和人物的一切。而是要向我们展示出诚实而自然的场景，其中的人物以诚实而自然的方式动作言谈……而与此同时，却间接地将必要的事实传递给观众。换言之，将解说戏剧化。

戏剧化的解说能达到两个目的：首要目的是推进直接冲突，次要目的是为了传达信息。急于求成的新手会颠倒这一顺序，将解说职能置于戏剧必要性之前。

例如，杰克说："哈里，咱们都他妈认识多少年了？什么？得有二十年了吧，嗯？打上大学那会儿就在一起了。这可不是一两年的交情了，对不对，哈里？呃，你他妈今天早晨怎么啦？"这些台词毫无目的，只不过是想告诉那些乐于偷听的观众，杰克和哈里是朋友，二十年前一起上大学，而且他们现在还没有吃午饭——这是一个表现不自然行为的致命节拍。没有人会去告诉另一人他们两个都已经知道的事情，除非阐述明显的事实是为了填补另一个迫切的需要。因此，如果这个信息是必需的话，作者就必须为对白创造一个比事实本身更为强大的动机。

为了将解说戏剧化，我们可以采用这一助记原理：把解说转化为弹药。你的人物对他们自己的世界、他们自己的历史、他们彼此之间的关系以及他们本人，都十分了解。让他们把自己所知道的东西用作弹药来进行斗争，以得到他们想要的东西。我们可以把上述解说转化为弹药：看到哈里呵欠连天，两眼充满血丝，杰克说："哈里，瞧你那样儿。还是过去那种嬉皮士发型，没到中午就打蔫儿，净整一些小青年的勾当，二十年前你不就是为这被人踹出学校大门的吗？你能不能醒醒，尝尝这咖啡有多香？"观众的眼睛会跳过银幕，去看哈里的反应，并间接地听到了"二十年"和"学校"。

不过，"展示，不要告诉"也并不是说，可以用摄影机摇镜头，拍一系列照片，把哈里和杰克从大学时代，到新兵训练所，到同时举行婚礼，到一起开办干洗店等一切情况尽收镜头底下。这也是告诉，而不是展示。让摄影机来这么做就会把一部故事影片变成一个家庭电影。"展示，不要告诉"是指，人物和摄影机共同真实展现。

究竟应该如何对付解说这一棘手的问题，使得一些作家望而却步，都试图尽早了事，将所有解说信息堆砌在前面，好让制片厂的剧本分析员将注意力集中于他们的故事。但是，当被迫硬着头皮读完充斥着解说的第一幕之后，读者会意识到，这只是一个业余作家，连本行的基本功都没有掌握，于是便会随意浏览，直接跳到最后的场景。

自信的作家总是一点一滴地将解说内容融汇于整个故事，常常到最后一幕的高潮时还在披露解说信息。他们遵循着以下两个原则：切勿将观众通过常理便能轻易推断出已经发生的事情包括在故事之中；切勿向观众传递解说信息，除非缺失的事实会引起迷惑。**你并不是靠给予信息来保持观众的兴趣，而是靠扣押信息**，除非那些为了便于观众理解而绝对必需的信息。

把握解说进度。就像其他一切因素一样，解说也必须具有一个进展型式：最不重要的事实最先出现，次重要者随后跟进，最重要的事实应放到最后。那么，最重要的解说信息又是什么呢？**秘密**。人物最不想让人知道的那些痛苦的真相。

换言之，不要写出"加州场景"。"加州场景"是指这样的场景，其中两个几乎互不认识的人物坐下来一起喝咖啡，随即便开始彼此吐露心迹，探讨他们生活中那些深藏的阴暗的秘密："哦，我的童年可是糟透了。为了惩罚我，母亲总是把我的脑袋按进抽水马桶里冲洗。""嗬！你以为你那就算是痛苦的童年了。为了惩罚我，父亲把狗屎塞进我的鞋里，让我穿着它去上学。"

两个刚刚认识的人之间那种毫不设防的真诚而痛苦的忏悔实在是过于牵强而虚假。如果有人向作者指出这一点，他们会争辩说，这种事生活中确实会发生，人们会向完全陌生的人吐露极为个人化的东西。这一点我也同意。但这种事只有在加州才会发生。在亚利桑那、纽约、伦敦、巴黎或世界上其他任何地方都不会有这种事。

有一种特定类型的西海岸人随身携带着事先准备好的阴暗隐私，在鸡尾酒会上向人吐露，以此来证明自己是地道的加州人——因为加州人的特征就是"以自我为中心"，而且"乐于触及其内心自我"。如果在一个这样的酒会上，我站在一盘玉米片调味酱前，突然有人跟我谈起他小时候鞋里面被塞进狗屎的事，我就会想："哦！如果这就是他在蘸沙拉酱时跟人吐露的事先准备好的阴暗内心隐秘，那么，他真正想说的东西是什么？"因为，人们总是会另有所指。在说出的东西后面总是隐藏着不能说的东西。

伊夫林·马尔雷的忏悔"她是我妹妹，也是我女儿"绝不是什么她愿意在鸡尾酒会上吐露的秘密。她之所以把这个秘密告诉吉提斯，是为了不让孩子落入父亲的魔掌。"你不能杀我，卢克，我是你父亲"是一个达思·维达绝不想告诉他儿子的真相，可是，如果他此时再不说出来，就不得不杀死儿子，或者被儿子杀死。

这就是真诚而有力的时刻，因为生活的压力正在将这些人物挤迫在对两害之轻的选择之间。在一个精心编织的故事中，什么时候压力最大呢？在故事线索的终点。因此，**明智的作家总是遵循时间艺术的第一原理：将最好的留到最后。**因为如果我们过早地披露太多，观众就会远在高潮到来之前看到高潮的到来。

只需披露观众绝对必需而且想要知道的解说信息，仅此而已。

另一方面，由于作家控制着故事的讲述，他便可以控制观众想要知道的需要和欲望。如果在讲述过程的某一个点上，一个解说信息必须让观众知道，否则他们便无法跟上故事情节，那么就要通过撩起观众的好奇心来创造一种想要知道的欲望，将"为什么"这个问题植入观众的脑海。"这个人物为什么会如此作为？这个或那个为什么不会发生？为什么？"只要有了对信息的渴望，即使是一整套最复杂的戏剧化事实也会平滑无痕地潜入观众的头脑。

处理传记性解说的一个方法是，从主人公的童年开始故事的讲述，然后逐渐进入他人生的各个时期。例如，《末代皇帝》便讲述了溥仪（尊龙）六十年的人生经历。故事串连了他幼年即位当上中国皇帝，他的青少年时代和结婚大典，他接受西方教育，他的堕落，他沦为日本人的傀儡，他在共产党治下的改造生涯以及他作为北京植物园一个普通劳动者的最后日子等一系列场景。《小巨角》时间跨度为一个世纪。《猎爱的人》、《霸王别姬》和《闪亮的风采》都是从青年开始，然后跳到主人公生活中的关键事件，直到中年或中年以后。

然而，这种设计就解说而言也许颇为便捷，但绝大多数主人公都不可能从出生写到死亡，其原因只有一个：他们的故事将不会有脊椎。**若要讲述一个纵贯终生的故事，就必须创造出一个具有巨大能量和持久力的脊椎。**但是，对大多数人物而言，有什么深沉的欲望，能被童年时代的一个激励事件引发后，然后不可遏止地持续几十年？这也就是几乎所有故事讲述都力图追寻主人公几个月、几星期甚至几小时故事脊椎的原因。

不过，如果确实能够创造出一个具有弹性并持久的脊椎，那么一个故事便可以讲述几十年，而且不用像电视连续剧一样分集展示。此处的"分集"并不是指"持续覆盖很长的时间段"，而是指"零散而不规则的间歇"。如果那一天所发生的每一件事与其他事情都毫无关联的话，一个讲述二十四小时时间段的故事也可能会零散不堪。另一方面，《小巨角》统一在一个人的毕生求索周围——他力图阻止白人对印第安人的种族灭绝，而这种暴行跨越了好几代人，因此故事的讲述过程实际上持续了一个世纪。《猎爱的人》为一个人的盲目需求所驱使——他一心想要污辱和毁灭女人，却永远未能探知他自己这一毒害心灵的欲望。

在《末代皇帝》中，一个人终其一生，企图找到"我是谁"这一问题的答案。溥仪三岁时就被扶上皇帝的宝座，但他根本不知道那意味着什么。对他来说，宫殿只是一个游戏场所。他死抱着其童年身份不放，直到青少年时还在吃人奶。皇室的大臣们坚持让他表现得像一个皇帝的样子，但他随即却发现自己的帝国已经不复存在。背负着一个虚假的身份，他试着为自己装配一个又一个人格，但没有一个适合于他：首先是英国学者和绅士；然后是情场高手和享乐主义者；后来又是一个国际美食家，在豪华宴会上模仿辛纳特拉；随后又是个政客，却不幸以沦为日本人的傀儡告终。最后，共产党给了他一个最后的身份——花匠。

《霸王别姬》讲述了程蝶衣（张国荣）五十年试图生活在真实中的追求。当他还是一个孩子的时候，他的京剧师傅们对他进行无情的毒打、洗脑，逼迫他承认自己具有女性性格 —— 而实际上他没有。如果他有的话，师傅们也不用毒打他了。他是有一点女人气，但就像许多女人气的男人一样，他的内心还是一个男子汉。所以，由于被迫生活在一个谎言之中，他痛恨所有的谎言，无论是个人的还是政治的。从那一点开始，故事中的所有冲突都起源于他想说真话的欲望。但在当时的中国，只有说谎才能生存。他最终意识到说真话是不可能的，于是便结束了自己的生命。

因为贯穿终生的故事脊椎比较罕见，我们只好遵从亚里士多德的忠告，**从 "事情的中间" 开始讲故事**。在确定了主人公生活中高潮事件的日期之后，我们便尽量贴近这个时间开始我们的故事。这种设计压缩了故事讲述的期限，并延长了在激励事件发生之前人物的生活经历。例如，高潮发生在一个人物三十五岁生日时，那么，我们不用从他的青少年时代开始我们的影片，或许可以在他过生日的一个月之前开始。这样便能给予主人公三十五年的生活时间，将最大限度的价值构筑进他的人生。其结果是，当他的生活失衡时，他现在便会面临风险，故事于是便会充满冲突。

如果要描写一个无家可归的酒鬼的故事，我们可以考虑一下他的难处。他还有什么可以失去的呢？几乎没有。对一个被迫忍受流落街头那种不可名状压力的可怜人来说，死亡也许是一种恩赐，而且一场天气的变化就有可能使他如愿。除了生命之外价值甚微，甚至毫无价值的生活确实令人惨不忍睹，但是，由于几乎没有什么可以押上的赌注，作家只好描画一幅关于苦难的静态肖像。

所以，我们宁愿讲述这样的故事，关于有所可失之人的故事——他原本拥有家庭、事业、理想、机会、名誉、现实希望和梦想。当这样的生活失去平衡时，人物便会被置于危难之中。在力求恢复生活平衡的斗争中，他们便会有失去现在所拥有的东西的危险。由于将来之不易的价值作为赌注来迎战对抗力量，他们的战斗便能够产生冲突。当故事充满着冲突时，人物便需要他们所能得到的一切弹药。其结果便是，作者能轻易地以戏剧化的方式来展示解说，事实会自然而无形地流入动作。但是，如果故事缺少冲突，作者就会被迫"掸桌子"。

例如，十九世纪的许多剧作家就是这样来处理解说的：场景是一个起居室，幕启。二女仆上：其中之一已在东家服务了三十年，另一年轻女仆那天早晨才被雇佣。老女仆转向新人说："哦，你还不了解约翰逊医生和他的家庭，对吧？那好，让我来告诉你……"于是她们一边掸家具上的灰尘，老仆人一边和盘道出约翰逊家族的生活经历、世界和人物塑造。这就叫"掸桌子"，毫无动机地解说。

而且直到今天我们还能看到这种东西。

《恐怖地带》：在开篇序列中，丹尼尔斯少校（达斯汀·霍夫曼）飞到西非来阻止埃博拉病毒的爆发。飞机上有一名年轻的医务助理。丹尼尔斯转向他，说（大意如下）："你不了解埃博拉，对吧？"于是详细解说了这种病毒的病理知识。如果这个年轻助理要去对付一种威胁着整个星球上所有人类生命的病毒而对此却一无所知，那么要他去执行这项任务做什么？

无论什么时候，如果你发现自己写出的对白，是一个人物在告诉另一个人物他们两人都已经知道或者应该知道的东西，那么你就得自问，这是不是戏剧化的展示？这是不是作为弹药的解说内容？如果不是，就把它删掉。

如果你能够彻底地戏剧化地展示解说并且不让观众觉察，如果你能够控制它的暴露，只有当观众需要知道而且想要知道的时候才酌量释放，并把最好的东西留到最后，那么你就开始掌握了这门手艺。但是，对初学者来说构成问题的东西，对精通本行手艺的作家来说，则会变成一种无价之宝。他们不是通过给予人物一个无名的过去来回避解说，而是不厌其烦地用有意义的事件使其人生经历更添趣味。因为，作者在一个故事的讲述过程中，数十次面临的挑战就是：如何转折场景？如何创造转折点？

◎ 使用幕后故事

我们只能采用以下两种方法之一来转折场景：要么通过动作，要么通过揭示。舍此，别无他法。例如，如果有一对处于正面关系的爱侣，恩爱相守，我们想将其转折为负面，愤恨两隔，可以通过动作来进行：她扇了他一个耳光，说："我受够了。一切都结束了。"也可以通过揭示：他看看她，说："过去三年来，我都在跟你妹妹暗中幽会。这事你打算怎么办？"

强有力的揭示来自幕后故事——人物以前生活中的重大事件，作者可以在危机时刻来披露这些事件，以此创造转折点。

《唐人街》："她是我妹妹，也是我女儿"便是一个解说信息，作者一直把它留到此时以创造一个令人震慑的揭示，并以此来转折第二幕高潮并为螺旋上升的第三幕埋下伏笔。《星球大战 2：帝国反击战》："你不能杀我，卢克。我是你父亲"是一个来自《星球大战》幕后故事中的解说信息，留待此时揭晓是为了创造最强烈的效果，不仅转折了影片高潮，还为一部全新影片《星球大战 3：武士复仇》埋下了伏笔。

罗伯特·唐尼完全可以在《唐人街》的早期揭露克罗斯家庭的乱伦，让吉提斯从一个不忠的仆人口中套出这一事实。乔治·卢卡斯完全可以早点揭开卢克的父亲之谜，让 C3PO 警告 R2D2："不要告诉卢克，他听到以后一定会不安的，可是维达的确是他父亲。"可是，他们宁愿采用幕后故事解说来创造爆炸性的转折点，在期望和结果之间掘开鸿沟，并引出大量见解。除了个别特例之外，场景不可能只通过动作、动作、动作来转折。我们不可避免地需要将动作和揭示有机地结合起来。事实上，揭示还会产生更强的冲击力，所以我们常常将其保留到重大转折点：幕高潮。

◎ 闪回

闪回不过是另一种形式的解说。就像其他一切因素一样，这种手法也是用好即好，用坏即坏。换言之，就像冗长、毫无动机且充满解说的大段对白会让观众厌倦一样，我们也能用毫无必要、索然寡趣且充满事实的闪回来让观众厌烦。或者，我们可以把它用好。如果我们遵循常规解说的严格规则，闪回便可以创造奇迹。

首先，将闪回戏剧化。

与其闪回到过去平淡的场景，不如在故事中插入一个微型剧，其中有它自己的激励事件、进展过程和转折点。尽管制片人常常声称闪回会延缓影片的进度，而且若是处理不好也的确如此，但是，用得恰到好处的闪回，实际上能加快进度。

《卡萨布兰卡》："巴黎闪回"在第二幕开篇出现。里克捧着威士忌哭泣，醉眼惺忪，心情抑郁，影片的节奏有意放慢，用以缓解第一幕高潮的紧张。但是，当里克回忆起他和伊尔莎的往日情缘，他俩在纳粹入侵巴黎时期爱情故事的闪回，将影片推入一个不断加快的进度，并在伊尔莎抛弃里克的序列高潮中达到顶峰。

《落水狗》：一部神秘谋杀片的激励事件将两个事件合而为一——谋杀发生、主人公发现了谋杀罪行。然而，阿加莎·克里斯蒂却只从后半部分开始她的故事——壁橱门打开，一具尸体倒下。通过从发现犯罪开始讲述，她从两个方向唤起了好奇心：一是指向过去，这人是怎么被杀的？为什么？二是指向未来：在诸多嫌疑犯中，到底是谁干的？

塔伦蒂诺的设计只是简单地对阿加莎·克里斯蒂进行了再加工。在介绍了他的人物之后，塔伦蒂诺通过跳过激励事件的前半部分——笨拙的持械抢劫——开始了他的影片，然后立即切入到后半部分——逃跑。在逃跑中的汽车后座上，有一名劫匪受伤，我们马上意识到，这次抢劫行动已经失败，于是我们的好奇同时指向过去和未来：出了什么岔子？其结果将会如何？既然已经创造出想要知道这两个答案的需要和欲望，当仓库场景的进度放慢时，塔伦蒂诺便闪回到抢劫行为的高速动作。这个想法倒是非常简单，但是没有人曾经如此大胆地尝试过，于是一部本来不太激烈的影片便获得了稳健的进度。

第二，不要采用闪回，除非你已经在观众心中创造出想要知道的需要和欲望。

《卡萨布兰卡》：第一幕高潮也是主情节的激励事件：伊尔莎突然再现于里克的生活，而且他俩隔着山姆的钢琴交换了深情而热烈的眼神。接下来便是一个喝着鸡尾酒的闲谈场景，两人语带双关，潜文本中暗示着往日的情缘以及如今依然萦怀的激情。当第二幕开幕时，观众的好奇心便如火烧火燎，极欲知道他们两人之间究竟在巴黎发生了什么。此时，也仅仅在此时，当观众需要而且想要知道的时候，作者才可以采用闪回。

我们必须认识到，剧本并不是小说。小说家可以直接侵入人物的思想和感情。但我们不能。因此，小说家能够沉湎于自由联想这一奢华手法。而我们不能。散文作家只要愿意，便可以让他的人物走过一个商店橱窗，凝视窗内，回想起他的整个童年："那天下午，他穿过家乡的街道，看到了那家理发店，回想起童年时父亲常带他到那儿去的日子。他会坐在那些老主顾中间，看他们抽着雪茄，听他们谈论棒球。也就是在那儿，他第一次听到'性'这个词。从此以后，他每跟女人睡觉时，就会想到他是在击出一个本垒打。"

散文中的解说相对而言比较容易，而摄影机却是一台 X 光机器，对一切虚假的东西毫不留情。如果我们企图通过小说式的自由联想剪辑，或者部分模仿潜意识的跳切来"窥视"人物的思想，不免会过于牵强。

◎ 梦境序列

梦境序列是穿着舞裙的解说。上面所说的一切都双倍地适用于此。企图利用弗洛伊德的陈词滥调来掩盖信息，往往虚弱无力。英格玛·伯格曼在《野草莓》开篇的梦境序列只是极少数有效使用梦境的实例之一。

◎ 蒙太奇

在美国人的语汇中，蒙太奇这个术语是指一系列快速剪接的形象，它们可以从根本上浓缩或扩展时间，且常常采用光学效果，如划出、圈入、分裂银幕、渐隐或其他多画面手法。这种序列的高度能量被用于掩盖其目的——传达信息——这一颇为世俗的任务。就像梦境序列一样，蒙太奇的采用也不失为一种努力，它可以通过忙碌观众的眼睛来减轻非戏剧化解说的乏味程度。除个别特例外，蒙太奇只不过是一种懒惰的企图，试图用装饰性的摄影和剪辑来取代戏剧化展示，因此必须尽量避免采用。

◎ 画外音解说

画外音解说又是另一个披露解说信息的方法。就像闪回一样，它同样用好即好，用坏即坏。对画外解说的检验是这样的：问你自己，"如果我将画外解说从剧本中删除，故事是否还能讲好？"如果答案是肯定的，那么就将它留在画内。一般而言，"少即是多"的原理通常适用于此：**技巧越少，效果越强烈。**因此，任何可以删除的都应该删除。不过，也有特例。如果画外解说可以删除，而且故事还能自圆其说，讲得很好，那么你之所以还要采用画外解说，唯一合理的原因就是可以将它用作对照或衬托。

衬托解说是伍迪·艾伦的拿手好戏。如果我们把《汉娜姐妹》或《夫妻们》中的画外解说除掉，他的故事依然会明白晓畅。但是，我们干吗要除掉它？他的解说所提供的智慧、反讽和见解不可能通过其他方式来表达。为影片增添非解说性对照的画外音确实可以做到赏心悦目。

简短的告诉性解说，尤其是在电影开篇或幕间过渡时，如果偶尔为之，观众不会有被冒犯之感，如《巴里·林登》。但是，通片采用告诉性解说的趋势却威胁着我们这门艺术的前途。从好莱坞到欧洲，越来越多优秀导演的影片，喜欢采用这种偷懒的做法。它们使银幕充斥着华彩的摄影和用金钱堆砌的制作场景，然后用一个单调低沉的画外音将形象串联在一起，将电影这门艺术蜕变为过去曾经风靡一时的经典连环画。

我们许多人对大师名家鸿篇巨制的最初了解，都是通过阅读经典连环画，即卡通形象外加串联故事情节的说明性文字的小人书而获得的。对孩子来说固然不错，但这并不是电影艺术。**电影艺术是通过剪辑、机位或镜头运动来将 A 形象和 B 形象连接在一起，其效果是富有意味的 C、D 和 E，无需解释便能表达意义。**最近，一部接着一部的影片都是拿着一个防抖摄影机在房间、楼道和街道上扫来扫去，在布景和演员身上摇来摇去，再弄一个解说员通过画外音说来说去，告诉我们一个人物是怎么长大的、他的梦想和恐惧是什么，或者解释故事社会中错综复杂的政治关系——直到影片变成一本本耗资千万美元的插图有声磁带书。

用解说来填满一条电影声带实在不需要什么天才，更不用付出太多的心血。"展示，不要告诉"是要求我们注重艺术，遵从原理，告诫我们不要偷懒取巧，而应该设定创作限制，充分发挥我们的想象，尽情抛洒我们的汗水。使每一个转折都在自然而天衣无缝的场景流中得到戏剧化的表现，这的确是一项艰巨的任务，但如果我们贪图舒适，满足于"写在鼻子上"的解说词，那么我们便会掏空自己的创造力，泯灭观众的好奇心，摧毁故事的叙述动力。

更重要的是，"展示，不要告诉"意味着对观众智慧和感知力的尊重。邀请他们将其最佳的自我带入这个故事仪式，让他们自己去观看、去思考、去感受并得出他们自己的结论。**不要把他们当成小孩，抱着他们坐在你的膝盖上，向他们"解释"人生**，因为对解说的误用和滥用不仅失之于懈怠，而且还有自命不凡之嫌。如果这种趋势继续下去，电影将会堕落成掺了水的小说，我们这棵艺术之树将会凋萎。

若要研究解说的精巧设计，我建议仔细分析一下《刺杀肯尼迪》。找一本奥利弗·斯通的剧本，外加一盘录像带，把影片一个场景一个场景地分开，将片中所有的事实列出一个清单，无论是无可争议的事实还是未被证实的事实。然后，记下笔记，看看斯通如何把这一大堆犹如埃佛勒斯峰[1]一样的事实进行切割分解，加工成一个个不可或缺的零件，然后将每一个零件进行戏剧化的装配，步步为营地展示出整个揭示真相的进展过程。这的确是一部匠心独运的杰作。

CHAPTER 16
问题和解决方法

本章将探讨八个常留不去的问题，从如何保持兴趣，到如何从其他媒体改编，如何处理逻辑漏洞。对每一个问题，本行的手艺都能提供解决办法。

◎ 兴趣问题

市场营销也许能诱导观众进入影院，但仪式一旦开始，观众却需要无可辩驳的理由来保持投入状态。一个故事必须能够攫住观众的兴趣，不因时间的流逝而有所波动，然后在高潮处给予观众回报。这项任务几乎不可能完成，除非故事设计能够同时吸引人性的两个方面——智慧和情感。

好奇心便是一种意欲回答问题和闭合开放式型式的智力需要。故事正是利用人类这一普遍的欲望反其道而行之：提出问题并开放情境。每一个转折点都会勾住好奇心。当主人公被置于越来越强大的风险时，观众会好奇："下面将会发生什么？然后呢？"而且最重要的是："结果将会如何？"这一问题的答案一直要等到最后一幕高潮时才会到达，于是观众为好奇心所控制，将会一动不动地静观其变。试想，有多少不值一看的影片，你能坚持看下来，不就是为了得到这一令人挠心的问题答案吗？我们也许能让观众哭或笑，但是，如查尔斯·里德所说，最重要的是要让观众等待。

另一方面，**关心**是对生活中正面价值的一种情感需要：正义、力量、生存、爱、真理、勇气。人性对它所认知的负面价值有一种本能的排斥，而对正面价值却有一种强烈的趋从。

随着故事的展开，观众会自觉地或本能地考察负载着价值的世界和人物的全貌，力求分清善恶、是非以及有价值的事物和无价值的事物。他们会力图找寻**善之中心**。一旦找到了这一核心，情感便会趋之若鹜。

我们之所以会去寻求善之中心，是因为**我们每一个人都相信自己是善良的或正确的，并想要认同这些正面价值**。从内心深处而言，我们知道自己有错，也许还错得很严重，甚至还有罪，但是，我们还是会觉得，即使如此，我们的心还是归属于正确的一方。最坏的人都会相信他们自己是善良的。希特勒还觉得自己是欧洲的救星呢。

我曾经加入曼哈顿一个健身房，不知道那是黑手党常去的地方，并在那儿认识了一个有趣而招人喜欢的家伙，绰号叫科尼岛先生。这还是他青少年时代参加健身活动时博得的雅号。可是现在他却成了一个"系扣人"。"系扣子"是指让人闭嘴，系扣人负责在人嘴上系上扣子或让人永远闭嘴。有一天在蒸汽浴室，他坐下来说："嘿，鲍博，你说说看，你是不是那些'好人'中的一个？"换言之，我是不是属于他们黑道上的人？

黑手党的逻辑走向如下："人们想要嫖娼卖淫、吸毒和非法赌博。当他们遇到麻烦时，他们想要贿赂警察和法官。人们想要品尝罪恶的果实，可他们都是撒谎的伪君子，不愿承认这些。我们提供这些服务，但我们不是伪君子。我们只是在现实中交易，我们才是'好人'。"科尼岛先生是一个丧尽天良的杀手，但在内心深处，他相信自己是一个好人。

无论观众是谁，他们每一个人都在寻找善之中心，即移情和情感兴趣的正面焦点。

善之中心至少必须位于主人公身上。其他人物可以共享这一善之中心，因为我们可以移情于任意数目的人物，但我们必须移情于主人公。另一方面，善之中心并不是指"和善"。"善"的界定不仅是指它是什么，而且还指它不是什么。从观众的视点而言，"善"是对照于一个负面背景而做出的一种判断。所谓"负面背景"即指一个被认为或被觉得"非善"的世界。

《教父》：影片中不仅柯里昂家族是腐败的，其他黑手党家族，甚至警察和法官也都是一丘之貉。影片中的每一个人要么自己是罪犯，要么跟罪犯有瓜葛。但是，柯里昂家族却有一个正面素质——忠诚。在其他帮派中，帮匪们都是背后捅刀子，这使他们成为坏的坏人。教父家族的忠诚使他们成为好的坏人。当我们发现这一正面素质时，我们的情感会倾向于此，并发现自己已经移情于那些帮匪。

我们能把善之中心带到多远？观众到底会移情于什么样的洪水猛兽？

《歼匪喋血战》：影片的善之中心柯迪·贾勒特（詹姆斯·卡格尼）是一个变态杀人狂。但是作者以其独运的匠心设计出正面能量和负面能量之间的巧妙平衡，首先给予贾勒特诸多迷人的素质，然后在他周围环绕着一个邪恶而宿命论的世界：他生活周围是一帮意志脆弱、唯唯诺诺的庸人，但他却具有领导才能。追捕他的是一帮蠢笨无能的联邦调查局特工，相形之下他却是那样机智而富有想象力。他"最好的朋友"是一个联邦调查局线人，而且柯迪对他的友谊还是那样的真诚。影片中人与人之间没有任何温情可言，唯有柯迪对他母亲孝敬恭顺。这种道德处理将观众拉入移情状态，令他们感到：如果我被迫去过一种犯罪的生活，我也要像柯迪·贾勒特那样。

《夜间守门人》：在由戏剧化闪回构成的幕后故事中，主人公和情人（德克·博加德和夏洛特·兰普林）是以这种方式见面的——他是纳粹死亡营中一个施虐成性的军官，而她却是一个具有受虐性格的少女囚徒。他俩狂热的私情在死亡营内持续了多年。战争结束后，他们各奔东西。影片的故事开始于1957年，当时他俩在维也纳一家旅馆的大厅内邂逅。他现在是一个旅馆行李员，她是一个随音乐会钢琴师丈夫一起旅行的客人。回到楼上的房间后，她告诉丈夫自己不舒服，让丈夫独自去音乐会演出，自己却留在房内和旧情人重温鸳梦。这一对男女则是善之中心。

编剧兼导演莉莉安娜·卡瓦尼对这一技巧的处理是，在恋人的周围环绕一个暗藏着秘密特工的腐化堕落的社会。然后，她点亮一支小小的蜡烛，插在这一冷酷而黑暗的世界中心：无论这对恋人见面的方式如何，其私情的性质如何，从最深沉真挚的意义上而言，他们的爱是真诚的。而且这种真爱已经被考验到极致。当秘密特工告诉他们的朋友他必须杀掉这个女人，因为她有可能揭发他们时，他回答道："不，她是我的宝贝，她是我的宝贝。"他可以为了爱人牺牲自己的生命，而他的爱人也一样。在高潮处当他俩选择同归于尽时，我们便会有一种悲剧性的失落感。

《沉默的羔羊》：小说和剧本的作者将克拉丽斯（朱迪·福斯特）置于正面的焦点上，但同时还围绕着汉尼拔·莱克特（安东尼·霍普金斯）构建了第二个善之中心，并将移情吸引到两个人物身上。首先，他们赋予了莱克特博士令人钦羡的素质：知识渊博、思维敏捷、言语藏锋，好一副绅士风度，而且最重要的是，镇定自若。我们不禁会问，一个生活在这样一个地狱般世界的人怎么能做到如此沉着自信、风度翩翩？

其次，为了反衬这些素质，作者在莱克特周围环绕出一个冷酷无情、玩世不恭的社会。他的监狱心理医生是一个施虐成性、好出风头的家伙。他的看守都是一些蠢货。即使是极欲得到莱克特的帮助来侦破一宗令他们一筹莫展的案子的联邦调查局，也会对他进行欺骗，企图以空洞的许诺来操纵他，骗他说可以让他搬到卡罗来纳一个岛上的露天监狱中。我们马上就会开始为他辩解："他吃人固然不好，但比这更坏的事情还多着呢。我一时想不起来还有什么更坏的事情，但是……"我们陷入一种移情状态，思忖道："如果我是一个吃人的变态狂，那么我也要像莱克特那样。"

○ 神秘、悬念和戏剧反讽

好奇心和关心创立了三种可能的方法把观众和故事联系起来：**神秘、悬念和戏剧反讽**。不要把这些术语误解为影片类型；它们表述的是故事和观众的关系，这些关系因我们如何保持观众的兴趣而有所差异。

在神秘状况下，观众知道得比人物少。

神秘是指只通过好奇心一项来博取兴趣。我们创立然后便掩藏解说事实，尤其是幕后故事中的事实。我们激发起观众对这些过去事件的好奇心，偶尔暗示出事实的真相来撩拨观众，然后故意将观众蒙在鼓里，用一些"熏鲱鱼"[1]来对其进行误导，好让他们相信或怀疑虚假的事实，而真正的事实却被我们掩盖着。

"熏鲱鱼"这个典故有个很有趣味的辞源：中世纪的农民偷猎鹿和松鸡后，带着战利品穿过森林逃跑时，他们会用一条鱼，一条熏鲱鱼，在逃路上横拖一下，以迷惑庄园主的猎犬。

这一技巧通过设计一个熏鲱鱼的猜谜游戏，让人疑窦丛生、迷惑不解，进而因好奇而产生不可遏止的兴趣，但这一技巧只能取悦于一种类型的观众，这就是神秘谋杀，及其两个次类型：**闭合神秘**和**开放神秘**。

闭合神秘亦称阿加莎·克里斯蒂形式，其中的谋杀发生于幕后故事，观众无从得见。"是谁干的？"这一首要常规就是多重嫌疑犯。作者必须发展出至少三个可能的凶手，不断误导观众去怀疑无辜之人，即熏鲱鱼，与此同时将真凶的身份一直隐藏到高潮。

开放神秘又称可伦坡形式，其中的谋杀让观众亲眼目睹，于是便知道是谁干的。故事于是变成"他怎么才能抓到他"。整个过程中，作者一直在多重线索和多重嫌疑犯之间做着替换游戏。谋杀必须是一个精心策划、看似天衣无缝的罪行，一整套错综复杂的计谋，牵涉许多步骤和技术成分。但是，观众通过常规知道，其中的一个成分具有致命的逻辑漏洞。当侦探来到现场后，他本能地知道是谁干的，在诸多线索中搜寻，力图找到那一败露真相的漏洞，然后和那一自以为天衣无缝、趾高气扬的罪犯对质，令对方不由自主地坦白交代。

在神秘形式中，凶手和侦探早在高潮来临之前就知道事实真相，他们只是秘而不宣而已。观众紧随其后，试图琢磨出那些关键人物到底都知道些什么。当然，如果作为观众能够赢得这场赛跑，那么我们会有一种强烈的失败感。我们绞尽脑汁想猜出到底是谁或者怎么回事，但是，我们还是希望作者的侦探大师要比自己想象的更高明。

这两种纯粹的设计可以混用，也可以违反。《唐人街》以闭合开始，然后在第二幕高潮时转向开放。《普通嫌疑犯》成为闭合神秘的经典。它以"是谁干的"作为开始，但到最后却变成"谁也没干"，无论"干"的是什么。

在悬念中，观众和人物知道同样的信息。

悬念将好奇和关心合二为一。所有影片中的百分之九十，无论是喜剧还是正剧，都以这种方式来激发兴趣。不过在悬念中，好奇并不是关于事实，而是关于结果的。一起神秘谋杀的结果总是固定的。尽管我们不知道是谁或怎么回事，但侦探总会抓住凶手，故事总是会以"上扬"作为结局。但是，悬念故事的结局可以是上扬，可以是低落，也可以是反讽。

在整个讲述过程中，人物和观众总是在并肩前进，共享着同样的知识。当人物发现解说性的事实时，观众也会发现。但是，谁也不知道的是"这一切的结果将会如何"。在这种关系中，我们会移情于主人公，并对他产生一种认同感。而在纯粹神秘类型中，我们的卷入仅限于同情。侦探大师既迷人又可爱，但我们绝不会认同于他们，因为他们太完美了，而且从来不会招致真正的损害。神秘谋杀就像棋盘游戏，是一种锻炼心智的冷静从容的娱乐。

在戏剧反讽中，观众比人物知道得更多。

戏剧反讽主要靠关心一项来激发兴趣，完全排除了关于事实和结果的好奇。这类故事常常以结局作为开始，故意泄露故事的结果。当观众被给予上帝般的优惠，在事情发生之前便知道结果时，其情感体验就会转向。悬念片中那种对结果的焦虑和对主人公命运的担忧，在戏剧反讽中便变成一种恐惧和同情：一方面害怕人物发现我们已经知道的东西的那一时刻，另一方面同情我们眼睁睁看到正在走向灾难的人物。

《日落大道》：在第一个序列中，乔·吉利斯（威廉·霍尔登）的尸体脸朝下浮上诺玛·德斯蒙德（葛洛丽亚·斯旺森）的游泳池。镜头伸向池底，从下往上拍摄尸体，在画外音中，吉利斯暗忖：我们也许想知道他怎么会殒命于一个游泳池，于是乎他便开始告诉我们。影片通篇变成闪回，戏剧化地表现了一个银幕剧作家为成功而奋斗的故事。我们被感动，对他倾注一腔同情，当我们眼睁睁看到他步入一个我们早已知道的命运时，我们会担忧不已。我们意识到，吉利斯企图逃脱一个贵妇人的魔掌并写出一个诚实剧本的一切努力都会化为乌有，而他自己将会变成一具漂浮在她游泳池中的僵尸。

《危险女人心》：从尾到头逆向讲述故事的反情节手法，于1934年由菲利普·考夫曼和莫斯·哈特为他们的舞台剧《欢乐岁月》发明。四十年后，哈罗德·品特利用这一想法将戏剧反讽的使用推向了极致。《危险女人心》是一个爱情故事，以一对旧情人杰瑞和埃玛（杰瑞米·派翠西亚·霍吉）分手多年后的第一次幽会作为开篇。在一个紧张的时刻，埃玛坦陈她的丈夫"知道"她的一切，而她丈夫又是杰瑞最好的朋友。随着影片的进展，故事闪回到他俩分手的场景，然后便是有关导致他俩分手的事件，然后更进一步地回到他俩浪漫的黄金时刻，然后以重归于好作为结局。当年轻恋人的眼睛闪烁着期盼之光时，我们便充满着复杂的情感：我们想要他们鸳梦重温，因为它是那样甜美，但是我们同时也知道他们将要忍受的一切苦涩和痛苦。

将观众置于戏剧反讽的位置并不完全排除一切好奇。向观众展示将会发生什么的结果会导致观众问："这些人物怎么会而且为什么要做那些我知道他们**已经做出的事情？"戏剧反讽鼓励观众深入探寻人物生活中起作用的动机和因果力量**。这就是为什么我们常常会在第二次看一部优秀影片时会更欣赏，或至少会有不同的感受。我们不仅会充分释放那些不常使用的同情和恐惧情感，而且由于免除了对事实和结果的好奇，我们现在可以将注意力集中于内心生活、不自觉的能量以及社会的微妙作用。

不过，大多数类型都不会将自己完全诉诸纯粹的神秘或纯粹的戏剧反讽，而是在悬念关系内部混合其他两种类型以丰富讲述过程。在一个总体上是悬念的设计中，有些序列可以采用神秘类型来增加对某些事实的好奇心，其他序列则可以转换为戏剧反讽来触及观众的心灵。

《卡萨布兰卡》：在第一幕结尾处，我们得知里克和伊尔莎在巴黎有过一段私情，结果以分手告终。第二幕开篇便是对巴黎的闪回。得益于戏剧反讽的优势，我们目睹着这对年轻的恋人走向悲剧，并对他们纯真的恋情产生一种特别的温柔感。我们深入探寻他们聚首的浪漫时刻，暗忖他们的爱情为何会以伤心结局，而且当他们发现我们已经知道的事情后他们会如何反应。

随后，在第二幕高潮处，伊尔莎又回到里克的怀中，准备为了他而离开丈夫。第三幕转换成神秘类型，表现里克做出其危机决定，但并未向我们透露他将如何选择。由于里克知道得比我们多，好奇心便油然而生：他会不会和伊尔莎私奔？当答案来临时，它会令我们大吃一惊。

假设你在写一个关于变态持斧杀人狂和一位女侦探的惊险片，而且你已经写到故事高潮部分。你将这一场景设置在一幢老洋楼光线昏暗的走廊内。女侦探知道杀人狂凶手就在附近，一边拉着枪栓，一边缓缓闪过走廊左右那一道道通向黑暗深处的门。此时应该采用三种策略中的哪一种？

神秘：向观众隐瞒一个主人公知道的事实。

关上所有的门，这样当她在走廊内缓步轻移时，观众的眼睛会在银幕上搜寻，暗忖：凶手到底在哪儿？是在第一道门后？下一道门？再下一道？然后，他穿透……天花板突然袭击！

悬念：给予观众和人物同样的信息。

在走廊尽头，有一道门虚掩着，门后的灯光在墙上投射出一个持斧男人的影子。女侦探看见了影子，停下脚步。影子从墙面上退缩。切入：门后一个手持斧头的男人屏息等待：凶手知道女侦探就在那儿，而且他知道女侦探知道他在这儿，因为他听见女侦探停下了脚步。切入：走廊内女侦探犹豫不前：她知道凶手在那儿，而且她知道凶手知道她在这儿，因为她看见了影子移动。我们知道女侦探知道凶手知道，但是谁也不知道的是，这一局面将如何结局？女侦探会不会杀了凶手？或者凶手会不会杀了女侦探？

戏剧反讽：采用希区柯克最喜用的手法，向主人公隐瞒一个观众已经知道的事实。

她缓缓挪向走廊尽头一扇紧闭的门。

切入：门后一个男人持斧而待。切入：走廊内她一步步逼近那扇紧闭的门。观众由于知道这一她并不知道的事实，其情感会由焦虑转换为恐惧："不要走近那扇门！看在上帝的份上，不要打开那扇门！他就躲在门后面！当心！"她打开了那扇门，于是乎，大难临头。另一方面，如果她打开那扇门，紧紧地拥抱那个男人……

持斧人

（揉揉酸痛的肌肉）亲爱的，我一

下午都在砍柴。晚饭做好没有？

……这就不是戏剧反讽了，而是虚假神秘及其弱智的表弟廉价惊奇。

一定量的观众好奇是必需的。如果没有它，叙述动力便会停止。本行的手艺赋予你隐藏事实或结果的权利，以令观众坚持看到后面并不断提出问题。在适当的情节中，它还赋予了你以神秘方式迷惑观众的权利。但你绝不能滥用这一权利。如果滥用，观众在不知所云的状态下就会神游他处。相反，我们应该用诚实而富有见识的答案来回答观众的问题，作为对其认真观影的报偿。不要耍肮脏的花招，不要廉价惊奇，不要虚假神秘。

虚假神秘是利用人为的隐瞒事实而制造的一种冒牌好奇。本来可以而且也应该告诉观众的解说事实被故意扣押，指望以此来保持观众的兴趣，好让他们看完冗长而且戏剧性欠缺的片断。

叠化至：一架拥挤的民航客机，飞行员在雷电肆虐的天空奋力拼搏。雷电击中了机翼，飞机向一个山坡俯冲下去。切入：六个月以前，三十分钟的闪回，以繁冗的细节描述乘客及机组人员的生活，一直到搭上这一致命航班。这种戏弄或悬崖把戏就是作者做出的蹩脚许诺："不要着急，伙计们。如果你跟我一起坚持看完这一段乏味的插曲，到最后一定会给你来一点真格的。"

◎ 惊奇问题

我们去找讲故事的人时总是心存一种祈祷："求求你，给我一个好故事。让它给我一种从未有过的体验，让我增长新的见识。让我去对从未觉得好笑的事情发出笑声，让我被一些从未触动过我的事情所感动，让我以一种全新的方式来看世界。阿门！"换言之，观众祈祷惊奇，即期待的逆反。

当人物来到银幕上时，观众充满着各种期待来看待他们，觉得"这个"将会发生，"那个"将会改变，A小姐将会拿到那笔钱，B先生将会得到那个姑娘，C太太将会受苦。如果观众期待将会发生的事情发生了，或者更糟，如果它完全按照观众期待的方式发生了，那么观众就会非常不高兴。我们必须让他们吃惊。

有两种惊奇：廉价的和真实的。真实惊奇来自期望和结果之间的鸿沟的突然揭示。这种惊奇之所以"真实"，是因为它随后紧跟着大量的见解，揭示出隐藏在虚构世界表面之下的事实真相。

廉价惊奇是在利用观众的脆弱。由于观众静坐在黑暗中，他们只好将自己的情感交付于讲故事的人手中。通过切入到一些他们不曾期望看到的东西或者离开一些他们期望将会继续的东西，你可以不断地令观众震惊，只要我们突然而不可理喻地打断叙事流，我们总是能够让人吃惊。但是，正如亚里士多德所抱怨的："欲动而不动者为下。此乃缺乏悲情之惊。"

在某些类型——恐怖、幻想和惊险中，廉价惊奇是一种常规，而且是其滑稽效果的一部分：主角行走在一条黑胡同中。一只手从银幕边缘突然伸出，抓住主角的肩膀，主角惊吓地转身——原来是他的好朋友。然而，在这些类型之外，廉价惊奇却只是一种拙劣的手段。

《钟爱一生》：一个女人（凯瑟琳·德纳芙）已经结婚，但并不幸福。占有欲极强的哥哥极力破坏妹妹的婚姻，直到最后迫使她相信，跟现在的丈夫在一起不可能得到幸福，于是她离家出走，跟哥哥住到了一起。兄妹两同居于一个顶楼公寓。有一天回家时，哥哥突然有一种不祥的感觉。他进门时，发现窗子开着，窗帘还在飘动。他冲到窗前往下看。在他的主观视点中，我们看到他的妹妹摔在底下的鹅卵石地面上，已经死去，身边血泊环绕。切入：卧室，他妹妹小睡之后刚刚醒来。

在一个严肃的家庭剧中，导演为何要诉诸哥哥因神经紧张而凭空想象出的恐怖震惊形象？也许是由于前面乏味的三十分钟是那样不堪忍受，导演以为此时应该用他在电影学院学来的一个小伎俩在我们腿肚子上踢上一脚了。

◎ 巧合问题

故事创造意义。因此，巧合看起来应该是我们的敌人，因为它只不过是宇宙事物随意而荒诞的碰撞而已，就其概念而言，是毫无意义的。然而，巧合毕竟是生活的一部分，而且常常是一个强大的部分，对人的生活予以重大冲击，然后就像它荒诞地到来时一样，荒诞地消失得无影无踪。因此，**解决办法不是要回避巧合，而是要戏剧化地表现出它是如何毫无意义地进入生活，然后随着时间的逝去而获得意义，表现出随意的反逻辑如何变成生活现实的逻辑。**

首先，尽早引入巧合，以给予它充分的时间来构建意义。

《大白鲨》的激励事件：一条鲨鱼碰巧吃了一个游泳者。但是一旦进入故事，鲨鱼就不能轻易离去。随着它不断地威胁无辜，它会常留不去从而不断地积聚意义，直到我们获得这样的感觉，认为这个畜生是在故意吃人而且还乐在其中。这便是邪恶的定义：故意害人而且乐此不疲。我们都会无意伤人，但马上就会心存悔恨。但是，如果某人故意使他人痛苦而且从中得到快感，那么，这便是邪恶。鲨鱼于是变成了一个强有力的标志，象征大自然的阴暗面，它随时想将我们活活地吞噬，并带着狞笑作恶。

因此，巧合不能突然弹入一个故事，转折一个场景，然后又突然弹出。例如：埃里克不顾一切地寻找离他而去的恋人劳拉，但是她已经搬家。一切努力落空之后，他来到一个饭馆想喝杯啤酒。在他身旁的凳子上坐着一个房产代理商，正是他卖给了劳拉新房子。他把她的详细地址给了埃里克。埃里克言谢离座，便再也没有见过这个房产代理商。并不是说这种巧合不可能发生，而是说它毫无意义。

另一方面，假设那个代理商已经记不起地址了，但还记得劳拉同时还买过一辆红色的意大利跑车。他们俩一起离开，在街上看见了她那辆玛莎拉蒂。现在，他们俩一起走到她的车门前。由于劳拉对埃里克余怒未消，她把他们让进车内，开始和代理商打情骂俏，故意刺激她的旧情人。本来是毫无意义的好运现在却变成了阻遏埃里克欲望的一种对抗力量。这一三角关系便可以在故事的剩余部分构建出相当的意义。

根据行业规矩，不要在讲述过程的中点之后采用巧合。而是要越来越多地把故事交到人物的手中。

第二，千万不要利用巧合来转折一个结局。这就像是古希腊、罗马戏剧中用舞台机关送出来参与剧情进展的神仙，是剧作家最大的忌讳。

此说源出拉丁文 "Deus ex machina"，意指"来自机器的神仙"。从公元前 500 年一直到公元 500 年，戏剧在地中海沿岸繁荣不衰。在这一千年中，成百上千的剧作家为舞台写作，但名垂青史者却只有七位，余下的都被宽宏地忘却，主要是由于他们偏爱采用"来自机器的神仙"来解决故事问题。亚里士多德曾对此风有过抱怨，他的话翻译过来很像一个好莱坞制片人："这些作家为什么就搞不出个像样的结尾来？"

在古罗马那些声学上完美的豪华圆形剧场中，有些能够容纳上万观众，在马蹄形舞台的尾端是一面高墙，底下是供进出的门。但是，扮演神仙的演员却站在墙顶的平台上，通过机关降落到舞台上。这个"来自机器的神仙"装置从视觉上而言就好比诸神从奥林匹斯山上降临，然后再回到奥林匹斯山。

两千五百年前的故事高潮之难和现在一样。但是，古代的剧作家却有一条出路。他们会炮制一个故事，在转折点上纠葛，直到观众在大理石座位上坐立不安，然后如果作者的创造力枯竭，无法想出一个真正的高潮，那么常规便会允许他回避问题，用机关把一个神仙送到舞台，让阿波罗或雅典娜来解决一切：谁生，谁死，谁娶谁，谁下地狱永世不得超生。而且他们可以反反复复反反复复地采用此法。

两千五百年来似乎什么也没有改变。今天的剧作家还是在炮制他们无法结局的故事。但是，由于不能再用机关降临神仙来解决结局，那么他们便采用"神仙行为"——《飓风》中拯救了一对恋人的飓风、《象宫鸳劫》中解决三角恋爱的象群的惊窜、《邮差总按两次铃》和《布拉格之恋》中结局故事的车祸以及《侏罗纪公园》中及时跳出来吞噬迅猛龙的霸王龙。

"来自机器的神仙"不仅抹杀了一切意义和情感，而且还是对观众的一种侮辱。我们每一个人都知道，**无论是好是坏，我们必须选择和行动，以此来决定我们人生的意义。没有任何巧合的人和事会出来为我们肩负这一重大责任，尽管我们周围存在着诸多混乱和不公。**你可能会为一条你没有犯下的罪行被终身锁进牢房，但每天早晨你还是会起床来寻求生活的意义：我是一头撞死在这面墙上，还是想方设法为我的牢狱生涯寻找价值？我们的生活终究掌握在我们自己手中。来自机器的神仙之所以是一种侮辱，是因为它是一个谎言。

有一个例外就是反结构影片，它们可以用巧合来取代因果关系：《周末》、《选择我》、《天堂陌客》和《下班后》都以巧合来开始，以巧合来进展，以巧合来结局。当巧合统领一个故事时，它会创造出一种意味深长的新意：生活是荒诞的。

◎ 喜剧问题

喜剧作家常常觉得，在他们那狂野的世界中，指导正剧作家的原理都不适用。但是，无论是冷静的讽刺还是狂乱的闹剧，喜剧都只不过是故事讲述的另一种形式。然而，在对生活的喜剧观和悲剧观之间进行深入区分时亦有一些重要的例外。

正剧作家崇尚人性并通过其作品表达出这样的精神实质：即使是在最坏的环境下，人类精神也是宏伟的。喜剧则指出，即使是在最好的环境下，人类也会想方设法把事情搞糟。

当我们拨开喜剧那愤世嫉俗的讥诮面纱时，看到的是一个饱受挫折的理想主义者。喜剧本希望看到一个完美的世界，但是当它环目四顾时，所发现的都是贪婪、腐败和疯狂。其结果是一个愤怒而郁闷的艺术家。如果你怀疑这一点，不妨邀请一位喜剧作家来家吃饭。好莱坞的每一个东道主都犯过这样的错误："我们的晚会可以请一些喜剧作家！他们可以活跃气氛。"当然，直到医疗人员赶到。

然而，这些愤怒的理想主义者知道，如果他们向世界宣讲，说这是一个多么堕落的世界，没有人会愿意听。但是，如果他们将崇高化为琐屑，扒下势力者的裤子，如果他们揭露社会的专制、虚伪和贪婪，同时让人们发出会心的笑声，那么事情也许会发生改变，或者趋于平衡。所以，愿上帝保佑喜剧作家。如果没有他们，生活还不定会成什么样子呢？

喜剧是纯粹的：如果观众笑了，它就成功了；如果观众没笑，它就失败了。仅此而已。这就是为什么评论家都痛恨喜剧，因为没什么可说的。如果我要跟人争论，说《公民凯恩》只不过是旋转木马式壮观景观的大展示，其间充斥着陈规俗套的人物，为操纵性讲述手法所扭曲，充塞着自相矛盾的弗洛伊德和皮兰德娄式的陈词滥调，手法笨拙，哗众取宠，我们可能会争论不休，因为《公民凯恩》的观众没有笑。但是，如果我要说《一条叫旺达的鱼》并不好笑，那么你会可怜我并默然离开。在喜剧中，笑声可以解决一切争论。

正剧作家执迷于内心生活，人类心中的激情、罪孽、疯狂和梦想。但喜剧作家不会。他专注于社会生活——社会中的愚蠢、傲慢和残忍。喜剧作家会挑选出一个他觉得已经被虚伪和愚蠢所包裹的具体社会机构或制度，然后大肆攻击。

我们通常可以通过影片的片名来看出被攻击的对象。

《豪门怪杰》攻击富人，《颠倒乾坤》、《歌台三怪杰》、《我的高德弗里》也是。《风流医生俏护士》矛头指向军方，《傻妹从军》和《杂牌军东征》也是。浪漫喜剧——《星期五女郎》、《淑女伊芙》、《当哈利遇到莎莉》——讽刺的是求婚这一社会习俗。《电视台风云》、《学警出更》、《动物屋》、《摇滚万万岁》、《现代教父》、《发财妙计》、《奇爱博士》、《顽固的恶习》和《疯狂夏令营》分别针对电视、学校、兄弟会、摇滚乐、黑手党、戏剧、冷战政治、天主教会和夏令营。如果一个影片类型渐渐被滥用，它也会成为嘲讽的对象：《空前绝后满天飞》、《新科学怪人》、《白头神探》。以前习称的风俗喜剧现在已经变成情景喜剧——一种对中产阶级行为的讽刺。

当一个社会不能对其社会机构和制度进行嘲讽和自我批评时，这个社会就不会笑了。有史以来一部最短的书将是德国幽默史，因为这个文化一直窒息在对权威的恐惧之中。喜剧从内心而言是一门愤怒的反社会艺术。因此，为了解决喜剧的软弱无力，作者首先要问：我对什么愤怒？他会找到社会中那一让他热血沸腾的方面，然后进攻。

○ 喜剧设计

在正剧中，观众一把接着一把地攥住未来的绳索，拽着自己前进，想知道结果。喜剧则允许作家中止叙事动力——观众对将要发生的事情的关心——在讲述过程中插入一个毫无故事目的的场景，完全为了博得观众一笑。

《绿魔先生》：受虐狂病人（比尔·默里）去看施虐狂牙医（史蒂夫·马丁）。当他坐到椅子上，说："请在我牙根上慢慢地凿出一条长长的沟。"这当然滑稽到极点，却与故事无关。如果剪掉，谁也不会注意。但是，是不是应该剪掉？当然不行，这是一种歇斯底里。影片中的故事可以少到何种程度？在影片中注入的纯喜剧又可以多到何种程度？只要看看马克斯兄弟（Marx Brothers）的影片就行。一个敏锐的故事，具有完备的激励事件和第一、二、三幕高潮，总能使一部马克斯兄弟的影片自圆其说。其总计银幕时间约为十分钟。其余的八十分钟全都让给了马克斯兄弟的天才噱头。

比之正剧，**喜剧能够容忍更多的巧合**，甚至还能允许机器神仙的结局。只要能够达到以下两个条件：首先，必须让观众感到喜剧主人公已经受了巨大的苦难。其次，还必须让观众觉得他从不绝望，从不气馁。在这两个条件下，观众会想："哦，给他得了。"

《淘金记》：在高潮处，小卓别林（查理·卓别林）几乎要冻死，一阵暴风雪把他的小木屋刮离地面，连同卓别林一起吹着横穿阿拉斯加，然后啪地一下把他摔到一座金矿上。切入：他发财了，衣冠楚楚，嘴上叼着雪茄，春风得意地返回美国本土。这一喜剧巧合会让观众这样想："这家伙饿得连自己的鞋都吃了，连他自己也差点被其他矿工给吃掉，后来又差点成为一头棕熊的晚餐，舞厅的姑娘们也不理睬他——他可是一步步走到阿拉斯加的。也该让他歇一会儿了。"

喜剧和正剧之间的深刻区别就是：二者都是以惊奇和见解来转折场景，但在喜剧中，当鸿沟訇然中开时，惊奇会让观众爆发出满堂笑声。

《一条叫旺达的鱼》：阿奇把旺达带到一个借来的爱巢。她带着喘息，期待地从睡觉的阁楼看着阿奇在房间内转来转去，把衣服脱光，吟诵着俄罗斯诗歌，令她在床上辗转反侧。他把内裤套在头上，宣称自己没有丝毫尴尬的顾虑……这时门突然打开，走进一大家子人来。这是一道期望和结果之间令人死去活来的鸿沟。

简言之，喜剧就是一个好笑的故事，一个精心设计的行进发展的笑话。尽管智慧可以照亮讲述过程，但单有智慧尚不足以构成一个真正的喜剧。而且，智慧常常会创造出一些杂交品种，如正喜剧（《安妮·霍尔》）或犯罪喜剧（《致命武器》）。如果你能让一个不相干的人坐下来听你"聊"你的故事，那么你便知道你已经写出了一个真正的喜剧。你只要告诉他发生了什么，**不要引用机智的对白或描述视觉噱头**，他笑了。你每次转折场景时，他都会笑；再一次转折，他会再一次笑；一转折就笑，直到你"聊"到故事结尾时，他已经倒在地板上笑得直不起腰来。这才是喜剧。如果你"聊"完了故事，人们并没有笑，那么你写出来的就不是喜剧，而是……别的什么东西。

然而，问题的解决办法并不在于炮制聪明的对白或拍在脸上的奶油饼。喜剧噱头应该根据喜剧结构的需要自然而来。为此，我们必须将精力集中于转折点。对每一个动作，我们首先要问："这一动作的对立面是什么？"然后，我们还要再进一步地问道："从这动作能生出什么荒诞离奇之事？"弹开喜剧惊奇的鸿沟——写出一个好笑的故事。

◎ 主观视点问题

对银幕剧作家来说，主观视点具有两层含义。第一，我们偶尔需要采用主观视点镜头。例如：

内景 餐厅——白天

杰克在喝咖啡，突然听到紧急刹车声和撞车声，整个房子都被震动。他急忙跑到窗前。

杰克的主观视点

窗外：他儿子汤尼的汽车撞到了车库门上，汤尼跌跌撞撞地穿过草地，嘴里发出醉醺醺的笑声。

回到杰克

愤怒地推开窗户。

然而，第二层含义却是指作者的视觉想象力。从什么主观视点来写作每一个场景？从什么主观视点来讲述整个故事？

◎ 场景内的主观视点

每一个故事都发生于一个具体的时间和空间内，然而，当我们一个场景接着一个场景来想象事件时，应该将自己定位于空间的什么地方来看我们的行动？这也是主观视点——我们在描述人物的行为、他们互相之间以及和环境之间的互动关系时所采取的实际角度。我们如何选择我们的主观视点，对读者如何就场景做出反应以及导演如何排演和拍摄，都具有巨大影响。

我们可以想象自己是在一个动作周围三百六十度的任何地方，或者位于动作中心向外环顾三百六十个不同的角度——或居高俯视动作，或从下仰望动作，可以置身于整个球体的任何部位。对主观视点的每一个选择都会对移情和情感产生不同的影响。

例如，继续上面的父子场景，杰克把汤尼叫到窗前，他们争吵起来。父亲要求知道在医学院读书的儿子为什么会喝醉酒，并得知大学已经把儿子开除。汤尼向外晃去，心神错乱。杰克急忙穿过房间跑到街上，安慰儿子。

这个场景中有四个显著不同的视点选择：一、把杰克完全定位于你想象的中心。跟着他从桌子来到窗前，看见他所看见的东西以及他的每一个反应。然后，跟着他一起穿过房子来到街上，追上汤尼，拥抱他。二、对汤尼同样作为。跟着他一起把车开上马路牙子，穿过草地，撞到车库门上。表现出他跌跌撞撞爬出车门、面对窗前父亲时的一系列反应。把他带到街上，然后当他父亲追上来拥抱他时他突然转身。三、在杰克的主观视点和汤尼的主观视点之间交替变换。四、采用一个中立的视点。就像一个喜剧作家一样，隔着一定的距离从侧面来想象他们。

第一个视点鼓励我们移情于杰克，第二个要求我们移情于汤尼，第三个把我们拉到两个人身边，第四个不移情于任何人并指使我们笑话他们。

◎ 故事中的主观视点

在一部故事影片的两个小时中，如果你能够让观众仅仅和一个人物建立起一种复杂而深沉满足的关系，一种令他们终身难忘的理解和投入，那么你就比大多数影片都做得要好得多。因此，一般而言，从主人公的主观视点来设计整个故事可以增添讲述过程的色彩——从主人公的角度去思考，使他成为你想象宇宙的中心，并将整个故事一个事件接着一个事件地带给主人公。观众目睹的事件都是主人公所遭遇的。就讲述故事而言，这显然是一个困难得多的方法。

容易的方法是在时空中跳跃，挑拣一些碎片来使解说变得容易，但此法容易使故事漫无边际地延伸，从而失去紧张感。**就像场景限制、类型常规和主控思想一样，完全从主人公的主观视点来构建一个故事也是一条创作戒律。它需要想象和功力。这样的结果会是一个紧凑、平滑而且令人难忘的人物和故事。**

和人物一起度过的时间越多，目睹其选择的机会也就越多。其结果是观众和人物之间更多的移情和情感卷入。

◎ 改编问题

关于改编的一个幻想是，只要选定一部文学作品，然后将其简单地转换成一个剧本，就可以回避故事的艰苦劳动。但实际情况绝非如此。为了了解改编的艰难，让我们再一次看看故事的复杂性。

在二十世纪，我们现在拥有三种讲述故事的媒体：小说（长篇小说、中篇小说、短篇小说）、戏剧（正统剧、音乐剧、歌剧、哑剧、芭蕾）和银幕 / 荧屏（电影和电视）。每一种媒体都能通过将人物同时带到生活中所有三个层面的冲突，来讲述复杂的故事；但是，每一种都在其中的一个层面上具有其独特的魅力和内在美感。

长篇小说独一无二的力量和神奇在于戏剧化地表现内心冲突。这是小说的长项，要比戏剧和电影强得多。无论是第一人称还是第三人称，小说家可以潜入思想和感情，通过微妙、紧张和诗化意象在读者的想象中投射出内心冲突的混乱和激越。在小说中，个人外冲突可以通过描写来勾画，用语言刻画出人物与社会或环境斗争的画面，而个人冲突则是通过对话来构建。

戏剧独一无二的本领和魅力在于戏剧化地表现个人冲突。这是戏剧的长项，比小说和电影要强得多。一出伟大的戏剧几乎是纯粹的对白，也许百分之八十是靠耳朵来听，仅有百分之二十是靠眼睛来看。非语言的交流——手势、表情、做爱、打斗固然重要，但是，个人冲突大体上都是通过谈话来进展，无论是向好还是向坏。而且，戏剧作家享有一项银幕剧作家所没有的特权——可以写出常人绝不可能说出口的对白。他不仅可以写出诗歌般的对白，而且还可以像莎士比亚、T. S. 艾略特和克里斯托弗·弗赖伊一样用诗歌本身作为对白，将个人冲突的表现力提升到令人难以置信的高度。更有甚者，还有演员的真腔真调来增添表达和停顿神韵，从而将其表现力提得更高。

在戏剧中，内心冲突通过潜文本来戏剧化地表现。当演员从内心注入人物生命时，观众可以透过言谈举止看到其外表底下的思想感情。就像一部第一人称小说一样，戏剧可以把一个人物送到前台，用内心独白来向观众倾吐衷肠。然而，在直接道白时，人物讲出的并不一定都是真话，即使是真话，也不可能据此而洞悉其内心生活和全部真情。戏剧通过没有说出的潜文本来戏剧化地表现内心冲突的能量不可谓不大，但比起小说来还是相当有限。舞台也可以戏剧化地表现个人外冲突，但它又能容纳多少社会呢？它能有多少场景和道具构成的环境呢？

电影独一无二的能量和辉煌在于戏剧化地表现个人外冲突，即那些跻身于社会和环境中的人类为生存而斗争的巨大而生动的意象。这是电影的长项，比戏剧和小说要强得多。如果我们拿出《银翼杀手》中的一个单一画面，让世界上最优秀的小说大师用语言来创造出那一构图，他将会写出连篇累牍的文字而且永远也不可能捕捉到其精髓。而那仅仅是在观众体验中流淌的成千上万的复杂意象之一。

评论家常对追逐序列颇有微辞，似乎它是一个新现象。默片时代第一个伟大发现就是追逐场面，为查理·卓别林和启斯东警察（Keystone Cops）、成千上万部西部片、大多数 D.W. 格里菲斯的影片、《宾虚》、《战舰波将金号》、《成吉思汗的后代》和美丽的《日出》增添了多少生趣。追逐是一个人被社会所追赶，在现实世界中挣扎，企图逃脱和生存。这是纯粹的个人外冲突，是纯粹的电影，是一个拿着摄影机和剪辑机的人自然而然想要做的事情。

为了表达个人冲突，银幕剧作家必须使用平实的对白。当我们在银幕上使用戏剧语言时，观众的正当反应是："人们不会像那样说话。"除了搬上银幕的莎剧这一特例之外，银幕剧作要求自然主义的对白。不过，电影可以通过非语言的交流来获取巨大的能量。凭借特写镜头、灯光和角度的细微差别，手势和面部表情可以胜于雄辩。然而，银幕剧作家不可能将个人冲突表现得像戏剧那样完全诗化。

在银幕上，内心冲突的戏剧化表现完全靠潜文本，用摄影镜头通过演员的面部表情来透视其内在的思想和情感。即使是《安妮·霍尔》中个人直接对镜头的叙述或《莫扎特传》中萨利埃里的忏悔都隐含着一层层潜文本。内心生活可以在电影中得到深刻的表达，但不可能达到小说的那种密度或复杂性。

这就是三种媒体版图的分割情况。现在我们便可以开始想象改编的问题。几十年来，数亿美元已经耗费于选定文学作品的电影版权，这些选定的作品被扔到银幕剧作家们的膝盖上，他们读完之后只好出去跑步，对着夜空喟叹："什么也没有发生！整个一本书都在人物的脑子里！"

因此，改编的第一条原则就是：小说越纯，戏剧越纯，电影就越差。

"文学纯粹性"并不等于文学成就。小说纯粹性是指故事的讲述过程完全位于内心冲突的层面，采用复杂的语言技巧来表现故事的激励事件、进展过程和高潮，个人、社会和环境力量具有相对的独立性：乔伊斯的《尤利西斯》。戏剧的纯粹性是指讲述过程完全位于个人冲突的层面上，采用诗化的对白来表现故事的激励事件、进展过程和高潮，内心、社会和环境的力量具有相对的独立性：艾略特的《鸡尾酒会》。

企图改编"纯粹"的文学作品之所以失败，有两个原因：第一是美学上的不可能性。意象是先语言的，那些埋藏在小说和戏剧大师们华美文笔之下的冲突根本就不可能用电影手法得到同等的甚或大约的表现。第二，当一个小天才企图改编大师时，哪一种情况更为可能？是小天才上升到大师的水平，还是大师被下拽到改编者的水平？

世界的银幕频频为冒牌的电影导演所污染，他们都希望被视为费里尼或伯格曼第二，但是与费里尼和伯格曼不同的是，他们不可能创造出新颖的作品，所以他们就去找同样冒牌的赞助机构，手上拿着一部普鲁斯特或伍尔芙的大作，许诺要给大众带来艺术。官僚批钱，政客在选民面前自吹自擂，号称为群众带来了艺术，导演拿到了片酬支票，而影片却在一个周末之后就销声匿迹。

如果你必须改编的话，就必须降低一两个档次，走下"纯"文学的殿堂，去寻找冲突分布于所有三个层面上，并强调个人—外界关系的故事。皮埃尔·布尔的小说《桂河桥》在研究生的研讨会上是不会和托马斯·曼和弗兰兹·卡夫卡相提并论的，但它的确是一部杰作，其中充满着复杂的人物，为内心和个人冲突所驱使，而主要在个人—外界层面上得到戏剧化的表现。因此，卡尔·福尔曼的改编剧本，据我判断，是大卫·里恩最优秀的影片。

要改编的话，首先反复阅读原作，不要记笔记，直到你觉得已经融汇于它的精神之中。不要做出选择或行动计划，直到你跟作品中的社会摩肩接踵，读懂了他们的面孔，闻到了他们的古龙香水味。就像一个从零开始创作的故事一样，你必须取得像上帝一样全知的知识，千万不要想当然地认为原作者已经做好了他的家庭作业。做到这一点之后，将每一个事件缩减为一两个句子，陈述发生了什么，仅此而已。不要有什么心理学和社会学的分析。例如："他走进屋子，等待和妻子当面摊牌，却发现一张字条，告诉他她已经离开，去找别的男人了。"

　　做到这一点之后,浏览那些事件并问自己:"这是不是一个讲得好的故事?"然后振作精神,你会十有九回地发现这并不是。一个作家将一出戏搬上了舞台,或者把一部小说变成了铅字,并不等于他已经掌握了本行的手艺。故事是我们大家所做的最难的事情。许多小说家都是非常蹩脚的讲故事的人,戏剧作家甚至更为蹩脚。或者,你会发现那是一个讲述精彩的故事,一个完美精致的发条装置……但是却有四百页长,其中的材料比一部电影所能用到的要多出三倍,而且只要拿出其中的一个小嵌齿轮,整个时钟就会停止计时。在这两种情况下,你的任务都不是什么改编,而是一次再创造。

　　改编的第二个原则:愿意再创造。

　　以电影节奏来讲述故事,同时保持原作的精神。若要再创造:无论小说的事件以什么顺序讲述,把它们当作传记一样,按照时间顺序从头到尾重新排列。根据这些,创造出一个步骤大纲,采用原作中有价值的设计,但是不要顾虑剪掉场景,如果必要的话,还可创造新的场景。我们面临的最大考验就是,要将精神的东西转化为物质的东西。**不要在人物口中填满自我解说的对白,而要为他们的内心冲突找到视觉表达**。这就是你成败攸关的地方。寻找一个既可以表达原作精神又能保持在电影节奏之内的设计,不要顾忌评论家可能会说的"可是电影不像小说"。

　　银幕美学常常要求故事的再创造,即使原作极其精美,规模也足以构成一部故事片。正如米洛斯·福尔曼把《莫扎特传》从舞台搬上银幕时对彼得·谢弗所说:"你不得不把你的孩子再生第二次。"其结果是,世人可以看到同一个故事的两个杰出版本,每一个版本都堪称其载体之佳作。当面临着改编的难题时,要记住这一点:如果再创造从根本上背离原作,如《征服者佩尔》、《危险关系》,但是电影却非常优秀,那么评论界便不会有任何微辞。但是,如果你阉割了原作,如《红字》、《夜都迷情》,又不能炮制出一部可以与之媲美或更胜一筹的作品来取而代之,那么还是趁早别干。

　　要学习改编,可以研究一下露丝·鲍尔·贾华拉。以我之见,她是电影史上从小说到银幕最优秀的改编者。她是一个德国出生的波兰人，用英语写作。在"改编"了自己的国籍之后，她成为了一个电影改编大师。就像一条变色龙或一个灵媒，她可以深入到其他作家的灵魂，表现出其各不相同的色彩。读一读《四重奏》、《看得见风景的房间》、《波士顿人》，从每部小说拉出一个步骤大纲，然后用你的作品一个场景一个场景地和贾华拉进行比较。你会学到很多。请注意她和导演詹姆斯·伊沃里都把自己局限于社会小说家——琼·里斯、E. M. 福斯特、亨利·詹姆斯——的作品，知道其主要冲突都是个人与外界的，便于用摄影机表现。没有普鲁斯特，没有乔伊斯，没有卡夫卡。

尽管电影的自然表现力都集中于个人与外界的冲突，但我们也不应为此而束缚。相反，**电影大师们一直在接受的挑战就是：从社会环境冲突的形象开始，将我们带到复杂的个人关系之中；从言谈举止的表面开始，引导我们去透视内心生活，去发现那些不可言喻、不可觉知的东西。**这是逆流游泳，用胶片来达到戏剧作家和小说家轻而易举就能做到的事情。

同理，戏剧作家和小说家也一直明白，他们的挑战就是要在舞台或稿纸上做出电影做得最好的事情。福楼拜著名的电影风格早在电影诞生以前就已经形成。爱森斯坦说，他是通过阅读查尔斯·狄更斯来学会剪辑电影的。莎士比亚令人惊叹的时空流动所表现出的想象力唯有摄影机才能捕捉。伟大的讲故事的人一直都知道，"展示，不要告诉"是一个终极任务：以纯粹戏剧化和视觉化的方式来写作，展示一个自然人类行为的自然世界，表现出生活的复杂性，而不用告诉。

◎ 戏剧腔问题

为了回避"这个剧本戏剧腔太浓"的指责，许多作家回避写作"大场景"，即感情激烈而强大的事件。相反，他们会去写最小主义的素描，其中几乎什么事情也没有发生，以为那样很微妙。这是一种愚蠢。只要是人类能够做出的事情，其本身都不可能是戏剧腔，而且人类什么事情都干得出来。各种日报记载着重大的自我牺牲和残暴行为、勇敢和怯懦行为、从特蕾莎修女到萨达姆·侯赛因等圣贤和暴君的行为。你能够想象人类可能做出的事情，他们都已经做出，而且他们的方式是你无法想象的。这一切的一切都不是什么戏剧腔，而是活生生的人类生活。

戏剧腔并不是夸张表达的结果，而是动机不足的结果。不是因为写得太大而是由于写作欲望太小。一个事件的能量只能等同于其原因的总和。如果我们不能相信动机和动作的匹配，那么，我们就会感到这个场景有戏剧腔。从荷马到莎士比亚到伯格曼的所有作家都已经写出过爆发性的场景，但没有人会说他们是戏剧腔，因为他们知道如何给予人物动机。如果你能想象高雅正剧或喜剧，那么就去写，但是要提升那些驱动你人物的力量，使之等同于或超过其动作的极限，我们会为你把我们带到了故事线索的终点而冲上来热烈拥抱。

◎ 漏洞问题

"漏洞"是另一种让故事失去可信性的方式。此时故事缺少的不是动机，而是逻辑性，在原因和结果之间缺少必要的关联。但是，就像巧合一样，漏洞也是生活的一部分。事物常常会因不可解释的原因发生。所以，如果你是在描写生活，在你的讲述过程中难免会出现一两个漏洞。问题是如何处理它。

如果你能够在没有逻辑关联的事件之间强行扯上联系，就那样做好了。但是，这种补救办法常常要求创造一个新的场景，这个场景的存在没有别的目的，只是为了使它周围的东西合乎逻辑，结果会导致与漏洞同样烦人的笨拙。

在这种情况下，你可以自问：他们会注意吗？你知道这是一个逻辑的跳跃，因为故事在你书桌上静静地待着，那漏洞就像眼睛一样瞪着你。但是，在银幕上，故事在时间中流动。当漏洞到来时，观众在那一刻可能没有足够的信息意识到刚刚发生的事情不合逻辑，或由于事情发生得太快，观众没有注意就过去了。

《唐人街》：艾达·赛森斯（黛安·拉德）冒充伊夫林·马尔雷，雇佣J.J.吉提斯来调查霍利斯·马尔雷的通奸事件。在吉提斯发现一个貌似通奸的事件之后，真正的妻子带着律师出现，并表示要控告他。吉提斯意识到，有人要陷害马尔雷，但是他还没来得及帮上忙，此人就被谋杀了。在第二幕早期，吉提斯接到艾达·赛森斯的电话，告诉他说她根本不知道这件事会导致谋杀，想让吉提斯知道她是清白的。在这个电话中，她同时还为吉提斯提供了谋杀动机的一条重大线索。只是，她的话过于隐晦，令吉提斯更加迷惑不解。不过，后来吉提斯结合她的线索和自己所发现的其他证据并进行分析之后，认为自己已经知道凶手是谁，以及杀人动机。

在第三幕早期，他发现艾达·赛森斯死了，在她的钱包里发现了一张银幕演员工会的会员卡。换言之，艾达·赛森斯不可能知道她在电话里面所说的情况。她的线索是一个至关重要的细节，事涉一个由百万富商和政府高官所把持的全城范围的腐败集团，这种事他们绝不可能透露给一个他们雇来冒充受害者妻子的女演员。但是，当她告诉吉提斯时，我们不知道艾达·赛森斯是谁，也不知道她能够或不能知道什么。当人们在一个半小时之后发现她死了的时候，我们已看不见这一漏洞，因为此时我们已经忘记她说过的话。

所以，观众也许不会注意到。但也许他们会。那又怎么办？怯懦的作者企图踢些沙子来掩盖这种漏洞，希望观众不会注意。其他作者则会煞有介事地面对这一问题：他们把漏洞暴露在观众面前，然后否认这是一个漏洞。

《卡萨布兰卡》：费拉里（尼·格林斯垂特）是一个彻头彻尾的资本家和大骗子，没有钱他绝不可能干任何事情。然而，在影片的某一刻，费拉里却出手帮助维克多·拉兹洛（保罗·亨雷德）搞到宝贵的过境签证，且不求任何回报。这是背离人物性格的，不合逻辑。知道这一点，作者给予费拉里这样的对白："我为什么要这样做，我也不知道，因为这不可能给我带来任何好处……"作者不但没有掩盖漏洞，而是大胆承认这个漏洞，公开欺骗观众说费拉里也许会因一时冲动而大方一回。观众知道我们常常会因不可解释的原因来做某些事情。他们会会心地点点头，暗想："即使费拉里也有搞不清的时候，很好。接着看电影吧。"

《终结者》没有漏洞——它构建在一个深渊里：在 2029 年，机器人几乎灭绝了整个人类，仅有的幸存者在约翰·康纳的领导下，使战争的潮流逆转。为了消灭敌人，机器人发明了一种时间机器，将终结者送到 1984 年，企图在约翰·康纳出生之前杀死他的母亲。康纳截获了他们的机器，将一名年轻的军官里斯发送回去，试图首先除掉终结者。这样做是因为他知道里斯不仅能拯救他母亲，还能让她怀孕，于是他的中尉就是他的父亲。什么？

但是，詹姆斯·卡梅隆和盖尔·安妮·赫德深谙叙事动力。他们知道，如果让两名来自未来的勇士突然出现在洛杉矶街头，让他们疯狂追逐这个可怜的女人，观众不会提出任何逻辑分析问题，而且他们可以一点一滴地释放其伏笔。但是，如果尊重观众的智慧，他们也知道在看完电影之后，观众在喝咖啡时也许会想："等等……如果康纳知道里斯会……"如此等等，其漏洞将会吞噬观众的乐趣。所以他们写出了这样一个结局场景。

怀孕的莎拉·康纳正在赶往墨西哥偏远山区的安全地带，要在那儿生下孩子，并抚养成人，以执行其未来的使命。在一个加油站，她用录音机为她尚未出生的英雄录下大意如下的回忆录："你知道，我的儿子，我不明白。如果你知道里斯将会成为你的父亲……那么为什么？怎么会？这是不是说这种事会一次又一次地发生？"她停顿了一下，然后说："你知道，只要想到这一点，能让你发疯。"于是，全世界的观众都会想："管他呢。她说得没错。这不重要。"带着这样的想法，他们会愉快地将逻辑扔进垃圾桶。

CHAPTER 17
人物

心灵虫

◎ 心灵虫

当我回溯自荷马以来两千八百年间故事进化的整个过程时，我以为我可以省掉一千年，从第四世纪跳到文艺复兴时期，因为根据我大学本科的历史课本，在黑暗时期，所有的思想都停止了，只剩下僧侣在"针尖上到底有多少个天使在起舞"这样的问题上犹豫不决。带着怀疑心理，我更深入地研究并发现，中世纪的知识生活事实上仍在生动地继续……但是以诗化的密码形式。当比喻密码被解开后，研究者发现，"针尖上到底有多少个天使在起舞"并不是玄学，而是物理学。这里探讨的课题是原子结构："多小为小？"

为了探讨心理学，中世纪的学者们炮制出另一个别出心裁的幌子：心灵虫。假设一种生物能够潜入大脑，从而完全了解一个个体——梦、恐惧、优点和弱点；假设这个心灵虫还有能力导致世间的事件发生。它能创造出一个具体的事件，这个事件的发生完全符合那个人特有的本性，将会引发一场独一无二的探险，让他踏上一条求索之路，迫使他竭尽全力去赢得一个丰富而深刻的人生。这一求索无论是以悲剧还是以完满告终，都一定能揭示出他的人性。

读到这些，我总要忍俊不禁，因为作家就是心灵虫。我们也同样潜入人物的心灵，发现他的各个方面、他的潜能，然后创造出一个符合他本性的事件——激励事件。对每一个主人公来说，这一事件将会因人而异—— 也许是找到了一笔财富，也许是失去了一笔财富——但是我们设计事件是为了适合人物，事件的发生必须能够把他送上一条求索之路，使他达到自己生存的极限。就像心灵虫一样，我们探索人性的内在特质，用诗化的编码来表达。因为，几千年过去了，我们的内在没有丝毫改变。即如威廉·福克纳所说：人性是唯一不会过时的主题。

○ 人物不是真人

就像米洛的维纳斯不是一个真正的女人一样，一个人物也不是一个真正的人。一个人物是一件艺术品，是对人性的一个比喻。我们和人物的关系是把他们当作真人来对待，但他们要高于现实。他们的各个方面都设计得非常清楚可知；而我们生活中的真人虽说并非个个都是不解之谜，但也是很难理解的。我们对人物比对我们的朋友还要了解，因为**人物是永恒不变的**，而人却是多变的——就在我们觉得已经了解他们的时候，他们又变了。事实上，我对《卡萨布兰卡》中里克·布莱恩的了解胜过我对我自己的了解。里克总是里克，而我自己却有一点不确定。

人物设计开始于两个主要方面的安排：人物塑造和人物真相。重复一遍：人物塑造是所有可观察的素质的总和，是一个使人物独一无二的综合体：外表特征，加上行为举止、语言和手势风格、性别、年龄、智商、职业、个性、态度、价值观、住在哪儿、住得怎样。人物真相潜伏于这一面具之下。撇开他的人物塑造特征不谈，在其内心深处这个人是谁？忠诚还是不忠？诚实还是虚伪？充满爱心还是冷酷无情？勇敢还是怯懦？慷慨还是自私？意志坚强还是意志脆弱？

人物真相只能通过两难选择来表达。这个人在压力之下如何选择行动，表明他到底是一个什么样的人——压力愈大，其选择愈能更加深刻而真实地揭示其性格真相。

人物真相的关键是欲望。在生活中，如果我们感到无所适从，摆脱窘境的最快捷方法就是自问："我想要什么？"倾听诚实的回答，然后找到追求那一欲望的意志。问题依然存在，但是我们毕竟已经开始行动，解决问题。生活中的道理在小说中也同样适用。一旦我们明确地了解了人物的欲望——不仅是自觉的欲望，在复杂人物中，还有其不自觉的欲望——这个人物就获得了生命。

问：这个人物想要什么？现在？以后？总体上？自觉的？不自觉的？明确

而真实的答案将会伴随着你对角色的把握而到来。

欲望后面便是动机。你的人物为什么想要他想要的东西？对于动机你有你自己的想法，但是如果别人存有不同看法，你不要感到惊奇。一个朋友也许会感到是父母的培养构建了你的人物欲望；另一个人也许会认为是由于我们的物质文化；更有人也许会怪罪学校制度；还有人可能会坚持是基因使然；甚至有人认为他是被魔鬼附体。当代社会心态倾向于赞同行为动机的单一解释，而不顾实际上更接近事实真相的观点：**动机是多种复杂力量的综合。**

不要把人物简化为个案研究（虐待儿童的片断是时下流行的陈词滥调），因为就实际情况而言，对任何人的行为都不可能存在概念化的解释。一般而言，作者越是将动机固着于具体的原因，该人物在观众心目中的形象就会被他缩减得越小。相反，我们要仔细思考，直到对动机有一个切实的理解，与此同时在其原因周围留下一些神秘色彩，涂上一抹理性的或然性，为观众留下余地去利用他们自己的生活经验在其想象中增添人物的深度。

例如，在《李尔王》中，莎士比亚塑造了一个他最复杂的反角：埃德蒙德。在一个场景中，人的不幸被归咎于星相影响，这又是对行为的单一解释，此后，埃德蒙德在独白中大笑着说："倘若天穹上那颗最最纯真的处女之星能够照亮我的私生子身份，那么我也会变成一个好人。"埃德蒙德作恶纯粹是为了取乐。除此之外，还有什么要紧的东西呢？如亚里士多德所说，只要我们能够看到一个人所做的事情，对他为什么要做将不会有兴趣。一个人物是否成立取决于他在采取行动时所做出的选择。一旦行为结束，他为什么要这么做的原因就开始淡化到不相关的程度。

观众可以通过许多不同的方法来了解你的人物：身体形象和背景能说明很大的问题，但是观众知道，外表并不是现实，人物塑造并不等于人物真相。不过，人物的面具却是一个重要的线索，用以了解可能揭示出来的将会是什么。

其他人物有关某一个人物的说法也是一个暗示。我们知道，一个人关于另一个人所说的话也许是真的，也许不是真的，这取决于说话人的用心如何，但是什么人说了什么话还是值得知道的。一个人物关于他自己所说的话也许是真的，也许不是。我们不妨听听，然后把它放在自己的口袋内。

有一些具有明确自知的人物，背诵着自我解释性的对白，指望我们相信他们是自己所说的那种人。这样做事实上不仅令人厌倦，而且还相当愚蠢。观众知道，人们很少能够理解自己，而且即使能够的话，他们也不可能做出全面而诚实的自我解释。其中总是具有一个潜文本。如果一个人物关于他自己所说的话碰巧是真的，我们也无从确知那是真的，直到我们亲眼目睹他在压力之下所做出的选择。**自我解释必须用行动来证实或者用行动来反驳**。在《卡萨布兰卡》中，当里克说："我再也不为任何人出头了。"我们想，"哦，还没到时候，里克，还没到时候。"我们比里克更了解他自己，因为实际上他错了，他还会多次为别人出头。

○ 人物维

"维"是关于人物的一个最不被理解的概念。我当演员时，导演会坚持要我们表现"圆满的、三维的人物"。对此我完全赞成，但是当我问他们一维到底是什么，我怎样才能创造出一维，且不说三维。他们就会支支吾吾，叨叨一些关于排练的事情，然后溜之大吉。

几年以前，有一个制片人对我说，他相信自己发现了一个"三维主人公"，他的原话如下："杰西刚从监狱出来，但是他在号子里蹲着的时候，曾经潜心钻研金融和投资，所以他是一个股票、公债和证券专家。他还会跳霹雳舞，曾获得过空手道黑腰带，还会用萨克斯管吹奏一段漂亮的爵士乐。"他的"杰西"就像电脑的桌面一样平板——一大堆特征塞到一个名字之下。用一些怪癖来装点主人公，并不能开启其性格真相并吸引移情，相反，怪诞不经的癖好可能会使他隔绝，令我们敬而远之。

一条最受人欢迎的学术教条争辩说，优秀人物都必须以一个显著特征作为标志。麦克白的野心被频频引述。此观点声称，妄自尊大的野心使麦克白变得伟大。然而，这个理论大错特错。如果麦克白仅仅具有野心，那么这出戏就唱不成了。他就可以简单地打败英国人，统治苏格兰。麦克白是一个性格充分展现的人物，其精彩表现在于他一方面的野心和另一方面的负疚之间的矛盾。他的激情、他的复杂性和他的诗歌正来源于这一深刻的内心矛盾。

维是指矛盾：无论是在深层性格之内（负疚沉重的野心）还是在人物塑造和深层性格之间（一个魅力四射的小偷）。这些矛盾必须是连贯一致的。把一个人通篇塑造成一个好人，然后在一个场景中让他去踢一只猫，并不能增添这个人物的维。

试看哈姆雷特，他是有史以来用文字写出的最复杂的人物。哈姆雷特并不只是三维，而是十维、十二维，甚至有数不清的维。他既有信神的表现，又有渎神的实质。对奥菲利娅来说，他起初充满爱心，温柔体贴，然后变得铁石心肠，甚至有虐待之嫌。他既果敢又怯懦。时而冷静谨慎，时而冲动莽撞，根本不知道藏在布帘后面的人是谁就可以挥剑将其刺死。哈姆雷特无情而又有情，孤傲而又自怜，机智而又悲哀，倦怠而又活泼，清醒而又迷茫，明白而又疯狂。他是一个纯真的世俗者，一个世俗的纯真人，一个活生生的矛盾体，包容了我们所能想象的几乎任何人性特质。

多维人物令人痴迷，性格或行为中的矛盾会锁定观众的注意力。因此，主人公必须是全体人物中最多维的一个人物，以将移情焦点集中在这一明星角色身上。不然的话，善之中心就会偏离中心，虚构的宇宙就会崩溃，观众就会失去平衡。

《银翼杀手》：市场定位本想让观众移情于哈里森·福特的里克·德卡德，但是一旦走进影院，观众却被更多维的克隆人罗伊·巴蒂（鲁特格尔·哈尔）吸引。由于善之中心转移到反面人物身上，观众的情感迷惑极大地削减了他们的热情，本应获得巨大成功的一部影片最后变成一枚哑炮。

○ 人物设计

从本质上而言，是主人公创造了其他人物。其他所有人物之所以能在故事中出现，首先是因为他们与主人公的关系，以及他们每一个人在帮助刻画主人公复杂性格维方面所起的作用。把影片的全体人物想象为太阳系，主人公就是太阳，配角就是环绕太阳的行星，小角色就是环绕行星的卫星——所有这一切都被位于中心的明星引力固定在其各自的轨道上，他们每一个人都对其他人的性格潮汐起着推波助澜的作用。

试看这一假设的主人公：他性格开朗、乐观豁达，然后变得郁郁寡欢、愤世嫉俗；他富于同情心，然后又变得残酷无情；时而无畏，时而畏缩。这一四维角色需要一帮人马环绕于他，来刻画其矛盾，在不同的时间和不同的地点对这些人物以不同的方式采取行动并做出反应。这些配角人物必须使他变得圆满，以使他的复杂性连贯一致，真实可信。

例如，人物A招致了主人公的悲伤和愤世嫉俗，人物B引出其机智而满怀希望的一面。人物C激发其爱心和勇气，而人物D迫使他先是因恐惧而退缩，而后因愤激而反抗。A、B、C、D四个人物的创造和设计完全由主人公的需要决定。他们之所以存在，从原则上而言，完全是为了通过动作和反应使中心角色的复杂性变得明确而可信。

尽管配角的分量必须小于主人公，但他们也可以是复杂的。人物A可以是两维的：外表美丽而仁爱，内心却丑陋而可恶，压力之下的选择揭示出冷酷变态的欲望。即使是一维也能创造出一个完美的配角。人物B可以像终结者一样，只有一个单一却令人执迷的矛盾：机器VS人。如果终结者仅仅是一个机器人或是一个来自未来的人，那么他也许并不有趣。但是，他是二者兼备，而且他的机器/人之维使他成为一个奇妙无比的反角。

人物所处的物质和社会世界，如他/她的职业或街区，是人物塑造的一个方面。因此，**维可以通过一个简单的对照法来创造：将一个正统的人物置于一个怪异的背景，或者把一个神秘怪诞的个体放置在一个普通地道的社会，立即会引发兴趣。**

小角色必须故意轻描淡写，但又不能流于呆板。给予每个小角色一个令人耳目一新的特征，使这个角色值得让扮演他的演员在银幕上出现的那一时刻进行表演，但是仅此而已。

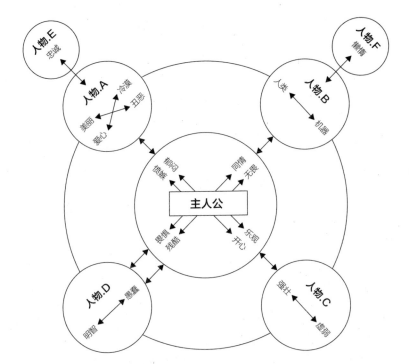

例如，假设你的主人公第一次访问纽约，当她走出肯尼迪机场时，迫不及待地想要第一次体验和纽约出租车司机在一起乘车的感觉。这个司机角色应该如何写？你是不是要把他写成一个满口至理名言、头上歪戴着一顶棒球帽的怪人？我希望不会。在过去六十年来，我们每一次钻入电影中的纽约出租车，都是这么个人，那一古怪的纽约出租车司机。

也许你会创造出银幕上第一个不说话的纽约出租车司机。你的主人公试图开始有关扬基棒球队、尼克斯篮球队、市长办公室的纽约式谈话，但司机只是正一正领带，继续开他的车。女人只好倒在车座上，纽约的第一次体验就让她失望。

或者，写出一个让所有出租车司机相形见绌的角色：一个喉咙沙哑但乐于助人的热心肠怪人，不厌其烦、喋喋不休地向女乘客指教大城市的生存秘诀——如何要把书包斜挎在胸前，应该把梅西的辣椒防身喷雾藏在哪儿。然后，他把她载到布朗克斯，收她一百五十块钱，告诉她这就是曼哈顿。他出场时显得那样乐于助人，却原来是一个小毛贼——人物塑造和深层性格之间的一个矛盾。现在，我们会在整部影片中找寻他的身影，因为我们知道作家绝不会在他们不会再度使用的人物身上加维。如果这个出租车司机不再在影片中出现至少一次，我们就会非常愤恨。不要把小角色写得比必要的更有趣味，从而导致虚假的预期。

全体人物围绕明星，即主人公，旋转。配角是由中心人物所激发，旨在描画其复杂的维。第二位的角色不仅需要主人公，而且还彼此相互需要，以勾画出他们自己的维。由于第三位的人物（图表中的 E 和 F）和主人公及其他主要角色有场景，他们也能帮助揭示维。理想的情况下，在每一个场景中，每一个人物都会带出一些素质，标志着其他人物的维，而所有这些都被位于中心的主人公的重力所固定，形成一个星群。

○ 喜剧人物

所有人物都要迎战对抗力量来追求欲望。但是，正剧人物具有足够的灵活性，可以在风险面前退缩，并意识到："这可能会要我的命。"而喜剧人物却不能。**喜剧人物的显著特征就是盲目执迷**。要解决一个人物本应好笑但实际上却并不好笑的问题，第一步就是要找到他的执迷不悟之处。

当阿里斯多芬尼斯的政治讽刺剧和米南德的言情闹剧变成历史之后，喜剧便堕落为悲剧和史诗剧的下贱表弟。但是，随着文艺复兴时代的到来——从意大利的哥尔多尼到法国的莫里哀（跳过德国）到莎士比亚、本·琼森、威廉·威彻利、威廉·康格里夫、谢里丹再到萧伯纳、王尔德、科沃德、卓别林和艾伦等英国、爱尔兰和美国这些声名赫赫的天才——喜剧又上升为今天的灿烂艺术：现代生活的可取之处。

当这些大师完善了他们的艺术之后，就像所有手艺人一样，他们都说着自己的行话，渐渐意识到，一个喜剧人物的创造是通过赋予这个角色一种"幽默"，一种人物自己看不见的执迷不悟。莫里哀写作的戏剧都是嘲讽主人公的固恋——

410

《吝啬鬼》、《无病呻吟》、《愤世嫉俗》，从而确立了他戏剧大师的地位。几乎任何执迷不悟都可以成为喜剧。比如说，鞋子。伊梅尔达·马科斯便是一个国际笑柄，因为她看不见自己对鞋子的变态需求，据估计，她收藏的鞋多达三千多双。尽管她在纽约接受偷税审判时说只有一千二百双……而且没有一双合脚。因为那都是制鞋公司送的礼物，她声称，那些人根本不知道她的尺码。

在《全家福》中，阿奇·邦尔（卡罗尔·奥康纳）是一个盲目的执迷不悟者。只要他看不到这一点，他就是一个滑稽小丑，我们会笑话他。但是，如果他转身对别人说："你知道，我是一个种族主义仇恨煽动者。"那么喜剧就结束了。

《粉红豹系列：黑夜怪枪》：一个司机在本杰明·巴龙的地盘上被谋杀。随后出场的是克劳索上尉（彼得·赛勒斯），一个执迷不悟地以为自己是世界上最完美侦探的人。他认定巴龙就是凶手，并在他的台球房和这个百万富翁当面对质。当克劳索摆出他的证据后，他扯掉台球桌面上的毛毡，折断球杆，最终得出结论说："……学以系你鸡爱一气鸡下吓了他（所以，是你在一气之下杀了他）。"克劳索转身离开，可是找错了门的方向。我们听见他砰的一声撞在墙上，他退后一步，带着冷静的鄙夷说："愚蠢的建筑师。"

《一条叫旺达的鱼》：犯罪大师旺达（杰米·李·柯蒂斯）执迷于会说外语的人。一个失败的中情局特工奥托（凯文·克莱恩）坚信自己是一个知识分子——尽管如旺达披露，他也会犯错误，比如以为伦敦地下铁是一个政治运动。肯（迈克尔·帕林）执迷于对动物的爱，以致奥托通过吃他的金鱼来折磨他。阿奇·利奇（约翰·克里斯）对尴尬有一种执迷的恐惧，他告诉我们这种恐惧笼罩着整个英国民族。然而，在电影演到一半时，阿奇意识到了他的执迷不悟，而当他看出了这一点，他便从喜剧主人公变成浪漫主角，从阿奇·利奇变成"加里·格兰特"（阿奇·利奇是加里·格兰特的真名）。

○ 写作银幕人物的三个诀窍

1. 为演员留有余地

这一老旧的好莱坞训诫要求作者为每一个演员提供最大的机会来展示他们自己的创造力，不要过分铺陈，像撒胡椒面一样地在稿纸上添加没完没了的有关行为、手势、语调方面的描写：

鲍博靠在讲台上，两条腿交叉站立，一只手叉着腰。他向前看着台下学生们的头顶，若有所思地皱了皱眉头：

鲍博
（冷淡地）这个那个这个那个这个那个这个那个
这个……

对一部充斥着这种细节描写的剧本，演员的第一反应是将它扔进垃圾桶，心想："他们需要的不是一个演员，他们需要的是一个木偶。"或者，如果演员接受那一角色，他会拿出一支红铅笔，将那些废话从稿纸上划掉。上述细节是毫无意义的。一个演员想要知道：我想要什么？我为什么想要它？我如何才能得到它？什么东西会阻止我？后果是什么？演员是从潜文本中给人物带来生命：欲望和对抗力量短兵相接。在镜头前，他会按照场景的要求去说去演，但是人物塑造的工作至少有一半或者一多半必须交给他来做。

我们必须记住这一点，电影不同于戏剧，我们可以希望自己的戏剧作品在国内和国外、在现在和将来被数百次甚至数千次地排演，而**电影只能演出一次，每一个人物只能表演一次并被永远固定在胶片上**。作家和演员之间的合作，是从作家停止梦想一个虚构面孔并开始想象一个理想的演员阵容那一刻开始的。如果一个作家感到某一具体的演员将是他理想的主人公，而且整个写作过程都不免要想起她，那么他必须时时刻刻提醒自己，优秀的演员无需多少指点便能创造出强有力的瞬间，才不至于写出这样的东西：

芭芭拉

（把杯子递给杰克）你要不要喝这杯咖啡，亲爱的？

观众看见的是一杯咖啡；手势说了"你要不要喝"；女演员感觉到了"亲爱的……"意识到少即是多，女演员会转向导演说："拉里，我非得说'你要不要喝这杯咖啡，亲爱的？'吗？我是说，我都把那该死的杯子递给他了，对不对？这行台词咱是不是删掉得了？"那行台词删掉了，女演员默默地递给一个男人一杯咖啡，银幕上充满着温情，而剧作者却暴跳如雷："他们在扼杀我的对白！"

2. 热爱你的所有人物

我们常常看到一些影片中的人物设置都很出色，唯有一个，实在是太可怕了。我们不知道为什么，直到我们意识到作者仇恨这个人物。他不放过任何机会贬损和侮辱这个角色。对此，我永远不会理解。一个作家怎么会恨他自己的人物？那可是他的孩子。他怎么会恨自己创造出来的生命？拥抱你所创造的所有人物，尤其是坏人。他们像其他每一个人一样都值得你去爱。

赫特和卡梅隆一定非常爱他们的终结者。看看他们为他所做的一切好事：在一个旅馆房间，他用一把精确牌刀子修理他那只受伤的眼睛。他站在洗脸池上方，将眼球从眼眶中挑出，扔到水里，用毛巾揩干脸上的血，戴上一副佳格尔牌墨镜盖住眼窝，然后照照镜子，整理蓬乱的头发。被震慑的观众会想："他刚刚把自己的眼珠挑出来了，还这么关心自己的外表。他真是有点虚荣！"

然后，有人敲门。他抬头看时，摄影镜头展现了他的主观视点，我们看见他的电脑屏幕叠印在门上。上面有一系列对人敲门的反应清单："走开"、"请稍后再来"、"滚开"、"滚开，混蛋"。他在选择时，光标上下移动，然后停在"滚开，混蛋"上。一个具有幽默感的机器人。现在，这头猛兽变得更为可怕，因为多亏了这些时刻，我们不知道他会做出什么，因此会想象最坏的事情。

只有热爱其人物的作家才会发现这种时刻。

关于反角的一个暗示：如果你的人物不干好事，你把自己置于他的境地，问："如果我是他，在这种情况下，我会怎么办？"你会想尽一切可能的办法摆脱那种状况。因此，你不会像一个坏蛋那样来行动，你不会拧你的胡子。极端反社会的人是我们能遇见的最有魅力的人——他们是富有同情心的倾听者，在把我们引向地狱的同时，对我们的问题似乎表现出一种极其深刻的关心。

一个采访者曾对李·马文说，你演坏蛋已经有三十年了，总是扮演坏人一定非常可怕吧。马文笑着说："我？我没有演坏人。我演的是那些挣扎度日的人，他们在竭其所能将就生活给予了他们的东西。其他人可能会认为他们是坏人，但他们不是，我从来没有演过坏人。"这就是为什么马文能够演出精彩反角的原因。他是一个深刻理解人性的手艺人：没人认为他们自己是坏人。

如果你不能爱他们，就不要写他们。另一方面，千万不要容许你对一个人物的移情或反感导致戏剧腔或陈规俗套。既要热爱他们，又不要失去自己清醒的头脑。

3. 人物就是自知

我所学到的有关人性的一切都是从我自己这儿学来的。

——安东·契诃夫

我们从哪儿找到我们的人物？一部分是通过**观察**。作家常常带着笔记本或袖珍录音机，当他们观察走马灯般的生活时，会将点点滴滴搜集起来，用随意的素材来填充其档案柜。当他们感到枯竭时，会在这些素材中寻找想法，以激活他们的想象。

我们观察生活，但是将生活照搬到稿纸上却是一个错误。就复杂性和刻画深度而言，很少有真人能像一个人物那样明确入微。相反，就像科学怪人弗兰肯斯坦博士一样，我们是用找来的零件装配人物。一个作家会将他妹妹善于分析的头脑，拼接到一个朋友的幽默智慧上，加上猫的狡黠和残忍以及李尔王的盲目执着。我们借用人性的边角碎片，想象的原材料以及我们平日的观察所得，把它们装配成矛盾的维，然后打磨成我们称为人物的生物。

观察是我们人物塑造的源泉，但是对人物深层性格的理解却来自别处。**所有优秀人物写作的根本是自知。**

生活中一个令人悲哀的真理是，在现世这条泪河中，我们真正了解的只有一个人，那就是我们自己。我们从根本上而言是永远孤独的。然而，尽管其他人保持着距离，变化无常，无从确知，尽管人们具有年龄、性别、背景和文化的显著区别，尽管人与人之间存在着这样或那样的明显不同，真相却是，我们的相同之处远远大于我们的不同之处。

我们都是人。

我们都共享着同样不可或缺的人生体验。我们每一个人都有喜怒哀乐，希望和梦想，都想让我们的人生时光具有价值。作为一个作家，你可以确信，大街上向你走来的每一个人，尽管有其各自不同的方式，但都具有和你一样基本的人类思想和情感。这就是为什么当你自问"如果我是这个人物，在这种情况下，我会怎么办？"时，**诚实的回答总是正确的。**你会做出人会做的事。因此，**你对你自己人性的神秘之处观察得越深，对你自己的了解就会越多，从而也就越能了解别人。**

从荷马到莎士比亚、狄更斯、奥斯汀、海明威、威廉姆斯、王尔德、伯格曼、戈德曼等故事大师的想象中走出了不计其数的人物，每一个人物都是那样令人痴迷，独一无二，那样充满着崇高的人性美。当我们考察这些人物的队列并意识到，所有这些人物都源于一个单一的人性时，我们会叹为观止。

CHAPTER 18
文本

对白 / 描写 / 形象系统 / 片名

◎ 对白

设计故事和人物所付出的一切创造性劳动，最终还必须在稿纸上得到呈现。本章将探讨文本，即对白和描写，以及指导写作的手艺。此外，我们还将考察故事的诗学，即镶嵌在话语中的形象系统，因为正是这些语言形象最终构成了电影形象，丰富了意义和情感。

对白不是对话。

只要旁听过任何咖啡店的对话，你会马上意识到，自己绝不会把那些废话搬上银幕。真实生活中的对话总是充满着笨拙的停顿、极不规范的遣词造句、不合理的推论、语焉不详的重复，它很少能说明一个问题或得出什么结论。但这无伤大雅，因为对话并不是为了说明问题或得出结论。这就是心理学家所说的"保持渠道畅通"。谈话是我们发展和改变人际关系的手段。

当两个朋友在大街上相遇并开始谈论天气时，难道我们不知道他们的交谈并不是为了展开一场有关天气的对话？那么他们到底在说什么？"我是你的朋友。让咱俩从我们忙碌的日子中抽出这一点时间来，面对面地站在这儿，重申我们的确是朋友。"他们也许会谈论体育、天气、购物……任何东西。但是，其文本并不是其潜文本。所言和所行并不是所思和所感。场景并不是它表面上所表现的那样。因此，银幕对白必须具有日常谈话的形式，但其内容必须远远超越寻常。

首先，银幕对白要求压缩和简约。银幕对白必须以最少的词句表达最多的

内容。第二，它必须具有方向。对白的每一次交流都必须将场景中的节拍向一个或另一个方向转折，表达出变化的行为，且不重复。第三，它应该具有目的。每一行台词或对白的交流都要执行设计中的一个步骤，使场景围绕其转折点构建并形成弧光。这一切严密的设计，听起来又必须像日常谈话，采用非正式和自然的词汇，充满俗话俚语，必要的话，甚至还可以用脏话。就像亚里士多德的忠告："言如常人，思若智者。"

记住，电影不是小说，对白说完就过去了。如果话语在离开演员之口的那一刻还不能让人明白，恼怒的观众会马上嘀咕："他说什么？"电影也不是戏剧。**电影是看的，戏是听的。**电影美学百分之八十属于视觉，百分之二十属于听觉。我们想要看，而不是去听，由于我们的能量都集中于眼睛，对其声音仅仅是半听。戏剧是百分之八十的听觉，百分之二十的视觉。我们的注意力是集中在耳朵，对舞台只是半看。戏剧作家可以编织精巧而华丽的对白——但银幕剧作家却不能。银幕对白要求结构简单的语句——一般而言，语序应为主语、谓语和宾语或者主语、谓语和补语。

例如，不能说："坐落在曼哈顿第五大道上第 666 号楼的信息公司财务总长查尔斯·威尔逊·埃文思先生，当年以优异成绩毕业于哈佛商学院，六年前被提升到如此高位，于今日被捕，当局控告他贪污公司的养老基金并企图以欺诈行为来掩盖亏空。"而要改写为："你知道查尔斯·埃文思吧？信息公司的财神爷？哈！被逮起来了。眯了公司的钱。哈佛的高材生，应该懂得怎么偷钱，还不被人逮着把柄才对。"同样的信息拆解为一系列结构简单、通俗易懂的短句，观众于是乎会一点一点地吸收。

对白不要求完整的句子。我们并不需要总是为名词或动词伤脑筋。典型的做法是，就像上面的例子，我们会省掉前面的冠词或代词，用短语说话，甚至咕噜。

高声朗读你的对白，最好是一边读一边用录音机录下，以避免拗口之处或无意识的尾韵和头韵，如："他们正把车往那儿挪。"[1]千万不要写出会让人注意其本身的对白，不要写出任何从稿纸上跳出来大叫"啊，我是一句多么精

420

美的对白！"的东西。一旦你感到自己写出的东西辞藻秀丽、文学性很强，就应该把它删掉。

○ 长话短说

银幕对白的精髓就是古典希腊戏剧中被称为 stikomythia 的东西——简短对白的快速交流。**大段对白和电影美学是对立的。**假设一篇稿纸从上到下的一栏都是对白，要求镜头定在演员的脸上听他讲完一分钟。你只要定睛看着秒针在表盘上走过整整六十秒，就会意识到一分钟其实是很长的一段时间。在十到十五秒之内，观众的眼睛就会完全吸收所有具有视觉表现力的东西，然后镜头就会开始反复。这效果就像是卡住了的唱片在一次又一次地重复同一个音符。当眼睛厌倦之后，它就会离开银幕；然后，你就失去了观众。

具有文学抱负的作者常常会不屑一顾地回避这个问题，认为剪辑师会通过切入到听者的脸来将大段对白分开。但这只会引发新的难题。现在，一个演员在画外讲话，他的声音脱离了他的肉体，于是演员必须放慢语速并刻意强调，**因为观众实际上需要靠唇读。他们对银幕台词的理解有百分之五十来自亲眼看着演员把它说出来。**演员的脸消失之后，他们就停止聆听了。所以画外的说话者必须仔细地吐出每一个字，唯恐观众漏掉什么。更甚的是，画外的声音失去了说话者的潜文本。观众得到的是听众的潜文本，但那也许并不是他们感兴趣的东西。

因此，写作长段对白时一定要慎之又慎。不过，如果你觉得此时此刻必须由一个人物来承担所有的对白，让另一个缄口静听才符合当时的实际情况，那么你就写长段对白好了，不过你这样做的时候必须牢记，生活中是不存在什么独白的。生活是对白，即动作／反应。

如果作为一个演员，我有一通长段对白，刚开始讲的时候，进来另一个人物，我的第一句台词是"你让我久等了"，那么我在看到他对我第一句话的反应之前，我怎么知道下面该说什么？如果另一人物的反应是歉意，尴尬地低着头，那么我的下一个动作就会被软化，我的下一句台词也就会相应地柔和。不过，如果另一人物的反应是逆反，没好气地瞪我一眼，那么我的下一句台词就可能会表现出愤怒色彩。从此一时到彼一时，任何人都不可能知道下面该说什么或该做什么，除非他能感觉到别人对他刚才所做事情的反应。**生活总是动作/反应。没有独白。没有事先准备好的话语。**所有讲话都是即兴的，无论我们为这个伟大时刻在脑海中排练了多少次。

因此，你得向我们表明你已经理解了电影美学，把长段对白分解成动作/反应的型式，用以构建说话人的行为。用默默的反应把对白分割成片断，让说话者改变节拍，如下引《莫扎特传》中萨利埃里向牧师忏悔的一段对白：

萨利埃里

我一直想要的一切就是向上帝歌唱。他给了
我这种渴望。然后把我变成了哑巴。为什么？
请告诉我。

牧师眼望别处，露出痛苦而尴尬的表情，于是萨利埃里言辞恳切地回
答自己的问题：

萨利埃里

如果他不想让我用音乐来歌颂他，为何要植
入这种欲望……就像我体内的情欲一样，然
后又剥夺我的才能？

或者可以在对白中加上括弧以达到同样的效果，如同这一段对白：

萨利埃里

你明白，我爱上了那个姑娘……（为他自己的

措辞感到得意）……或者说至少对她有了情
欲。（看见牧师眼皮朝下，盯着他膝盖上的一
个耶稣受难像）但是我向你发誓，我从来没
有动过她一根手指头。没有。（牧师抬起眼
皮，表情庄严，犹如判官）尽管如此，我仍
然不能忍受任何别人碰她。（想起莫扎特，
愤怒不已）尤其是……那个家伙。

　　一个人物可以对他自己，对他自己的思想和情感做出反应，就像上面的萨
利埃里一样。这也是场景动力的一部分。在稿纸上演示人物内心、人物之间、
人物和物质世界之间的动作/反应型式，可以在读者的想象中投射出一种看电
影的知觉，让读者明白你的这个剧本并不是一部只拍摄会说话的脑袋的影片。

　　○ 悬念句

　　在写作拙劣的对白中，无用的话语，尤其是介词短语，常飘浮在句子的末
尾。结果，意义被藏在句子中间的某个地方，观众必须听完最后的空话才能领会，
而正是在这一两秒之内他们就已经厌烦。更有甚者，银幕另一边的演员必须从
那一意义中得到暗示，可是他也得别扭地等着句子结束才能做出相应的反应。
在生活中，我们会互相打断对方的谈话，切掉对方句子中拖曳的尾巴，使得日
常对话翻滚自如。这也是演员和导演要在制作过程中改写对白的另一个原因，
他们要剪掉话语中的细枝末节，提升场景的能量，使其动感节奏跃然纸上。
　　优秀的电影对白倾向于采用**掉尾句**来构建："如果你不想让我干，那你为
什么要给我那个……"眼神？枪？吻？掉尾句就是"悬念句"。其语义被延缓
到最后一个字，迫使演员和观众听到台词的末尾。再读一遍彼得·谢弗上面的
精彩对白，你会注意到几乎每一行台词都是一个悬念句。

○ 无言的剧本

写作电影对白的最好忠告就是不写。只要能够创造出一个视觉表达，就绝不要写对白。写作任何一个场景都需要攻克的第一道难关应该是：我如何才能以一种纯视觉的方式写出这个场景，而不要诉诸对白？遵循回报递减定理：你写出的对白越多，对白的效果就会越小。如果你连篇累牍的全是讲话，让人物走进房间，在椅子上坐下，不停地说呀说呀说，精美的对白时刻就会被掩没在这些雪崩般的话语中。但是，如果你为眼睛而写作，当对白在必须出现的时刻到来，它就会激发兴趣，因为观众已经在饥渴地等着它。凸现于大片视觉形象中的简约对白更具有力度和分量。

《沉默》：埃斯特尔和安娜（英格里德·图林和冈内尔·林德布洛姆）是一对姐妹，生活在一种同性恋关系之中，而且两人之间还颇有一种施虐受虐狂的意味。埃斯特尔身患严重的肺结核，安娜属于双性恋，有一个私生子，而且以折磨她姐姐为乐。她俩正在旅行途中，要回瑞典的家，电影故事便发生在旅途中的一家旅馆内。伯格曼写过一个场景，场景中安娜到楼下餐厅，故意挑逗服务员勾引她，想利用这一午后风情来刺激姐姐。一个"服务员勾引顾客"的场景……你会怎么写？

是不是让服务员打开菜单，推荐些菜？问她是不是就住在这家旅馆？旅途是不是还很远？恭维她穿得如何？问她对这城市熟不熟？特意说，他待会儿就下班了，很愿意带她去逛逛市容？说呀说，说呀说……

下面是伯格曼给予我们的东西：服务员走到桌前，故意不小心将餐巾掉到地板上。他弯腰去捡时，慢慢地把安娜从头到下身到脚嗅了个遍。作为反应，她慢慢地，几乎眩晕地舒了一口长气。切入：他们在旅馆房间。太完美了，对不对？色情、纯视觉，没有说一句话，也没有必要。这才是银幕剧作。

阿尔弗雷德·希区柯克曾经说过："当剧本写好，对白加上之后，我们就可以开始拍摄了。"

形象是我们的第一选择，对白是令人遗憾的第二选择。对白是我们加在剧

本上的最后一个层面。不要搞错，我们都喜欢精彩的对白，但是，少即是多。当一部高度形象化的影片转入对白时，观众会豁然兴奋，洗耳恭听。

◎ 描写

○ 将电影植入读者的脑海

银幕剧作家确实可怜，因为他不能当诗人。他不能使用明喻和暗喻、谐音和头韵、节奏和尾韵、提喻和转喻、夸张法和弱陈法以及大转义。相反，他的作品必须具备文学的一切实质，但又不能文学化。一部文学作品本身就是一个完成品，而一部银幕剧本还得等待摄影机来将它完成。既然没有文学可言，那么银幕剧作家的雄心又是什么呢？要以这样的方式进行描写，让读者在翻阅稿纸时，会有一部影片在他们的想象中流动。

这并不是一项简单的任务。第一步就是要准确认识我们想要描写的是什么——看着银幕的感觉。人类所有的语言表达中，有百分之九十在银幕中找不到等同物。"他已经在那儿坐了很长时间"是拍不出来的。所以我们会不断地用这一问题来约束我们的想象：我在银幕上看到的是什么？然后**只描写那些可以拍摄出来的东西**：或许可以用"他掐灭了第十支香烟"、"他焦躁地看了一下表"，或者"他打着呵欠，尽量不让自己睡着"来暗示等了很长时间。

○ 现在时刻中的生动动作

银幕的本体存在，是连续不断的生动运动中的绝对现在时。我们用现在时来写银幕剧本是因为，和小说不同，电影处于现在的刀锋上——无论是闪回还是闪进，我们都会跳跃到一个新的现在中。而且银幕表达是不间断的动作。即使是静止的镜头也有一种生动感，因为，尽管形象也许不动，观众的眼睛却在银幕上不停地运动，给静止形象赋予活力。而且，和生活不同的是，电影是生动的。我们的日常事务也许偶尔会为窗外的浮光掠影、商店橱窗里的花朵或人群中一个女人的脸所打断。但当我们走过自己的生命历程时，我们更多地是把自己藏在脑海里，对外面的世界只是半视半听。然而银幕，却是一连两个多小时从不间断的活灵活现。

在稿纸上，生动性来源于事物的名称。名词是物体的名称；动词是动作的名称。要生动写作，应回避采用泛指名词和带修饰语的动词，努力寻找事物的具体名称：不要说"木匠使用一根大钉子（a big nail）"，而要说"木匠捶打一根尖铁钉（spike）"。"钉子"是一个属名，"大"是一个形容。实实在在的盎格鲁-撒克逊"尖铁钉"马上在读者的脑海中弹出一个生动的形象，而"钉子"则过于模糊：到底是有多"大"呢？

动词也是同样的道理。下面是一行典型的非描述性台词："他开始慢慢移动穿过房间。"一个人怎样才能在电影上"开始"穿过房间？人物要么穿过房间，要么走一步然后停下。而且"慢慢移动"？"慢慢"是一个副词；"移动"是一个语义模糊而平淡的动词。相反，写出动作的名称："他 pads（轻步慢行）穿过房间。""他（ambles 像马一样轻松缓行、strolls 漫游般地信步走、moseys 轻松从容地信步走、saunters 逍遥自在地闲逛、drags himself 拖着身子、staggers 蹒跚地走、waltzes 像跳华尔兹一样轻快活泼地行进、glides 滑行一样地走动、lumbers 笨拙而嘈杂地行动、tiptoes 小心翼翼地踮着脚尖走、creeps 缓慢而无声地蠕动、slouches 没精打采地走、shuffles 慢吞吞地拖着脚走、waddles 摇摇摆摆地走、minces 装模作样地用小步子走、trudges 步履艰难地走、teeters 步履蹒跚地走、lurches 东倒西歪地颠簸着行进、gropes 摸索着走、hobbles 一瘸一拐地走）穿过房间。"这些词都是慢慢移动，而每一个都有其生动而显著不同的形象。

通篇不要使用"is"和"are"[2]。在银幕上，什么都不是处于一种静止状态（being）；故事生活是一条没有尽头的变化流，是关于成为（becoming）。不要说："There is a big house on a hill above a small town（在一座小镇上方的山上有一所大房子）""there is"、"they are"、"it is"、"he/she is"[3]无论塞进哪个英语句子中都是最脆弱的表达方式。而且，一所"big house（大房子）"是什么？是 chateau（法式乡间大别墅），还是 hacienda（西班牙及中南美洲的大庄园）？一座"hill（山）"？是 ridge（山脊），还是 bluff（峭壁）？一个"small town（小镇）"？是 crossroads（大路交会处形成的居民点），还是 hamlet（无教堂的小村庄）？或许可以用："a mansion guards the headlands above the village（一座宅邸守卫着村头的畦界）"采用海明威方法刻意回避丁语抽象词汇，回避形容词和副词，多用最具体最活跃的动词和尽可能具象的名词，即使是固定镜头也会活起来。优秀的电影描写要求特定的想象力和特定的词汇。

删除一切通不过这一检验的明喻和暗喻："我在银幕上看见（或听见）了什么？"正如米洛斯·福尔曼所指出，"在电影中，一棵树就是一棵树。"例如："好像"是一个在银幕上并不存在的比喻。一个人物不会"好像"什么走进门来。他走进门来——句号。"一座庄园守卫着……"这样的暗喻和"门像枪响一样砰地关上……"这样的明喻能够通过上述检验，因为一座庄园从一个前景角度拍摄，给人一种印象它是在护卫或守卫着下面的村庄；关门的撞击声作用于耳朵可能会像枪声一样。事实上，在《失踪》中，所有关门的音响效果都是用枪声来配成的，旨在最大程度地强化当时的紧张程度，因为知道的人听起来是关门声，不知道的人可能会反应为枪声。

另一方面，在呈交给欧洲剧本基金会的剧本中可以找到许多这样的例子："太阳像丛林中慢慢闭合的老虎眼睛一样徐徐下沉。"还有，"道路像凿刀一样在山坡上切割着蜿蜒而上，奋力挣扎，直到达到山的边缘，然后还没来得及爆发到地平线上便消失于视野。"这是导演陷阱，尽管诱人却无法拍摄。尽管写作这些片断的欧洲作家缺乏银幕剧作训练，但他们却在孜孜不倦地追求文学表现力；而美国的作家由于玩世不恭和懒惰，却常常流于冷嘲热讽：

"本尼，三十出头，是一个个头矮小、肌肉发达的英国男人，他那副癫狂的做派让人觉得，在他的一生中，他至少有一次咬掉过鸡脑袋。"还有，"你猜对了。下面就是床上戏了。我倒想写出来，可是我妈妈还要看我的稿子。"倒是有趣，可是这些作者这样做也就是想让我们觉得有趣，以免我们注意他们写不出来或者不愿写出来这一事实。他们不得不公然撒谎，并以讽刺挖苦作为掩盖，因为他们并不具备必要的手艺、天才，或尊严来创造出一个能够演绎最简单想法的场景。

删掉"我们看见"和"我们听见"。"我们"并不存在。一旦进入故事仪式，影院可能会空空如也，尽管我们曾不遗余力。相反，"我们看见"注入了一个剧组在透过镜头看的形象，破坏了剧本读者对电影的视觉。

删掉所有镜头和剪辑的注释。就像演员不会理会行为描写一样，导演也会笑话"聚焦于"、"摇向"、"双镜紧跟"等其他一切在稿纸上导演影片的企图。如果你写上"跟拍"，读者是否会看见一部电影在他的想象中流动？不会。他现在会看见一部电影被拍摄。删除"切入"、"猛切入"、"叠化至"和其他过渡。读者总是假设所有的角度变化都只在剪辑时进行。

当代的银幕剧本是一个**主场景**作品，只应包括那些对故事讲述绝对必要的角度描写，仅此而已。例如：

内景餐厅——白天

杰克走进，把提包扔在门口一把古董椅子上。他注意到餐桌上立着一张字条。他走过去，拿起字条，打开，读完之后，将字条揉成一团，双手抱头，瘫坐在椅子上。

如果观众从前面的场景中知道字条的内容，那么描写可以停留在杰克读字条和瘫坐在椅子上。不过，如果必须要让观众和杰克一起读字条，不然他们就无法跟上故事情节的话，那么：

内景餐厅——白天

杰克走进，把提包扔在门口一把古董椅子上。他注意到餐桌上立着一张字条。他走过去，拿起字条，打开。

插入字条：

娟秀的字体写着：杰克，我已经收拾东西离开。不要找我。我找了个律师，她会跟你联系的。芭芭拉

回到场景

杰克将字条揉成一团，双手抱头，瘫坐在椅子上。

另一个例子：如果杰克双手抱头坐下时，他听见有车开过来停在门外，便急忙跑到窗口，而且为了便于观众理解，必须让观众看见杰克此刻看到的情景，那么上述场景可以这样继续：

回到场景

杰克将字条揉成一团，双手抱头，瘫坐在椅子上。
突然，一辆汽车开过来，停在门外。他急忙跑到窗口。

杰克的主观视点

透过窗帘看到路边。芭芭拉从她的面包车上下来，打开后备厢，拿下来几个箱子。

回到杰克

从窗前转身，把芭芭拉的字条远远地扔到房间的另一边。

不过，如果观众能够假定开过来的汽车就是芭芭拉回到了杰克身边，因为她以前曾经这么干过两次，而且杰克的愤怒表情已经表明了这一切，那么描写则应该停留在杰克在餐厅中的主镜头上。

但是，在基本的故事讲述角度之外，主场景剧本给作者对电影方向一个强烈的影响。作者可以不用标注角度，而是通过将它们拆解为单倍行距的小段来暗示角度的变化，把描写分成单元，用形象和语言微妙地指出镜头距离和构图。例如：

内景餐厅——白天

杰克走进，环顾空荡荡的房间。他把手提箱举过头顶，砰的一声扔在门旁边一把恨不得一碰就会散架的古董椅上。他听了听。没有声音。
他为自己的行为感到高兴，信步走向厨房，突然看到什么，停下脚步。
一张写着他名字的字条斜立在餐桌上插满玫瑰的花瓶旁。
他不安地拧拧他的结婚戒指。

他吸了一口气，缓步上前，拿起字条，打开，读完。

与其把上面的内容写成一大段密密麻麻的单倍行距散文，不如用空行将它分成五个单元，分别表示：一个广角镜头覆盖房间的大部分，一个移动镜头在房间内跟拍，一个特写镜头定在字条上，一个更近的特写在杰克的无名指上，以及一个中距跟拍镜头到餐桌。

用手提箱砸芭芭拉的古董椅以及抚弄结婚戒指的紧张手势表达了杰克感情的变化。演员和导演总是可以自由地临场发挥他们自己的新想法，但是这些小段落引导读者内心的眼睛在杰克和餐厅之间、杰克和他的情感之间、杰克和用字条作为代表的他妻子之间的动作/反应模式间反复观察。这就是这一场景的生命力。现在，在这一型式的影响下，导演和演员必定会捕捉到这种活力，从而决定如何准确无误地完成他们的创作任务。与此同时，主场景技巧的效果增加了剧本的可读性，给读者一种身临其境观看影片的感觉。

◎ 形象系统

○ 作为诗人的银幕剧作家

"银幕剧作家确实可怜，因为他不能当诗人。"实际上并不是真的。银幕剧作家一旦理解了故事诗学的本质及其在电影中所起的作用，电影便可成为表达其诗人灵魂的一个宏大媒体。

诗化并不等于美化。那种让观众失望地走出影院，口中叨叨说"不过影片摄影还挺美"的装饰性形象，并不是诗化故事。《遮蔽的天空》：影片表达的人文内容是枯燥乏味，一种令人绝望的无意义——也就是人们过去所说的那种存在危机，而且小说中的沙漠背景喻示着主人公生活的贫乏无聊。然而，影片却闪耀着明信片般的华彩，就像旅行社招徕顾客的旅游广告，观众很难感受到作品深处那种内心的苦难。漂亮的画面只有在表达漂亮主题时才合时宜：《音乐之声》。

准确地说，诗化是指**强化表现力**。无论故事的内容是漂亮还是丑恶，神圣还是亵渎，恬静还是喧闹，田园牧歌还是都市风情，英雄史诗还是内心生活，它都需要得到充分的表达，成为一个讲得好、导得好而且演得好的好故事甚至好影片。如果这一切再加上故事诗学来强化并深化其表现力，那么它还可能成为一部伟大的影片。

从一开始，作为故事仪式中的观众，我们对每一个听觉或视觉形象的反应都会带着某种象征意味。我们本能地意识到，对每一个物体的选择都是为了表达一些它自身以外的意义，所以我们给每一项外延都加上一个内涵。当一辆汽车驶入镜头，我们的反应并不是一个诸如"车辆"的中性想法；我们会给它一个内涵。我们会想，"呵，奔驰……有钱人"或者"兰博基尼……愚蠢的有钱人"，"锈迹斑斑的大众……艺术家"，"哈利·戴维森……危险"，"红色的特兰斯艾姆……性取向有问题"。所以，讲故事的人就会利用观众心中存在的这一自然倾向。

若要把一个讲得好的故事变成一部诗化的作品，第一步就是要排除掉百分之九十的现实。世界上的绝大多数物体对任何一部具体的影片都会产生错误的内涵。所以，可能的形象图谱必须大幅削减，只留下那些具有适当含义的物体。

例如，在制作过程中，如果导演想在镜头中加上一个花瓶，那么他们至少需要讨论一个小时，而且是至关重要的一个小时。什么样的花瓶？什么时代？什么形状？颜色？陶瓷的、金属的，还是木头的？里面有没有花？什么花？放在哪儿？前景，中景，背景？镜头的左上方？右下方？在焦点上还是不在焦点上？要不要打灯光？人物要不要把它作为道具来碰它？因为这并不只是一个花瓶，它是一个负荷着价值、具有高度象征意义的物体，对镜头中，乃至整部影片前后的所有其他物体都具有意义。就像所有的艺术品一样，**一部电影是一个综合体，其中每一个物体都和所有其他形象或物体具有联系。**

限定了什么合适之后，作者便可以赋予影片一个形象系统或者一整套形象系统，因为一部影片的形象系统常常不止一个。

形象系统是一种主题策略，是植入影片中的一个形象种类，从头至尾连贯一致而又不无变化地在声画中反复出现，以同样微妙的方式，作为一种潜在交流来增加审美情感的深度和复杂性。

"范畴"是指从物质世界中提取出来的一个主题，其宽泛程度足以涵盖足够多的变体。例如，一个自然维——动物、节气、白昼和黑夜，或者一个人文维——建筑物、机器、艺术。这一范畴必须重复出现，因为一两个独立的象征物效果甚微。但是，在精心组织的情况下，形象的反复出现所产生的能量却是巨大的，因为变化和重复可以将形象系统揳入观众无意识的底座。不过，最重要的是，电影的诗化必须隐形地处理，不要让观众意识到它的存在。

形象系统可由两种方法来创立：外部形象法或者内部形象法。外部形象选取一个在影片之外就已经具有象征意味的范畴，把它引入影片中，用以指称和影片之外同样的意义：例如，采用国旗——爱国主义的象征——来象征对祖国的爱。在《洛奇4》中，洛奇打败俄罗斯拳手之后，他用一面巨大的美国国旗把自己包裹起来。或者，采用十字架，一种对上帝之爱和宗教感情的象征，来指称对上帝的爱和宗教感情；用蜘蛛网来表示陷入罗网；用泪滴来表示悲哀。我必须指出，外部形象法是学生电影的显著标志。

内部形象法选取的范畴在影片之外也许有也许没有象征意味，但引入影片之后便赋予了它全新的意义，而且只在影片中成立。

《恶魔》：1955年，导演兼编剧亨利－乔治·克鲁佐改编了皮埃尔·波瓦洛的小说（Celle Qui N'etait Pas），将其搬上银幕。片中，克里斯蒂娜（薇拉·克劳佐）是一个迷人的少妇，但是非常羞怯、安静和敏感。她从小就患有心脏病，身体从来就没有完全恢复过。多年前，她在巴黎郊区继承了一笔可观的房产，开办了一所封闭式的高级寄宿学校。她和丈夫米歇尔（保罗·默里斯）共同管理这所学校。米歇尔是个虐待狂，心狠手辣，视妻子为草芥，并以虐待她为乐。他还和学校的女教师尼可尔（西蒙·西涅莱）有私情，而且他对待情妇也和对待妻子一样恶毒和残忍。

大家都知道他们私通。事实上，这两个女人已经成为最好的朋友，她们在这个畜生的蹂躏之下同病相怜。在影片的早期，两个女人决定要解决她们的问题，唯一的办法就是杀了米歇尔。

一天晚上，她们把米歇尔骗到远离学校的一个乡村公寓内，她们已事先在浴缸内悄悄地灌满了水。米歇尔进来了，身穿三件套的高级西服，还是那样趾高气扬地奚落和辱骂他的两个女人，而她俩则想方设法把他灌醉，然后扔进浴缸想把他淹死。但是，他还没有醉得不省人事，于是引发了一场狂暴的挣扎。恐惧几乎要了可怜的妻子的命，不过尼可尔冲进客厅，从咖啡桌上拿来一尊陶质的黑豹雕塑。她把这个重家伙压在男人的胸脯上。雕塑的重量加上她的用力，使她得以把米歇尔按在水下，直到他不再动弹。

两个女人用一件雨衣把尸体包上，藏在一辆客货两用卡车的后车厢内，趁着深夜溜进校园。学校的游泳池一整个冬天都没有使用过，水面上漂浮着一寸厚的水藻。两人把尸体扔进水池，尸体马上消失在水底。她们即刻撤退，等着第二天早晨尸体浮上来被人发现。但是，第二天到来又离去，尸体没有浮上来。几天过去了，尸体还是没有浮上来。

到最后，尼可尔故意不小心把她的车钥匙掉进游泳池，并找来一个年龄大点的学生帮她打捞。小孩潜到水藻底下，找啊找啊找啊找。他露出水面，猛吸一口气，再一次下潜，找啊找啊找啊找。他又露头换气，然后第三次下潜，找啊找啊找啊找。到最后，他终于浮出水面……找到了车钥匙。

两个女人于是决定，现在该是清理游泳池的时候了。她们派人放干池水，自己则站在池边观望，眼看着水藻下沉下沉下沉下沉……直到下水口。但还是没见尸体。当天下午，一辆从巴黎来的干洗店送货车送来一套熨烫平整的西服，正是米歇尔死的时候穿的那套。两个女人急忙赶到巴黎，来到干洗店，找到了一张收据，上面是一个寄宿公寓的地址。她们赶到那个公寓地址，向门卫打听。门卫说："对对，是有一个男人住在这里，可是……他今天一早就搬走了。"

她们回到学校，更加离奇的事情发生了：米歇尔从学校的窗口一闪而过。当她们看高年级的毕业照时，发现他站在学生后面，焦点有一点模糊。她们无法想象到底是怎么回事。他是不是鬼？难道他没有淹死，现在回来这样报复我们？难道是别人发现了尸体，把他救活再来一起对付我们？

暑假到来，所有的师生都离开了。后来，尼可尔自己也走了。她收拾好包裹，说是再也忍受不了了，把可怜的克里斯蒂娜一个人抛在学校。

当天晚上，克里斯蒂娜无法入睡。她从床上坐起来，眼睛睁得老大，心怦怦直跳。突然，在死寂的夜色中，她听到丈夫办公室内传来打字的声音。她慢慢下床，手捂胸口，贴着过道的墙朝办公室走去，但是，她的手刚刚碰上办公室的门把手，打字声就戛然而止。

她轻轻推开门，打字机旁边赫然放着丈夫的手套……就像两只巨大的手。然后，她又听到了可以想象的最可怕的声音：滴水声。现在，她朝办公室外面的卫生间走去，心狂跳不已。她吱的一声推开卫生间的门，果然是他——仍然穿着那身三件套西服，浸泡在注满水的浴缸内，水龙头滴答不止。

尸体猛然坐起，水呈瀑布状溢出浴缸。尸体两眼圆睁，但是没有眼珠。两只手伸出来想要抓她，她抓住胸口，心脏病突发，倒在地上死去。米歇尔把手伸到眼皮底下，摘下贴在眼睛上的白色塑料薄膜。尼可尔从壁橱跳出。他们拥抱在一起，小声说："我们成功了！"

《恶魔》的开场看起来就像是一幅灰黑色调的抽象画。但是，随着字幕结束，一只卡车轮胎把水从银幕底部溅到上面，我们于是意识到，我们所看到的是一个泥塘的俯拍镜头。镜头随后往上拍摄雨景。从这第一刻起，"水"的形象系统就在连续不断地潜在地重复。影片中总是阴雨绵绵，雾气霭霭。窗户上凝结的小水滴流到窗台上。晚饭时她们吃的是鱼。人物喝酒饮茶时，克里斯蒂娜正在啜饮她的救心药。教师们谈论怎样度过暑假时，他们谈到去法国南部"玩水"。游泳池、浴缸……这是有史以来最潮湿的一部影片。

在这部影片之外，水是一个通用的正面象征：神圣、纯洁、阴柔——是生命本身的原始模型。但是，克鲁佐却颠倒了这些价值，让水带上了死亡、恐怖和邪恶的魔力，而且水龙头的滴答声足以让观众离座而起。

《卡萨布兰卡》交织了三套形象系统。其首要主题是创造出一种拘禁感，让卡萨布兰卡变成了一个虚拟的监狱。人物悄声谈论着"逃跑"计划，警察就好像是狱吏。机场指挥塔的射灯在街道上摇曳，就像探照灯扫射监狱大院一样。而且百叶窗、房间隔栏、楼梯栏杆，甚至盆栽棕榈树的树叶，都创造出像牢房铁栏一样的影子。

第二套系统构建出一个从具体到原始模型的进展。卡萨布兰卡一开始是作为一个避难中心出现，后来变成一个小联合国，里面不仅充满阿拉伯和欧洲面孔，还有亚洲人和非洲人。里克和他的朋友山姆是我们所见到的仅有的美国人。重复出现的形象，包括人们将里克当成了一个国家所说的那些对白，把里克和美国联系在一起，直到后来他变成了美国本身的象征，而卡萨布兰卡则象征着整个世界。就像1941年的美国一样，里克是个顽固的中立派，根本不想卷入另一场世界大战。他最后终于转变，决定参战，其潜在意义即是庆贺美国终于站在了反专制的立场上。

第三套系统是一套联合和分离的系统。画面中的一系列形象和构图把里克和伊尔莎联系在一起，其潜在意义在于表明：尽管这两人不在一起，但他们却属于彼此。与此对照的是，一系列形象和构图设计，把伊尔莎和拉兹洛分开，给了我们一个相反的印象：尽管他们在一起，却并不属于彼此。

《犹在镜中》是一部多情节影片，有六条故事线——三个正面高潮描写父亲，三个负面结局表现他女儿——以一个对照设计交织着不少于四套的形象系统。父亲的故事以开放空间、光明、智慧和言语沟通为标志；女儿的冲突则用封闭空间、黑暗、动物形象和性来表达。

《唐人街》也采用了四套形象系统，两套外部意象，两套内部意象。首要的内化系统是"盲视"或假视的主题：窗户、后视镜、眼镜、尤其是破碎的眼镜、照相机、望远镜、眼睛本身，甚至死者大睁而看不见的双眼，这一切汇聚起巨大的力量，表明，如果我们想在世界的外面寻找邪恶，那么我们是找错了方向。它在里面，在我们心里。即如毛泽东曾说："历史是症状，我们是疾病。"

第二套内化系统选取政治腐败，并把它转化为社会的黏固剂。假合同、败坏的法律以及腐败行为成为社会的黏固剂，而且还能带来"进步"。两套外部意象，水对旱，性残忍对性爱，它们有着传统的内涵，但在影片中表现得尖锐有效，淋漓尽致。

当《异形》发行时，《时代》杂志刊载了一篇长达十页的文章，还有剧照和漫画，提出了这样一个问题：好莱坞是不是太过分了？因为这部影片采用了一个高度色情化的形象系统，里面有三处生动的"强奸"场面。

盖尔·安妮·赫德和詹姆斯·卡梅隆拍摄《异形》续集时，他们不仅将类型从恐怖片转化为动作/探险，他们还对形象系统进行了再创造，使之成为母爱：蕾普莉成为小女孩纽特（卡利·汉尼）的代理母亲，纽特又是她那破布娃娃的代理母亲。这"母女"俩共同奋起反抗一个宇宙间最可怕的"母亲"，那个在形同子宫的巢穴内下蛋的巨大的怪物皇后。在对白中，蕾普莉说道："那些怪物能让你怀孕。"

《下班后》只有一套内化系统，却有丰富的变体：艺术——但并不是作为生活的装饰，而是作为一种武器。曼哈顿苏豪区的艺术和艺术家们不停地攻击主人公保罗（格里芬·邓恩），直到他被密封在一件艺术品内，进而被奇奇和冲[4]盗走。

回溯到几十年前，希区柯克的惊险片将宗教狂和性爱形象融合在一起，而约翰·福特的西部片则将荒野和文明对照起来。事实上，再往回穿行几个世纪，我们会意识到，形象系统就像故事本身一样古老。荷马为他的史诗发明了美丽的主题，还有埃斯库罗斯、索福克勒斯、欧里庇得斯在他们的戏剧中也是如此。莎士比亚在他的每一部作品中都潜藏着一套独一无二的形象系统，还有梅尔维尔、爱伦·坡、托尔斯泰、狄更斯、奥威尔、海明威、易卜生、契诃夫、萧伯纳、贝克特……所有的小说家和戏剧家都已经拥抱过这一原理。

那么，银幕剧作究竟是谁发明的？是小说家和戏剧家，他们来到我们这一艺术的摇篮：好莱坞、伦敦、巴黎、柏林、东京和莫斯科，为默片写作剧本。电影的首批大导演，如D.W.格里菲斯、爱森斯坦和茂瑙，是戏院学徒。他们也意识到，就像一部优秀戏剧一样，电影也可以通过潜在诗韵的重复而达到崇高。

而且，一个形象系统必须是潜在的，绝不能让观众意识到它。几年前，当我观看布努埃尔的《维莉迪安娜》时，我注意到，布努埃尔引入了一套绳索的形象系统：一个孩子跳绳，一个富人用绳子自尽，一个穷人用一根绳子当腰带。当一根绳子大概第五次在银幕上出现时，观众会异口同声地喊出："象征！"

象征手法是强有力的，比大多数人所能意识到的更为强大，只有它能绕过有意识的头脑而直接潜入无意识的心灵。就像我们做梦时一样。使用象征必须遵循为电影配乐一样的原理。声音并不需要认知，所以音乐可以在我们没有意识到它的时候便深深地影响着我们。同理，象征也可以触动我们、打动我们、感动我们——只要我们没有意识到其象征意味。**一个象征若被意识到，则会变为一种中性的、知识性的好奇，毫无力度而且实际上毫无意义。**

那么，为什么如此之多的当代作家和导演要为他们的象征贴上标签？我们可以举出三个最为露骨的例子，如重拍的《海角惊魂》、《吸血僵尸惊情四百年》和《钢琴课》中对"象征"形象的笨拙处理。我能想出两个可能的原因：第一，为了迎合那些自封的知识分子精英观众，他们看电影总是隔着一段安全的、毫无情感投入的距离，为他们在咖啡厅品头论足的后电影仪式积攒弹药。第二，为了影响，甚或控制，影评家以及他们所写的评论。慷慨激昂的象征主义根本不需要什么天才，只有对荣格和德里达的误读所燃起的自我主义。这是一种虚荣，它玷污和败坏了我们这门艺术。

有人会争辩说，电影的形象系统是导演的工作，应该由他或她一个人来创造。对此，我无可辩驳，因为从根本上而言，导演要对影片中每一个镜头的每平方英寸负责。除非……有多少正在执导的导演能够明白我上面所解释的一切？寥寥无几。也许当今世界仅有二十来个。他们是导演中的精英，不幸的是，绝大多数导演都还搞不清装饰摄影和表现摄影之间的区别。

我认为，银幕剧作家应该首创电影的形象系统，然后由导演和设计师来完成它。首先想象出所有意象场地——即故事的物质和社会世界——的人正是剧作家。当我们写作时，常常会发现，我们已经不知不觉地开始了这项工作，一个意象型式已经自行进入了我们的描写和对白中。当我们意识到它的出现时，可以设计其变体，并悄悄地将它们刺绣到故事之中。如果一个形象系统没有自行到来，那我们就发明一个。观众不会在乎我们如何做，他们只想要故事好看。

◎ 片名

一部影片的片名是用以"定位"观众的市场营销中最引人注目的部分，使观众对即将来临的体验有一个切实的心理准备。因此，银幕剧作家不能沉湎于文学化的无题片名：例如，《遗言》实际上是一部讲述后核子时代大屠杀的影片；《外貌与微笑》描写的是倚赖社会福利的孤凄生活。我最喜欢的无题片名是：《一刻接一刻》。《一刻接一刻》是我一直采用的工作片名，直到我想出片名为止。

片名就是名称。一个有效的片名应指称故事中实际存在的实实在在的东西——人物、背景、主题或类型。最好的片名常常同时指称两个或所有成分。

《大白鲨》道出了一个人物的名称，把故事设置在野外，并给予了我们主题：人和自然抗争，其类型为动作/探险。《克莱默夫妇》道出了两个人物的名字，一个离婚主题和家庭剧类型。《星球大战》题指银河勇士之间史诗般的冲突。《假面》使人联想到一帮具有心理障碍的人物和一个隐藏身份的主题。《甜蜜的生活》把我们带入都市富豪腐朽的生活背景。《我最好朋友的婚礼》确立了人物、背景和浪漫喜剧类型。

当然，片名并不是唯一的市场营销考虑。正如好莱坞传奇人物哈里·考恩所说："《红尘》（Magambo）是一个糟透了的片名。由克拉克·盖博和艾娃·加德纳主演的《红尘》却是一个'真他妈棒'的电影名字。"

CHAPTER 19
作家的创造方法

从外到里的写作 / 从里到外的写作 / 银幕剧本

专业作家也许会也许不会得到评论家的好评，但是他们掌控着这门手艺，能够施展出自己的天资，通过多年的实践不断完善自己的技艺，并靠着这门艺术为生。一个挣扎的作家有时也可能会出一件精品，但是不能持之以恒、随心所欲地驾驭自己的天资，此一故事和彼一故事相比在质量上毫无进步，而且其创造劳动所得收入微薄。

总体而言，成功者和挣扎者之间的区别在于他们相反的工作方法：从里到外VS从外到里。

◎ 从外到里的写作

挣扎作家倾向于采用这样的工作方法：他杜撰出一个想法，稍加酝酿，便直奔键盘。

外景房子——白天

描写、描写、描写。人物A和B入场。

人物A
对白、对白、对白。

人物B

对白、对白、对白。

描写、描写、描写、描写、描写。

他一边想象一边写作，一边写作一边梦想，直到他写完一百二十页，然后打住。然后，他将复印件分发给朋友，朋友的反馈回来了："哦，不错。我喜欢那个车库的场景，他们互相甩得满身都是油漆，真是太逗了！那个小孩半夜穿着睡衣下楼的样子，真是太可爱了！海滩的场景是那样的浪漫，汽车爆炸也很刺激。但我不知道……总觉得结尾处的什么东西……还有中间……还有开头的方式，我总觉得不大合适。"

于是，这位作家收集起朋友们的反应和他自己的想法，开始写第二稿："我如何才能保留我和其他人都喜欢的那六个场景，以一种大家都认为合适的方式把这部影片串联起来？"他稍加思索，又回到键盘。

内景房子——夜

描写、描写、描写。人物A和C入场，人物B躲在一旁注视。

人物A
对白、对白、对白。

人物C
对白、对白、对白。

描写、描写、描写、描写、描写。

他一边想象一边写作，一边写作一边梦想，但是在整个过程中，他就像一个快要淹死的人一样死死地抓住他最喜欢的场景不放，直到重写本改头换面地出现。他复印，分发给朋友，朋友的反馈回来了："是不一样了，决定性地不一样。不过，我很高兴你保留了那个车库的场景，还有小孩穿睡衣和海滩上的汽车……这些场景真是很棒。不过……那个结尾处还是有什么地方，还有中间和开头，我总觉得不大合适。"

作者于是乎改写第三稿、第四稿和第五稿，但其程序总是一样：他死抱其心爱场景，用新的讲述方法将其扭结在一起，指望找到一个行之有效的故事。终于一年过去，他已经竭尽所能。他宣称剧本完美无缺，交给经纪人。经纪人读完之后毫无热情，但作为经纪人，他必须干他的本行。他也复印多份，推销给好莱坞，剧本分析报告出来了："写作非常精美，对白精彩、清脆，可以演出，场景描写生动，对细节表现入微，故事一塌糊涂。不予通过。"作者怪罪好莱坞的低级趣味并一鼓作气准备他的下一个项目。

◎ 从里到外的写作

成功的作家倾向于采用相反的程序。如果我们乐观地假设，一个剧本从创意到定稿可以六个月写成，这些作家会典型地花掉六个月中的前四个月在一叠叠三乘五的卡片上写作：每一幕分为一叠——一共三叠、四叠，或许更多。在这些卡片上，他们创造出故事的步骤大纲。

○ 步骤大纲

顾名思义，步骤大纲是指一步步讲述的故事。

作家采用单句或复句陈述，简单明了地描述出每一个场景发生了什么，如何构建和转折。例如："他进屋以为能看见她在家，但却发现她的字条，说她已经永远离开。"

在每一张卡片的背面，作家标明，在故事的设计中他认为这一场景应该属于什么步骤——至少暂时。哪些场景设置激励事件？哪一个是激励事件？第一幕高潮？也许还有一个幕中高潮？第二幕？第三幕？第四幕？或许更多？无论对主情节还是次情节，他都会进行同样的处理。

他之所以会一连几个月死守着一堆卡片，只为一个至关重要的原因：他想要毁掉自己的作品。趣味和经验告诉他，他写出的所有东西中，有百分之九十充其量只能算平庸，尽管他不乏天才。在他对质量的耐心追求中，他必须创造出比他所能使用的多得多的素材，然后把它们毁掉。他可能会以十几种不同的方法素描出一个场景，然后把整个关于这个场景的想法抛到大纲之外。他可能会毁掉一些序列和整个的幕。一个真正天才的作家知道，他的创造能力是没有极限的，所以他会毁弃一切他认为不够理想的东西，追求一个珠圆玉润的故事。

不过，这一程序并不是说作者没有在填写稿纸。日复一日，他的书桌边上会堆满一大叠卡片：但这只是传记、虚构世界及其历史、主题笔记、意象，甚至是零零星星的词汇和成语。各种各样的研究和想象塞满了一个档案柜，而故事则严格按照步骤大纲而逐步成形。

几周或几个月之后，作者终于发现了他的故事高潮。故事高潮在手，他于是根据需要从尾到头地改写。终于，他有了一个故事。现在他去找朋友，但不是请他们抽出一天时间——我们想要一个认真的人来看剧本时通常会提出这样的要求，而是倒上一杯咖啡，占用他十分钟时间。然后，他开始聊他的故事。

作者绝不会把自己的步骤大纲给别人看，因为那是一个工具，形同密码，除了作者自己，别人都无法理解。相反，在这一关键阶段，他只想跟别人讲或聊他的故事，于是他可以看见自己的故事在时间中展开，看着它在另一个人类的思想和感情中演出。他想要看着那个人的眼睛，亲眼看着故事在别人眼里发生。所以，他一边聊，一边研究对方的反应：我的朋友是否被我的激励事件勾住？是否在欠身倾听？或者，他的眼睛是否在看别处？当我构建和转折进展时，我是否把他抓住？当我到达故事高潮时，我是否得到了我想要的那种强烈反应？

按照步骤大纲聊出来的任何故事，对一个聪慧敏感的人来说，必须能够攫取注意，保持兴趣长达十分钟，并打动他，使他得到一种有意义的情感体验——就像我刚刚聊给你们听的《恶魔》，勾住了你、定住了你，而且还打动了你。无论类型如何，如果一个故事连十分钟都不能行之有效，那么一百一十分钟又如何能行之有效？它不会因为变大而变好。**在十分钟内讲述不对的任何东西在银幕上会更糟十倍。**

　　在绝大多数听众做出热情反应之前，我们没有理由向前继续。"热情反应"并不是说人们跳过来，亲吻你的双颊，而是他们轻轻地感叹一声"哇"，然后默然无声。一件优秀的艺术品——音乐、舞蹈、绘画、故事——都具有令心灵的聒噪宁静下来，并将我们提升到另一处的力量。一个根据步骤大纲聊出来的故事如果能强烈到带来宁静的程度——没有想法，没有评论，只有一种愉悦的眼神——那么它便堪称无声胜有声的上品。一个故事如若达不到如此强度，我们便没有必要为它浪费自己的宝贵时间。只有在此时，作者才可以顺理成章地进入到下一个阶段——处理台本。

○处理台本

　　对步骤大纲进行"处理"，作者将每一个场景从一两个句子扩展为一个段落或更长的双倍行距的、现在时的、一个时刻接着一个时刻的描写：

　　餐厅——白天　杰克走进，把手提箱扔在门旁边的椅子上。他环顾四周。房间空无一人。杰克叫她的名字。没有回答。他又叫，声音越来越大。还是没有回答。当他慢步走向厨房时，杰克看见餐桌上有一张字条。他拿起来，看完。字条上写着她已经永远离开了他。杰克瘫倒在椅子上，双手抱头，开始哭了起来。

　　在处理本中，作者指明人物在谈论什么——例如"他想要她干这个，但她拒绝了"——但绝不要写出对白。相反，他要创造出潜文本——掩藏在所言和所行之下的真实思想和感情。我们可能会以为我们知道人物的真情实感，但我们不知道我们知道，直到我们把它写下来：

餐厅——白天 门打开，杰克靠在门柱上，一整天不顺心的工作已经使他精疲力竭。杰克环顾房间四周，发现她不在，而且真心希望她不在家。他今天确实不想和她拌嘴。为了确证自己将独自拥有整幢房子，杰克叫她的名字。没有回答。叫声越来越大。还是没有回答。很好。他终于一个人了。杰克把手提包举到空中，啪的一声摔在门旁边她那把宝贵的齐本德尔牌[1]椅子上。她讨厌杰克碰她的那些古董，但是今天他才不管呢。

杰克肚子饿了，朝厨房走去，但当他穿过房间时，他注意到餐桌上有一张字条。又是那种她动不动就写给杰克的讨厌的字条，不是贴在卫生间的镜子上，就是冰箱上，或是别的什么地方。杰克生气地拿起字条，把它打开。读完之后，发现她已经永远地离开了他。杰克两腿发软，瘫倒在椅子上，心里好像打了一个结。他的头耷拉下来，用双手捧着，开始哭了起来。他很惊讶，自己居然会如此失态，但欣慰的是他还是有一点感情。但他的眼泪不是由于悲伤，而是由于这种关系终于结束了，一种解脱感使他的感情堤坝突然坍塌。

一个电影剧本中的四十到六十个场景，处理成对所有动作进行的一个时刻接着一个时刻的描写，并植入一整套潜文本，道出所有人物自觉的和不自觉的思想感情，将会产生六十页、八十页、九十页甚或更长的双倍行距稿子。从三十年代到五十年代的制片厂制度时期，制片找作家预约处理台本，这些台本经常长达两三百页。制片厂作家的策略是从一个大部头作品中精炼出一个银幕剧本，这样就不会有什么东西被忽略或没想到。

今天在娱乐圈内流传的十到十二页的"处理台本"，实际上并不是处理台本，只是一个供读者了解故事情节的故事大纲。一个十页大纲所承载的材料不足以写成一个剧本。今天的作家也许不会回到制片厂制度的那种大部头处理台本，但是如果一个步骤大纲被扩展为一个六十到九十页的处理台本，创造成就也会相应扩展。

在处理台本阶段，我们会不可避免地发现，我们以为在步骤大纲中能以某种方式行之有效的东西现在却需要改变。研究和想象从未停止，所以人物及其世界仍在成长和进化，引导我们对任意数目的场景进行修改。我们不会改变故事的总体设计，因为我们每次找别人聊的时候它都行之有效。但是，在那一结构之内，场景也许需要删减、增加或重新排序。我们改写处理台本，直到每一个时刻都能生动地活起来，无论在文本中还是在潜文本中。做完这一切之后，此时而且只有在此时，作者才能进展到银幕剧本本身。

◎ 银幕剧本

根据一个彻底的处理台本来写作银幕剧本是一大乐事，写作速度常常能够达到每天五到十页。我们现在要将处理描写转换成银幕描写并加上对白。而且在这一时刻写出的对白肯定是我们所能写出的最好的对白。我们的人物已经在嘴上贴了这么长时间的封条，他们已经迫不及待地等着要说话。而且不同于如此之多的其他影片，其中的所有的人物都用同样的词汇和同样的风格说话，通过精心准备之后写出的对白能创造出因人而异的声音。他们并不是说着同样的话，他们并不是说着作者的话。

在初稿阶段，仍然需要进行变化和修改。当人物被允许说话以后，在处理台本中你以为能以某种方式行之有效的场景现在需要改变方向。当你发现这一缺陷之后，简单地改写对白或行为很少能对其进行修正。你必须回到处理台本，重新改写伏笔，或许还要跳过有缺陷的场景，重新改写分晓。在最后定稿之前，也许还需要进行几次润色。你必须发展你的判断力和趣味，这是一种对自己的败笔的鉴别力，然后鼓起不懈的勇气来根除弱点并把它们变成优点。

如果你跳过这一程序，从大纲直接写作剧本，真相是，你写出的第一稿将不是一个剧本，而是一个冒牌的处理台本——一个狭窄的、未经探索的、没有即兴发挥的处理台本。事件选择和故事设计必须没有任何拘束地消费你的想象和知识。转折点必须想象，删除，再想象，然后在文本和潜文本中得到充分演绎。否则，你便很难指望超群脱俗。你想在什么时候以何种方式来做到这一点？是在处理台本阶段还是在银幕剧本阶段？两种情况都可以，但是，银幕剧本常常是一个陷阱。**明智的作家会尽量推迟对白的写作，因为未成熟的对白写作会窒息创造力。**

从外到里的写作——写完对白再去寻找场景，写了场景再去寻找故事——是最没有创造力的方法。银幕剧作家习惯性地高估对白的价值，因为在我们所写的文字中，它是唯一能让观众听到的东西。其他的一切文字都是由电影的形象来表达的。如果我们在不知道会发生什么之前就写出对白，我们会不可避免地爱上我们的语言；我们将不会愿意去把玩和探索事件，不愿去发现我们的人物可能会变得多么令人痴迷，因为这将意味着删掉我们视若至宝的对白。一切即兴发挥都将停止，而且我们所谓的改写实际上只是在语言上做文章。

更有甚者，不成熟的对白写作也是最慢的工作方法。它可能会让你兜多年的圈子，直到你终于意识到，并不是你的所有孩子都能走上银幕，按照你的意愿去动作言谈；并不是每一个想法都值得拍成电影。你想要在什么时候发现这一点？是两年之后还是两月之后？如果你预先写出对白，你会看不见这一真理，永远盲目地徘徊。如果你从里面写到外面，你会早在大纲阶段便意识到你的故事讲不下去。当你找别人聊的时候，没有人喜欢。实际上，你也不喜欢。所以，你会把它扔进抽屉。也许多年之后你会把它捡起来，让它起死回生，但是现在，你会继续实施你的下一个想法。

当我向你们提供这一方法时，我完全明白，我们每一个人通过自己的经验教训，肯定找到了自己的方法，而且确实有一些作家跳过处理台本阶段，写出高质量的银幕剧本，而且还有些人从外到里实际上也写得非常不错。不过，我还是觉得，如果他们下了更大的苦功，也许能取得更大的辉煌。因为从里到外的方法是一种既有制约又有自由的工作方法，其设计宗旨就是鼓励你创造出最优秀的作品。

淡出

你已经追随《故事》到了最后一章，由此，你已将自己的事业引入了一个令许多作家望而却步的方向。有些人害怕知道了本行的工作原理之后，其自发的创作冲动和创作行为会遭到扼杀，因此从不研究本行的手艺，只一味地把自己锁闭在一种无意识的习惯之中亦步亦趋，以为这就是本能。他们常常日以继夜地埋头苦干，然而想要创作出神奇而有力的独特作品的梦想却很少实现。**可以想见的是，无论怎么走，一个作家的道路都绝不平坦。**因为具有天资，他们的努力也会时不时地为他们带来掌声，但是在隐秘的内心深处，他们清楚自己只不过是带着天赐的才能溜了一圈而已。这样的作家让我想起了父亲喜欢讲述的一则寓言的主人公：

在森林离地千尺的高空，一条千足虫在树枝上轻巧地缓行，它的一千对脚有条不紊地挥舞着。树尖上的鸣鸟们低头看见了它，对千足虫整齐划一的步伐钦羡不已。"那真是一项了不起的天才。"鸣鸟们叽叽喳喳地议论。"你的脚多得我们都数不过来。你是怎么做到步调一致的？"这让千足虫开始思考这个它从未想过的问题。"对呀，"它很纳闷，"我是怎么做到我所做的事情的？"当它回头看时，多如鬈毛的腿突然互相绊到了一块儿，像常春藤的枝蔓一样纠缠到了一起。鸣鸟们大笑不止，看着困惑而慌乱的千足虫把自己拧成一团，掉到了树下的地面上。

你也可能会体会到这种慌张。我知道，当面临浪潮般汹涌袭来的见解和洞察时，即便是最有经验的作家也可能会一个趔趄，乱了步伐。所幸的是，我父亲的寓言还有一个第二幕：

    在森林的地面上，千足虫意识到其实只有自己的自尊心受到了伤害，于是它慢慢地、小心翼翼地，一只脚一只脚地把自己解脱出来。伴随着耐心和努力，它研究、伸展并测试自己的小脚，直到能够站稳并前后行进。曾经只是本能的东西现在变成了知识。它意识到，自己不一定要按照过去那种迟缓而机械的步调来行走。它能够闲庭信步地走，大摇大摆地走，昂首阔步地走，甚至还能跑跑跳跳。于是乎，前所未有地，它用心聆听鸣鸟们的合唱，让音乐敲击抚摸着自己的小心脏。现在，它终于完美地操控着那一千多对才华横溢的脚，鼓足勇气，以自己独特的方式起舞、起舞，跳起了炫目的舞蹈，令它世界中的所有动物都惊叹不已。

    坚持每天笔耕，一行接一行，一页续一页，一刻接一刻。把《故事》常备在身边。运用你从中学到的东西，作为指南，直到把其中的原理掌握得像你与生俱来的天赋一样，收放自如。在做这一切的同时，扔掉你的恐惧。因为在想象和技巧之外，世界要求于你的最最重要的东西是勇气，敢于冒着被拒绝、被嘲讽和经历失败的风险的勇气。在你为写出内涵深刻而又美感并行的故事孜孜以求、上下求索的同时，审慎思考，大胆下笔。那么，就像寓言的主人公一样，你的舞蹈会让全世界目眩神迷。

- 全文完 -

附录 1：译注

序言

〔1〕序言第 2 页 / 原始模型（Archetype）：1949 年，约瑟夫·坎贝尔出版了神话学权威巨著《千面英雄》。该书主要得益于德国人类学家阿道夫·巴斯蒂安首先提出的神话学观点：世界各地的神话都似乎构建在同一种"原初观念"上。瑞士精神病学家卡尔·荣格把这些原初观念命名为"原始模型"或"原型"。他认为，这些原始模型不仅是无意识的建筑材料，而且还是集体无意识的建筑材料，是集体遗传的无意识观念、思维模式和意象，并普遍存在于个体的心灵之中。换言之，荣格相信，世界上的每一个人在出生之时都会被赋予一个与生俱来的，关于什么是"英雄"、什么是"坏蛋"、什么是"善"、什么是"恶"、什么是"求索"、什么是"升华"的潜意识模型。这便能够解释不同语言不同文化不同种族不同阶层的人们为何能够欣赏同一个"原始模型故事"。荣格这一理论被引入文艺创作与文艺评论之后，原始模型作为一种不可知的基本形式便被认定为文艺作品的形式与功能的决定因素：一个文本的意义是由文化和心理神话中的原始模型所构建的。任何具体作品中所采用的具体物象或意象都无法超然于其业已内化的原始模型含义。这便是近年来"普世价值"盛行的心理和文化依据，也是非原始模型故事之所以难以克服文化折扣的症结所在。

〔2〕序言第 2 页 / 陈规俗套（Stereotype）：该词本为印刷术语，指从凸版印刷原版中复制出来的铅版或刻板，后被赋予行业外的引申义，指"一成不变的永恒形象"，并于现代更具诸多社会心理学含义，成为一个与"偏见"和"歧视"相提并论且相辅相成的表达刻板认知的重要概念。Stereotype 在各种文化媒体中

均很常见，其表现形式为俗套的人物塑造，如早期戏剧（尤其是喜剧中）多采用俗套人物来强化戏剧效果。因其可以瞬间辨识的特性，俗套人物和俗套场景在广告和情景喜剧中效果极佳。在西方媒体中，女性形象的各种俗套在二十世纪初便相继出现，如维多利亚女性、新女性、吉卜赛女郎、荡妇和交际花等。于是乎，各个艺术门类都发展了自己固有的俗套形象和俗套情境，尤其在好莱坞大片中，诸多不无"歧视"与"偏见"的种族俗套、民族俗套和文化俗套可谓比比皆是。如早期影片中的华人形象、拉美人形象和黑人形象大都刻板俗套，皆为底层贩夫走卒甚或无赖不法之徒，而鲜有专业精英、商界巨子或上流政要。

从文艺批评的角度而言，俗套故事即为陈词滥调，其人其事皆可预见。在人类的整个创作史上，讲故事的人最难抵御的诱惑便是从各种俗套故事中吸取创意、抓取人物甚至照搬场景，以图换汤不换药地取悦受众。然而，有时候这种俗套人物也可以被刻画得颇有深度，如莎士比亚《威尼斯商人》中的夏洛克。这属于化腐朽为神奇的典型案例，因为一个俗套故事以其独特的刻画被赋予了新意和深度之后，它就不再是一个俗套故事了。所以，尽管夏洛克作为一个俗套的犹太人形象也许用现在的标准来衡量已经政治不正确，但在莎士比亚所处的时代，他作为一个偏见反讽的主体，关于他的诸多细节刻画已经使其振拔于俗套人物的窠臼而成为一个独特的人物形象，以至于到现代依然具有鲜活的生命力。所以，不能仅仅因为一个人物的某种性格特征具有某种典型性就将其整个人物归为俗套。

不过，尽管"陈词滥调"和"陈规俗套"在词源、语义价值和语用价值上都比较接近，它们在文化层面上却并非完全同义。例如，"陈词滥调"在叙事学中是一种严厉的批评，如果说某一个讲故事的人过多地依赖陈词滥调，便是在指责他的故事过于简单，缺少原创性。而将某一个场景或人物标定为"陈规俗套"，则意味着它适合于它的样式或类型，可以自动地将其与某一个可辨识的类别联系起来。这便是为什么利用类型创作法可以理直气壮、堂而皇之地借鉴甚至抄袭成功作品中的要素而不但不会招致麻烦，反而还会更受欢迎的症结所在，因为类型创作必须仰赖属于"陈规俗套"的类型常规来保持其辨识度以更好地满足受众的预期（参见拙著《号脉电影》中关于类型的详述）。说到底，在陈词滥调、陈规俗套和类型常规之间只有一条看不见的微妙细线来分割真谬：用好了就是类型常规，用不好就是陈规俗套甚或陈词滥调。

〔3〕序言第6页/视觉印象（Vision）：对作为视觉艺术的电影故事所进行的视觉化构想，有别于泛泛的广义"想象"（imagination）。麦基在本书下文中反复提及并强调的"视觉"概念均取此义。

CHAPTER 01

〔1〕第 005 页/格式塔（Gestalt）：意为"完形"，是奥地利和德国的心理学家于二十世纪初创立的一种理论，强调经验和行为的整体性，反对当时流行的构造主义元素学说和行为主义"刺激－反应"公式，认为整体不等于部分之和，意识不等于感觉元素的集合，行为不等于反射弧的循环。

〔2〕第 007 页/……中心难再维系（"…the centre can not hold ."）：出自爱尔兰诗人威廉·巴特勒·叶芝的《第二次降临》（The Second Coming）。

〔3〕第 007 页/巴比特（Babbitt）：典型的市侩实业家，得名于美国作家辛克莱·刘易斯在 1922 年出版的同名小说。

〔4〕第 007 页/选定（Option）：亦称选定合同（Option Contract）。一般而言，指一种具有法定约束力的承诺：产权所有人同意他人享有在某一特定期限内以特定价格购买其产权的特权。在好莱坞电影行业内，指作家和制片人或制片公司之间经谈判而签订的书面协议书。根据选定协议书，制片方付给某一文学财产（剧本）所有人（作家）一定的选定费以取得在一定期限内独家开发或出售该文学产权的权利。选定合同的内容通常包括投拍剧本的规定期限、资金到位的规定期限，最后购买剧本的规定期限或者延长选定期的条款及费用。选定期过后，制片方若无进一步的行动，剧本的选定权以及相关权利将会自行失效，重新为原作者所有。选定协议通常是文学财产被开发成影片的第一步。

〔5〕第 008 页/作者（Auteurs）：法语"作者"（author）的意思。将

导演视为影片主要创作力量的"作者电影"、"导演主创论"兴起于二十世纪四十年代末期，是法国电影新浪潮运动的基石。刊登在安德烈·巴赞创办的《电影手册》上，弗朗索瓦·特吕弗的《法国电影的一种倾向》（1954）；以及巴赞本人的《关于作者论》（1957）均加强和完善了这个概念的阐述。有别于类型电影，作者电影将影片视为表达艺术家思想的语言、工具，强调导演个人的创作意图和鲜明的个性风格，认为导演即是影片的作者。与当时的好莱坞制片人中心及明星效应相比，强调导演的绝对主创地位。作者电影的代表影片有弗朗索瓦·特吕弗的《四百击》（1958），以及让·吕克·戈达尔的《精疲力竭》（1959）等。

〔6〕　第009页/试错法（Trial and error）：通过不断试验和消除误差、探索具有黑箱性质的系统的方法。这种方法在动物的行为中是不自觉地应用的，在人的行为中则是自觉的。"试错法"是纯粹经验的学习方法。应用试错法的主体通过间断地或连续地改变黑箱系统的参量，试验黑箱所做出的应答，以寻求达到目标的途径。主体行为的成败是用它趋近目标的程度或达到中间目标的过程评价的。趋近目标的信息传达给主体，主体就会继续采取成功的行为方式；偏离目标的信息反馈给主体，主体就采取避免失败的行为方式。通过这种不断的尝试和不断的评价，主体就能逐渐达到所要追求的目标。

〔7〕　第010页/肯尼斯·罗（Kenneth Thorpe Rowe）：著名剧作教授，在美国密歇根大学教授莎士比亚戏剧和现代戏剧。

〔8〕　第014页/小册子（Fiction Writer's Handbook）：指的是哈莉·伯内特和惠特·伯内特在1993年合著的《小说家手册》。

〔9〕　第017页/呆板刻画（Portraiture）：本义为"肖像画法"或"人像艺术"。作者借用此语特指对故事事件和讲故事的人物的刻板描述，在后文多有观照，成为一个贯穿全书的固定指称。译文表述会因上下文差异而有所变通，如在本章中与"奇观故事"（Spectacle）相对而论的"刻板故事"（Portraiture）亦为此语。

CHAPTER 02

〔1〕第 037 页 / 弧光（Arc）：语出"故事弧光"（Story Arc），原指电视、连载小说、连环画、动漫、游戏和电影等分集讲述的故事媒体中旷日持久、绵延不绝且蜿蜒曲折的故事线，以电视肥皂剧中最为多见，其延续的故事线必须利用多集的跨度来逐一展开。尽管"故事弧光"已经存在数十年，但这一术语是因为对经典美剧《特警 4587》的相关评论而在 1988 年才生造出来的，此后便迅速为评论界广泛采用。由此还派生出"人物弧光"（Character Arc），指人物随着故事事件的进展在故事曲线中的观念转变。作者在本书中对"弧光"这一概念的借用，其语义虽因语境而有细微差别，但其核心所指皆为故事线上犹如弧光闪现一样的价值负荷变化。

〔2〕第 040 页 / 刻板故事（Portraiture）：参见译注章 CHAPTER 01 注 9。

〔3〕第 041 页 / 最小主义（Minimalism）：一译"抽象艺术"或"最简单派艺术"或"极简主义"。二十世纪六十年代后期发端于纽约的绘画与雕塑方面的国际运动，其特点是形式极其简单，纯客观态度，排除艺术家自身的任何感情表现，是现代派艺术中简化论倾向的顶峰。其影响波及建筑、设计、舞蹈、音乐、戏剧和电影。——《简明不列颠百科全书》卷九第 605 页（中国大百科全书出版社 1986 年 7 月版）Webster's Encyclopedic Unabridged Dictionary of the English Language 第 1225 页（美国兰登·豪斯价值出版有限公司格拉默西图书公司 1996 年版）。

〔4〕第 054 页 / 大社会（The Great Society）：美国总统林登·约翰逊于二十世纪六十年代发起的以建立"大社会"为目标的一系列改革行动，其历史深度与广度堪比罗斯福总统的"新政"。"大社会"计划的两个主要目标是消除贫困与种族不平等。改革涵盖教育、医疗、市政和交通等领域，具体社会救助包括职业培训、食品券、医疗保险和医疗救助、精神健康以及社会服务等，对少数民族和弱势群体产生了积极影响。

〔5〕第 060 页 / 花衣魔笛手（Pied Piper）：又称"哈梅林的花衣魔笛手"

（Pied Piper of Hamelin），西方文化中比较常见的典故人物，典出德国民间传说。相传在1284年，德国普鲁士的哈梅林镇发生鼠疫，此刻来了一个身穿花格衣服的笛手，号称能除鼠害。镇长答应支付报酬，笛手用笛声将老鼠引入河里淹死。事毕，镇长食言，没有如数支付酬劳。笛手愤怒离去，扬言报复。在圣约翰和保罗日，当全镇居民都去教堂时，笛手返回，吹响笛声，把全镇一百三十个孩子拐跑。孩子们跟着他进了一个山洞，从此不知所踪。麦基在此处借用此典，用意不言自明。

CHAPTER 03

〔1〕第066页／牛轭湖（The Bayou）：指美国南部海湾地区，尤指密西西比河流域和路易斯安那州的牛轭湖。

〔2〕第074页／人肉货架（Meat Rack）：原指英国伦敦皮卡迪利广场的男妓馆，后为美国都市俚语，专指可供寻欢猎艳的单身酒吧和男同酒吧。

CHAPTER 04

〔1〕第077页／电影类型（genre）：在我（译者）的拙著《号脉电影》中，谈到电影类型时，曾有过这样的描述："在西方电影理论中，'类型'（genre）一词移植于文学的'样式'（genre），只是在引入中国时不小心被我们误译成了'类型'，正是这种误译完全割断了其与文学样式的亲缘关系。其实，在一种电影'类型'真正发展为一个成熟的'genre'之前，其存续状态在英文中还有一个专门的指称，这便是我们所谓的类型或类别（category）……类型或样式（genre）一词源自拉丁语，原指'种类'或'层级'。这一概念广泛见于修辞学、文学理论、传媒理论，甚至近期的语言学，用以指称'文本'的独特分类。在这一概念产生之后的两千多年里，关于genre的研究无非是分类与命名，恰如动植物学家发现新的物种之后，首先面临的问题：如何分类，何以名之。唯一

不同的是，动植物学家的分类和命名可以依循一整套科学实证的程序，而文学作品（以及诸如影视之类的其他媒体）的分类和命名却无法进行客观的科学实证。比如中国理论界公认的文学的四大样式'小说、诗歌、散文和戏剧'，在西方的文学理论中则变得更为宽泛，仅有'诗歌、散文和戏剧'三大样式，小说是归于'散文'名下的。究竟谁是谁非，孰优孰劣，很难进行条分缕析的科学实证……因此，从理论上而言，类型一直都是一个没有固定边界的模糊概念。大多数电影类型理论都只能直接借用'文学样式'的批评方法，将其划分为虚构类（故事片）和纪实类（纪录片）以及由此杂交出来的'纪实故事片'三大主类，并以此为基础进行细分。"由此可见，"类型"原本就是与文学"样式"同一的概念，称其为"类型"显系误译。比如，正因为这种误译，原书中的"按照样式对其进行分类"（classifying them by genre）就只好照顾中文的行文习惯而译为"将其分为不同的类型"了，尽管后者至少在表层结构上与原文差异明显。在本书第一版中，本人曾试图将其正本清源、名从主人地改译为"样式"，但由于"类型"概念已在业内根深蒂固，约定俗成的力量还是令责编将原稿中的"样式"一一改成了"类型"。权衡再三，为免混乱，本版不再纠结，依然选择将错就错地从众，并特加此注，以期明眼人明察。

〔2〕第 080 页 / 低落结局（Down ending）：后文有专节论述。

〔3〕第 081 页 / 真实电影（Cinéma vérité）：本为苏联导演吉加·维尔托夫二十世纪二十年代系列纪录片《真实电影》（Kino-Pravda）的片名。这一概念、理论和拍摄手法，以及罗伯特·弗拉哈迪的电影激发了让·鲁什的灵感，让他于二十世纪五十年代末创立了"真实电影"这一以直接记录手法为基本特征的创作流派并对后世的纪录片创作产生了深远影响。该流派后来发展为"真实电影"和"直接电影"两个分支，代表人物分别为法国的让·鲁什和美国的大卫·梅索。罗伯特·弗拉哈迪 1922 年的《北方的纳努克》被视为"真实电影"的鼻祖。

〔4〕第 084 页 / 劳雷尔和哈迪：好莱坞最受观众欢迎的喜剧演员搭档。

〔5〕第 086 页 / 口碑（Word of Mouth）：电影观众就某一具体影片向尚未看过此片的潜在观众所表达的个人看法。口碑可好可坏，但口碑被电影市场

营销人员认为是决定一部影片在首映期后是否成功的关键因素。与此相关的行业术语还有下文提到的"腿"（Legs），说某部正在上映的影片已经"长腿"，意即该片具有强大的观众号召力，而且其正面口碑能确保它在影院长映不衰。另有"突击试映"（Sneak Preview），即在影片正式上演之前，在某一特选影院提前放映一场，或免费，或邀请，或售票，以期观众就此传播正面口碑。

〔6〕第 087 页 / 优秀影片的双腿：见前注。

〔7〕第 090 页 / UFA 全称 Universum Film AG（环球电影股份公司），成立于 1917 年，是德国魏玛共和国时期一直到二战期间首屈一指的电影制片公司，曾是能够与好莱坞形成某种抗衡的世界电影的主力军，对好莱坞构成重大威胁。尽管风采已不比当年，但该公司一直存续至今，仍在拍摄电影和电视节目，成为德国最古老的电影公司。当年旗下的名导包括弗里茨·朗和弗里德里希·威尔海姆·茂瑙；除本片外，名片还有《玩家马布斯博士》（1922）、《大都会》（1927）和玛琳·黛德丽的第一部有声片《蓝天使》（1930）。

〔8〕第 095 页 /《电影季刊》（Film Quarterly）：电影期刊，由美国加州大学出版社于伯克利出版。原名《好莱坞季刊》，创刊于 1945 年，1951 年更名为《电影广播电视季刊》，并于 1958 年定为现名。期刊号：ISSN 0015-1386。《电影季刊》为同仁杂志，发表学术评论与分析，内容涵盖世界电影、当代大片、好莱坞经典、纪录片、动画片、独立电影、先锋派作品和实验电影以及录像作品。

CHAPTER 05

〔1〕第 099 页 / 人物性格真相（True Character）：直译为"真实性格"，却又是"人物"的"真实性格"。Character 为本章乃至本书的关键词，该词兼有"人物"、"性格"和"品行"等多重能指，而在作者的语用所指中，既有其表层的"人物"语义亦有其深层的"性格"语义，多种深层结构融于同一个表层结构，所以中文翻译时只好根据其具体语境中的具体所指而予以兼顾。即使是单独出现的"人物"一词，亦隐含"性格"之意，这是中文表达无法实现的地方，故此特注。

〔2〕第100页／他选故他在：套用"我思故他在"的句式和逻辑。

〔3〕第101页／苏菲的选择（Sophie's Choice）：美国作家威廉·斯泰伦于1979年出版的小说，讲述纳粹集中营一名波兰幸存者苏菲如何被迫在自己的幼小儿女之间做出选择，决定谁死谁活的故事。小说一经出版就成为了最畅销的书，并于1982年被改编成同名电影，获得多项奥斯卡提名及奥斯卡最佳女主角奖（梅丽尔·斯特里普）。本书被认为是二十世纪世界文学的重要作品，斯泰伦的代表作，并于1980年获得小说类美国国家图书奖。"苏菲的选择"一语遂成世界语汇中的成语典故，泛指两害必取其一的悲剧性选择。

〔4〕第102页／周六上午的卡通（Saturday morning cartoon）：对美国动画电视节目的口语化泛指，因为美国的各大电视网从二十世纪六十年代开始，都会在周六上午播放动画节目，然后周日上午重播，时间一般是从上午八点一直到中午十二点。

〔5〕第102页／邦德系列电影：从1962年第一部詹姆斯·邦德影片问世，一直到2015年10月最后一部上映，该系列已经持续24部，总票房高达65亿美元，成为史上票房第二的系列影片（仅次于《哈利·波特》系列：77亿美元）。若考虑通胀因素，其总票房则为史上最高，远超现在的100亿美金。

〔6〕第104页／此处及上下文多处《哈姆雷特》引文译文均来自人民文学出版社1978年4月版《莎士比亚全集》（朱生豪译本）。

〔7〕第106页／首开（Opening）：一部影片公开放映的开始。制片人和发行人通常要在影片首开之时举行一些特别活动，邀请导演和演员到场助阵。好莱坞影片首发之所以被称为"首开"缘起当年电影圈内流行的一个老说法："电影就像降落伞——如果打不开，就得死。"

〔8〕第107页／汝必留最佳于最后（Thou shalt save the best for last）：仿《圣经》"十诫"句式，作者的此类幽默致敬在书中不乏其例，所以译文亦从其古拙文风。

〔9〕第107页／吉恩·福勒（Gene Fowler，1890—1960）：美国著名记者、作家和剧作家。除新闻写作之外，其存世作品主要包括创作于二十世纪三十年

代的十数部电影剧本以及二十多部传记和回忆录等各种图书。出自他口中或笔下的"名言"在美国文化中流传甚广，除麦基所引之外，还有一条关于写作的诙谐警句："成为成功作家的最好办法，就是多读好作品，记住它，然后忘记你所记住的出处。"其子小吉恩·福勒（1917—1998）也是好莱坞一位颇有成就的电影剪辑师和导演。

〔10〕 第108页 / 华氏一百三十度：约合 54.44 摄氏度。

〔11〕 第108页 / 俄狄浦斯王（Oedipus Rex）：公元前 5 世纪索福克勒斯所著悲剧。亚里士多德在其《诗学》中认为，这是索福克勒斯最伟大的作品。在二十世纪，它被评为作者所写的诸多悲剧中是最受重视最受欢迎的一部。悲剧的主人公俄狄浦斯是底比斯的国王，他企图逃脱自己的宿命，却又轻率地朝自己的命运奔去。亚里士多德称此剧为悲剧形式的典范。

〔12〕 第108页 / 法尔斯塔夫（Falstaff）：在整个英国文学史中也许是最伟大和最著名的喜剧人物，对他性格的刻画完全出于莎士比亚的创新手法。在《亨利四世》上下篇中，他是放荡的化身，哈尔王子的忠实伙伴，用胆小、鲁莽和自私的寻常见解评论剧中的政治行动。在《亨利五世》一剧中，对他的死写得十分感人，后来这个角色又在莎士比亚的《温莎的风流娘儿们》一剧中出现。传说该剧是在伊丽莎白一世执政期间，根据女王授意而写，她想要看到法尔斯塔夫在一个剧中坠入情网。

〔13〕 第108页 / 吉姆老爷（Lord Jim）： J. 康拉德 1900 年所著小说，主要刻画"帕特纳号"大副吉姆，他看上去十分果敢，富有男子气概，却在一次船难中莫名其妙地弃船逃跑，致使八百名穆斯林朝圣者死于非命。

〔14〕 第108页 / 希腊人卓尔巴（Zorba the Greek）：希腊作家卡赞扎基斯所著小说《阿勒克西·卓尔巴的一生》（1946）。小说描写一个热情的希腊老农民，他对生活热爱，甚至在逆境中也是如此，与讲述者的胆怯形成对照。该作品于 1964 年被拍成电影。

CHAPTER 06

〔1〕 第 119 页 / 帕迪·查耶夫斯基：全名 Sidney Aaron "Paddy" Chayefsky（1923—1981），美国戏剧作家、银幕剧作家和小说作家，是史上唯一单独三获奥斯卡最佳编剧的人（其他三度得主伍迪·艾伦、弗朗西斯·福特·科波拉、查尔斯·布拉克特和比利·怀尔德都是与人共享此荣）。

〔2〕 第 131 页 / 福尔摩斯法官：全名 Oliver Wendell Holmes, Jr.（1841—1935）：美国法理学家，1902 年到 1932 年任美国最高法院法官，1930 年 1 月至 2 月任美国代理大法官。福尔摩斯直到 90 岁又 309 天才退休，是美国最高法院历史上最老的法官，其简洁精妙的言论在法律史上也是被引用最多的。

CHAPTER 07

〔1〕 第 150 页 / 同时保留并吃掉自己的蛋糕（Have our cake and eat it too）：语出谚语 "You can't have your cake and eat it too"。"保留"蛋糕则不能"吃掉"蛋糕，"吃掉"蛋糕便不能"保留"蛋糕，二者互斥，相当于中文谚语"又要马儿跑又要马儿不吃草"或"又当婊子又立牌坊"等，意谓"同时享有两种互不相容的好处"，犹如"鱼和熊掌"之兼得，但此语的逻辑含蕴却与上述中文典故不尽相同，所以译文保持原文表述。

〔2〕 第 182 页 / 让·科克托：全名 Jean Maurice Eugène Clément Cocteau（1889—1963），另有译名"谷克多"或"考克托"，法国诗人、小说家、戏剧作家、设计师、银幕剧作家、画家和电影导演。小说处女作《阿拉丁的神灯》（1909），代表作《可怕的孩子们》（1929），电影代表作品有《诗人之血》（1930）、《可怕的父母们》（1948）、《美女与野兽》（1946）和《奥菲斯》（1949）。

CHAPTER 08

〔1〕 第 191 页 / 此处三个概念：author（作者、作家、创始者等），authority（权威、威信、影响力等），authenticity（真实性、可靠性、可信性、确实性等）共有一个词根，在词形上颇有关联，且词义颇为宽泛，很难用一个中文词涵盖，故有此注，旨在令中文读者充分理解原作者的明确用意，作者选用这三个词也正是利用了这一特点大做文章。

CHAPTER 10

〔1〕 第 255 页 / 感情：此处及上下文"感情"一词，亦涵盖"感觉"之义，并特指一部影片的文本特性（技术和美学的表象特征）给观众带来的比较强烈而持久的心理反应，即观众所获得的"总体感觉"，因此在好莱坞圈内被通称为影片的"基调"。而情感则是指观众对故事进展冲突转折的刺激所做出的肯定或否定的心理反应，如本书原文所示，不是"快感"即是"痛感"。

CHAPTER 11

〔1〕 第 266 页 / 伊德（id）：源出拉丁语，意为"它"。或译"私我"、"本我"。弗洛伊德精神分析学说中，与自我、超我一起构成人类人格的三个基本力量之一。参见《简明不列颠百科全书》第 9-16 页。

CHAPTER 12

〔1〕 第 311 页 / 与人共乘：美国各大城市的高速公路都辟有一到两条"共乘车道"。一辆车上必须乘坐两到三人方能驶入此车道，因此该车道车流量相对较小，车速也因而更快。于是，家住同一社区的同事往往约定轮流共乘，以

此躲过上下班的交通高峰期，并可以节省办公楼的停车费。

〔2〕 第313页 / 富有表现力的时刻：银幕上一系列具有流动感和表现力的瞬间。

〔3〕 第313页 / 同时性现象：参见 CHAPTER 11《犹在镜中》节拍 #13说明。

〔4〕 第318页 / 此处出现的忒修斯、弥诺斯和弥诺陶洛斯均为希腊神话人物。弥诺斯是传说中的克里特统治者、主神宙斯和欧罗巴的儿子。他借助海神波塞冬之力取得克里特王位，娶太阳神赫利俄斯的女儿帕西淮为妻。后来波塞冬给他送来一头用作牺牲的白毛公牛。弥诺斯未杀公牛，把它饲养下来。为惩罚弥诺斯，波塞冬使帕西淮与公牛相爱。她和公牛所生的孩子即是半人半牛怪弥诺陶洛斯，被关在代达罗斯为弥诺斯修建的迷宫内。后来，弥诺斯的儿子安德洛格俄斯被雅典人杀死，弥诺斯为了报仇，要求雅典每年送童男童女各七名给弥诺陶洛斯吞食。到第三次献牲时，雅典英雄忒修斯自愿前往克里特，在弥诺斯的女儿阿里阿德涅的帮助下，把怪物杀死。

CHAPTER 13

〔1〕 第328页 / 或然性和必然性：参见本书第184页第七章"故事的材质和能量"一节中有关"或然性和必然性"的论述。

CHAPTER 14

〔1〕 第343页 / 反面人物（antagonism）：系反面人物的集合表达，实为包括反面人物在内的各种对抗力量的总和（参见下文）。因以人物为主，本章标题仍采用"反面人物"这一约定俗成的提法。

〔2〕 第343页 / 战败狗（Underdog）：即斗败了的狗，指处于劣势之人。

CHAPTER 15

〔1〕 第 370 页 / 埃佛勒斯峰（Mount Everest）：即珠穆朗玛峰。

CHAPTER 16

〔1〕 第 377 页 / 熏鲱鱼：典出英语成语"draw a red herring across the trail"，意指"以不相干的事情转移别人的注意力"。

CHAPTER 18

〔1〕 第 420 页 / 他们正把车往那儿挪：此处及本章下文多处所涉语言问题系英文特有，直译出来可供中文读者参考。如："他们正把车往那儿挪"一句，原文之所以不妥是因为其中有三处无意押韵，"They're moving their car over there."这是英语剧本行文之大忌。

〔2〕 第 426 页 / 英语是由"单词"构成的拼音文字，几乎每一个事物、动作和形象都有一个独立的词来指称；而中文是表意文字，因构词方法的差别，对上述英文单词表达的动作，几乎找不到对等的中文单字，特照搬英汉词典词条释义并保留原文以供参考。本章上下文多处所涉英语表达问题，从字面上而言都与汉语不太相关，译注亦作类似处理，以使中文读者把握其精髓。

〔3〕 第 426 页 / "he/she is"：英语一般现在时的常用表达法，指称一般存在的状况。

〔4〕 第 437 页 / 奇奇和冲：片中两个人物的名字。

CHAPTER 19

〔1〕 第 448 页 / 齐本德尔（Chippendale）：十八世纪英国家具设计师。

附录 2：文中涉及影片列表

A

《阿尔及尔之战》（The Battle of Algiers 阿尔及利亚、意大利/1966）

《阿甘正传》（Forrest Gump 美国/1994）

《阿玛柯德》（Amarcord 意大利、法国/1973）

《阿珠与阿花》（Romy and Michele's High School Reunion 美国/1997）

《爱的小夜曲》（Love Serenade 澳大利亚/1996）

《爱丽丝梦游仙境》（Alice In Wonderland 美国/1951）

《安妮·霍尔》（Annie Hall 美国/1977）

《肮脏的哈里》（Dirty Harrg 美国/1971）

《奥赛罗》（The Tragedy of Othello: The Moor of Venice 意大利、摩洛哥、美国/1951）

B

《八部半》（8½ 意大利、法国/1963）

《八零年代之星》（Star 80 美国/1983）

《芭贝特的盛宴》（Babette's Feast 丹麦/1987）

《巴顿·芬克》（Barton Fink 英国、美国/1991）

《巴黎野玫瑰》（Betty Blue 法国/1986）

《巴里·林登》（Barry Lyndon 英国、美国/1975）

《霸王别姬》（Farewell, My Concubine 中国/1993）

《霸王铁金刚》（The Man Who Would Be King 英国、美国/1975）

《白头神探》（The Naked Gun: From the Files of Police Squad 美国/1988）

《白雪公主和三个小丑》（Snow White and the Three Stooges! 美国/1961）

《百老汇上空的子弹》（Bullets Over Broadway 美国/1994）

《百万金臂》（Bull Durham 美国/1988）

《伴我同行》（Stand by Me 美国/1986）

《北方的纳努克》（Nanook of the North 美国、法国/1922）

《贝克兄弟》（The Fabulous Baker Boys 美国/1989）

《贝隆夫人》（Evita 美国/1996）

《本能》（Basic Instinct 美国、法国/1992）

《比利·巴德》（Billy Budd 英国/1962）

《毕业生》（The Graduate 美国/1967）

《宾虚》（Ben-Hur 美国/1959）

《拨云见日》（Sudden Impact 美国/1983）

《不设限通缉》（Running on Empty 美国/1988）

《不结婚的女人》（An Unmarried Woman 美国/1978）

《不可饶恕》（Unforgiven 美国/1992）

《不惜一切》（To Die For 美国/1995）

《布拉格之恋》（The Unbearable Lightness of Being 瑞典、美国/1988）

C

《猜火车》（Trainspotting 英国/1996）

《残酷的人们》（Ruthless People 美国/1986）

《操行零分》（Zero De Conduite 法国/1933）

《超人》（Superman 美国、英国、加拿大、瑞士、巴拿马/1978）

《长跑者的寂寞》（The Loneliness of the Long Distance Runner 美国/1962）

《冲突》（Serpico 意大利、美国/1973）

《重庆森林》（Chungking Express 中国香港/1994）

《沉默》（The Silence 瑞典/1963）

《沉默的羔羊》（The Silence of the Lambs 美国/1991）

《成功的甜头》（The Sweet Smell of Success 美国/1957）

《成吉思汗的后代》（Storm Over Asia 苏联/1928）

《赤裸裸》（Naked 美国/1993）

《出租车司机》（Taxi Driver 美国/1976）

《刺杀肯尼迪》（JFK 美国、法国/1991）

《错对冤家》（The War of the Roses 美国/1989）

D

《达拉斯猛龙》（North Dallas Forty 美国/1979）

《大白鲨》（Jaws 美国/1975）

《大地震》（Earthquake 美国/1974）

《大饭店》（Grand Hotel 美国/1932）

《大河恋》（A River Runs Through It 美国/1992）

《大亨游戏》（Glengarry Glen Ross 美国/1992）

《大幻影》（La Grande Illusion 法国/1937）

《大路》（La Strada 意大利/1954）

《大审判》（The Verdict 美国/1982）

《大卫与丽莎》（David and Lisa 美国/1962）

《大峡谷》（Grand Canyon 美国/1991）

《当哈利遇到莎莉》（When Harry Met Sally... 美国/1989）

《党同伐异》（Intolerance 美国/1916）

《稻草狗》（Straw Dogs 英国、美国/1971）

《盗窃童心》（The Stolen Children 意大利、法国、瑞士/1992）

《得克萨斯的巴黎》（Paris, Texas 联邦德国、法国、英国/1984）

《低俗小说》（Pulp Fiction 美国/1994）

《第七封印》（The Seventh Seal 瑞典/1957）

《第五元素》（The Fifth Element 法国/1997）

《第一滴血》（First Blood 美国/1982）

《第一死罪》（The First Deadly Sin 美国/1980）

《颠倒乾坤》（Trading Places 美国/1983）

《电光骑士》（The Electric Horseman 美国/1979）

《电视台风云》（Network 美国/1976）

《叠影狂花》（Single White Female 美国/1992）

《谍影迷魂》（The Manchurian Candidate 美国/1962）

《冬日之光》（Winter Light 瑞典/1963）

《东镇女巫》（The Witches of Eastwick 美国/1987）

《动物农场》（Animal Farm 英国、美国/1954）

《动物屋》（Animal House 美国/1978）

《毒龙潭》（The Snake Pit 美国/1948）

《赌城风云》（Casino 法国、美国/1995）

《对话》（The Conversation 美国/1974）

《多可爱的战争》（Oh! What a Lovely War 美国/1969）

《夺宝奇兵》（Raiders of the Lost Ark 美国/1981）

E

《恶魔》（Les Diaboliques 法国/1955）

《2001：太空漫游》（2001: A Space Odyssey 英国、美国/1968）

《二十美元》（Twenty Bucks 美国/1993）

F

《发财妙计》（The Producers 美国/1967）

《反斗智多星》（Wayne's World 美国/1992）

《放大》（Blow-Up 英国、意大利/1966）

《飞向太空》（Solaris 苏联/972）

《飞越未来》（Big 美国/1988）

《粉红豹系列：黑夜怪枪》（A Shot in the Dark 英国、美国/1964）

《愤怒的公牛》（Raging Bull 美国/1980）

《疯狂麦克斯2》（Mad Max 2: The Road Warrior 澳大利亚/1981）

《疯狂夏令营》（Camp Nowhere 美国/1994）

《风流医生俏护士》（M*A*S*H 美国/1970）

《风烛泪》（Umberto D. 意大利/1952）

《凤凰劫》（The Flight of the Phoenix 美国/1965）

《夫夫们》（Husbands 美国/1970）

《夫妻们》（Husbands and Wives 美国/1992）

《福利》（Welfare 美国/1975）

G

《甘地》（Gandhi 美国/1982）

《感官世界》（In the Realm of the Senses 日本/1976）

《钢木兰花》（Steel Magnolias 美国/1989）

《钢琴课》（The Piano 新西兰、澳大利亚、法国、美国/1993）

《告别有情天》（The Remains of the Day 英国、美国/1993）

《歌声泪痕》（The Rose 美国/1979）

《歌台三怪杰》（A Night at the Opera 美国/1935）

《鬼火》（Le FeuFollet 法国/1963）

《乖仔也疯狂》（Risky Business 美国/1983）

《怪房客》（The Tenant 法国/1976）

《关于亨利》（Regarding Henry 美国/1991）

《光荣》（Glory 美国/1989）

《光荣之路》（Paths of Glory 美国/1957）

《公民凯恩》（Citizen Kane 美国/1941）

《公诉拉里·弗兰特》（The People vs. Larry Flynt 美国/1996）

《孤星》（Lone Star 美国/1996）

H

《哈洛与慕德》（Harold and Maude 美国/1971）

《海底沉舟》（Watership Down 英国/1978）

《海角惊魂》（Cape Fear 美国/1991）

《海神号历险记》（The Poseidon Adventure 美国/1972）

《汉堡高地》（Hamburger Hill 美国/1987）

《汉娜姐妹》（Hannah and Her Sisters 美国/1986）

《豪门怪杰》（The Ruling Class 英国/1972）

《黑暗中的低语》（Whispers in the Dark 美国/1992）

《黑白游龙》（White Men Can't Jump 美国/1992）

《黑寡妇》（Black Widow 美国/1987）

《黑色手铐》（Tightrope 美国/1984）

《黑岩喋血记》（Bad Day at Black Rock 美国/1955）

《黑衣人》（Men In Black 美国/1997）

《横跨欧洲的快车》（Trans-Europ-Express 法国、比利时/1966）

《红尘》（Mogambo 美国/1953）

《红粉联盟》（A League of Their Own 美国/1992）

《红色》（Three Colors: Red 法国、波兰、瑞士/1994）

《红色沙漠》（The Red Desert 意大利/1964）

《红字》（The Scarlet Letter 美国/1995）

《呼喊与细语》（Cries and Whispers 瑞典/1972）

《虎胆龙威》（Die Hard 美国/1988）

《华尔街》（Wall Street 美国/1987）

《黄色潜水艇》（Yellow Submarine 英国、美国/1968）

《晃动摇篮的手》（The Hand That Rocks the Cradle 美国/1992）

《回头是岸》（Somebody Up There Likes Me 美国/1956）

《婚礼》（A Wedding 美国/1978）

《魂断威尼斯》（Death in Venice 意大利/1971）

《活着》（To Live 中国/1994）

《火车大劫案》（The Great Train Robbery 美国/1903）

《火之战》（Quest for Fire 加拿大、法国/1982）

J

《激情之鱼》（Passion Fish 美国/1992）

《机械战警》（RoboCop 美国/1987）

《机智问答》（Quiz Show 美国/1994）

《吉姆老爷》（Lord Jim 英国、美国/1965）

《加里波底》（Gallipoli 澳大利亚/1981）

《假面》（Persona 瑞典/1966）

《歼匪喋血战》（White Heat 美国/1949）

《江湖浪子》（The Hustler 美国/1961）

《绞刑》（Death by Hanging 日本/1968）

《教父》（The Godfather 美国/1972）

《教父2》（The Godfather: Part II 美国/1974）

《惊魂记》（Psycho 美国/1960）

《精疲力尽》（Breathless 法国/1959）

《警察》（Cop 美国/1988）

《菊豆》（Ju Dou 中国/1990）

《飓风》（Hurricane 美国、荷兰/1979）

《巨蟒与圣杯》（Monty Python and the Holy Grail 英国/1975）

《绝代美人》（Isadora 英国/1968）

《爵士春秋》（All That Jazz 美国/1979）

《军官与绅士》（An Officer and a Gentleman 美国/1982）

《君子好逑》（Marty 美国/1955）

K

《克拉之膝》（Claire's Knee 法国/1970）

《卡里加里博士的小屋》（The Cabinet of Dr. Caligari 德国/1920）

《哭泣游戏》（The Crying Game 英国、日本、美国/1992）

《卡萨布兰卡》（Casablanca 美国/1942）

《苦恋》（The Loved One 美国/1965）

《克莱默夫妇》（Kramer vs. Kramer 美国/1979）

《恐怖地带》（Outbreak 美国/1995）

《空前绝后满天飞》（Airplane! 美国/1980）

L

《来自边缘的明信片》（Postcards From the Edge 美国/1990）

《蓝丝绒》（Blue Velvet 美国/1986）

《廊桥遗梦》（The Bridges of Madison County 美国/1995）

《浪荡儿》（I Vitelloni 意大利、法国/1953）

《豺狼时刻》（Hour of the Wolf 瑞典/1968）

《老人与海》（The Old Man and the Sea 美国/1958）

《离开拉斯维加斯》（Leaving Las Vegas 美国/1995）

《礼帽》（Top Hat 美国/1935）

《恋马狂》（Equus 英国、美国/1977）

《了不起的盖茨比》（The Great Gatsby 美国/1974）

《力争上游》（The Paper Chase 美国/1973）

《烈火战车》（Chariots of Fire 英国/1981）

《列尼传》（Lenny 美国/1974）

《猎爱的人》（Carnal Knowledge 美国/1971）

《猎鹿人》（The Deer Hunter 美国/1978）

《陆上行舟》（Fitzcarraldo 联邦德国/1981）

《乱点鸳鸯谱》（The Misfits 美国/1961）

《罗马风情画》（Roma 意大利、法国/1972）

《罗生门》（Rashomon 日本/1950）

《罗斯玛丽的婴儿》（Rosemary's Baby 美国/1968）

《裸体午餐》（Naked Lunch 加拿大、英国、日本/1991）

《落水狗》（Reservoir Dogs 美国/1992）

《洛奇》（Rocky 美国/1976）

《洛奇4》（Rocky IV 美国/1985）

《绿魔先生》（Little Shop of Horrors 美国/1986）

《绿野仙踪》（The Wizard of Oz 美国/1939）

M

《M就是凶手》（M 德国/1931）

《马耳他之鹰》（The Maltese Falcon 美国/1941）

《码头风云》（On the Waterfront 美国/1954）

《麦克白》（MacBeth 美国/1948）

《麦克谋杀案》（Mike's Murder 美国/1984）

《迈克尔·柯林斯》（Michael Collins 英国/1996）

《曼哈顿》（Manhattan 美国/1979）

《盲目的约会》（Blind Date 美国/1987）

《朦胧的欲望》（That Obscure Object of Desire 法国、西班牙/1977）

《蒙特利尔的耶稣》（Jesus of Montreal 加拿大、法国/1989）

《猛龙怪客》（Death Wish 美国/1974）

《靡菲斯特》（Mephisto 匈牙利、联邦德国/1981）

《迷幻牛郎》（Drugstore Cowboy 美国/1989）

《迷魂记》（Vertigo 美国/1958）

《面孔》（Faces 美国/1968）

《妙亲家与俏冤家》（The In-Laws 美国/1979）

《妙人奇迹》（Being There 联邦德国、美国/1979）

《妙想天开》（Brazil 英国、美国/1985）

《命运的逆转》（Reversal of Fortune 美国、日本、英国/1990）

《摩登时代》（Modern Times 美国/1936）

《摩洛哥之路》（Road to Morocco 美国/1948）

《末代皇帝》（The Last Emperor 英国、意大利、法国/1987）

《末路狂花》（Thelma & Louise 美国、英国、法国/1991）

《莫比·迪克》（Moby Dick 英国/1956）

《莫扎特传》（Amadeus 美国、法国、捷克斯洛伐克、意大利/1984）

《母女情深》（Terms of Endearment 美国/1983）

《幕后玩家》（The Player 美国/1992）

《目击者》（Witness 美国/1985）

《穆丽尔的婚礼》（Muriel's Wedding 澳大利亚/1996）

N

《纳什维尔》（Nashville 美国/1975）

《南极的斯科特》（Scott of the Antarctic 英国/1948）

《男性女性》（Masculine-Feminine 法国/1966）

《尼克松传》（Nixon 美国/1995）

《孽扣》（Dead Ringers 加拿大/1988）

《孽欲杀人夜》（Manhunter 美国/1986）

《怒河春醒》（The River 美国/1984）

《怒火风暴》（Falling Down 美国/1993）

P

《帕克夫人的情人》（Mrs. Parker and the Vicious Circle 美国/1994）

《帕斯卡利岛》（Pascali's Island 英国/1988）

《帕特和麦克》（Pat and Mike 美国/1952）

《庞贝城的末日》（The Last Days of Pompeii 意大利/1913）

《跑跑跳跳停停的电影》（The Running, Jumping and Standing Still Film 英国/1959）

《普通人》（Ordinary People 美国/1980）

《普通嫌疑犯》（The Usual Suspects 美国、德国/1995）

Q

《七武士》（The Seven Samurai 日本/1954）

《七宗罪》（Seven 美国/1995）

《奇爱博士》（Dr. Strangelove or: How I Learned to Stop Worrying and Love the Bomb 英国/1964）

《强行进入》（Forced Entry 美国/1976）

《青楼情孽》（Moulin Rouge 英国/1952）

《青木瓜之味》（The Scent of Green Papaya 法国、越南/1993）

《青年林肯》（Young Mr. Lincoln 美国/1939）

《情迷巧克力》（Like Water for Chocolate 墨西哥/1991）

《情欲色香味》（The Cook, the Thief, His Wife & Her Lover 荷兰、英国、法国/1989）

《穷街陋巷》（Mean Streets 美国/1973）

《去年在马里昂巴德》（Last Year at Marienbad 法国、意大利/1961）

《全金属外壳》（Full Metal Jacket 英国、美国/1987）

《全面回忆》（Total Recall 美国/1990）

《群鸟》（The Birds 美国/1963）

R

《热望》（High Hopes 英国/1988）

《人鬼情未了》（Ghost 美国/1990）

《人人都说我爱你》（Everyone Says I Love You 美国/1996）

《人生交叉点》（Short Cuts 美国/1993）

《人咬狗》（Man Bites Dog 比利时/1992）

《日出》（Sunrise: A Song of Two Humans 美国/1927）

《日落大道》（Sunset Boulevard 美国/1950）

《荣归》（Coming Home 美国/1978）

《如果……》（If... 英国/1968）

S

《萨巴达万岁》（Viva Zapata! 美国/1952）

《萨尔瓦多》（Salvador 英国、美国、墨西哥/1986）

《三面夏娃》（The Three Faces of Eve 美国/1957）

《三女性》（3 Women 美国/1977）

《傻妹从军》（Private Benjamin 美国/1980）

《闪亮的风采》（Shine 澳大利亚/1996）

《闪灵》（The Shining 英国、美国/1980）

《射马记》（They Shoot Horses, Don't They? 美国/1969）

《伸张正义》（And Justice for All 美国/1979）

《神秘记号》（The Mark 英国/1961）

《神枪小子》（Blazing Saddles 美国/1974）

《生死时速》（Speed 美国/1994）

《圣女贞德蒙难记》（La Passion de Jeanne d'Arc 法国/1928）

《失衡生活》（Koyaanisqatsi 美国/1983）

《失踪》（Missing 美国/1982）

《诗人之血》（The Blood of a Poet 法国/1930）

《狮子王》（The Lion King 美国/1994）

《10》（10 美国/1979）

《蚀》（L'eclisse 意大利、法国/1962）

《十二金刚》（The Dirty Dozen 英国、美国/1967）

《十二怒汉》（Twelve Angry Men 美国/1957）

《时光倒流七十年》（Somewhere In Time 美国/1980）

《石中剑》（The Sword in the Stone 美国/1963）

《史密斯先生到华盛顿》（Mr. Smith Goes to Washington 美国/1939）

《淑女伊芙》（The Lady Eve 美国/1941）

《谁陷害了兔子罗杰》（Who Framed Roger Rabbit 美国/1988）

《斯巴达克斯》（Spartacus 美国/1960）

《四百击》（The 400 Blows 法国/1959）

《四个婚礼和一个葬礼》（Four Weddings and a Funeral 英国/1994）

《苏利文的旅行》（Sullivan's Travels 美国/1941）

《索菲太太》（Mrs. Soffel 美国/1984）

T

《贪婪》（Greed 美国/1924）

《弹簧刀》（Sling Blade 美国/1996）

《谈谈情跳跳舞》（Shall We Dance? 日本/1996）

《唐人街》（Chinatown 美国/1974）

《淘金记》（The Gold Rush 美国/1925）

《体热》（Body Heat 美国/1981）

《天堂陌客》（Stranger Than Paradise 美国、联邦德国/1984）

《天劫余生》（Alive 美国/1993）

《天生赢家》（Bob Roberts 美国、英国/1992）

《天使心》（Angel Heart 英国、加拿大、美国/1987）

《甜蜜的生活》（La Dolce Vita 意大利、法国/1960）

《甜心先生》（Jerry Maguire 美国/1996）

《铁窗喋血》（Cool Hand Luke 美国/1967）

《土拨鼠日》（Groundhog Day 美国/1993）

W

《外貌与微笑》（Looks and Smiles 英国/1981）

《外星人》（E.T. The Extra-Terrestrial 美国/1982）

《顽固的恶习》（Nasty Habits 英国、美国/1976）

《亡命天涯》（The Fugitive 美国/1993）

《危险关系》（Dangerous Liaisons 美国、英国/1988）

《危险女人心》（Betrayal 英国/1983）

《危险小天使》（The Good Son 美国/1993）

《维莉迪安娜》（Viridiana 西班牙、墨西哥/1961）

《为所应为》（Do the Right Thing 美国/1989）

《为你疯狂》（Addicted to Love 美国/1997）

《伟大的星期三》（Big Wednesday 美国/1978）

《温柔的怜悯》（Tender Mercies 美国/1983）

《温馨家族》（Parenthood 美国/1989）

《问答》（Q & A 美国/1990）

《我从未承诺给你一座玫瑰花园》（I Never Promised You a Rose Garden 美国/1977）

《我的高德弗里》（My Man Godfrey 美国/1936）

《我最好朋友的婚礼》（My Best Friend's Wedding 美国/1997）

《吾兄吾弟》（Dominick and Eugene 英国/1988）

《午后的迷惘》（Meshes of the Afternoon 美国/1943）

《午夜惊情》（Sea of Love 美国/1989）

《午夜狂奔》（Midnight Run 美国/1988）

《午夜牛郎》（Midnight Cowboy 美国/1969）

《五支歌》（Five Easy Pieces 美国/1970）

《武装队》（Posse 英国、美国、荷兰/1993）

X

《西力传》（Zelig 美国/1983）

《西区故事》（West Side Story 美国/1961）

《西雅图不眠夜》（Sleepless in Seattle 美国/1993）

《牺牲》（The Sacrifice 瑞典、法国、英国/1986）

《希望与荣耀》（Hope and Glory 英国、美国/1987）

《吸血鬼》（Dracula 美国/1931）

《吸血僵尸惊情四百年》（Bram Stoker's Dracula 美国/1992）

《喜福会》（The Joy Luck Club 美国/1993）

《下班后》（After Hours 美国/1985）

《销魂三人组》（Dona Flor and Her Two Husbands 巴西/1976）

《小餐馆》（Diner 美国/1982）

《小丑》（The Clowns 意大利、法国、联邦德国/1970）

《小巨角》（Little Big Man 美国/1970）

《小鹿斑比》（Bambi 美国/1942）

《小美人鱼》（The Little Mermaid 美国/1989）

《小魔煞》（Arachnophobia 美国/1990）

《相逢何必曾相识》（John and Mary 美国/1969）

《相逢何必曾相识》（Strangers When We Meet 美国/1960）

《相见恨晚》（Brief Encounter 英国/1945）

《辛德勒的名单》（Schindler's List 美国/1993）

《新科学怪人》（Young Frankenstein 美国/1974）

《心魔劫》（Sybil 美国/1976）

《信是有缘》（Falling in Love 美国/1984）

《现代教父》（Prizzi's Honor 美国/1985）

《现代启示录》（Apocalypse Now 美国/1979）

《象宫鸳劫》（Elephant Walk 美国/1953）

《象人》（The Elephant Man 美国/1980）

《星期五女郎》（His Girl Friday 美国/1940）

《星球大战》（Star Wars 美国/1977）

《星球大战2：帝国反击战》（The Empire Strikes Back 美国/1980）

《星球大战3：武士复仇》（Return of the Jedi 美国/1983）

《性昏迷》（Bad Timing 英国/1980）

《选择我》（Choose Me 美国/1984）

《学警出更》（Police Academy 美国/1984）

《寻子遇仙记》（The Kid 美国/1921）

Y

《亚当的肋骨》（Adam's Rib 美国/1949）

《妖夜慌踪》（Lost Highway 法国、美国/1997）

《摇滚万万岁》（This Is Spinal Tap 美国/1984）

《窈窕淑男》（Tootsie 美国/1982）

《炎热的夜晚》（In the Heat of the Night 美国/1967）

《野草莓》（Wild Strawberries 瑞典/1957）

《夜》（La Notte 意大利、法国/1961）

《夜长梦多》（The Big Sleep 美国/1946）

《夜都迷情》（The Bonfire of the Vanities 美国/1990）

《夜访吸血鬼》（Interview With a Vampire 美国/1994）

《夜间守门人》（The Night Porter 意大利/1974）

《夜与雾》（Night and Fog 法国/1956）

《1984》（1984 英国/1984）

《一加二的故事》（A Zed & Two Noughts 英国、荷兰/1985）

《一诺千金》（La Promesse 比利时、法国、卢森堡/1996）

《一条安达鲁狗》（Un chien andalou 法国/1929）

《一条叫旺达的鱼》（A Fish Called Wanda 英国、美国/1988）

《医院》（The Hospital 美国/1971）

《遗言》（Testament 美国/1983）

《翌晨》（The Morning After 美国/1986）

《异形》（Alien 美国/1979）

《异形2》（Aliens 美国/1986）

《意外的旅客》（The Accidental Tourist 美国/1988）

《义勇先锋》（Clean and Sober 美国/1988）

《音乐室》（The Music Room 印度/1958）

《音乐之声》（The Sound of Music 美国/1965）

《银翼杀手》（Blade Runner 美国/1982）

《饮食男女》（Eat Drink Man Woman 中国台湾/1994）

《婴儿潮》（Baby Boom 美国/1987）

《英国病人》（The English Patient 美国、英国/1996）

《邮差》（The Postman（Il Postino）意大利、法国、比利时/1994）

《邮差总按两次铃》（The Postman Always Rings Twice 美国、联邦德国/1981）

《游泳者》（The Swimmer 美国/1968）

《犹在镜中》（Through a Glass Darkly 瑞典/1961）

《愚人船》（Ship of Fools 美国/1965）

《渔王》（The Fisher King 美国/1991）

《与安德烈晚餐》（My Dinner With Andre 美国/1981）

《与敌同眠》（Sleeping With the Enemy 美国/1991）

《与狼共舞》（Dances With Wolves 美国、英国/1990）

《与陌生人共舞》（Dance With a Stranger 英国/1985）

《雨》（Rain 美国/1932）

《雨人》（Rain Man 美国/1988）

《雨缘》（The Rainmaker 美国/1956）

《玉女奇男》（The Bad & The Beautiful 美国/1952）

《欲望号街车》（A Streetcar Named Desire 美国/1951）

《浴血金沙》（The Treasure of the Sierra Madre 美国/1948）

《育婴奇谭》（Bringing Up Baby 美国/1938）

《月色撩人》（Moonstruck 美国/1987）

Z

《杂牌军东征》（Stripes 美国/1981）

《再见爱丽丝》（Alice Doesn't Live Here Anymore 美国/1974）

《再见，吾爱》（Farewell, My Lovely 美国/1975）

《再生之旅》（The Doctor 美国/1991）

《早餐俱乐部》（The Breakfast Club 美国/1985）

《战火》（Paisan 意大利/1946）

《战舰波将金号》（The Battleship Potemkin 苏联/1925）

《遮蔽的天空》（The Sheltering Sky 英国、意大利/1990）

《这个杀手将有难》（Grosse Pointe Blank 美国/1997）

《征服者佩尔》（Pelle the Conqueror 丹麦、瑞典/1987）

《蜘蛛女之吻》（Kiss of the Spider Woman 巴西、美国/1985）

《致命武器》（Lethal Weapon 美国/1987）

《钟爱一生》（My Favorite Season 法国/1993）

《终结者》（The Terminator 英国、美国/1984）

《仲夏夜之梦》（A Midsummer Night's Dream 美国/1935）

《周末》（Weekend 法国、意大利/1967）

《周末夜狂热》（Saturday Night Fever 美国/1977）

《猪宝贝》（Babe 澳大利亚、美国/1995）

《侏罗纪公园》（Jurassic Park 美国/1993）

《捉鬼敢死队》（Ghostbusters 美国/1984）

《资产阶级的审慎魅力》（The Discreet Charm of the Bourgeoisie 法国/1972）

《自由的幻影》（The Phantom of Liberty 法国、意大利/1974）

《走出非洲》（Out of Africa 美国/1985）

《走路的风度》（Going in Style 美国/1979）

《最后的诱惑》（The Last Seduction 美国/1994）

《罪与错》（Crimes and Misdemeanors 美国/1989）

涉及小说、电视连续剧、戏剧等

《阿尔弗雷德·希区柯克专场》（Alfred Hitchcock Presents 1955—1962 美国电视连续剧）

《波吉与贝丝》（Porgy and Bess 1935年百老汇上演的歌剧）

《波士顿人》（The Bostonians 美国/亨利·詹姆斯；1984年被改编成电影，编剧露丝·鲍尔·贾华拉）

《富源》（Bonanza 1959—1973美国电视连续剧）

《看得见风景的房间》（A Room with a View 英国/爱德华·摩根·福斯特；1986年被改编成电影，编剧露丝·鲍尔·贾华拉）

《昆西》（Quincy 1976—1983 美国电视连续剧）

《全家福》（All in the Family 1971—1979美国电视连续剧）

《她书写谋杀》（Murder, She Wrote 1984—1996 美国电视连续剧）

《四重奏》（Quartet 英国/简·里斯；1981年被改编成电影，编剧露丝·鲍尔·贾华拉）

《神探可伦坡》（Columbo 美国/1968—2003）

《战争与和平》（War and Peace 俄国/列夫·尼古拉耶维奇·托尔斯泰）

《罪与罚》（Crime and Punishment 俄国/陀思妥耶夫斯基）

《侦探斯本瑟》（Spenser: For Hire 1985—1988 美国电视连续剧）

《詹姆斯·邦德》（James Bond 系列电影，首映于1962年，截至2012年共上映23部）

作者 | 罗伯特·麦基 Robert Mckee

1941年1月30日生于美国底特律，剧作家、编剧教练。因连续剧《起诉公民凯恩》获得英国电影和电视艺术学院奖（BAFTA）。1981年，麦基受美国南加州大学邀请，开设"故事"培训课程，随后创办全球写作培训机构，学员超过10万名。其中，60人获奥斯卡金像奖，200人获美国电视艾美奖，100人获美国编剧工会奖，50人获美国导演协会奖。

作为项目顾问，麦基受聘于华纳兄弟、20世纪福克斯、索尼、CBS、MTV等影视公司，皮克斯动画工作室、迪士尼、派拉蒙、BBC、MNET也定期输送创意写作团队参与"故事"培训课程。邀请麦基开讲的机构还包括麦肯锡、微软、NIKE、密歇根大学商学院、富国银行、BOLDT建筑事务所及美国NASA休斯顿总部等。

罗伯特·麦基中国官方账号
网址 www.mckeestory.com

译者 | 周铁东

十年好莱坞影视工作经验，从事电影进出口工作近三十年，中国电影集团公司译审。曾任中国电影海外推广公司总经理，现任北京新影联影业有限责任公司总经理，《大众电影》、《中国银幕》专栏作家，中国传媒大学、北京电影学院兼职教授。著有《号脉电影——周铁东电影杂论》。

微博 http://weibo.com/u/3320127782

故事：材质、结构、风格和银幕剧作的原理

产品经理 | 殷梦奇　　封面设计 | 董歆昱
后期制作 | 顾逸飞　　责任印制 | 刘　淼
媒介推广 | 李　洋　　出 品 人 | 路金波

图书在版编目（CIP）数据

故事：材质、结构、风格和银幕剧作的原理 /（美）
麦基著；周铁东译. -- 天津：天津人民出版社，
2016.1（2021.6重印）
书名原文：Substance，Structure，Style，and the
Principles of Screenwriting
ISBN 978-7-201-09460-1

Ⅰ.①故… Ⅱ.①麦… ②周… Ⅲ.①电影编剧－研
究 Ⅳ.①I053.5

中国版本图书馆CIP数据核字（2015）第172177号

著作权合同登记号：图字02-2015-94号

STORY: Substance, Structure, Style, and the Principles of Screenwriting,

Copyright © 1997 by Robert Mckee.

Published by arrangement with It Books, an imprint of HarperCollins Publishers.

故事
GUSHI

出　　版	天津人民出版社
出 版 人	刘　庆
地　　址	天津市和平区西康路35号康岳大厦
邮政编码	300051
邮购电话	022-23332469
电子信箱	reader@tjrmcbs.com
责任编辑	张　璐
产品经理	殷梦奇
装帧设计	董歆昱
制版印刷	北京盛通印刷股份有限公司
经　　销	新华书店
发　　行	果麦文化传媒股份有限公司
开　　本	710毫米×960毫米　1/16
印　　张	31.75
印　　数	251,001-256,000
字　　数	440千字
版次印次	2016年1月第1版　2021年6月第38次印刷
定　　价	49.00元